罪行 海洋
THE OUTLAW
OCEAN

JOURNEYS ACROSS THE LAST UNTAMED FRONTIER

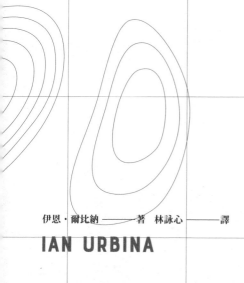

伊恩·爾比納 ——— 著 林詠心 ——— 譯

IAN URBINA

獻給艾登（Aidan）
儘管如此混亂與疲憊，
再沒有什麼偉大的探險與自豪的計畫
能比得上成為你的支柱之一。

目　錄
CONTENTS

序言
Introduction

　　大約在距離泰國海岸線一百浬外的海面上，三十幾個柬埔寨男孩與男人在一艘圍網漁船上日日夜夜赤腳工作著。十五呎高的洶湧浪濤打上船舷，重擊著船員們膝蓋以下的部位。魚群的內臟散落船板，浪花打上來便如溜冰場一般地滑。大風大浪讓船隻上下搖擺不定，甲板上置有漁具、絞車與一疊疊重達五百磅（約兩百二十七公斤）的漁網，形成重重障礙。

　　不論下雨或天晴，船員們每十八到二十小時就會換一次班。夜裡，當他們所瞄準的銀色小魚——大多是傑克鯖魚（Jack Mackerel）與鯡魚（herring）——反光更加明顯，也更容易在顏色較深的水裡被發現時，船員們就會拋下漁網。在白天，當豔陽高照，氣溫來到華氏一百度（約攝氏三十八度）時，船員還是不止歇地勞動著。可飲用的水量受到嚴格監控；大多數的工作檯面爬滿了蟑螂。廁所是建在甲板上，以可移動的木板搭成。夜裡，寄生蟲爬過男孩們沒有洗淨的餐盤。當老鼠像是城市裡不受拘束的松鼠一般在船上漫遊時，船員們豢養的髒狗幾乎連頭也不抬一下。

　　在不捕魚的日子裡，船員會整理他們的漁獲、修理即將破損的漁

網。有一個男孩，身著被魚內臟弄髒的上衣，驕傲地炫耀著自己被盤繞在曲柄上的漁網截斷的兩根指頭。他們的雙手從來不曾完全地乾燥過，上頭布滿了傷痕，或被魚鱗割破、或被漁網擦破。男孩們會自己想辦法將較深的傷口縫補起來，但是總會有傷口感染。船長從來不缺安非他命來讓船員工作更長的時間，但他們很少會儲備抗生素來處理感染的傷口。

　　在這樣的船上，甲板水手通常會因為微小的過錯而被揍，例如修補破網的速度太慢，或是不小心將鯖魚放進銀鱈或鯡魚的籃子裡。在這些船上，違抗命令不是輕罪，而是死罪。二○○九年，聯合國針對五十名柬埔寨成年男子與男孩被賣到泰國漁船上的事實進行了一項調查，而受訪者中有二十九人聲稱他們曾經見過船長或其他幹部殺害船員。

　　在這些漁船上工作的男孩與男人通常都不會被有關當局發現，因為他們多是無身分的移民，被送到了未知的境地裡，通常就是人們所謂的幽靈船——泰國政府無力追蹤的無登記船隻——已超越了社會能夠提供協助的範疇之外。他們通常不會說泰國籍船長的語言，又因為是來自內陸村莊，不僅不會游泳，也從未見過海洋。

　　實際上，所有的船員都有債務纏身，也就是他們被契約奴役的部分要素。透過一個「現在航行、日後支付」（travel now, pay later）的勞動系統，他們必須工作賺錢來償還為了非法溜進一個新的國家而必須借的債。一名柬埔寨男孩接近我，隨著我們的對話愈來愈深入，他試圖以破碎的英語向我解釋，一旦離開了陸路，這樣的債務就變得如何令人難以捉摸。他指著自己的影子打轉，彷彿他在試著抓住那黑影，然後他說道：「抓不到。」

　　這是一個殘忍的地方，我在二○一四年冬天花了五週的時間試圖造訪。南中國海上的漁船，尤其是泰國籍船隻，多年來因使用所謂的

海上奴隸而惡名昭彰，多數的奴隸都是因為債務或被強迫離岸出海討生活的移工。在這些船隻當中最糟糕的是遠洋漁船，其中有許多是在離岸幾百浬遠的地方進行捕撈作業，並且海上停留超過一年，仰賴母船提供補給，並來回將它們的漁獲運至岸上。沒有船長願意全程載我與一名攝影師到一百浬遠外的這些遠洋漁船上。所以，我們只好採取在船隻之間跳躍的做法——一次坐上四十浬，再換一艘船坐上四十浬，然後再換一艘——以到達距離夠遙遠的外海去。

多年來在海上做報導時，每當我看著這些柬埔寨人，如同一群被水困住的苦囚，為確保拉網時的同步性而唱著歌，這一幕屢屢提醒了我眼前的不協調。海洋儘管擁有令人驚心動魄的美麗，它同時也是一個反烏托邦的地方，許多黑暗的不人道行為皆源於此。經過數百年來細心地語言雕琢、激烈地司法攻防與強健的執法單位持續鞏固與闡明，法律在陸地上的運作通常是很穩當的。相較之下，法律的規範在海上是流動的，前提是它真有被制定的一天。

還有其他的矛盾之處。當我們對於周遭世界的理解呈指數增加，有那麼多事物就在我們的指尖之間，只消一滑或一點即唾手可得的這個年代裡，我們對於海洋的認知卻是驚人地稀少。整整一半的世界人口如今住在距離海岸線不過一百哩之內的地方，而商船載運了全球大約九成的貨物。全世界在漁船上工作的人口超過五千六百萬人，另有一百六十萬人在貨輪、油輪與其他類型的商船上工作。然而，媒體對於這個領域的報導卻很少見，只會偶爾出現關於索馬利亞海盜或大規模漏油事件的故事。對於多數人來說，海洋只是一個我們從高空飛過的地方，一片深淺不一的藍色畫布。雖然它可以顯得遼闊且充滿力量，某部分的海洋卻是敏感且脆弱的，部分原因在於，儘管地圖繪製者幾百年來任意地為海洋劃上界線，環境威脅卻是無遠弗屆地跨越這些界線。

在四十個月間，我走過二十五萬一千哩、坐了八十五趟飛機、踏

上四十個城市、每一個大洲，並且橫渡五大洋與二十片海域，在海上航行超過一萬兩千浬，這整個行程當中，上述那些似是而非的悖論就如同不協調的背景合聲，一直吸引著我前進。這些旅程為本書提供了多則故事，針對這個難以駕馭的邊界集結成了一本敘事綱目。我的目標不只是要報導這些海上奴隸的困境，也是要生動地呈現出在海上狂嘯的那些人物角色，其中包括了警戒的生態環境保護人士、趁火打劫的小偷、唯利是圖的航海者、目中無人的捕鯨船、海上追討人、出海提供墮胎服務的人、違法傾倒污油者、難以捉摸的非法捕魚者、被遺棄的船員，以及漂泊的偷渡客等。

在我還年輕的時候，就深深地被海洋所吸引，但是一直到了在芝加哥某個寒冷的冬夜裡，我才開始將自己對於海洋的迷戀付諸行動。我在芝加哥大學讀了五年的歷史與人類學博士班之後，決定要延後完成我的論文，逃到新加坡從事一份短期工作，在一艘名為「赫拉克利特號」（*Heraclitus*）的海洋研究船上擔任水手與人類學訪問學者。我在那兒待了整整三個月，船隻出於文件問題而未能出港，而我就把時間花在了解其他停泊船隻的船員身上。

這個新加坡的港口讓我第一次得以與商船船員、遠洋漁夫實際接觸，而這個經驗讓我將注意力放在了一群看似短暫存在的族群。對於任何以陸上生活為主的人來說，這些工人幾乎都是隱形的。他們擁有自己的語言、禮俗、迷信、社會階級、紀律規範，以及罪行紀錄與懲戒傳統（根據他們告訴我的故事）。他們所處的世界裡，傳統學識與法律具備同樣強大的影響力。

在這些對話當中愈來愈清楚的是，在海上移動船隻要比在空中移動飛機來得便宜，因為國際水域被各國政府機構淨空，又不太受到法規的約束。這個現實讓各種未受管理的活動在海上活躍展開，從逃避課稅到軍火儲藏。舉例來說，美國政府選擇國際水域做為拆卸敘利亞化學武器軍火庫的地點，原因之一就是為了進行一些與反恐相關的拘

禁與審問行動，也是為了處理奧薩瑪‧賓拉登（Osama bin Laden）的屍體。與此同時，在這種離岸的違法現象之下，漁業與船運業既是受害者也是受益者，還是加害者。

我從未完成我的論文。反之，我在二〇〇三年接受了《紐約時報》的工作，在接下來的十年間，我學著如何成為一名記者的同時，也會偶爾提出為這個離岸世界做一系列報導的想法，但皆未成功。我提出自己所找能到的任何具說服力的比較。海洋就像是吃到飽的自助餐，提供了無窮盡的機會，我如此聲稱，並且主張，從說故事的觀點來看，這個地球的三分之二是處女之地，因為幾乎沒有其他記者全面性地探索過這個區域（海洋）。

二〇一四年，我當時的編輯瑞貝卡‧寇貝特（Rebecca Corbett）同意了這項提案，明智地叮嚀我將重心多放在人，而非魚身上，主要鑽研人權與勞工議題；因為從這個角度出發，環境議題也會自然地被提出來。《紐約時報》的第一篇罪行海洋（The Outlaw Ocean）系列故事於二〇一五年七月刊出，另外還有十二篇左右的故事在隔年曝光。自從二〇一七年一月起，我向報社申請了長達十五個月的假，繼續為本書報導關於法外之海的種種。

〜〜〜〜〜

在我的旅途中，曾經有過許多低潮的時候，也是這些時刻讓我把自己沉浸在關於海洋的書籍中。根據經驗與哲學上的觀察，海洋對於不同人來說一直都是許多不同的東西。它是對於無限的隱喻，也是最純粹的自由所存在的地方，清楚地與政府干預分離。對於一些人來說，海洋是逃避的所在，對於另一些人來說，海洋也是監獄。充滿咆哮的暴風雨、注定失敗的遠征、遭遇船難的水手，以及瘋狂的獵人。海洋文獻總是描繪出一幅鮮明的汪洋畫面，以及野性的流氓無賴。這些男人猶如加拉巴哥群島（Galápagos）上的鳥，在幾百年來，隨著自

己的喜好行事，大多在沒有掠奪者的情況下演化。令人驚訝的事實在於，他們直到今日還是這麼做。我寫作這本書，就是希望描繪出這些人與這個地方，讓人們意識到他們的存在。

為了讓本書更像是第一人稱的遊記（我的編輯經常提醒我要「說故事，而非寫文章」），我試圖減少依賴在岸上的採訪或是文獻的見證，而較多的是在船上訪問他們。我待的通常是漁船，但也有貨輪、遊輪、醫療船、海上兵器庫，以及研究與倡議型船隻，另外也包括了海軍、港口警察與海巡快艇。

做為一項寫作計畫，處理如此具野心的題目是存在著真正的風險——或者，如同有一個說法是試圖「煮沸大海」（Boil the ocean），意即做些看似不可能的事。有時候，報導的過程曲折到令人覺得更像是注意力不足過動症，而非新聞報導。但是隨著我旅行的次數愈多，愈有一則接一則的故事發生——它們之中沒有一則是優雅或整齊的故事，也沒有一則故事能夠清楚區分出正確與錯誤、壞人與英雄、掠奪者與犧牲者。就像海洋本身，這些故事太過蔓生而無法被強塞進一套單一、直線式的論述。因此，我將章節組織成一系列的文章，相信讀者會以自己的方式連結這些點，超越我所繪出的圖樣。

最後，這個計畫的目標是要見證一個幾乎不為人所見的世界。它詳細講述了一名海上追討人從某個希臘港口將一艘油輪拐到國際海域上，以及一名醫生為了逃避非法墮胎的罪行，祕密地將孕婦從墨西哥岸邊載到公海上執行墮胎。它也依年代詳述生態環保人士的工作：他們在南大西洋追蹤國際刑警組織（Interpol）最想緝拿的非法漁船，然後在南極搜尋並騷擾日本最後的捕鯨船。在南中國海，我闖入了兩個國家之間的武裝衝突，它們互相挾持了對方的人質。在索馬利亞外海，我所乘坐的一艘木製小型漁船暫時地陷在海盜出沒的水域裡。我見過一艘船沉沒、突破強勁的暴風雨，也目睹過一場近乎暴動的衝突。為了報導這些故事，我從南極圈和南大西洋的潛水艇到阿曼灣的

離岸軍火庫，也到過北極圈與西伯利亞海的鑽油平臺上。

　　經歷這些探險之後，我從世界各地的船隻中看到最重要的事情，以及在本書中試圖捕捉的觀點，就是對於未能受到充分保護的海洋，以及在這些水域工作的人們所經常承受的混亂與苦難感到遺憾。

猛攻雷霆
STORMING THE THUNDER

所有戰士之中最強大的是這兩位——時間與耐心。
——托爾斯泰（Leo Tolstoy），戰爭與和平（*War and Peace*）

當彼得・哈馬斯泰德（Peter Hammarstedt）仔細凝視著他的雷達螢幕時，獵捕行動已經展開三天了。自從他將自己的「鮑伯巴克號」（*Bob Barker*）船隻駛出澳大利亞的荷巴特（Hobart）港口以來，哈馬斯泰德就一直監視著南冰洋上這片寂靜的區域，在凸出海平面上的冰山之間搜尋著。二〇一四年十二月十七日傍晚，當哈馬斯泰德站在艦橋上時，雷達上出現了三個閃爍的紅點，他仔細地研究了它們。有兩個紅點緩慢地順著洋流移動，很顯然是冰山。第三個點則不一樣，它緩慢地朝著相反方向移動。

哈馬斯泰德開著「鮑伯巴克號」靠近那個紅點，在南極夏天的永晝時分，頭頂上方瞭望臺的觀察員看到一群海鳥跟在拖網漁船後方迴旋潛水。哈馬斯泰德抄起一本小冊子，裡頭有國際刑事警察組織的紫色公告（Purple Notice），列下世界上最糟糕的航海漁業違規者，以及能協助辨明的船隻輪廓。哈馬斯泰德匆匆地瀏覽過每一頁，直到他發

現世界上最惡名昭彰的漁業違規者檔案：一艘兩百零二呎長的奈及利亞籍漁船，名為「雷霆號」（*Thunder*）。凝視著視線中的拖網漁船，現在距離只有大約三浬，他確認了眼前船隻與「雷霆號」有著相同的輪廓。他微笑著，停頓了一下，接著用力按下警報——五聲短音——警示船員們站好崗位。哈馬斯泰德發現了他的目標。

　　出生於斯德哥爾摩，哈馬斯泰德在十八歲剛從高中畢業後不久就加入了海洋守護者協會（Sea Shepherd）。瘦長且娃娃臉的他看起來更像是美國兒童節目裡的人偶豪迪·杜迪（Howdy Doody），而非惡名昭彰的海盜黑鬍子（Blackbeard）。對於一個在海上待了超過十年的三十歲男子來說，哈馬斯泰德顯得要比人們所預期地更僵硬且更拘謹一些。即使是只有一個段落的電子郵件，他都會使用正確的標點符號與縮排。在工作之前，哈馬斯泰德還會先將鉛筆與原子筆仔細地排好，他可說是一名在混亂的工作環境裡有條不紊的男子。自從二〇〇三年以來，哈馬斯泰德已經參與過幾乎所有海洋守護者協會的主要行動，包括十次在南冰洋上追逐日本捕鯨船的任務。在他嚴厲的面容之下，

哈馬斯泰德船長在「鮑伯巴克號」的艦橋上。

他的船員們看到的是一個認真看待工作，而且緊要關頭總是能沉著應對的年輕人。

　　對於海洋守護者協會來說，追逐「雷霆號」不只是為了追求正義或保護消失中的魚種，而是為了強化公海上漫不經心的執法效力。然而，即使是將這些法律形容為漫不經心都已經是過分讚賞了。對於「雷霆號」這種胡作非為的對象，海洋就是一片廣大的無法之境。隱沒在遼闊無際的海洋上，違法捕獵者沒什麼理由提心吊膽。遠離岸邊，法律就和水的邊界一般濛昧不清，而多數政府要不就是缺乏資源，要不就是缺乏興趣去追捕這些人。當時，國際刑事警察組織的紫色公告名單中只有六艘流氓船隻，它們在幾十年來逃避追捕，而被暱稱為六匪船（Bandit 6）——世界上唯一贏得這種殊榮的船隻。而這麼多年下來，它們仍能不受懲罰地運作著。

　　遠離安全的陸地達幾百浬遠的海面上，哈馬斯泰德與他的船員們做著政府不做的危險警察工作。即使「雷霆號」的船員被認為是世界上最糟糕的漁業歹徒，沒有一個國家願意或有能力去追捕他們，但是哈馬斯泰德工作的非盈利海洋環境團體「海洋守護者協會」（Sea Shepherd）接受了這項挑戰。代表公益的賞金獵人，這個團體在地球南端這片杳無人煙的海上、深入南冰洋追捕流氓船隻。這是一場大膽的維安團隊力抗長期罪行的戰役。

　　哈馬斯泰德透過無線電呼叫另一艘海洋守護者協會的船隻「山姆西蒙號」（Sam Simon）的船長西達斯・查克拉瓦蒂（Siddharth Chakravarty），該船隻因為引擎問題較慢駛出港口。海洋偽裝了這兩艘海洋守護者協會的船隻，其正面船體是多洞的鯊魚頷形狀，而冒牌的海盜旗在船首飛揚著：一個頭蓋骨與一支三叉戟穿過牧羊人的掛鉤。「我認為我們發現了『雷霆號』。」哈馬斯泰德說道，「水中有一些浮標，而且我們在船身上看到了識別ID。」

「鮑伯巴克號」

隨著哈馬斯泰德以每小時三浬的速度偷偷跟進,一名船員說他可以讀到「雷霆,拉各斯」(Thunder, Lagos)的字眼印在該船身後方。透過無線電,哈馬斯泰德對他的對手宣告。

> 鮑伯巴克號:雷霆號,雷霆號,雷霆號。這裡是鮑伯巴克號。你正在違法捕魚。
> 雷霆號:抱歉,抱歉。不說英語。只說西班牙語。
> 鮑伯巴克號:這真是非常幸運,因為我也說西班牙語(hablo español también)。

哈馬斯泰德找來一位會說西語的攝影師到艦橋上,她開始翻譯。

> 鮑伯巴克號:你正在違法捕魚。你有捕魚執照嗎?
> 雷霆號:我們有執照;我們有執照。這艘船掛有奈及利亞的旗子,而且我們正航行在國際海域上。完畢。

鮑伯巴克號：你正在CCAMLR-region 59.4.2裡捕魚，而我們有
　　國際刑警組織對你的通緝令。

雷霆號：我們正在自己的航線上，沒有在捕魚。此外，你是哪一
　　種船？我看到你有一面海盜的旗幟。那是什麼？

海洋守護者協會是國際自然保育的守護力量，哈馬斯泰德透過翻
譯告訴對方。我們打算要拘留（detain）──即海事用語中的「扣押」
（arrest）──「雷霆號」，他補充道。

雷霆號：不不不。錯了，錯了。你沒有權力扣押這艘船。你沒有
　　權力扣押這艘船。我們要繼續航行，我們要繼續航行，但你沒
　　有權力扣押這艘船。完畢。

鮑伯巴克號：我們有權力。我們已經將你的位置通報國際刑警組
　　織與澳大利亞警方。

雷霆號：好的，好的，你可以發送我們的位置，但是你不能登上
　　這艘船，你不能扣押它。我們正航行在國際水域上，而且我們
　　將繼續前進。

鮑伯巴克號：我們會跟隨你，而且你已經被逮捕了。請改變航線
　　至澳大利亞的費利曼圖（Fremantle）。

之後我才知道，雖然「雷霆號」觸犯法律，但那名船長說的沒錯：
海洋守護者協會沒有權力逮捕任何人。然而，這招嚇唬有收到它的預
期效果。一直在船尾甲板上扔著魚屍體的「雷霆號」船員躲進船艙裡。
剎那間，這艘超過一千噸重的流氓船隻急轉彎，加大它的引擎，開始
試著擺脫船身較小、速度較快的海洋守護者協會船隻。哈馬斯泰德在
二〇一四年十二月十七日的晚間九點十八分於「鮑伯巴克號」的航海
日記中標註道：「鮑伯巴克號會持續追趕，並且向國際刑警組織報告

雷霆號的位置。」

~~~~~~~~

　　這就是航海史上最長一次非法漁船追捕行動的開端。在接下來超過一百一十天的時間裡，行經超過一萬一千五百五十浬、三大洋和兩片海域，對「雷霆號」貓捉老鼠的行動使得海洋守護者協會的船員經歷了一場布滿如體育場大小般冰層的無情障礙賽、一場猛烈的暴風雨，以及數次暴力衝突到幾乎要撞船的境地。

　　根據日後從船上搜出來的文件，「雷霆號」上四十名水手多為印尼人，但是有職銜的幹部包括七名西班牙人、兩名智利人與一名葡萄牙人。船長是智利籍的路易‧阿馮索‧R‧卡達多（Luis Alfonso R. Cataldo）。船上有五名西班牙人是來自加利西亞（Galicia）自治區的拉科魯尼亞（La Coruña）。加利西亞自治區為西班牙最貧窮的地區之一，經常被形容為「西班牙的西西里」，因為該國在走私毒品、菸草黑市方面最有名的犯罪組織多來自這一區，不過最常見的是非法捕魚。

在一場航海史上最長的非法漁船追捕行動中，「鮑伯巴克號」與「山姆西蒙號」追趕著國際刑警組織最想緝拿的違法漁船「雷霆號」。

　　船東不擇手段地在海上進行非法捕魚的原因並不是什麼祕密：非法海產貿易是一項蒸蒸日上的全球生意，可創造大約一千六百億的年銷售額。由於科技的進步──更厲害的雷達、更大的漁網、更快速的船隻──讓漁船能以驚人的效率持續掠奪海上資源，非法漁業貿易遂在過去十年間呈現成長。

　　「雷霆號」是這種貿易中表現最佳的船隻，而在環境保育人士眼裡，就是「六匪船」中最糟糕的一艘。六匪船的稱號來自於過去幾十年來非法獵捕長相嚇人的南極鱈魚（toothfish），一種只能在地球上最寒冷的水域裡發現的物種。南極鱈魚也被稱作冰魚（icefish），可以長到超過六呎的身長，而其名來自如鯊魚般尖銳的雙排尖牙。在南冰洋中最大型的掠奪者中，這種可怕的灰黑色生物可以在超過兩哩深的海底潛伏，而牠的心跳通常很慢──每六秒跳一下──以在寒冷的水深下仍能保存體力。牠的眼睛如撞球一般大，當漁夫把牠們拉上來時，由於壓力變小，眼球便會奇異地凸出眼眶。

　　在美國與歐洲的高檔餐廳裡，這種魚是一道受歡迎的前菜，要價約三十美元一片。然而，人們不會在菜單上發現「南極鱈魚」的名字。在此，它是以一個更受歡迎的名稱被銷售：智利海鱸（Chilean sea bass）。在一九八〇與九〇年代，自從一名洛杉磯的漁產批發商以其行銷才華將這種魚改名之後，市場需求就急速增加。品牌重塑的努力也幫上一些忙。這種油脂豐富的魚富含Omega-3脂肪酸，很快地被世界各地的人們視作碼頭上的白金。大多數科學家如今承認南極鱈魚的數量正以無法永續的速率急速減少中。

　　一般而言，「雷霆號」一次出海南冰洋就是六個月。每一趟只要抓到一百噸就足以打平損益。在某些年頭，根據這些不義取得之漁產卸貨的港口紀錄，「雷霆號」可以抓到七倍之多的數量。一九九〇年代的多數時候，「雷霆號」的海產剽竊行為讓它列名多個海洋保育團體與多國政府的黑名單中，並且在二〇〇六年被禁止於南冰洋捕魚。

然而，偵察機、衛星公司與漁船經常回報發現「雷霆號」在南半球海域獵捕南極鱈魚。在六匪船中，「雷霆號」因為非法獲利之高而特別突出：國際刑警組織預估，其船東在過去十年透過非法捕魚所獲利潤超過其他任何船隻——七千六百萬以上的銷售額。

二〇一三年十二月，國際刑警組織向全球警方發出全面通緝以緝拿「雷霆號」。然而，「雷霆號」有能力躲避公告，所以這項紫色公告幾乎沒什麼作用。在數百平方哩的開放海域中發現一艘船已經是夠困難的挑戰了。諸如「雷霆號」這種非法船隻靈巧地利用一些引發爭議的海洋法規、難以執行的條約協議，以及刻意鬆懈的國家規範等，不僅規避法律制裁也隱藏了自己的身分。只要打幾通電話、支付幾千美元與一桶油漆，這艘船就可以如同過去以來的做法，換一個新的名字、登記一個新的國籍，然後駛向下一處漁場。

這艘兩千兩百馬力的拖網漁船在四十五年的服役生涯中更換過十二個以上的名字。在這段期間，它幾乎也換過一樣多的船旗，包括英國、蒙古、塞席爾、貝里斯與多哥等。在該船於二〇一〇年被歐盟列入海盜船的黑名單之後，多哥撤銷了該船掛上多哥船旗的權利。如同擁有多國護照的國際罪犯，「雷霆號」的船東於是一次將該船新增兩項註冊。有時候它掛著蒙古船旗，有時候掛著奈及利亞的船旗。對於這種尺寸的船隻來說，註冊一個新的船籍約需花費一萬兩千美元與額外的兩萬美元以取得註冊必要資格的安全與裝備認證。「雷霆號」的名字與港口註冊並未漆在船身上，而是漆在一塊金屬板上，掛在船尾，如此一來就可以在必要時候快速更換。水手們將這些板子稱作「詹姆斯龐德執照牌」（James Bond license plates）。

藉由維持關閉它的定位詢答機，或稱作自動識別系統（Automatic Identification Systems, AIS），「雷霆號」便可以避免被追蹤。這只是一個簡單的漏洞，它就可以偷溜進港口，卸下漁獲給串通好或不知情的買家，重新加油，然後在任何人發現之前便又出發。當然了，除非有任

何像是哈馬斯泰德這樣的人尾隨之，監視它的一舉一動，並且事先通知當地官員與國際刑警組織。

二〇一四年，海洋守護者協會推出冰魚行動（Operation Icefish）來證明這些匪船可以被發現與逮捕。他們花了好幾個月為這項任務做好前置準備工作。在出發之前，查克拉瓦蒂飛到孟買，在廢品舊貨倉與拆船工廠裡搜尋可用零件，以在「山姆西蒙號」上打造更強大的絞車，足以拉起他們希望能夠沒收的流刺網。海洋守護者協會也為其船隻裝上價值一萬美元的波段掃描器，以捕捉漁船安裝在漁網上的浮標發射器。

在南極鱈魚漁船出沒的超過五百萬平方哩的南冰洋上，為了縮小搜尋範圍，查克拉瓦蒂重疊了三種地圖：冰海圖，協助區分出不斷變化的永凍層與可以航行的捕魚水域之間的界線；航事地圖，標示出超越各國管轄權的國際海域範圍；航海圖，找出南極鱈魚可能聚集之最深且最廣的海底高原。

哈馬斯泰德先前估計會花上至少兩週以上巡航整個海域。海洋守護者協會船隻上的雷達可提供大約十二浬範圍的視野，但是漂浮冰山的存在會誤導人，在螢幕上看起來就像是船隻（一浬要比一哩多出約百分之十五的距離）。船員們使用望遠鏡在瞭望臺上輪流查看，這是一個令人討厭的工作，因為高度會使得船隻搖晃程度加大，造成密集的暈船次數。日後，當我登上「鮑伯巴克號」，我也花上了數個小時在瞭望臺上，看看我可以持續多久。那簡直像是坐在最可怕的嘉年華遊車上，我感到自己彷彿棲息在一個搖擺中的節拍器頂端。

當「鮑伯巴克號」發現「雷霆號」時，後者正在南冰洋上一片杳無人煙的海域上進行捕魚作業。該處名為班札爾海底斜坡（Benzare Bank），也被稱作幻影之境（Shadowlands）。這些幾乎無船隻橫越的南極海域是地球上最遙遠且荒涼的水域，大約要花上兩週才能抵達最近的港口。我在後來的某一趟航程中跨越了這個區域，在此為人所知的

23

是每小時超過一百三十哩的風速，以及足以凍僵雙眼液體的超級低溫。

　　為了避免在甲板上作業時被凍傷，海洋守護者協會的船員通常會穿上防寒救生衣（survival suit）。這套衣服重達將近十磅（約四‧五公斤），以氯丁橡膠製成，這種橡膠類型可完全防水，是設計用來承受極端寒冷。穿上它，全身顯得笨拙臃腫，而且它通常是亮橘色的，一旦有人掉入海裡，可以吸引行經船隻的注意。這套衣服被暱稱為甘餅人（Gumby），即一個著名的黏土動畫角色。這套衣服也會造成嚴重的皮膚磨擦與汗臭味。「流血或結凍，這些是你的選項。」一名甲板水手在某一刻協助我穿上這套衣服時說道。

〜〜〜〜〜

　　當「雷霆號」向北方逃跑之後，「鮑伯巴克號」繼續頑強地追趕，而查克拉瓦蒂與「山姆西蒙號」則是留在後頭。幾週以來，它都在南冰洋上收拾「雷霆號」留下來的非法流刺網——這是提起司法告訴的重要證據。雖然這些網子很值錢，可能價值超過兩千五百美元，對於「雷霆號」的船長來說，被抓到的後果想必更糟，所以他們就拋棄了網子逃走。

　　流刺網是特別遲鈍的工具，所以被禁用。網子底部會綁上重物垂降到海底，浮標則擋住了頂部，創造出一片細緻的網牆，可以延伸到七浬長、二十呎高。「雷霆號」安裝了幾十道這樣的牆，形成一個無法逃脫的迷宮，讓南極鱈魚聚集的海底高原變得難以前進。在漁網頂端的浮標可協助漁船回頭拉網時找到漁網，通常一拉上甲板就是充滿了漁獲。

　　從寒冷的水裡拖拉漁網是一項危險且殘忍的費力任務。漁網通常有四十五哩長，長度是曼哈頓的三倍，而南冰洋又是地球上最寒冷且風最強的地方。「山姆西蒙號」的甲板有一部分結凍且雜亂。船員們吐出來的唾沫還沒掉到甲板上就結冰了。船上的扶手很低，很容易就

會被絆倒。爛泥濺上了船板，極圈的水溫降到華氏零下九十度左右（約攝氏負六十七・八度）。掉到海裡意謂著在幾分鐘之內就會喪命，除非立刻被救起來，而死因很可能是心臟驟停。當海浪起伏很大時，甲板水手會把自己綁在船身上，以免被海浪掃走。

手上拿著筆記板，幾名「山姆西蒙號」的船員計算著「雷霆號」的漁獲。他們最終交給國際刑警組織的航海日誌詳細記載了流刺網的漁獲量。每四隻被網困住的海洋生物中，就有一隻是南極鱈魚；其他的混獲是即使活著也沒人想要的魚種。事實上，海洋守護者協會的所有船員幾乎都是素食者，或甚至是嚴格的純素主義者（vegan），他們之中許多人的動機是出於對動物權的關心。從這些漁網中解開死亡或垂死的野生動物，包括魟魚、大章魚、龍魚與大螃蟹等，對於他們的身心或體能上來說，都是艱難的工作。有些人哭泣，有些人嘔吐，但是他們所有人仍持續工作著，通常一天作業十二個小時。到了拉網的第二週，幾乎三分之一的船員都必須吃止痛藥以緩解僵直的後背。

疲憊的工作通常會演變成可怕的轉折。一條南極鱈魚可重達兩百五十磅（約一百一十三公斤），而隨著漁網被「山姆西蒙號」的船員們拉上甲板的魚群開始腐爛。腐爛造成的氣體在魚的屍體腹腔內堆積起來，再加上漁網的壓力，有些膨脹的魚便會在甲板上爆炸。

經過將近一週每天工作二十小時之後，二〇一五年十二月二十五日上午六點，查克拉瓦蒂剛下錨將「山姆西蒙號」停好後不久，只睡了二十分鐘就被一通電話吵醒：「我們需要你來艦橋上，是緊急事件。」他到了艦橋，在舵柄前找到他的大副韋安達・路布林克（Wyanda Lublink）。這位嚴肅的前荷蘭海軍指揮官指著螢幕上的一塊冰山——大約七層樓高、一哩寬——正在快速地朝「山姆西蒙號」的後甲板靠近。

「你在等什麼？」查克拉瓦蒂問道。

「我們有時間。」其中一名船員回覆道。

「不，我們沒有時間了。」查克拉瓦蒂提醒船員，他們的引擎現

查克拉瓦蒂船長在「山姆西蒙號」的艦橋上。

在是完全關閉的狀態，至少需要十五分鐘的暖機才可以運作，而冰山可能會在那之前就撞上他們。

「淨空尾部甲板，現在立刻行動！」查克拉瓦蒂下令，擔心在那裡工作的船員們安危。「立刻啟動引擎！」十八分鐘之後，冰山距離船隻只有十五呎之遠，就要撞上來了，「山姆西蒙號」破冰而行，逃過一劫。

到了一月下旬，「山姆西蒙號」已經搜集完「雷霆號」的漁網。「我在此時的首要動機是協助所有相關單位將這套流刺網與「雷霆號」連結起來，」查克拉瓦蒂在一封致國際刑警組織的電郵中寫道。「並且以此做為證據來協助起訴這艘船。」「山姆西蒙號」將這套流刺網送到模里西斯，位於印度洋上、馬達加斯加東邊的一個小島國。他們在碼頭邊與七位當地的漁業人士及國際刑警組織的官員見面，這些人正在搜集與「雷霆號」及其他紫色通告所列船隻相關的資訊。

當一群身著制服的官員環繞著他，又是拍照又是筆記，查克拉瓦蒂引領他們瀏覽過他所列出的七十二項重點清單，其中記錄了「雷霆

號」下網的獨有特徵。捕魚不僅是科學，也是一門藝術，他解釋道。最佳的船長必須能夠航行過最猛烈的風暴，承受最長的航程。他們也有自己虔誠的迷信，祕密的捕魚甜蜜點，以及他們處理流刺網的專屬風格。查克拉瓦蒂一絲不苟地將他在碼頭邊的敘述視作一場提供證據的公聽會，對於一名捕捉南極鱈魚的船長來說，他打結的方式、布網的風格以及捻接繩索的手法就是他的簽名，而查克拉瓦蒂就是將「雷霆號」漁網的特殊之處呈現給官員們看，那是一種指紋，可以消除人們對於原擁有者的身分疑慮。

那一整天下來，查克拉瓦蒂向聚集在港口的警方解釋這些證據。然後，他命令他的船員只交出一小部分「雷霆號」的非法流刺網給國際刑警組織。剩餘的部分——四十四哩長的網子堆放成一座水綠色的小山，要比雙輪拖車還高、還長——會留在「山姆西蒙號」的船上。這種類型的禁用流刺網在黑市的價值高達上萬美元。當地政府警告道，若是將這堆漁網存放在模里西斯，很可能會不見。查克拉瓦蒂的任務在這一階段已經完成，他要回頭去與「鮑伯巴克號」會合，繼續追捕「雷霆號」。

$\sim\sim\sim\sim\sim$

在這場追捕行動開始幾週之後我才聽說。一名很久以前就開始合作的採訪協力——前海軍情報官員——在某個午後打電話給我，詢問我曾否聽說「這個發生在南冰洋的事件」。他告訴我：「這件事正在演變成海洋史上歷時最久的執法追捕行動，雖然它並沒有牽涉到執法單位。」即便他的說詞在一開始看似不太合理，我的好奇心立刻就被激起。隨著他解釋事情發生的經過，我驚覺這是一個絕佳的機會去第一手見證海洋守護者協會的自發運動如何實際運作。

我很快地聯繫了海洋守護者協會的執行長亞歷克斯·柯尼利森（Alex Cornelissen），詢問我可否參與任務，登上其中一艘船。一如這

類故事經常發生的情節，一開始的答案是否定的。

> 他：他們移動得很快。
> 我：我可以包一艘船去追上他們。（當時我還不知道該如何做到
> 　　這一點。）
> 他：他們距離陸地太遠了。
> 我：我已經在海上旅行了許多個星期，再做一次也完全沒有問
> 　　題。（這是真的。）
> 他：這太危險了。
> 我：我曾經去中東的戰區做過報導，混入非洲的民兵，以及在海
> 　　上工作過。這對我來說不是太危險。
> 他：好吧！

　　在我打了十幾通電話之後，柯尼利森終於勉為其難地同意了。但是你必須在七十二小時內到達迦納的首都阿克拉（Accra），他告訴我。

　　我曾經花上超過一年的時間，報導漁業最醜陋、最危險的面向，將一個暗中運作的產業中所存在的非法陰謀依照年代次序排列出來，其中充滿了奴役與虐待，人們被當作海產一般的商品對待。參與一趟正義的任務，即便只是逮捕一艘船，這個點子對我來說都是吸引人的。儘管如此，投入海洋守護者協會的行列令我躊躇。

　　我和海洋守護者協會的創辦人保羅・華森（Paul Watson）曾有過一些交情。我們是在一場關於海洋塑膠的公開演說上認識的。直率且有自信的他，身邊環繞著我想要了解的偉大傳說。我開始向周圍認識他的人詢問對於他的公正意見。而人們的回答經常相互牴觸，他們形容他為言過其實或是真誠可靠、狂妄自大或是無私忘我、複雜難料或是單純易懂。然而，有一個特點是所有人都同意的，就是「堅定」。

　　在一九七〇年代早期，華森和其他二十四位環保人士一同創立了

綠色和平（Greenpeace）。一九七七年，這個組織的董事會為了一場在
加拿大紐芬蘭發生的事件而將華森除名。事件肇因於華生率領一隊綠
色和平的運動人士去抗議獵捕海豹的行為，當時他憤怒地面對一名獵
捕海豹的人，將對方的毛皮與棍棒丟進水裡。綠色和平視華森在這場
事件中的行為過度具攻擊性，並且將他踢出組織。他很快地就成立了
海洋守護者協會，將該組織打造成一個比綠色和平更激進、更挑釁的
團體。

　　這兩個倡議團體的歷史令我驚豔的是，儘管彼此之間存在差異，
它們在法外之海上扮演了相同的角色。沒有其他組織——政府或非政
府——會定期地巡邏公海，揪舉違法行為。在不同的程度上，綠色和
平與海洋守護者協會都相信，結果會為手段提供正當性。為了阻止罪
行，他們願意在法律管轄的範疇之外運作；唯一的問題是他們會願意
偏離到多遠的境地。

　　海洋守護者協會有其創意論述來為自己的行為與法律之間的關係
辯護。當我終於登上「鮑伯巴克號」時，我問哈馬斯泰德，海洋守護
者協會是否有合法權力追捕與騷擾非法漁船如「雷霆號」。他說，他
的船隊從聯合國《世界自然憲章》（World Charter for Nature）中的一項
條款獲得授權，該條款即呼籲非政府團體協助在國家司法管轄權以外
之地區保衛自然。

　　多名海洋法律師與國際政策專家反對這樣的解讀。阻礙漁船（即
便是違法圍捕的船）及沒收它們的裝備是非法行為，他們說道。「但
是沒有人會為此提起公訴，因為相較於「雷霆號」幹過的壞事，這實
在是小巫見大巫了。」克莉斯緹納·澤德（Kristina Gjerde）說道，她是
國際自然保護聯盟（International Union for Conservation of Nature）的公海
政策專家。「海洋守護者協會知道這一點。」

　　海洋守護者協會共有五艘大船、六艘快速充氣船、兩架無人機，

及一隊由一百二十位來自二十四個國家的人員隨時待命的隊伍，他們的綽號是「海王星的海軍」（Neptune's Navy）。這支隊伍的經費有許多來自知名人士的捐款，如米克・傑格（Mick Jagger）、皮爾斯・布洛斯南（Pierce Brosnan）、西恩・潘（Sean Penn）、烏瑪・舒曼（Uma Thurman）、艾德・諾頓（Ed Norton），以及馬汀・席恩（Martin Sheen）。「鮑伯巴克號」是以前電視節目《價格猜猜猜》（The Price is Right）的主持人為名，他在二〇一〇年花了五百萬美元買下這艘船。「山姆西蒙號」則是在二〇一二年以超過兩百萬美元買來，資金主要由《辛普森家族》（The Simpsons）的共同創作人所提供。海洋守護者協會的年度預算超過四百萬美元，其澳洲與阿姆斯特丹的辦公室便以一百五十萬元的運作經費來追蹤「雷霆號」。

海洋守護者協會為人所知的是在動物星球頻道系列之《護鯨大戰》（Whale Wars）中的反捕鯨行動，而當它展開冰魚行動時，正好處在一個關鍵的轉捩點。二〇一二年，華森曾經在德國因為一項十年前的罪名遭到逮捕，當時海洋守護者協會與一艘割鯊魚鰭的船隻在哥斯大黎加起衝突。在德國高級警戒的監獄裡度過八天之後，華森獲保釋出獄，而後在法蘭克福遭到軟禁，但他很快地又逃到海上去。由於日本人已經追蹤這個議題許多年，並且在幕後給國外領導人施加許多政治壓力，他被引渡的可能性很高。

華森正式卸下美國海洋守護者協會主席以及該協會旗艦船「史蒂夫厄文號」（Steve Erwin）船長這兩個職位。然而，他的逃亡身分仍是件複雜的事情。日本宣稱一旦他再次落網，就有計畫引渡他，也展開了一場昂貴的法律訴訟，幾乎要榨乾海洋守護者協會的金庫。直到二〇一七年十月，由於衝撞事件與日本和哥斯大黎加兩國警方所提出的指控，華森仍是兩項國際拘捕令──或是國際刑警組織紅色通告──的目標。在華森追捕「雷霆號」的行動中，處處充滿了諷刺：一位被國際刑警組織列入紅色通告的人正在追捕一位紫色通告的人。

做為一個組織，海洋守護者協會較不關心法律的細微差異，而更在意它怎麼利用所謂的「直接行動」來保護全球的海洋生命。在過去幾十年來，這個組織有幾次與日本的捕鯨船以及其他被它指控從事非法捕魚的船隻起衝突。改良版的海盜旗、船身的偽裝，以及船首的鯊魚肚造型，就像是二次大戰的轟炸機，將這個組織的熱情讓世人看見。這個組織的真言充分捕捉到了它的警戒精神：「抓一個海盜，需要的是另一個海盜。」

對於哈馬斯泰德與查克拉瓦蒂兩位船長來說，冰魚行動是海洋守護者協會以新目標與技倆去重塑這個組織的機會。舉例來說，這個團隊已經決定，與其衝撞六匪船中的任何一艘船，他們會試著待在法律的界線之內，尾隨但同時騷擾這些船隻，直到能夠阻止它們的程度。哈馬斯泰德以「擴音器」形容他的船隊角色。不同於其他任務，這次海洋守護者協會也與國際刑警組織合作，而不是公然藐視之。

查克拉瓦蒂在模里西斯現身，與國際刑警組織合作，也是海洋守護者協會努力重塑自我形象的一部分。我打電話給好幾位在國際刑警組織海事部門工作的採訪協力，詢問他們的看法。其中沒有人會在檯面上與海洋守護者協會合作，但是所有人都說會在私底下提供協助。「他們正在取得成果。」其中一人說道。

當我在二○一五年四月初加入這場追捕行動時，它已經遠遠超越先前這種規模之追捕行動的紀錄。在二○○三年，澳大利亞當局為追捕一艘名為「維阿莎一號」（*Viarsa 1*）的船，歷時二十一天，航行將近四千浬。如同「雷霆號」，「維阿莎一號」也是一艘獵捕南極鱈魚的船。它後來在南非附近被逮捕，而它的運營者於二○○五年接受審判，但最終因證據不足而無罪釋放。自從那次事件以來，情勢沒有什麼改變：一艘特徵相似的船在相同的地點偷捕相同類型的魚。然而，這一次的追捕行動歷時更長、距離更遠，也更危險，而且它不是由執法人員、而是由一群環保義警帶頭進行。在我加入海洋守護者協會的船隊

時,「雷霆號」的追捕行動令人感覺像是一則陳舊故事在重覆上演的過程中,變成某種新奇且更不穩定的事物。

~~~~~~~

到了二〇一五年四月,我已經在海上待了六個月,在泰國、阿拉伯聯合大公國、菲律賓與其他地方的外海進行其他旅程,為《紐約時報》做報導。其中許多的報導行程是在極度匆促的情況下進行的,因為這種機會很少會事先有所預警地浮現,而我試圖抵達的又經常是某個移動中的目標。這次也沒有什麼不同。目前為止,混亂的情形已經充分排練過。我打電話給我的姊夫和母親,兩人都住在華盛頓特區內,距離我家不遠,便請他們在我離開期間,協助我太太接送兒子去學校。

在家裡,有個背包準備好讓我能隨時出發。我把五千美元的現鈔藏在不同的地方(在我的步鞋底下、縫在背包內襯的祕密小袋,以及我的藥盒夾層裡)。所有的小玩意(備用電池、GoPro相機、耳機、衛星電話、筆記型電腦、裝有國際SIM卡的備用手機)都是充飽電的狀態。由於某次在南中國海一艘骯髒的漁船上,我把抗生素與抗真菌藥膏給了一名亟需治療的水手,結果在一星期之後,我手臂上一道深長的傷口因為缺乏治療而導致嚴重感染,那次經驗讓我謹記要重新充填這兩項藥品。

在這些旅程之前,最困難的總是和我太太之間的對話,而這一次又更加困難,因為無法確定我什麼時候會回家。「或許三個星期之後,或許三個月之後。」查克拉瓦蒂曾經說過,並進一步解釋,這必須看「雷霆號」將逃跑多久,以及他們有沒有機會接近陸地。「去吧,我們會沒事的。」我太太雪莉(Sherry)一如往常地說道,「只要確定你會回來。」

當我前往阿克拉之際,我向兩個人提出援助請求。第一位是前美

國駐迦納大使科比·庫姆森（Koby Koomson），我之所以認識他，是因為我太太是他兒子高中的西班牙語老師。庫姆森大使很快地引介我認識了幾位迦納政府的重要人物，以便加速我的簽證核發流程。

第二位人物是一位迦納記者阿納斯·阿瑞梅瑤·阿納斯（Anas Aremeyaw Anas），我跟他已有數年交情。雖然阿納斯可能是非洲最有名的調查性記者，幾乎沒有人見過他的真面目，因為他都是以臥底方式工作。網路上有關他的照片要不就是蒙面，要不就是數位修改過的。他的調查促使大約六個國家進行備受矚目的逮捕行動，對象涉及軍火販子、軍閥、毒品走私者與貪污的政府官員等。所以一些非洲國家的政府官員對阿納斯是帶有恐懼的，以致非洲饒舌歌手將他的名字放進了關於騙子與貪污官員的歌裡，做為某種具有超人力量的巫師代表，以契維語（Twi language）警告人們小心，因為「阿納斯來了！」

阿納斯借我一名他的個人助理，叫塞拉斯·科夫－塞蘭姆（Selase Kove-Seyram）的年輕男子，所以我可以在阿克拉安全地行動，並且有效率地通過迦納的官僚體制。不消幾個小時，科夫－塞蘭姆已經讓我們排隊搭乘迦納港口警察的船，他們有一艘相對新穎的快艇，正迫不及待地要試航。再加上高出這趟航行成本的一千五百美元，就足以說服警方載我去外海赴會。

在我抵達阿克拉之後不久，才聽說了《紐約時報》指定與我共行的攝影師在巴西無法登機，因為他的簽證申請遇到意外阻礙。我只好詢問科夫－塞蘭姆是否有興趣跟我一起去海上待一段不確定的時間，他正好是一名有才華的攝影師。他毫不猶豫地同意了。在前往港口之前，我們衝到商店去採購補給品。

當我有選擇時，我幾乎總是帶著相同的食物：我所選擇的高卡路里輕巧食物是花生醬與果乾。我通常會帶很多的口香糖、綜合堅果，有時候也會帶上香菸，以便在破冰時發給船員。檸檬濃縮粉有助掩蓋船上飲用水通常會帶有的鏽味。M&M's是可以久放的甜食，相較不

怕高溫，我可以留著自己慢慢享用，一天幾顆。在抵達迦納十二個小時之後，我登上了一艘四十呎長的警用快艇，高速朝海上前進，這一切順利得不禁令我感到吃驚。我們的計畫是提早抵達會面的座標點，距離海岸超過一百浬的距離，在此下錨，並等待（很可能要等上二十個小時）海洋守護者協會的船隻接應。

當我準備要離開時，查克拉瓦蒂以衛星電話從「山姆西蒙號」上與我通話，解釋說他的定位詢答機會關閉，因為他不想讓「雷霆號」知道兩名追捕者之一已脫隊。他向我預告，不論什麼船隻載我至海上，都不必擔心看不到海洋守護者協會前來。「我們會出現。」查克拉瓦蒂說道，並補充說他們不能等我太久，以免跟丟「雷霆號」。「別遲到。」

這是計畫開始崩解之處。在我們安排載出海的迦納港口警察快艇上，十名船員之中只有一名曾經到過距離岸邊達十二浬以外的地方。這些人充滿男子氣概，迫切地想要令他們的訪客印象深刻，所以當他們之中有幾個人開始感到暈船時，他們便覺得尷尬。距離海岸七十浬遠之處，海浪起伏可高到十五呎之高，而我感受到這些男人開始覺得害怕，並不是沒來由的。船員們之間的氣氛開始變得緊張。因為我們要耗費更多的燃料來對抗海流，他們之中有些人猜測我們要不是翻覆，就是會耗盡柴油。低階船員之間的擔憂導致甲級船員之間突然爆發激烈爭執。

關於危險，隨著你經歷過愈多且毫髮無傷之後，你就會變得愈來愈不敏感。我沒有體驗過如毒品一般對危險上癮的感覺，也不曾單純為了刺激而尋求危險，但是你會在某種程度上逐漸習慣恐懼。當我發現自己處在這些迦納人之中，是一個正常人的內部危險偵測器會開始閃現黃燈的時刻，我彷彿可以看到可能的風險，但是我沒有感受到潛在的危險。我曾經被困在比此刻更危險的海面上，船上的裝備要比現在簡陋得多，而且我有信心這艘迦納快艇夠堅固而足以應付現有狀

態。只要船上的甲級船員維持冷靜。

然而，情勢很快地轉向對我們不利的方向。甲級船員不只低估了我們這趟行程所需的燃料，也低估了我們所跨越的水深。快艇上的錨長度不足以觸及超過一千呎深的海底，意即在我們等待「山姆西蒙號」的期間無法關掉引擎，以免我們漂移得太遠，偏離太多。我以衛星電話打給查克拉瓦蒂解釋我們的困境，這通電話就耗掉了大半電力。當然了，我揣想，海洋守護者協會不想要我們回頭，而錯失故事採訪意謂著將失去公關宣傳與潛在募款機會。查克拉瓦蒂要我告訴迦納人，當他抵達時，會從他的船隻備用燃料庫中抽取燃油供他們使用，以便能夠安全地回到岸上。

他的提議並沒有使迦納人感到安心。船上的爭執逐漸升級到叫囂與推擠。這時我通常會拿出「破冰器」——不只是口香糖、堅果與香菸，還有鮪魚罐頭和硬糖果——希望能緩和大夥兒情緒，但是這四小時的航程已經用盡了我的儲糧。在我的腦海裡，原本已經自動地在第一時間忽略這些牢騷，視之為疲憊與虛張聲勢的情緒下所引發的短暫反應。但是當兩名體格壯碩的水手站出來，開始對著高階船員當面叫囂，並且對我比手畫腳時，我開始更嚴肅地看待這種緊張局勢了。暴動似乎一觸即發，而我卻站在錯誤的一方。

科夫－塞蘭姆一直為我翻譯多種迦納當地方言，但此刻的他嚴重暈船，趴在船沿邊嘔吐。我不再明白船員們在叫囂什麼，不過雙方的立場很清楚：眾船員們想要立刻回頭返港，幾名資深船副則是決心要完成任務。經過二十分鐘的爭執，塊頭較大且人數較多的低階船員贏得勝利。我們回頭朝陸地前進，整艘船接著有幾個小時陷入夾雜著詭異與憤怒的沉默當中。

我們的運氣很快地變糟。隨著我們向岸邊前進，儀表板卻莫名地失去所有電力——似乎是一場電力短路——使得整艘船的導航設備盡皆失靈。在視線或雷達可及之處不見其他任何船隻。由於不知道我們

的確切位置，找到回家的路變成不可能的任務。在燃料有限的情況下，我們沒有任何犯錯的空間；否則，我們就會被困在陌生又不友善的水域上。此時我的衛星電話只剩下一條槓的電力，我打電話給一位提供消息的海洋研究員，在大半夜吵醒她。「可以請妳上定位詢答機的網站查看我的船在哪裡嗎？」我倍感抱歉地詢問她。由於詢答機是以電池供電，我們還在向系統傳送位置，所以我猜想她或許可以看到我們。在她找到答案之前，我的手機就徹底沒電了。

接下來的四個小時，我們漂流在黑暗中，每個人都陷入了自己的沉思與恐懼。我擔心自己或許無法再和我的妻小對話。我也不敢相信這是我的報導計畫可能的結局。在我思考所有潛在危險時，這個詭異的場景絕不曾出現在我的想像中。我責怪自己沒有為衛星電話準備好備用電池。

當我們在黑暗中浮沉時，一道光芒在海平線閃現，打擾了我的思緒。「哎呀！」在我們船尾甲板上的一名船員大喊，指著那道光，而其他人開始興奮地鼓掌。那是一艘搖晃不堪的拖網漁船，在我們以手持無線電與對方聯繫之後，漁夫把船開近我們，登上我們的船來幫忙處理儀表板的短路問題，並且告訴我們當時所處的方位。底拖網在我們受困的海域是被禁止的。然而，我想最好不要指出我們這艘執法警艇是被一艘很可能正在非法捕魚的漁船營救。這是一小則我會拿來自娛的諷刺故事。

在我們回到港口之後，氛圍還是緊張的，但已經不再有衝突危機。當我下船踏上阿克拉的陸地時，指揮警艇的官員跟我道歉，未能將我帶到預期的終點處。他接著安排了一部由士兵阿布（Abu）駕駛的無標誌車輛來載我們回下榻飯店。

接著又是日光灑下，阿克拉恢復了生氣。我則是從睡眠不足及海上暫時迷航的焦慮中累壞了。不過，如果我們快點安排另一艘船，或許還有剛好足夠的時間到達會面點，我詢問阿布是否有興趣賺一點外

快，載我們到附近的漁港，並協助我們僱用一艘開往外海的船。「沒問題。」阿布答道。我下定決心——或許太過堅定了——要目睹追捕「雷霆號」的過程。

　　阿布大約有六呎四吋、兩百五十磅重，是一名彪形大漢，而他的軍裝更突顯了他令人敬畏的外表。阿布傾向於長時間的凝視，以沉默進行溝通的時間差不多要等同於以話語溝通的時間了。當我們開著那輛沒有標誌的車來到港口時，先前需要花上十五分鐘爭論才能通過的檢查哨，這次連我們的駕駛都還沒搖下車窗就揮手要我們通過。不到一個小時，阿布已經幫我們找到一艘更大的貨輪，由一名更有經驗的船長掌舵，要價八百美元。阿布看似真心地擔憂我們無法及時抵達，也好奇地想看看我們要見面的人是誰，於是決定跟著我們上船。經過六個小時的航程之後，我們抵達了預定座標點，只剩下幾乎不到二十分鐘的時間。船長讓引擎閒置，等待著。感覺超現實又充滿壓力，這就像是一場發狂的夢境。

　　「我不敢相信我們成功了。」科夫－塞蘭姆對我耳語道。我以一個不顯眼的低空擊掌回應他。這個慶祝活動沒有持續太久。當我們搜尋著海平面上是否有「山姆西蒙號」的小艇時，載我們前來的貨輪船長顯得愈來愈激動。最終，他打破沉默告訴我，他不喜歡跟一艘他無法在定位詢答機上看到，而且他也不認識船員和船長的船在海上見面。「我怎麼知道你不是在設局，陷害我被海盜攻擊？」他問道。我解釋說「山姆西蒙號」把定位詢答機關掉，是因為它正試圖在不被發現的情形下跟蹤一艘船。我真誠的回答似乎只是讓他更加緊張。

　　很快地，「山姆西蒙號」的小艇出現了。海洋守護者協會健壯的船員們身上帶有刺青，穿著一身黑，並且開著一艘快速移動的軍事風格小艇，這一幕並沒能令船長感到安慰，反而是陷入一陣恐慌。他猜想他們是僱傭兵，便趕緊讓貨輪掉頭，全速向海岸前進。我請求他停下來，但他不肯。我望向阿布，企望他會做點什麼事。阿布站起來，

從鼻子深吸了一口氣,似乎把他的身高提高了幾吋,然後以洪亮的聲音命令船長掉頭。船長立刻就照辦了。

當我們離開貨輪,踏上海洋守護者協會的小艇時,我交給迦納船長剩餘未支付的四百美元。我們和阿布握手告別時,我另把兩百美元塞進他的手裡,儘管他堅持自己不是為了錢才幫助我們。終於可以擺脫我們,船長與阿布看起來鬆了一口氣,向科夫-塞蘭姆與我祝好運。那艘迦納貨輪加速向海岸開去。海洋守護者協會的船員也加速小艇的引擎,朝向幾內亞灣的方向深入前進,帶我們前往「山姆西蒙號」。

〜〜〜〜〜

二月,這場追捕行動已經展開兩個月,但是我直到兩個月後才登上海洋守護者協會的船。此時「鮑伯巴克號」的船長哈馬斯泰德與他的「雷霆號」對手都已經體認到雙方皆沒有放棄的意願。當時,這兩人正在橫越世界上最危險的水域之一。根據一句古老的航海格言,低於南緯四十度的海上,沒有法治;低於南緯五十度的海上,沒有上帝。這個部分的地球就處於阿根廷的最南端點之下,凶狠的風與險峻的天氣造成了幾世紀以來的恐懼,以及無數艘沉沒的船隻。在這場追捕行動中,兩艘船的船長都已經航行過幾千浬,穿越過「無神的六十幾度線」(Godless Sixties),向北進入水手們所稱之「咆哮的四十幾度線」(Roaring Forties)以及「狂怒的五十幾度線」(Furious Fifties)。

在這片以風大浪急著稱的南方海域上,暴風雨在向東航行至開放水域的過程中匯聚了上萬浬的力量,也就是技術上所稱的風襲區域(fetch)。除了南美洲下半部的尖角之外,這片水域幾乎不受陸地干擾。風速最高可達每小時兩百哩。海浪接近九十呎高。極鋒(Polar fronts)與貿易風(信風)形成每週平均一場的強勁暴風雨。欲通過這個區域,船隻通常會等在外圍,趁著暴風雨之間的空檔通過。然而,「雷霆號」沒有這麼做。

「雷霆號」衝過南冰洋充滿冰山的一片危險區域，藉此逃脫追捕。

　　隨著「雷霆號」衝進這個凶險的區域，哈馬斯泰德在他的手提電腦上研究氣象圖。圖上的黃點代表風速超過每小時四十五哩。船上的大副亞當・梅爾森（Adam Meyerson）來自加州，曾經是一名粗壯結實的修車技師，他從哈馬斯泰德的肩上偷瞄，補充道：「陷入芥末中是沒關係的，我們只是需要避開番茄醬。」在接下來的兩天裡，他們完全陷在番茄醬中。

　　當船身較大、較重的「雷霆號」穩妥地挺過接下來兩天的暴風雨，「鮑伯巴克號」正在海上搖擺起伏，傾斜四十度角，承受五十呎高的浪頭打擊。在甲板下方，油料在「鮑伯巴克號」的油箱裡晃動著，從油箱上方的裂痕灑出來，讓整艘船瀰漫著柴油味。在廚房裡，綁在牆上的一只塑膠桶被打破，導致地板上都是烹飪油，甚至流到了下方的船員艙位。一半的船員都暈船了，「就像是在一個在十秒內突然震盪六層樓高的電梯裡工作。」哈馬斯泰德船長回憶道。

　　當我在日後訪問他們時，船員們將這次跨越暴風雨的經驗形容成

「洗衣機裡的一個硬幣」、「浴缸裡的一顆乒乓球」，以及「一場衝撞大賽裡的司機」。雖然在這段行程期間，我不在「鮑伯巴克號」上，但我知道船員們的意思。我在後來的某次航程中跨越了相同的水域，當海浪一次又一次重擊船身時，彷彿可聽到船的呻吟、悲嘆與尖叫，哀求著從殘酷的重擊中獲得解脫。

在這樣的風暴中，你會想要待在自己床艙裡趴著，盼能減輕暈船的症狀。即使船艙空間可能會很危險，因為物品若是沒有妥善地綁好，就不可避免地會四處飛竄。由於無法看清楚外頭，你永遠不會知道下一波浪頭什麼時候會打過來，以及它會對船身造成多嚴重的影響。所以你的腦海裡會是一片空白。幾個小時趴在船艙裡的時光可能會變成幾天，直到厭倦本身變成一場危險。

對於海洋守護者協會的船員來說，趴在地上不是一個選項。當船隻停靠碼頭時，他們通常會在船身一側搖晃地懸掛著笨重的橡膠製「橫濱碰墊」（Yokohama fender）──它們看起來像是被輪胎包覆著的迷你潛水艇──以避免船身被港口的牆或碼頭的椿刮到或撞到。在這場暴風雨中，一塊被綁在「鮑伯巴克號」舵手室底下的碰墊鬆脫。將近十呎長、重達一噸以上，這塊碰墊魯莽地滑動了，只差不到三呎就要毀壞這艘船上的快艇。「在這麼大的風暴中，你就是不會走上甲板。」哈馬斯泰德說道，「除非當你沒有選擇的時候。」兩名船員──包括一個名為阿里斯泰爾・亞蘭（Alistair Allan）以及輪機員帕布羅・華生（Pablo Watson），皆為澳大利亞籍──在當時自告奮勇，穿上救生衣，他們把自己綁在船艙邊的扶手上，向前甲板匍匐前進，在強勁的風雨中將碰墊再次綁好。

追捕「雷霆號」的行動不只是一場意志與膽識的考驗，也是一場耐力賽。在過去幾週，「雷霆號」憑其所能做了所有事情來避免其對手重振精神。「鮑伯巴克號」與「山姆西蒙號」通常會平行航行，維持約半浬的距離。當它們靠近彼此時，「雷霆號」船長猜想它們是要

交換物資或是為其中一方加油，所以它就會甩頭卡在這兩艘船之間。海洋守護者協會的兩位船長對於「雷霆號」的動作感到好笑，因為它們兩艘船都有充足的物資，至少在接下來一兩個月內不需要再做補給。關於海洋守護者協會的兩艘船為何要一直靠近彼此，我未曾從船長們那兒得到直接的答案，但我懷疑他們只是想要混淆對手視聽。

　　如果說在海上航行過強勁的暴風雨是某種形式的幽閉空間恐懼症，如同被關在一個歪斜的盒子裡，那麼成功跨越到另一端就能帶給我們少有且極度的歡愉。一股重擔被搬開，你感覺到自己彷彿終於可以再呼吸了。那些被困在衣櫃般大小的船艙裡的日子，如今終於得以擺脫之。你站在甲板上看到不祥的低空雲朵逐漸消散，或許甚至還有陽光灑下。打開門閂，乾淨的空氣飄進來。對於海洋守護者協會來說，這種歡愉更加甜美，因為他們多了一份戰勝「雷霆號」企圖動搖它們的驕傲。

　　在接下來的幾天之間，隨著船隻通過寂靜的洋面，海洋守護者協會試著評估「雷霆號」剩下多少燃料。「鮑伯巴克號」與「山姆西蒙號」上的攝影師拍下影片以及「雷霆號」的照片，以計算它的吃水深度，做為其燃料多寡的評估線索。

　　在海洋守護者協會讓我登船之前，我必須同意數個條件，包括承諾永不洩漏任何關於船隻的燃料容量。「我們的對手不需要知道他們要跑多遠才能擺脫我們。」查克拉瓦蒂解釋道。同樣被禁止公開的是船隻的設計圖，這在艦橋的牆上可以看到。如果我們與「雷霆號」正面對峙，一發瞄準右通風口的水炮就可以讓海洋守護者協會船隻的重要區域淹水。

　　在追捕行動持續將近兩個月之後，海洋守護者協會與「雷霆號」進到了梅爾維爾淺灘（Melville Bank）的區域，位處在印度洋上，距離馬達加斯加南方約幾百浬的地方。在突然減速之後，「雷霆號」開始打轉。哈馬斯泰德透過無線電呼叫「雷霆號」的船長卡達多，詢問一

切是否安好。對方沒有回應，這並不尋常。雖然是令人感到痛苦的對手，兩位船長經常對話，而且卡達多通常會大叫、詛咒和嘲諷（「你是個廢物」、「你這個笨蛋」以及「你不夠格做為一名船長」），而哈馬斯泰德則是維持一貫的冷酷，偶爾加上一句嘲諷的話（「謝謝你這麼說」、「我也有同樣的感覺」）。

很快地，「雷霆號」後方的探照燈亮起，位於船身後半部的拖網門打開，船員們丟出了大約半哩長、繫著浮漂的漁網。「鮑伯巴克號」的船員在艦橋上看得目瞪口呆。哈馬斯泰德命令他的領航員快速地將「鮑伯巴克號」駛離漁網的路徑，以免它們纏住船隻的推進器。在這部分的海域並沒有南極鱈魚的蹤跡，因為海水太淺，不到四百呎深。他們捕魚是為了補給嗎？哈馬斯泰德納悶著。或者他們只是想要宣戰。

半個小時之後，「雷霆號」掉頭收回漁網，而哈馬斯泰德試圖阻擋它的路線。卡達多回應的方式是加大馬力，全速朝「鮑伯巴克號」前

「鮑伯巴克號」幾乎要撞上「雷霆號」。

進。哈馬斯泰德立刻反轉節流閥，在大約十呎的距離內躲開了一次碰撞。撞船——後來我在帛琉、泰國與印尼皆經歷過－聽起來較撞車更令人感到暴力與恐慌。撞船所涉及的賭注更高，因為它通常會造成一方或雙方船隻沉沒。噪音也會持續更長，幾乎像是慢動作播放，發出金屬互相碰撞的聲響、玻璃纖維破碎、木頭扭曲，接著啪地一下彷彿一顆彎腰的樹。幸好，那一天並沒有發生這種事，因為這兩艘船都要大得多。卡達多的船員將他們的漁獲拉上甲板，整艘船再次陷入黑暗。

隔一晚，「雷霆號」再次打開它的拖網門，丟出漁網。當卡達多以無線電呼叫哈馬斯泰德時，後者採取了較為挑釁的口氣。

雷霆號：「鮑伯巴克號」，這裡是「雷霆號」。

鮑伯巴克號：你想要什麼？

雷霆號：午安，我想要跟你溝通一下，根據奈及利亞政府與我們的承包商規定，我們將進行另一場捕魚活動，所以你要小心別讓你的船尾與我們的傳動系統糾纏在一起。

鮑伯巴克號：如果你開始捕魚，我們會剪斷你的漁網。

雷霆號：如果你剪斷我們的漁網，我們會通知奈及利亞政府，你正在從這艘船上奪取私有財產。我們會和奈及利亞政府合作，而且如同我先前所告知的，我們擁有奈國政府發放的執照，獲得其授權，而且都還在期限內。你打算要做的事會是違法的。

鮑伯巴克號：你沒有許可證。現在丟出漁網是沒有意義的。如果你這麼做，我們會剪斷漁網。奈國政府已經告訴我們，你沒有獲得在此捕魚的許可。如果你丟出漁網，我們會剪斷它。

我並不清楚這兩位船長之中是否有一方在吹牛，或者奈國政府是否曾經親口說出這兩方的說詞。不過在此之前，漁網已經下水。當「雷霆號」拖著漁網時，哈馬斯泰德讓「鮑伯巴克號」徹夜守著，但是維

持一定的距離以免糾纏在一起。接著，哈馬斯泰德沿著漁網範圍移動，指示他的船員抓好與「雷霆號」連結在一起的線。他們剪斷「雷霆號」的浮標，導致一部分的漁網沉至海底，而「鮑伯巴克號」的船員們則是使勁地將剩下的漁網拉出水面。卡達多做出一個大幅度的U型迴轉。「趕快！『雷霆號』回頭找我們了。」哈馬斯泰德命令道。

「鮑伯巴克號」的船員所面臨的危險是真實的。在我報導罪行海洋的過程中，包括此刻在內的許多時刻，會興起一個基本的問題：為什麼這些年輕人要如此拿自己的生命來冒險？在接下來的數年之間，隨著我在海上與這些捍衛海洋保育的人相處，我也羅列出了一系列我認為可以回答這個問題的要素。是的，他們關心魚兒，或許更廣泛地說，他們關心海洋生物。詢問他們的目的，就彷彿是在聆聽一段關於抵抗更廣大力量的論述，例如貪婪、氣候變遷，以及殺害生物的不必要性。然而，也有一些是出自本能的動機：探險、旅行的機會、戰鬥的刺激感、見識到很少人知道其存在的地方、獲得實用的航海技巧、共同目的的同袍情感等。有一點是很清楚的，如同在多數的職業中，包括採礦在內，當人們工作得愈久，愈是相信這套中心論述：在核心上，愈具高度的召喚，正是令他們在這種駭人的時刻更加堅強的關鍵。

卡達多透過無線電呼叫，憤怒地控訴哈馬斯泰德犯下偷竊行為。哈馬斯泰德也毫不客氣地回應指出，卡達多才是犯法的人。「是你挑起這場戰爭。」卡達多說道，並補充說他會追著海洋守護者協會，直到他們交還漁網。「鮑伯巴克號」加大引擎前進。「雷霆號」也全速尾隨著，僅有五百碼的距離。

哈馬斯泰德有信心可以超過「雷霆號」的速度，也很高興卡達多正在浪費珍貴的燃料尾隨他，他面無表情地表示，自己很願意歸還沒收的漁網。「雷霆號」只需要跟隨他到最近的港口，並且向警方自首，他補充道。卡達多並沒有被逗笑，「不論要付出什麼代價，不論會發生什麼事，我們都有操作指南，我們有我們的規則，而那就是要收回

我們的浮標。」

　　接下來的幾個小時內，原本在追趕的一方變成被追趕的一方。哈馬斯泰德開始將他的西班牙對手稱作「潘普洛納的公牛」。最終，卡達多停了下來，掉頭回到自己原來的航線上。至於它要往哪裡去，無人知悉。

　　在距離冰魚行動超過三千浬外的海上，西班牙西北角正在上演一場不同的戲碼。在加利西亞（Galicia），警察突襲了好幾家涉嫌非法捕魚的公司，包括惡名昭彰的非法捕魚公司維達爾・阿爾馬多瑞斯（Vidal Armadores）的前總部。當警方抵達公司辦公室，員工正在拚命地將文件丟進碎紙機中。警方阻止了他們，在半小時內就帶著剩餘的上萬頁文件離開。

　　這場突襲是史派羅行動（Operation Sparrow）的一部分，這個輕佻的名稱來自強尼・戴普（Johnny Depp）在神鬼奇航系列電影中所扮演的角色傑克・史派羅（Jack Sparrow）。諷刺之處在於，這是西班牙政府自二〇一五年頒布新的漁業法以來，第一次試圖執行該法。在該法之下，西班牙政府有權起訴在世界任一角落涉入非法捕魚活動的西班牙國籍人士。

　　西班牙警方與其他執法單位懷疑維達爾・阿爾馬多瑞斯與「雷霆號」有關聯。然而，透過設於塞席爾、奈及利亞與巴拿馬的空殼公司掩護，「雷霆號」的所有權始終是個謎。最重要的是，當這些公司的船隻一直在海上移動著，讓人難以輕易檢查時，它們就等於是受到了距離的保護。不過，非法捕魚者有一項致命的缺點。儘管他們盡可能地留在海上，這些漁船的經營者也很清楚，他們的生活不可避免地與陸地繫在一起。他們的財務來源總是維繫在陸地上的機構與交易。他們的船員有自己的家庭要看顧，有債務要償還。這些都是生活中無法

逃避的事實，而西班牙的調查當局知道如何利用這些事實來起訴他們。對於資金短缺的政府而言，有時候利用資源最好的方式就是坐等這些船隻回到岸上。

當西班牙政府對這些公司的調查力道加大，我的採訪協力們也開始提供大量與本案相關的文件。其中有些文件指出，「雷霆號」的擁有者是一間名為艾斯戴拉瑞斯（Estelares）的巴拿馬籍公司，國際刑警組織的官員並聲稱這家公司是由一位來自加利西亞，名為弗洛林多・岡薩雷茲・柯拉爾（Florindo González Corral）的男人所經營。其他海事紀錄提及「雷霆號」的擁有者是另一家名為特蘭柯埃洛漁業（Trancoeiro Fishing）的巴拿馬籍公司。這家公司有多位董事是西班牙人，曾經因為從事非法漁業活動而入罪，國際刑警組織的官員聲稱他們與維達爾・阿爾馬多瑞斯有關。特蘭柯埃洛漁業公司的職員未能回應我對他們多次提出的問題。一位曾經代表維達爾・阿爾馬多瑞斯的西班牙律師卡洛斯・佩雷茲－布札達（Carlos Pérez-Bouzada）曾經發過一封電郵給我，聲稱他的客戶與雷霆號「沒有絲毫關聯」。

這些文件的內容幾乎總是隱祕的、不完整且帶有誤導性的，詳細研讀它們是一個乏味但具有教育意義的過程。儘管踹開一扇扇門取得這種文件需要大量的腎上腺素，而且要跨越世界各大洋追捕這些非法漁船的主事者才得以產出刺激報導，準備起訴的乏味過程卻是執行法律最困難也可能是最重要的部分。

畢竟，在海上追捕「雷霆號」的真正價值，是要找到在陸地上起訴該船經營者的必要證據。調查罪行諸如洗錢、偽造文書以及逃稅──這些是可以招致真正的刑期判決與可觀罰金的罪行──需要投入大量心血與資源。喚起民眾對於漁業的關注已經夠困難了，更不用說是「洗魚」（fish laundering）這種涉及偽造漁獲來源的行為了。要以人民繳交的稅金來進行表面上「不流血」、似乎只是紙上談兵的跨國犯罪調查就更加困難了。

　　這些法庭工作有部分是由兩位孜孜不倦的挪威記者完成，即埃斯基・安格達爾（Eskil Engdal）與謝提爾・薩特（Kjetil Sæter），他們多次前往西班牙及其他六個國家，令人印象深刻地描繪出「雷霆號」周遭的企業疑雲。然而，他們就和我一樣，仍然難以肯定誰才是那艘船的擁有者。

　　這正是這個體系的目標。在時機好的時候，船東、保險業者、銀行家、船隻運營者、買家、船旗註冊機構等，甚至是政府都從公海上狩獵的非法捕魚行為中獲利。在時機不好的時候，這些相關人士又不必承擔責任，不致受到國際刑警組織、工會組織人士、人權倡議人士以及記者等人的監督。

〜〜〜〜〜

　　到了二月中，追捕行動已經進入第七週。在南非的正南方超過四百浬的地方，「雷霆號」在印度洋的波淘浪花中起起伏伏，以減少耗費燃料。接著，在二月十六日，「鮑伯巴克號」艦橋上的船員注意到「雷霆號」甩開濃厚黑煙，尾端還冒出火光。船隻航行過的地方浮著一片漏油。

　　海洋守護者協會透過無線電詢問，「雷霆號」的船員只是給出了不可信的藉口，聲稱那是來自他們的廚房與浴室廢棄物──盒子、包材、廁紙、香菸盒等等。燃燒這類廢棄物是合法的。「雷霆號」上的火焰持續燃燒了兩天，比起任何一艘同等尺寸的船隻在發生燃火事件時所持續的時間還長。大約同一時間，堆積在「雷霆號」尾端的漁網開始縮水。查克拉瓦蒂猜測「雷霆號」正在銷毀證據。他的起疑是有理由的。當印尼與澳大利亞漁業署的人在二〇一二年登上「雷霆號」時，他們首先納悶的是捕魚工具不存在。後來才發現船長把漁網裁剪成一小片一小片的，然後在船尾甲板的一個鏽蝕的鍋爐中燒掉它。

　　在查克拉瓦蒂看到「雷霆號」冒出濃煙的六天之後，他讓幾名船

員坐上小艇去送東西。他們帶著一個黑色垃圾袋,裡頭裝有十個十六盎斯的塑膠瓶,蓋子以黃色膠帶封住,瓶子裡並有一把米粒以方便把瓶子丟出去,還有以印尼文和英文寫成的筆記。哈馬斯泰德想要告訴「雷霆號」的印尼水手們,海洋守護者協會是跟他們站在同一陣線。筆記中指出,因為水手們只是聽從甲級船員的指令,他們不會受到任何罪行指控。「我們並無意圖讓你們陷入麻煩。」這份四百五十字的筆記寫道。「我們應該同心協力。」

他們的目標是要確保「雷霆號」的甲級船員因為非法捕魚而被起訴,哈馬斯泰德在筆記中補充道,如果印尼水手們想要捎信息給他們的家人,或是尋求任何東西,他們只需要寫下回覆訊息,置入瓶中,在海洋守護者協會的小艇下一次靠近時,把瓶子丟回來。哈馬斯泰德的筆記寫道。如果水手們可以分享任何關於甲級船員的訊息,也會大

一名「雷霆號」的甲級船員掩蓋著他的面容,向一艘海洋守護者協會的小艇拋出一條鎖鏈。

有幫助。「我們船上的燃料與食物要比『雷霆號』多得多，而且會一直追著這艘船直到它靠港。」

到了可及範圍之內時，海洋守護者協會的船員將瓶子丟到船上。不一會兒，一名男子出現在「雷霆號」的上層甲板，臉上戴著一個黑色的滑雪面具。他用力投出一條短小的鐵鏈，在距離海洋守護者協會小艇的兩具舷外引擎幾吋的地方墜入海中。接著，一條圓型的金屬管子，大約是一卷膠帶的大小，又從空中被擲了過來，擊中一名海洋守護者協會船員的肩膀。他的肩膀瘀青了，但除此之外毫髮無傷。瓶子成功送達，任務完成，哈馬斯泰德命令他的船員返回船上。

自從一九七七年創立以來，海洋守護者協會在全球漁業產業眼中，就是一個無法預期且傾向於做出極端行為的組織。幾乎在一樣長的期間裡，這個組織的領導者將組織的任務形容為「脅迫性保育」（coercive conservation），並且將旗下員工視作保護海洋這場戰役中的「環保戰士」。

因此，當一艘兩百二十三呎長的漁船「海灣地圖號」（Atlas Cove）出現在南大西洋上支持海洋守護者協會追捕「雷霆號」的行動時，許多人都大吃一驚。三月二十五日，「海灣地圖號」出現在大約加彭西方一千浬的海面上，它的船長是紐西蘭人，名叫史蒂夫·帕庫（Steve Paku）。他以無線電向「山姆西蒙號」詢問自己可否與海洋守護者協會的船隻同航，以示團結。哈馬斯泰德回應表示十分歡迎。

不過，這場會面的計畫其實早在先前就悄悄地籌備了。在推出冰魚行動時，海洋守護者協會向媒體強調，他們不是反對捕魚，而是反對非法捕魚。這與我過去聽到該協會的主張雷同，令我吃驚的是這協會表現出不同以往的實用主義。部分原因出自於日本政府成功地對華森提出法律訴訟的刺激，海洋守護者協會的董事開始相信，他們的組

織若想要創造真正的影響，就必須培養盟友。

在過去數個月以來，海洋守護者協會與名為南方漁場（Austral Fisheries）的澳大利亞公司持續溝通，該公司擁有「海灣地圖號」，以及一組捕捉南極鱈魚的船隊。他們在南冰洋上追蹤非法捕捉南極鱈魚的漁船已有多年，因此很高興看到海洋守護者協會要追捕非法漁獵者。一則面臨這些非法漁船的競爭，再者受到自己必須遵守法律而其他船隻則否的負擔，南方漁場開始與環保戰士結盟，積極地分享關於南冰洋上哪些船隻在哪裡做什麼事的情資。

在靠向「山姆西蒙號」之後，一名在「海灣地圖號」上的輪機員開始以無線電向「雷霆號」發送一則訊息。

> 海灣地圖號：你的船是其中一艘持續在非法捕魚的船隻。

輪機員代表船長以西班牙語說道。他接著解釋，「海灣地圖號」做為「合法捕南極鱈魚船聯盟」（Coalition of Legal Toothfish Operators）的成員之一，已經設定航程與「鮑伯巴克號」及「山姆西蒙號」會合，支持它們打擊非法捕魚的行動，輪機員解釋道。

> 海灣地圖號：在你身後的人們不會被動地放你走……他們的聲譽就為他們說明了一切。

> 海灣地圖號：如果你想要繼續在南方海域上作業，就要像其他人一樣透過正確的途徑……我們必須照顧好海洋中所剩無幾的生物，因為如果我們不這麼做，我們的小孩、孫子及曾孫就什麼都沒有了。完畢。

隨著輪機員結束他的演說，「雷霆號」做了一個大幅度的轉彎，

朝向「海灣地圖號」的右舷。哈馬斯泰德在無線電上警告帕庫，他們可能會被撞上，但是帕庫已經轉向閃開。「山姆西蒙號」在一邊，「鮑伯巴克號」在另一邊，「海灣地圖號」則是正對著「雷霆號」。卡達多接著在無線電上宣稱。

> 雷霆號：「雷霆號」在國際海域上掛著奈及利亞國旗航行，而現在你們三艘船擋著我，有什麼問題？
> 山姆西蒙號：問題是你非法捕魚，就如我的同事所言，我們在試圖阻止你。

這兩個男人進一步爭執。互相指責對方的恐嚇與不安全行為。兩邊皆拍胸脯保證他們不會被嚇跑。「雷霆號」最終繼續前進，無線電上陷入一片寂靜。「海灣地圖號」繼續跟著海洋守護者協會的船隻尾隨「雷霆號」，又過了幾個小時才告別，分道揚鑣。海洋守護者協會很快地在網路上張貼一則新聞稿，描述「海灣地圖號」的拜訪，也是意在令其他國家蒙羞，因為它們沒能前來幫忙追捕「雷霆號」，反而讓倡議團體與漁業公司自己去執行海洋上的法律。

我不禁納悶，這些國家政府裡是否有人真的閱讀了這則新聞。如果他們有讀到，我猜想，他們很可能只是聳聳肩，或是做出結論道，因為這是發生在公海上的事件，不是他們該去修補的問題。

到了四月上旬，追捕行動已經開始超過一百天。大約在我加入海洋守護者協會的行列至今，「雷霆號」似乎是朝著奈及利亞的水域前進。國際刑警組織與海洋守護者協會的船員相信，「雷霆號」的船東已經命令他的船員不要再逃。三月，奈及利亞當局已經取消「雷霆號」

的船籍,但是海洋守護者協會的船員猜測,或許這艘流氓船隻期待拉各斯的海事官員會對他們網開一面,畢竟這艘船先前是掛著奈及利亞旗幟。

然而,「雷霆號」朝奈國水域前往可能也有其他原因。這個國家存在著日漸蓬勃的被盜燃油黑市,這種油是多數遠洋船隻燃燒殘留的重油。奈國也有許多海事官員會願意在合理的價格下,藉由阻止海洋守護者協會進入該國海域,以協助「雷霆號」脫逃。

美國國務院曾經發出一封信函給奈國政府,威脅他們若是無視「雷霆號」多年來罪證確鑿的違法行為,而繼續允許「雷霆號」掛著該國旗幟,就要對該國祭出制裁。我不禁認為這種威脅是空洞的。美國一直以來不願意為了勞工或環境方面的違法行為而逼迫其他國家,因為擔憂這麼做會影響到貿易機會,或是反而引起人們注意到美國其他令人質疑的行徑。

國際刑警組織也告知奈國政府,有個簡單的做法可以終止這項追捕行動:它應該提出逮捕該船的正式要求。只要奈國政府允許,南非海軍已經準備好,甚至是迫不及待要登上「雷霆號」拘留它。然而,對於奈及利亞而言,做出這樣的要求是有風險的,因為如此一來他們在法律上就有義務進行調查與起訴,這不是該國政府有意願或有資源去做的事情。

所以就如同通常會發生的情況,奈及利亞採取較簡單的途徑。它只是單純地將問題丟給其他人,取消「雷霆號」的船旗,讓它變成無國籍船隻。技術上,這一步棋讓其他任一國家的海事當局有權登上「雷霆號」;但是在實務上,這麼做也讓這件事較不可能發生。「在沒有人要求他們幫忙的情況下,他們為什麼要接手這個燙手山芋並承擔相關費用呢?」南非人這麼問道。

由於無法強迫「雷霆號」返回港口接受檢查,又拒絕向澳大利亞軍方尋求支援,奈及利亞採取盡可能寬鬆的態度來對待這艘違法船

隻。這是我能找到關於所謂公地悲劇（tragedy of the commons）最清楚的範例，或是某個公共財更可能被眾人忽略而非被保護的概念。奈及利亞如此輕易地放棄其做為船旗註冊國的責任，就是當代船隻註冊的缺陷範例之一。

數百年來，全球商船與漁船都掛著其所屬港口國的旗幟。那個國家須負責確保該船船員與船隻安全受到恰當的對待。這個規則在二十世紀初期隨著「開放註冊」的出現而開始改變，也就是所謂的「權宜船旗」（flag of convenience）。在第一次世界大戰之後，美國的船隻過剩，於是將許多船隻賣給巴拿馬。多數情況下，美國商人還是傾向於自己營運那些船隻，但是想要將船隻註冊在遠方，也就可以享有較少麻煩的規範。

禁令也是促使權宜船旗形成潮流的因素之一：載客輪船為了規避美國法律不准船上販賣酒精（甚至是在公海上）的禁令，就會出此計策。到了第二次世界大戰前夕，美國將多數的商船改掛巴拿馬旗，以便持續向英國供應貨品與物料，同時又免於將美國拖進戰事中，或是違反中立法（Neutrality Acts）。

今日，有許多國家販售懸掛該國船旗的權利，包括內陸國如蒙古與玻利維亞。有些最大的註冊國甚至是由跨國公司經營這項生意，例如利比亞的船旗註冊處就是由一間位於維吉尼亞州的公司監督。收取某一特定船旗授權費用的公司也必須負責規範它的客戶，確保他們遵守安全、勞工權益與環境規範，並且在事情出錯時出面執行調查。然而在實務上，權宜船旗可以掩飾不良行徑，於是導致更多船隻這麼做，創造出錯誤誘因讓船隻營運商尋求最寬鬆的註冊國，不僅成本最低，規範也最少。這個監管體系的設計顯然只是提供監督的幻覺，而非真正的監督。其運作方式意近於允許你將任何國家的牌照掛在車上，無論你住在哪裡或是在哪裡開車，而負責檢查車輛與調查事故的警察是則由駕駛們自己出錢支薪的。

　　經過三個多月對「雷霆號」的追捕行動後，兩艘海洋守護者協會的船上都混雜著無趣、擔憂與期待的情緒。奈及利亞已經撤掉「雷霆號」船旗的新聞進一步證明了這艘船被視為被放逐者的事態，但是它也顯示出法規是如此地破碎，並且突顯出海洋守護者協會必須自己面對這場抗戰。

　　鄰近奈及利亞的幾內亞灣以危險著稱，上百艘火力充沛的海盜船在此出沒。「鮑伯巴克號」與「山姆西蒙號」二十四小時有人盯梢，以免遭受攻擊。這兩艘船上的船員都準備好了他們的水砲、臭彈（丁酸），以及「螺旋槳捆繩」──拋入海中以捆住舷外螺旋槳的粗厚繩索。

　　每隔兩三天，海洋守護者協會的船員就會用小艇載著科夫－塞蘭姆和我，穿梭在兩艘船之間，以便讓我們看到兩邊正在發生的事情。穿梭在海上的船隻之間是一件危險任務，尤其是在大型船隻如「鮑伯巴克號」與「山姆西蒙號」之間，通常需耗時十五分鐘。

　　跳上一艘小艇需要爬下一條高度達幾層樓的繩梯，但是真正的挑戰至此才開始。因為小艇要比大船小得多，會受到龐大風浪的影響而上下擺動，我們必須算準跳上小艇的時機，彷彿試圖跳進一部快速移動中的電梯。此外，船隻通常不是靜止的，而是以每小時五浬的速度前進著，因為擔心跟丟「雷霆號」，「山姆西蒙號」與「鮑伯巴克號」不能停下來進行這些轉移。我們之中無人是被繩索繫起來的，因為繫著繩子會讓情況更加危險。我們受到警告，如果在這些轉移的過程中不幸落海，我們首要應該擔心的是避免被兩艘船壓到，或是卡在任何一艘船下方。至於該如何避免這種事情發生則是完全不清楚。

　　在第一次進行這種轉移時，科夫－塞蘭姆站在欄杆旁，戴上一頂安全帽，然後靜止了一會兒，把他的手搭在我的肩上。「伊恩，我只是想要感謝你帶我來此。這是一次不可思議的經驗。」他說道。我們已經整整三十個小時沒有闔眼，兩人皆極度疲憊，所以我特別地感動。然後，他爬過欄杆，一隻手抓著垂掛在海面上的木梯第一階。「此

外，伊恩，我不會游泳。」在他開始進行這趟漫長、危險的下降之前，他補充道。在十天的海上生活中，我們進行這種轉移的頻率多達六次。雖然我的技術有所進步，每一次都仍然感覺這是攸關性命的危險。

　　海洋守護者協會的船員大多比我年輕十到二十歲，但我努力地向他們證明自己熟稔海洋常規，十分適合這個環境，並且大致上能夠跟上他們每天十五小時的緊湊工作。攀爬木梯令我害怕之處，不只是因為我通常會揹著許多昂貴的器材（一架無人機、我的GoPro相機組、科夫－塞蘭姆的一些高端鏡頭），也不只是因為掉落海中很可能會致命，還包括了我不想在這些總是以懷疑的眼神視我為門外漢的年輕人面前令自己難堪。

　　在海洋守護者協會船上的日子是受到嚴格管制的：早上七點的強制會議、每個人的雜務工作（科夫－塞蘭姆和我負責清掃浴廁）、每天只能進行一次三分鐘之內的洗澡以便保存珍貴水資源。為減少我們的船隻受到海盜攻擊的可能性，得避免洩漏我們的位置或方向，一名甲級船員會從船上的中央伺服器檢查所有船員寄出的電子郵件。（我的電郵可免於這種監控，因為我使用自己的衛星電話。）

　　我們有點像是被困在孤島的人，建立自己的慣例與規則。酒精與香菸是禁品。每天下午四點在中層甲板有自願性的健身活動，那裡有一架固定式的健身車、划船機、跑步機、重訓器材與雙槓。每個星期日晚上，一週進行柔軟體操與重訓的時間表會貼在布告欄上。當我上船第二天感到核心肌群痛苦地痠痛時，便很快地體會到不要小看在上下起伏的船上做波比操有多麼痛苦。

　　夜裡，船上有一個閱讀俱樂部。他們會讀布魯斯·查特文（Bruce Chatwin）的《巴塔哥尼亞高原上》（In Patagonia），以及保羅·索魯（Paul Theroux）的《大洋洲的逍遙列島》（The Happy Isles in Oceania）。他們也會看電影——《白日夢冒險王》（The Secret Life of Walter Mitty）、《衝鋒飛車隊續集》（Mad Max: Beyond Thunderdome），以及《天搖地動》（The

「山姆西蒙號」上的一些船員在食堂裡進行船員會議。

Perfect Storm）。第三部電影讓我感覺像是一名公車司機的假日，幾乎不會是我在這樣的環境下會選擇的消遣節目。休息室裡有各類型的樂器，像是木吉他與電吉他、傳統鼓、單簧管、電子琴，許多船員都是有天分的音樂家。所以即席演奏會是一場享受。

雖然海洋守護者協會的船員背景各異——九個國籍、二十幾種語言——他們之中所有人幾乎都有上大學，年齡介於二十到三十五歲之間。開會與工作是使用英語。大約一半的船員是女性，這在通常以男性為主的海洋職場上是少見的比例。根據我的判斷，海洋守護者協會的船上維持一套頗為平等的職場倫理，女性與男性的工作內容與職等都是相同的。船員之間談戀愛並非禁忌，但是人們會期待這樣的關係不表現地過於明顯，尤其是如果雙方的職等位階不同。

我大多數的時間都是與查克拉瓦蒂在「山姆西蒙號」的艦橋上度過。他的身後掛著一幅夾層的海報，上方以紅色字體寫道：通緝

「雷霆號」只是海洋守護者協會在冰魚行動中所追捕的船隻之一。

——非法獵捕南極鱈魚的流氓船隻——「六匪船」。標題下方是這六艘船的照片:「雷霆號」、「維京號」(*Viking*)、「昆倫號」(*Kunlun*)、「永丁號」(*Yongding*)、「松華號」(*Songhua*),以及「貝綸號」(*Perlon*)。查克拉瓦蒂跟我講述他在二〇一一年加入海洋守護者協會之前的故事,包括在印度的博帕爾(Bhopa)長大,以及他在化學油輪上工作十年、一路爬到船長位階的經歷。

　　三十二歲的查克拉瓦蒂個頭不大、外表威嚴,行為舉止表現出不慌不忙的溫和感。在某一刻,我笨拙地把一杯熱咖啡撞倒在他的筆記型電腦上,浸濕了主機板。查克拉瓦蒂對於「雷霆號」的紀錄全都儲存在那台電腦裡,但他只是安靜地站起身來,翻轉筆記型電腦,希望能弄乾液體。「沒關係,我對於自己的筆記有很好的記憶力。」他說道。我感覺到他能夠冷靜與充滿雅量的反應,有部分是出自於本能,但也有部分是出自於他的專注與果決。如同我所見過的許多冒險家與行動派的環保人士,查克拉瓦蒂對於內心的探索似乎並不少於他對外的探索。

　　這個觀察回應到了人們普遍對於這些倡議人士的錯誤認知。他們經常被認為是頂著雷鬼頭、身上穿洞與刺青的小鬼頭,並且被描繪成沒有紀律、天真地逃避個人責任、「真實世界」與朝九晚五工作的人。在多數情況下,這種印象是錯誤的,尤其是朝九晚五這部分,因為事實上,他們在海上工作的時數還要更長。海洋守護者協會的船員,以

及我在後文中會提到的綠色和平組織的船員，都是受到使命感驅策的人，甚至是出類拔萃，只是他們的目標不是傳統履歷裡會出現的內容。除了他們在海洋方面的倡議活動，許多人也有自我成長的目標。少一點抱怨、更佳的專注力、認真地聽進去、更活在當下。當我問到一位甲板水手為何總是自願負責打掃浴廁時，他如是告訴我：「我每天都會提醒自己要感激擁有這份工作。」當我問到另一位水手為何要閱讀一本看起來十分無趣、探討全球食物政策的書籍時，她則是回答道：「如果我要進行這些政治活動，我必須通盤考慮到其他非預期的後果。」

〜〜〜〜〜〜

四月五日，大約晚上七點，「鮑伯巴克號」的船員注意到「雷霆號」的後方甲板有些奇怪的動靜。一群男子在黑暗中推擠著，其中一些人穿著橘色背心。「鮑伯巴克號」的航海日誌上如此記載著：「晃動的閃光燈與不尋常的甲板光線亮著。」隔天一早，一名「雷霆號」的船員沿著船邊拋下一張繩梯，彷彿準備好要離開，事實上也確是如此。然後是一通急難電話撥進來。

「請求協助，請求協助。」卡達多透過無線電說道。「我們的船要沉了。」他說「雷霆號」撞到了某個東西，可能是一艘貨輪。「我們需要協助。」卡達多補充道，並預測他的船會在十五分鐘內沉沒。

這是一項不太合理的聲明。除了海洋守護者協會的船隻之外，許多天來沒有其他船隻曾經出現在「雷霆號」附近。哈馬斯泰德對查克拉瓦蒂發出通知，因為後者先前繞了一段路去港口放下一位船員，此時大約在距離三個小時遠之處。查克拉瓦蒂趕緊回頭，快速駛向事發處。「雷霆號」的船員放下幾艘救生艇並爬進去。一名男子不小心失足掉進水裡，接著又自己爬回了救生艇上。

我在此前的一兩天已先行離開「山姆西蒙號」。還在回家的途中，

抵達阿克拉機場時，我接到來自某位海洋守護者協會船員的電話。「你不會相信這件事，『雷霆號』現在就在我面前要沉沒了。」這名水手說道。除了震驚於這則消息，我也為自己錯過這場事件感到極度懊惱。在完全失去理智的情況下，我還記得自己花了一點時間在機場的航班時刻表上找尋著任何可能讓我飛到較近港口的班機，讓我回到海洋守護者協會的船上。

哈馬斯泰德與查克拉瓦蒂決定，一旦空間較寬敞的「山姆西蒙號」抵達現場，就會讓「雷霆號」船員登上它。查克拉瓦蒂在他的艦橋上召開一場會議。「我們的人數比他們少了一倍，這是非常危險的事。」他警告道。他指示每個人換掉短褲與T恤，改穿「恰當的服飾」，意即黑色工作長褲與帶有海洋守護者協會徽標的黑色襯衫。沒有一絲胡鬧或閒話，查克拉瓦蒂強調道。客人只有在他人陪同之下才可使用洗手間。無時無刻都會有兩個人從上層甲板監視著。查克拉瓦蒂向女性船員道歉，並解釋說基於安全考量，為了避免事態演變成肢體衝突，只有男性可以看守「雷霆號」的船員。沒有人提出任何關於捕魚的問題。「現在，這完全是一起援救行動。」他說道。

到了四月六日近午時分，在那通急難電話之後大約七個小時，「雷霆號」還沒沉沒，雖然它危險地朝右舷傾斜，穩定地向海面下沉。「雷霆號」船員已經頂著豔陽在救生艇裡漂浮超過三小時。有好幾個人在海浪的搖擺下不禁嘔吐，因為浪高超過了八呎。卡達多拒絕離開他的船，但哈馬斯泰德告訴他，直到所有船員撤離「雷霆號」之前，他不會讓任何人離開救生艇。哈馬斯泰德懷疑卡達多可能已經呼叫了一艘較小、較快的當地船隻過來接他，並且可能在「鮑伯巴克號」忙著將其他人從救生艇救上來時趁機逃跑。

好幾位海洋守護者協會的船員在小艇裡待命，靠近傾斜中的「雷霆號」，希望能夠在船沉沒之前上去搜集證據。十二點四十六分，卡達多終於爬下繩梯，跳進「雷霆號」一側的救生艇裡，一名海洋守護

者協會的輪機員和攝影師則爬上了「雷霆號」的另一端。

「我給你們十分鐘。」哈馬斯泰德吩咐這兩名爬上半沉的「雷霆號」船員。結果他們花了三十七分鐘。當這艘船的右舷以二十度角傾斜時，兩人爬進了船艙，一個房間翻過另一個房間，從機械室到艦橋，檢查任何遺留的船員。在廚房裡，一隻雞還在料理檯上退冰。在大廳裡，某人在逃走時落下了襪子與襯衫。在艦橋上，紙張散落一地。

幾分鐘之後，攝影師出現在甲板上，手上提著一只垃圾袋，裡頭裝有一台相機、一支手機，以及從舵手室搜集來的紙張。他將袋子丟給等在小艇裡同事。在艦橋的抽屜裡，攝影師還找到了從海洋守護者協會網站上抓下來的「鮑伯巴克號」船員合照。他將這些照片與一些地圖和圖表也一併丟到小艇上。其中一張圖表飄進了水裡。

「雷霆號」下沉的速度很快，而哈馬斯泰德在艦橋上來回踱步，擔心他的人員在甲板下方逗留太久，船下沉時形成的向內旋轉水流與下沉吸力會困住他們。海洋守護者協會的攝影師在「雷霆號」上跑來跑去，頭上還戴著掛有GoPro攝影機的安全帽。我們日後從母帶上震動、黑暗的畫面中看到，「雷霆號」的引擎室幾乎完全浸在混濁的水裡，而它的貨艙裡大約有四分之一的空間裝著南極鱈魚。

有一些線索暗示了「雷霆號」是故意藉此竄逃的。這艘船的氣密門微開著，閥門也開著以便讓水進入引擎室。沒有任何跡象——例如翻倒的架子或破掉的管線——顯示「雷霆號」曾撞上另一艘船。燃料箱裡只剩下一天左右的用量，這或許是卡達多最終不再逃跑的最可能原因。

在「雷霆號」下沉時登船是極其危險的舉動。當我日後針對這個決定詢問一名海洋守護者協會的水手時，我的語氣大概是顯露出不同意之貌，他於是轉而質疑我：「伊恩，你的意思是如果你當時還在船上，你不會選擇爬上『雷霆號』？你會放過我們追逐那麼久才終於得

以一窺的機會嗎?」他說的有道理。

當「雷霆號」船員登上「山姆西蒙號」,海洋守護者協會的船員搜索他們可能挾帶的武器,拿走他們的打火機,給他們飲用水和水果,並且指示他們坐在後方甲板上。「雷霆號」的幾個甲級船員板著臉、沉默寡言。卡達多不願交出船員們的護照,但是很快地就被發現藏在其中一人的所有物中。查克拉瓦蒂通報最近的港口官員,那是在加彭西方約一百六十浬的小島國聖多美。聖多美警方與國際刑警組織的官員回應表示他們會在港口待命。「笨蛋!」一名「雷霆號」船員在海洋守護者協會攝影師對著他們拍照時,一邊向前撲去、一邊大喊。

穿戴著深色太陽眼鏡、上頭繡有金龍的藍色棒球帽,以及一件綠色海尼根T恤的卡達多是個身形矮小的男人,臉上有著參差不齊的黑色落腮鬍和一副痛苦的表情。他向查克拉瓦蒂抱怨道,他不想被拍照,而查克拉瓦蒂當時在上衣底下藏著一支小麥克風偷偷錄下一切,只是忽略他的抱怨。反之,查克拉瓦蒂繼續向卡達多說明在海洋守護者協會的船隻上應遵守的規矩。「為什麼你用這種口氣跟我說話?」卡達多惱怒地說道。「我們都是船長,而我們應該以平等的口氣對彼此說話。」他並補充說,自己不應該和其他船員一樣在外頭的甲板上等待。卡達多表示,他準備向

二〇一五年四月六日,「雷霆號」突然在聖多美普林西比的近海沉沒,人們普遍相信這是該船船長為了湮滅他的犯罪證據而做出的棄船舉動。

國際海洋事務的主管機關針對他在此受到的待遇提出正式申訴。「您請便。」查克拉瓦蒂回覆道。

當「雷霆號」終於整船沉沒，卡達多面露微笑。這個奇怪的反應更強化了人們懷疑他破壞船隻的推測。在所有的可能性中，「雷霆號」的船東們應該也會很滿意看到這艘船沉下去，因為它已經耗盡了燃料，可能很快地就會因為在船上發現的相關證據而被充公。半小時之後，卡達多爬上放在「山姆西蒙號」後方一團五呎高的沒收漁網上。他伸展著自己的手腳，就這麼睡著了。幾個小時之後，卡達多與其他船員被叫醒，由警察和穿著軍裝的海軍官員自距離岸邊還有兩浬的地方將他們拘捕到案。

<hr>

在接下來的六個月，印尼籍船員被送回家。卡達多與船上的輪機長及副機匠被控犯下偽造文書、污染、破壞環境等罪名。他們一共被判罰一千七百萬美元，但是即使上訴失敗，他們仍詭祕地被釋放。

與此同時，在西班牙，維達爾阿爾馬多瑞斯這間被許多人懷疑與「雷霆號」有關的公司未被成功起訴。高等法院聲稱，因為非法漁獵行為發生在國際海域上，西班牙政府沒有起訴的司法權。然而，西班牙政府對弗洛林多・岡薩雷茲・柯拉爾提起的另一起民事訴訟案則是成功的，法庭針對柯拉爾與「雷霆號」的關聯，以及他所涉入的非法漁獵行為，最終判處一千萬美元罰金。

有一件事是毫無爭議的：這場行動對於海洋守護者協會來說是一場勝利。「這是我們所爭取的目標。」當我日後向哈馬斯泰德問到那一千萬美元的罰金時，他如是說道。海洋守護者協會讓「雷霆號」再也無法營運。這個組織就是讓這些犯罪者面對牢獄生活的主要原因。這個影響會持續下去嗎？此次案例是否向其他非法漁獵者傳達出清楚的訊息？我對此抱持懷疑。這種訊息很少會傳播到其他大洋上。非法

漁獵者可以從中獲得的經濟利益實在龐大，法律與執法者的糊塗也是
過度糟糕。儘管如此，「雷霆號」的案例毫無疑問地吸引到了全球對
於一項普遍被忽略之問題的關注。

　　一段時日之後，查克拉瓦蒂離開海洋守護者協會，開始經營他
自己的環保組織，名為「可執法的海洋」(Enforceable Oceans)。哈馬斯
泰德則是去加彭協助該國巡邏領海上的非法漁獵行為。「山姆西蒙號」
與「鮑伯巴克號」上的許多船員很快地又回到南方海域上。這一次，
他們要追捕的是世界上僅存的工業級捕鯨船。國際法院最近已經禁止
日本漁船在南冰洋上捕獵鯨魚，但是沒有人真的在執法。這似乎是一
個由海洋守護者協會介入的絕佳時機。所以，在重新補給與組隊之
後，「海王星的海軍」再次出發前往南冰洋。

孤獨的巡邏
THE LONE PATROL

廣大的水域是無邊無際且不朽的，不僅是所有事物無瑕的源頭，
也是可怕的墳墓。
——海因里希·季默（Heinrich Zimmer），《印度藝術和文化中的
神話與符號》（*Myths and Symbols in Indian Art and Civilization*）

　　我們並不缺乏管理海洋事務的法律。真正的問題在於鬆懈的執法。畢竟，相較於地面上的地域之爭，以大洋為界線的海域競逐牽涉到更冷酷的算計，與前者之間存在顯著差異。當某些國家會在國界上為了幾吋的差異而興起衝突時，海洋的界線卻是不甚清晰，使得追捕違法漁獵者的行動看似徒勞無功。

　　這就是為什麼在餐盤裡每五條魚就有一條是來自非法捕撈，而全球的漁產黑市市值可達超過兩百億美元。世上大多數的魚種皆面臨過度捕撈的危機。根據某些研究的預測，到了二〇五〇年，海洋中的塑膠垃圾重量將會多過魚群。由於多數政府或是沒有意願或是缺乏資源去保護海洋，我們的海洋正受到掠奪與耗盡之苦。喚起大眾對於全球暖化危機——包括愈來愈熱的氣溫、愈來愈高的海平面以及愈來愈嚴

二〇一五年，帛琉海事警察登船逮捕一艘從事違法捕撈作業的越南籍漁船。

重的暴風雨——的注意尚且困難，如何讓人們去關注減少中的魚類資源數量呢？牠們是很難被記錄的。

　　然而，自從二〇〇六年，帛琉開始描繪出一套不同的途徑，誓言要追捕在該國海域內非法捕撈的中國、越南及其他外國船隊。這個誓言注定是一場艱難的戰鬥。帛琉是一個相對貧窮的國家，沒有自己的軍隊，只有十八名警察負責海上巡邏，而且只有一艘名為「雷梅利克號」（Remeliik）的巡邏艇，負責守衛一片與法國國土一樣大的海域。

　　他們有機會成功嗎？二〇一五年一月二十一日下午兩點左右，一個答案出現在西維吉尼亞州的一棟單層辦公建築裡。一名來自環保團體「SkyTruth」的研究員比瓊・柏格曼（Bjorn Bergman）剛吃過一個夾著鮭魚和起司的洋蔥貝果、喝完他這天的第六杯咖啡，他一邊沖洗盤子上的殘渣，一邊撰寫著電郵。

　　「試著截斷他們的路徑，而非前往他們最後出現的地點。」柏格曼寫道。就在將近九千浬遠的地方，「雷梅利克」正在追捕一艘載有十名船員的臺灣籍非法漁船「新吉群33號」（*Shin Jyi Chuyuu 33*）。柏格曼的工作是要建議帛琉籍的船長如何以最快的途徑追到這艘船。「『雷梅利克號』轉向東南方可能會是明智之舉。」他寫到。

　　「新吉群33號」船員已經掠奪了數個當地漁場，正在逃向印尼海域，超出帛琉的管轄範圍。如果非法漁獵者到達西里伯斯海（Celebes）或是班達海（Banda Sea），他們就可以輕鬆地卸下漁貨，然後在西太平洋上成千個菲律賓或印尼的小島之中消失無蹤。為了截斷他們，「雷梅利克號」船長以每小時二十浬的速度全速前進，但是這個速度讓船上的輪機員很是擔憂。過去六個月以來，帛琉警方已經發現十幾艘非法捕撈漁船，皆未能成功逮捕。在柏格曼看著他的電腦螢幕的同時，「雷梅利克號」的船員也知道，一旦他們稍微錯誤計算了航向，哪怕只是一小點差異，他們就會錯失目標，而且很可能陷入燃料不足的險境。

　　兩天前，柏格曼向帛琉警方通報了可疑的非法漁獵者。在二〇一四年搬到西維吉尼亞州的薛普爾城（Shepherdstown），加入SkyTruth擔任數據分析師之前，柏格曼曾經在阿拉斯加工作過三年，在多艘捕捉帝王蟹、鱈魚與青鱈的延繩釣漁船與拖網漁船上擔任海洋觀察員。在漁船上工作時，他的職責是維護船隻航行日誌、詳細記載捕捉的尺寸、地點與傳動裝置——這是聯邦與州立漁業管理當局向漁業公司要求的執法數據。到了SkyTruth，柏格曼從一個更高的位置進行他的監督工作：從太空監控世界各地的船隻。雖然坐在辦公桌前肯定比較缺乏探險刺激，柏格曼告訴我，他已經準備好針對自己第一手見證的問題創造更大的影響力。

　　幾個月以來，柏格曼一直在研究帛琉的衛星訊號。他深深記得那些航行模式所留下的扭曲軌跡：一艘從皮特肯島（Pitcairn Island）出發的客輪每幾週就會出現一次；一艘美軍軍艦會從迪亞哥加西亞島

（Diego Garcia）出發執行例行演習；一艘中國的研究船以網狀軌跡在進行某種研究；一艘臺灣的漁船似乎從未停止作業，不斷反覆地出海和其他延繩釣漁船相會。我無法跟上他的分析，但是他深知這些移動軌跡，並且可以辨識出情況偏離正軌的時機。此刻，「新吉群33號」正是有些不對勁。雖然它沒有在帛琉海域作業的執照，其軌跡卻顯示出它正在這麼做。

在柏格曼打電話建議「雷梅利克號」上的人員該往哪裡去之後，在帛琉人口最多的科羅市（Koror），馬拉卡爾（Malakal）港口狹小的警方指揮中心裡便聚集了一支不太尋常的國際團隊。這群成員包括了三名當地員警、受過美式教育的政治顧問，以及兩名借調至帛琉的澳大利亞海軍官員，後者負責為（由澳大利亞捐贈的）「雷梅利克號」上使用新式漁業與衛星軟體的相關事務提供建議。位於關島的美國海岸防衛隊也有一名官員在線上表示願意提供空中支援。這個團隊工作了一整晚，將他們從西維吉尼亞州接收到的訊息傳送給正在「雷梅利克號」上的一名帛琉海事警察艾利森‧貝埃（Allison Baiei）。這艘船是以帛琉第一任總統哈魯奧‧伊格納西奧‧雷梅利克（Haruo Ignacio Remeliik）為名。

為了拯救全球海洋的未來，國家、企業與非政府組織之間將會需要特定的合作，而那天在帛琉的碼頭邊，指揮中心的喧囂正為這種合作開了一扇窗。帛琉似乎成為某些科技的試驗場──包括空拍機、衛星監控，以及在伊拉克與阿富汗所採用的軍事級雷達與攝影機──或許最終能讓各國有能力偵測與逮捕海盜、非法漁獵者、污染者、人口販運者，以及其他在海上漂移而未受到懲罰的犯罪者。

經過五十一個小時且大多為波濤洶湧的航行之後，「雷梅利克號」不屈不撓的步伐終於有了成果；它的船員在臺灣籍漁船即將要逃進印尼海域前不到十二浬左右之處趕上了。該船毫無掙扎地投降，帛琉官員便將之押回港口拘留。打開船艙後，貝埃幾乎不敢相信自己的眼

睛。船艙裡，幾百隻鯊魚鰭藏在鮪魚堆中——事實上，數量多到帛琉官員沒有空間置放在「新吉群33號」的甲板上，只好堆在碼頭邊。目睹這種被帛琉依法保護且文化上崇敬的生物遭受如此屠殺，「噁心」是貝埃唯一能吐出的字眼。

對於貝埃及其他官員而言，逮捕「新吉群33號」證明了他們可以贏得小蝦米力抗大鯨魚的戰鬥。沒收了該船的漁獲之後，警方在幾個月後將該艘漁船與船員遣送回台灣。他們禁止該船船東回到帛琉領海上，並且懲處十萬美元罰金，這個金額是由帛琉法官所定，相較於典型的罰金金額，這個數字算是高的了，但是相較於大型漁業公司每年的盈利，這個金額簡直微不足道。儘管如此，對於將自己的生命置於險境中的帛琉海事官員而言，這筆罰金原則上已經代表了一場勝利。

「這是一個好日子，我們只是需要更多一些好日子。」貝埃說道。

〜〜〜〜〜〜

帛琉的決心令我感到有些振奮，於是我去了那兒看看實際上是什麼樣貌。然而，老實說，我在行前也預期可能會見到徒勞無功的努力。在先前的報導工作中，我已經見識過一個諸如印尼這般強大的國家，即便擁有一大批海警船隊，仍然難以有效地管制它的海域。一個如帛琉這般迷你的國家，只有一艘船，怎麼可能管理得了它的海域呢？

我從華府起飛，經過二十二個小時的飛行之後，來到一片青綠色的海域上空，即將降落於首都恩吉魯穆德（Ngerulmud），這個地方的與世隔絕令我感到驚訝。世界上僅有少數地方像是這個迷你的小不點國家，被海洋孤立著。在我看來，這種偏僻性正是帛琉的誘人之處，也是它的弱點。

座落於西太平洋上，距離菲律賓東方約六百浬、新幾內亞北方約五百浬，兩萬一千名帛琉居民散居在這個多島國家超過兩百五十個島嶼上。若以陸地面積與人口數量計，它是全世界最小的國家之一。但

是由於帛琉的島嶼很零散，在國際法的規則下，一個國家的專屬經濟海域是從它的海岸向外延伸至兩百浬的範圍，如此意謂著即使帛琉的土地面積僅有大約一百七十七平方哩（約為紐約市的大小），其主權可以延伸至二十三萬平方哩的開放海域上（接近德州的尺寸）。這些涵蓋的海域富含漁業資源，對於非法漁獵者的吸引力很大。許多類型的鮪魚也是源自於這個海域，包括太平洋藍鰭鮪魚（Pacific bluefin），而且牠不過是銷售額可超過一百萬美元的其中一項魚種，中國人喜愛的海參在餐廳更可以賣到一盤超過一百五十美元。

雖然地處偏僻，帛琉還是被它的地理位置所詛咒，一些名列全球最大規模的漁業船隊與最貪得無饜的漁市環繞在它的海域周圍：日本、中國與臺灣在它的西北方、印尼在它的西南方。儘管擁有令人震懾的自然美景，帛琉卻被西太平洋海上反烏托邦的海景給絆住了。這個區域到處都是超大型拖網漁船、受國家補助的非法漁獵船隊、長度可達一哩的漂流漁網以及掠奪者的浮標。此外，還遭受巨型氣旋、海洋酸化、海平面上升、海水升溫，和德州大小般的漂浮垃圾的侵襲。不論從什麼尺度衡量，任何人可以想像得到帛琉所面對的劣勢與挑戰是多麼地困難。

帛琉總統湯米‧雷蒙傑索二世（Tommy Remengesau Jr.）是一個堅定的人，他握著你的手的同時會拍著你的肩，並以熱情的雙眼凝視著你。他在帛琉首都的辦公室是以木板搭建而成，裡頭的東西胡亂堆疊著，我們在此與他相會。他解釋道，帛琉的經濟命脈需仰賴海洋保育。帛琉的國內生產毛額有超過半數源自觀光業——多數人來到帛琉是為了在珊瑚礁上潛水，其每平方哩的珊瑚魚與無脊椎動物數量幾乎多過世界上任何地方。

觀光客前來帛琉潛水的一大誘因在於此地所擁有的鯊魚數量。當我問起在「新吉群33號」上發現的幾百隻鯊魚鰭時，雷蒙傑索立刻開始解釋殺害鯊魚行為會導致的經濟影響。當一隻鯊魚還活著時，其

價值可高達每年十七萬美元，或是在牠的一生中可累積將近兩百萬美元。當鯊魚死去後，每隻的售價是一百美元，而且這些錢通常會流進外國盜獵者的口袋。即使他的數字顯得有些過度誇張，殺害鯊魚所導致的經濟後果是無庸置疑的。

　　全球超過十二個國家都禁止了切鯊魚鰭的行為，包括帛琉和台灣。然而，市場上對於魚翅的需求仍高，尤其是在亞洲。在中國的婚禮與其他正式宴會上，魚翅湯每碗售價可超過一百美元，幾個世紀以來一直是財富的象徵。這道精美的料理在一九八〇年代後期尤其受歡迎，成為中國急速成長之中上階級的地位象徵。要製作這道羹湯，由軟骨組織構成的魚鰭會被煮成半透明的麵條，目的在於增添質感更甚於營養或風味，中國人相信這道料理具有壯陽與抗衰老的效果。

　　捕捉鯊魚並不容易，通常也不是無意中就能捉到。在延繩釣實務中，漁船會利用以厚實的微絲製成之延繩，每隔一段時間就在魚鉤上插上誘餌。許多捕捉鮪魚的延繩釣漁船如「新吉群33號」會直接瞄準鯊魚，利用特殊的鐵製釣線，可防止較大隻、較強壯的鯊魚猛力一扯時斷裂。

　　為了彌補微薄的工資，船長通常會允許他的船員將鯊魚鰭取下保存，在港口賣掉魚鰭以做為補充收入。鯊魚的身體在較小的船上會占據珍貴的空間，一旦牠們腐爛，屍體產生的氨氣就會污染到其他漁獲。我曾經在菲律賓的一艘漁船上體驗過這股刺鼻的氣味，當時船上有一堆鯊魚屍體，聞起來就像是貓的尿液。

　　為避免浪費空間、污染更有價值的漁獲，水手們通常會在切下魚鰭之後，把剩下的鯊魚丟回水裡，因為魚鰭的價格要比鯊魚肉高上一百倍。這是一種緩慢的死亡：鯊魚雖然活著，卻因為沒有魚鰭而無法游泳、沉到海底，或是餓死、或是溺水、或是緩慢地被其他魚類吃掉。科學家估計每年有九百萬隻鯊魚因為被取魚鰭而最終死亡。到了二〇一七年，大約有三分之一的鯊魚種類瀕臨絕跡。

　　鯊魚是重要的生物：牠的數量減少可能導致整個食物網崩潰，甚至危害到珊瑚礁棲地。少了頂層的掠奪者，太多更小的魚會活下來，而吃掉太多維持珊瑚礁生存的微生物。因此，執法對抗非法獵捕鯊魚不只是保護了鯊魚，還給了珊瑚礁一個為生存奮鬥的機會。

　　一個堅定的男人不會傾向於多愁善感，雷蒙傑索說他的動機較不是基於保護動物的欲望，而是出自於捍衛國家經濟主權的承諾。他也很清楚地意識到自己的勝算。手中握著一幅區域地圖，他指向多數非法漁獵行為發生的地點。「小土地、大海洋」，他指的是構成該國之諸多細如項鍊的群島周圍所包含的廣大海域。

　　沒有哪個國家要比帛琉更積極地推動海洋保育。在二〇〇六年，它是世界上首先禁止極具破壞性的底拖網行為的國家。底拖網是將巨大的漁網沉降到海底，以捕捉深海魚群。這種漁網會不分異同地殺害在其行進途徑上的一切生物。二〇〇九年，帛琉創建了全球第一座鯊魚禁捕區，禁止在其海域進行商業化鯊魚捕撈作業。二〇一五年，帛琉宣稱計畫在所有獲得執照許可於該國海域作業的鮪延繩釣漁船上派駐觀察員。世界上其他多數國家只針對不到百分之十持有執照的船隻要求觀察員上船。不過，帛琉最激進的做法是創建一個「無取用」的保護區，在一片超過十九萬三千平方哩的海域上禁止出口漁獲、鑽井與探勘行為。

　　二〇一二年，帛琉與綠色和平合作，後者派遣了一艘大型船隻協助在附近海域巡航了幾個月。帛琉聲稱是第一個在Indiegogo這個群眾募資平臺上發起募款的國家，到了二〇一四年總共募集了超過五萬美元（足以支應「雷梅利克號」大約一年的燃料費用）的小額私人捐款，以幫助該國維持海域治安。帛琉甚至開始與一家名為「黑水」（Blackwater）的私人保全公司洽談維安服務，雖然這項洽商最終破局。

　　當我們坐在雷蒙傑索的辦公室，他列下了掌握帛琉海域所需的一切資源。他說，他們會需要更詳細的港口檢查。漁船需要付錢裝設更

好的定位詢答機，可以更頻繁地發出訊息，而且無法被關閉，那麼帛琉警方就可以持續且及時地進行監控。經過一段長時間的沉默之後，雷蒙傑索又補充道，最重要的是更多的巡邏與逮捕行動。少了這些要素，帛琉的保護區只會是在海上畫出來的幾條線罷了。我懷疑他的整份心願清單可能還需要更多東西。

我需要雷蒙傑索的許可才能和「雷梅利克號」一同出海。我向他解釋，我想要了解這份巡邏工作實際上的困難之因何在，以及那些大老遠航行至帛琉海域作業的外國漁民是誰。雷蒙傑索的一名副官警告我，這些海上巡邏工作並不好玩。「無趣且悲慘」，他藉此形容帛琉警方通常在海上遭遇的情況。「有時候也帶有暴力。」我已經從先前的報告中得知海上生活的無趣，但是我想要了解悲慘與暴力的部分。

「你當然可以跟他們一起出海。」雷蒙傑索毫不猶豫地說道，很可能是將宣傳視作一條增加外國資助的途徑。當我步出他的辦公室時，我聽到他低聲咕噥著，大約是在慶幸還有人在乎「一個如此遙遠的地方」。

～～～～～

貝埃被指定做為我在「雷梅利克號」上的聯絡人。胸肌發達、身材短小的他，在擔任將近十年的海上警察之後，如今是一名熱心且深刻了解海上犯罪的鷹級童軍（Eagle Scout）。在我坐車回飯店的途中，我撥了一通電話給我的攝影師班・洛伊（Ben Lowy），告知我們即將啟程。我們要在隔天早上四點半登船。

當人們首次做為訪客前往鮮有人拜訪的地方時，最好是保持安靜，這項普遍原則我是清楚的。所以，在登上「雷梅利克號」的頭幾個小時裡，我沒有提出任何問題、也沒有在船上閒晃，或是做出任何會引起注意的事。我只是試圖像帛琉人一般安靜地坐著、不發一語。

突破十呎高的浪頭，「雷梅利克號」先是從科羅的港口出發，前

往非法漁獵者經常出現的卡揚埃爾島（Kayangel），這是位於帛琉極北方的珊瑚礁島。這趟行程費時九個小時，在整個過程中，「雷梅利克號」艦橋上的帛琉官員只是安靜地凝視著前方的擋風窗。對於許多帛琉人來說，嚼檳榔是一種慣俗，那事實上是包在檳榔葉中的檳榔果，摻雜著萊姆、荖葉與菸草。船上每個男人都有自己的空蘇打瓶，一邊嚼著檳榔，每隔幾分鐘就會吐出嘴裡累積的紅色唾液。卡在嘴脣和牙齦之間，檳榔可做為一種溫和的刺激物，讓身體感受到一股溫暖，並且稍微提高警覺。

在某一刻，當某位官員準備他的檳榔時，我對他表現出好奇的表情，於是他就伸出手來讓我嘗試一些。其他官員看著，每個人都了解他的動作更像是一場大冒險，而非禮貌的手勢。當然了，我接受這個誘餌，模仿我所見過其他人的做法，把一小團檳榔塞進嘴巴裡。

官員們驚訝地咧嘴笑開。檳榔的味道是辛辣的，而我立刻就感到頭昏眼花。經過十分鐘的咳嗽之後，我溜出艦橋，逃到洗手間，立刻

在帛琉海警巡邏艦「雷梅利克號」上的睡眠空間。

就吐了出來。我以為我的行為不會引起注意，但是當我一臉蒼白、滿身是汗地回到艦橋上時，官員們都大笑出來，還有幾個人過來拍拍我的背。後來我才知道，我可能是一次塞進太多檳榔，或是吞下了一些汁液，這是錯誤的做法。無論如何，我自願進行的入會儀式完成了，官員們對我的態度似乎都輕鬆了些。

我們在同一天稍晚的時候抵達卡揚埃爾島。這是一塊崎嶇不平的迷你土地，只有大約半平方哩的大小。這座島嶼真的是另一個世界：位於這個群島國家的最外圍前線警哨。它沒有飛機跑道，沒有前往首都的船，在多數時候沒有電力，也沒有手機訊號。

當我們抵達時，我們見到了鮑伯・詹森（Bob Johnson），這名帛琉人的工作是這座島上全職待命的魚類與野生動物保護管理員。詹森的身材魁梧，顯然偏好自己獨處更甚於面對陌生人。他解釋說，隨著這座島上的人口縮減，監管這片區域變得愈來愈困難，因為可協助發現與通報非法漁獵者的人更少了。人們為什麼要離開呢？「暴風雨。」詹森說道。他估計這座島上只剩下不到五十人。就和他突然地現身一樣，詹森隨後又突然消失。我本來想要問他更多問題，但是他一看到我們沒有帶什麼補給品來，就離開了。

寶發颱風（Typhoon Bopha）曾經在二〇一二年十二月橫掃卡揚埃爾島，不僅趕走了上百名居民，也破壞了附近的珊瑚礁。十一個月之後，海燕颱風來襲，風速每小時超過一百七十哩，這些五級暴風是有史以來最強勁的熱帶氣旋之一。

多數科學家皆同意，氣候變遷是暴風形成愈來愈密集的原因。二〇一四年的一項研究估計，光是氣候變遷就會導致帛琉在二〇五〇年之前失去四分之一的潛在漁獲。

「我們總不能逮捕氣候吧！」在我們搭乘「雷梅利克號」繞行卡揚埃爾島時，貝埃說道。「我們只能逮捕人，那些來這裡非法捕走我們的魚的人。」經過一段長時間的沉默，另一名官員以帛琉語輕聲咕

噢，後來有人翻譯給我，他說的是：「說的比做的簡單。」

貝埃同意並解釋帛琉的轉捩點在於二〇一二年三月，當這個國家的多數人體認到他們需要更多且更好的監管。只是提到這個日期就引起了艦橋上其他官員的嘆息呻吟。

貝埃解釋道。當時，在幾天之間，兩名中國的非法漁船在卡揚埃爾島附近被發現，但是他們一直逃跑，因為他們擁有三部六十馬力的外引擎。當地的帛琉魚類與野生動物保護管理員知道追捕他們會是徒勞無功，因為他們只有一部外引擎配備在充氣艇上。

當帛琉的管理員在三月三十一日上午七點左右第三次看到其中一艘中國的快船時，他們終於接近到足以嘗試射擊該船引擎的距離之內。然而，有數顆子彈擊中了中國籍水手盧永（Lu Yong）的右肩、腹部與右大腿。（帛琉警方表示，他們不是瞄準他，而是子彈從外引擎彈開才擊中。）好幾名官員乘坐一艘較小的快艇將盧永緊急送往二十五分鐘外的一座小島，那裡住著一名護理師。三十五歲的盧永最後失血過多而死，留下一名九歲的兒子和三歲的女兒在中國。

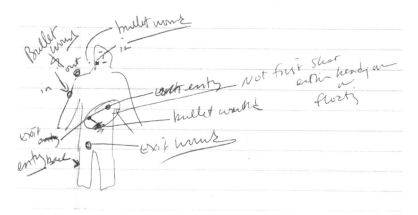

警方草繪了在追捕過程中被帛琉海上執法者殺害的中國籍水手盧永身上的子彈進出位置。

　　還在「雷梅利克號」上的官員們登上非法漁獵者的快艇，偵訊其餘的船員。帛琉的管理員很快地發現還有一艘更大的「母船」停在較遠的外海，精心策劃這場非法漁獵的突襲行動。於是兩名帛琉警察與一名美國機師駕著一艘租借的單引擎賽斯納小飛機前往搜尋。然而，隨著夜色漸黑，機師失去方向，飛機就這麼消失在雷達上。

　　其他人搭船去搜尋母船。大約在距離岸邊三十五浬之處，帛琉警方終於發現了這艘八十呎長的船隻，該船無視海警向船首發射的警告彈，立刻逃跑。經過數小時的追捕，這艘船突然停了下來，陷入一片火海。船員們爭先恐後地擠上一艘逃生艇，在船沉沒之前帶著犯罪證據逃離。

　　當賽斯納還在迷航中，於帛琉附近遼闊的海域上失去方向時，帛琉當局決定孤注一擲。他們設想，若是能夠將眾島嶼照得夠亮，賽斯納或許可以看到他們，而找到回家的路。公共安全首長命令所有的緊急救難車輛開到該國最多人居住的科羅島的置高點，打開所有的遠光燈。在帛琉南端的安加爾島（Angaur）上，有一名官員甚至建議點燃離島的一些樹木，不過這個想法很快就被駁回。「將聚光燈打在高空。」駕駛遊艇的人接獲指示。帛琉的朝日棒球場看台燈光也被打開，居民們被要求打開家中所有的燈。有些人站在街上揮舞著手電筒。微軟的共同創辦人、億萬富翁保羅・艾倫（Paul Allen）那時候正好也在帛琉，便熱心提供停在他的四百一十四呎巨型遊艇上的兩架直升機以協助搜救。艾倫的一名船員被指示以每分鐘一次的頻率，向高空投射四十九盞光束。

　　對於帛琉警方來說，賽斯納的迷航尤其令人痛苦，因為他們可以聽到機長法蘭克・歐林傑（Fran Ohlinger）及兩名官員厄里・德切榮（Earlee Decherong）與威利・梅斯・托偉（Willie Mays Towai）的聲音，但是他們卻聽不到陸地上的聲音，或許是因為飛機上的纜線磨損或是對講機短路。在歐林傑於下午三點三十分起飛，直到晚間八點十六分

發出求援訊號的期間，警方聽著他的聲音變得愈來愈驚慌，他對於機上損壞的GPS定位系統與羅盤感到洩氣，以及最終他請求某人通知他的近親。「我們正在向北飛行，維持一個極佳的降落仰角。」歐林傑最終說道。他解釋此舉是希望能夠盡可能地讓飛機落海時的衝擊最小。「我們正在六千呎的空中，航速六十五節，燃料不足了。」飛機殘骸不曾被發現。「它吞噬了他們。」貝埃指的是賽斯納消失之處的深淵。

接下來的數週，世界各地的報紙都針對這場潰敗持續報導。中國政府派出一支外交特使團前往帛琉討論這起槍擊事件。帛琉總統與檢察總長開啟調查。在當時，情勢令人痛苦地顯示出，帛琉政府在這場守護海域的戰鬥中敗陣了。「帛琉人是非常自傲的民族，」貝埃說。道「這整件事是一場悲劇，而且是非常令人難堪的悲劇。」

當帛琉官員說完他們的故事，我們的注意力立刻轉移到了一項要比中國盜獵者更龐大的威脅。「雷梅利克號」抵達國家的南端時，一名帛琉官員指向海倫礁（Helen Reef）的方向，大約是在主要島鏈西南方約三百六十浬處，接近帛琉與印尼的海上邊界。在此幾乎無人居住，僅有四到六名帛琉籍的管理員。海倫礁是一個低窪、砂質的島嶼，面積約六十萬平方呎（約為美國國會反射池的兩倍大）。

在接下來的幾十年內，海洋很可能會淹沒世界各地的小島型國家。包括吉里巴斯、馬爾地夫、斐濟、諾魯與吐瓦魯等國，已有部分領土逐漸被高漲的潮汐淹沒。海倫礁對於帛琉來說具有極特殊的重要性，因為它是這個國家最南端的疆界。當這個前哨點被海平面覆蓋，印尼對於帛琉水域的主權聲明將擴大約五萬四千平方哩。工業革命開始對於氣候造成不可逆的破壞的同時，它也以同樣的方式改變了漁業的本質，並且對海洋留下了深遠而持久的後果。

　　欲了解目前海洋上的困境，就必須檢視它的過去——什麼東西改變了、什麼東西沒變。經過好幾個月針對漁業的報導，我震驚於這個職業長久以來的一致性：一名漁夫典型的工作日內容幾乎沒變過，其中充滿了繁重累人的苦工，並穿插著會壓垮人的厭煩感。你投下你的漁網、拋出你的釣繩，等待、再等待，然後期待吊起或捲起漁獲。在過去一個世紀以來，科技使得漁業從某種捕獵形式變得更像是農耕。高度機械化的船隻像是漂浮的工廠一般運作著，這個產業變得過度有效率地奪走海洋中的所有生物。

　　到了二〇一五年，每年大約有九千四百萬噸的魚被捕捉，超過全人類的重量。多數聲浪歸咎於一九三〇年代激增的圍網漁船。這些船隻會以深至海底的漁網圈住整群魚，有時候遍及一浬之廣，並且用粗厚的纜線穿過網眼底部的環圈。在安置好漁網之後，漁船會拖著底部的纜線，使得漁網如洗衣袋一般收束起來。一架起重機將漁網拉上水面，魚兒就被倒進一個多孔的漏斗中，經過分類（通常透過輸送帶），然後隱沒在船艙儲藏室裡。

　　第二次世界大戰激勵了工程師發展出更輕、更快、更耐久的船隻，可以耗費較少的燃料而航行地更遠。潛艇競賽驅策了聲納技術的革新，協助照明黑暗的深海。找尋魚群變得更像是一種電子表單的科學，而非航位推測法的藝術。船上配備的零下冷凍室讓漁夫不必與融化中的冰塊做時間競賽。塑膠與尼龍單絲的創新科技讓釣魚線得以從幾呎延長到幾哩。以輕巧的聚合物製成的漁網使得超大型拖網漁船可以耙過整片海洋，就像兩架坦克中間掛著一套鋼製的纜線，無情地壓過一片熱帶雨林。

　　隨著漁網的尺寸與強度增加，混在目標漁獲中的其他生物數量也會增加，在不經意被殺害的情況下被丟回海裡。如今有超過半數的全球漁獲是在死亡後被丟回海裡，或是被磨成粉拿去做為豬隻、家禽與養殖魚類的飼料。舉例來說，養殖一隻鮪魚可能需要捕捉超過牠三十

倍重量的海洋生物來磨成粉、製成飼料。這些進步的科技與漁業工業化是過去半個世紀以來，遠洋漁獲成長達百分之七百的一大主因。它們也在某種程度上解釋了為何世界上許多漁場瀕臨崩潰邊緣。

有兩個頑固的誤解也扮演了重要角色。首先是海洋生物代表較低階的生命。「想想『海產』這個字的本意。」一名研究漁業的歷史學家保羅・葛林柏格（Paul Greenberg）說道。在德文、法文、西班牙文，以及多數其他的西歐語言中，海產意即「海洋的水果」。一個圍繞著幾百種生物物種的生態系統被化約成大眾的普遍認知，其中不只包含了截然不同的動物，也包括了我們所消費的物種。所謂的魚素者，憤怒於畜牧的牛隻與雞隻所承受的痛苦，卻經常在飲食中加入野生捕捉的魚類，他說道。當猶太教法要求仁慈地宰殺哺乳動物與鳥類，卻也沒有將同樣的要求適用於魚類。事實上，這些被殺害的動物之中有一大部分不是直接為了滿足人類自身的飲食需求，而是被用來餵養人類所吃的其他動物。魚是冷血動物，也不會讓人想要擁抱，因此總是被視為不同的動物。

第二個更重要的誤解是：海洋是獨特的充沛之處。十九世紀的英國政治評論家亨利・休特斯（Henry Schultes）在一八一三年提出這個觀念，當時他寫道：「除了高度肥沃的土壤，圍繞著我們的海洋更是一片永不枯竭的財富寶庫——在一年的任何時候都可以豐收、成熟——不需要耕耘的勞動力，不需要種子或肥料的花費，也不需要支付租金或稅金。」

這個信念直到二十世紀依舊存在，例如位於紐約的美國自然史博物館所收藏的霍桑・丹尼爾（Hawthorne Daniel）著作，以及來自麻州伍茲霍爾（Woods Hole）海洋學會的法蘭斯・米諾（Francis Minot），他在一九五四年共同出版了一本書名為《取之不盡的海洋》（*The Inexhaustible Sea*）。「儘管我們對於海洋的了解並不充足，我們已經開始去了解到海洋可以提供的遠超過我們的想像極限——有一天，人們會認

知到，在海洋的恩賜之下，它是取之不盡的。」該書作者們寫道。

對於漁產豐沛的印象以及認為這些生物更適合食用而非保育的觀念，確實導致過度漁獵的步伐加快。另一方面，許多環保主義者看到科技進步所帶來的希望，將有助促使這個過程減速，並獲得控制。自從一九九〇年代以來，船隻可以設置自動識別系統，又稱作定位詢答機，一種可避免碰撞的系統。它利用船上的 VHF 訊號發送器將船隻的位置、身分以及速度持續發送給其他船隻與衛星。在二〇〇二年，聯合國的海業組織開始階段性地要求所有總重達三百噸的客輪、商船及漁船（通常船身達一百三十呎長）安裝定位詢答機。

唉，但是定位詢答機有它的缺點：船長被允許在他們感受到海盜或競逐者追蹤時關掉詢答機。這個系統也可能被駭客入侵而提供錯誤定位。此外，許多涉及最糟糕罪行的船隻都不達三百噸，例如「新吉群 33 號」。

許多國家也要求船隻配備一種附加裝置，稱作漁船監控系統（Vessel Monitoring System, VMS），以做為核發在該國海域作業執照的條件之一。漁船監控系統會將船隻的位置與其他數據發送至當地的漁業管理當局。以監控目的來說，漁船監控系統要比定位詢答機來得有效，因為它比較難以被動手腳，或是被關掉。應用這些系統的邏輯在於，當合法船隻變得愈加可見，非法漁獵者若是缺乏必要的追蹤設備，就會愈難在港口卸下他們的違法漁獲。

當各國更廣泛地應用聲納、攝影浮標與低成本的水聽器來捕捉接近禁捕區的船隻時，更多的海洋監管數據就會被建立起來。多由政府使用的衛星與合成孔徑雷達來也可以在任何天候下偵側船隻的位置。

正如二〇一五年逮捕「新吉群 33 號」的行動證明了，若是一艘船試圖關掉詢答機以潛入「地下」，或是一艘非法漁船進入了禁捕區時，以上種種資訊一旦與複雜的監控系統連結，觸動了警報，其威力就會變得特別強大。如今，海上巡警其實是仰賴空中的眼睛，而非在遼闊

無際的海上盲目巡邏。

儘管如此，新科技不是萬靈丹。知名電視節目如《國土安全》（Homeland）與《疑犯追蹤》（Person of Interest）讓空中監視猶如谷歌地圖一般可靠，但是從空中捕捉詳細影像亟需仰賴軍事等級的無人機。從太空拍下高解析度的影像極其昂貴（一張照片通常超過三千五百美元），而且攝影要求必須在一週前預約，操作衛星的公司或政府才知道在衛星於地球外圍高速旋轉的同時，要將他們的鏡頭瞄準哪個特定的點。

即使是透過類似於西維吉尼亞州非營利組織SkyTruth的Bergman這類精細的衛星追蹤，海洋的遼闊都讓監視工作更加複雜。由上而下看，世界最大的拖網漁船——荷蘭籍的「安妮莉絲伊蓮娜」（Annelies Ilena）——面積大約有三千五百平方公尺，等同於八個NBA籃球場的大小。即使一顆衛星只掃描百分之一的大西洋，「安妮莉絲伊蓮娜」也只占了三十億分之一的大小。若是一艘船關掉它的詢答機，我們對於其下落的掌握就可能快速消失。

～～～～

由於魚類天生的直覺會聚集在漂浮物的周圍以求保護與配對，帛琉當地漁民自古以來便充分利用這樣的特性，在漁網上綁著塑膠與竹片，製成特殊的浮標，如此便能吸引魚群至一特定地點，使他們更容易抓到魚，也能大幅節省在海上作業的時間。現代的海洋研究者開始將這些浮標稱作「人工集魚器」（Fish Aggregating Device, FAD）。這種裝置對於帛琉附近的海域已經造成特別嚴重的影響。

為了吸引鮪魚與黑皮旗魚（blue marlin）之類的生物，有愈來愈多的漁業公司會使用「智慧型」人工集魚器，上頭裝有聲納與GPS。如此一來，船長只要安穩地坐著等待，直到裝置發出訊息通知收網。事

實上，這些裝置的效率之高，在某些地方的漁民甚至會僱用武裝保全，以確保競爭對手不會過來破壞裝置或是竊取漁獲。

在印尼，漁民告訴我，離岸幾十浬外的人工集魚器旁會設置鋪有防水布的水上平臺，有些村民就被僱用在那兒站崗。通常這些守衛會配有好幾壺的水、醃製的魚和一把槍，僱用他們的人承諾一週後會有人來探班，並帶來新的補給品，他們就可以上岸。然而，這些承諾並不總是兌現，或者一場暴風雨致使站崗的人喪命，並且把他們的屍體沖上岸。我在菲律賓聽說過類似的故事。守衛人工集魚器的人會在與其他漁民火拚的過程中被殺害。

過去三十年來，人工集魚器的應用在商業漁船上特別受歡迎，部分原因是海豚保育運動的意外後果，這些船在過去尋找鮪魚蹤跡的方式，是先尋找海豚，因為牠們通常會跟隨在鮪魚群上方的水面，以避開可能的掠奪者。這種做法導致成千上萬隻的海豚不經意地在漁民獵捕的過程中被殺害。一九八〇與一九九〇年代，針對「放過海豚」的捕鮪要求迫使許多漁船轉換漁場。他們離開熱帶的東太平洋海域，轉往中西部的太平洋海域，接近帛琉，這裡的海豚較不會跟隨鮪魚太緊。因為西太平洋海域的溫度變化，鮪魚游的高度要比海豚深得多，所以比較少見牠們相伴出現。

因此，許多船隻改以人工集魚器做為尋找鮪魚的新工具，它會吸引魚群集結。然而，這種做法有其問題。其他非鮪魚的魚兒也會受到吸引，意即漁民無差別地殺害了大量鯊魚、海龜及未成年鮪魚。那麼多年輕鮪魚消失的影響很快地變得顯著。二〇一四年的一份研究發現，在帛琉和其他太平洋島嶼周圍水域的黃鰭鮪魚數量已經下滑至人工集魚器被廣泛應用之前的百分之三十八了。

隨著「雷梅利克號」乘風破浪而行，有些隱約的不祥跡象顯示帛琉正在輸掉捍衛魚兒的戰鬥。大約在該國東方海域的十浬之外，官員停在一個人工集魚器旁，讓我可以潛到這片溫暖、半透明的藍色海水

裡近距離觀看。海巡官員看著我的樣子彷彿我是瘋了。在過去幾年以來，這個人工集魚器聚集了大型魚隻，意即這裡也經常有來掠食的魚，所以他們小心翼翼。

我的攝影師洛伊毫不猶豫地拿出他的氧氣瓶，向後一仰地跳進水裡。擁有許多拍攝鯊魚經驗的他，似乎並不感到害怕。我跟著他一起跳下水，雖然心裡是很緊張的。我的任務是去警告他若是有什麼東西從背後襲來，但我並不真的明白那是什麼意思。你要如何在兩人都在水中的時候以夠快的速度警告某人？我心想。

採用低科技，並且固定在一處，人工集魚器就是連結著一條粗繩的塑膠浮標，繩上覆滿著軟體動物，另一頭則綁著煤渣塊，向下垂降至超過五百呎的深度。大片的竹葉沿著繩子上方頭五十呎滑下，輕拍著如同有絨毛的翅膀。數以百計身長僅一吋的嬌小銀魚在葉子的投影下方快速游過，沒有一隻魚的身長超過一呎。

我抓著那條固定人工集魚器的繩子，盡可能地往下潛，大約降了二十呎，但幾乎立刻就看不到洛伊的身影了，他很快地降至更深的地方。當我回到水面上時，像是一隻水獺般地甩著身子並轉圈，我發現有一名海巡官員提著一把槍指著我。我感到困惑但喘不過氣，嘴裡只能吐出一個「嘿？」那名官員說他正在盯著鯊魚出現的蹤跡，若是看到任何一隻鯊魚冒出來就要殺害牠。「或許只要對我們大叫就好了，不要開槍。」我建議道。在那天的巡邏中，我們又拜訪了三座人工集魚器，航行超過一百浬。未見到任何本應吸引到的大型魚類。

隨著太陽下山，我們大約正在距離帛琉最北方海岸的五浬外海面上，有一名海巡官員說他們想要檢查最後一座人工集魚器，位在一個名為歐拉克（Orak）的小島附近。他們這次的動機比較個人；他們想要捕魚做為晚餐。在下了釣魚線一個小時之後，他們空著兩手放棄了，轉而登上附近的一座島，官員們帶來一些從當地市場買來的燉雞。我詢問在港口附近的迷你雜貨店，這雞是否在島上飼養的。櫃台

的男人否認。「從中國進口的。」多麼諷刺，我心想。盜獵帛琉魚群的國家卻也是供應雞肉給帛琉的國家。

在人工集魚器附近沒有魚的現象暗示我們，海洋雖然遼闊，卻是無可避免地相連，也不可能取之不盡。帛琉的魚類保育成功取決於其他國家也建立自己的保護區。「在牠們到達這片海域之前，就被捉走了。」貝埃說到那些消失的魚。

鮪魚與其他許多大型的海魚一樣，都會遷徙棲地。在帛琉附近，黃鰭鮪魚、大眼鯛、飛魚的數量都在急遽減少，部分原因在於牠們從未來得及抵達帛琉的保育海域。牠們在到達之前就被以某些方式捕走了，包括在西部與中部太平洋上超過五萬個漂浮的人工集魚器之一，這其中多數的裝置都是絕對合法的。

在帛琉為了捍衛其海域所進行的浩大戰鬥中，它做對了許多事，包括建立一片海洋保育區，以保護其領海中將近八成的海域免於受到工業化漁業的殘害。然而，為了讓國家付出的保育心力成功，帛琉需要其他政府與產業界效仿。它無法光憑一己之力成功。

隨著我們在「雷梅利克號」的艦橋上度過時光，貝埃把我印象中的圖像搞得更加複雜。他說他擔心的不只是鮪魚與鯊魚。大批近海的熱帶魚群也遭到殺害。我指出，這部分是帛琉自由發展的觀光業所致。該國的國內生產毛額半數以上是仰賴生態觀光，人們多是因為世界級的浮潛與深潛活動而被吸引至此。二〇一五年，每月平均來自中國的觀光客增加至將近一萬一千人次，而前一年同期才僅兩千人次。

結果，許多觀光客想要吃魚的欲望就跟想要看魚的欲望一樣饑渴。絕非巧合的是，當地餐廳菜單上出現的奇特海鮮種類愈來愈多，包括被禁捕的魚種如曲紋唇魚（〔Napoleon wrasse〕俗稱拿破崙魚、龍王鯛）、隆頭鸚哥魚（Hump-head parrot fish）、玳瑁（Hawksbill turtle）等，

都是當地漁民最常捕捉的漁產。即使帛琉人試圖將外國非法漁獵者擋在門外，他們也難以阻止當地漁民將保育魚種供應給當地餐廳。

在登上「雷梅利克號」之前，我參觀了水母湖（Jellyfish Lake），那是帛琉洛克群島（Rock Islands）中無人居住的小島上一塊十二英畝大的鹽水湖。它做為帛琉最驕傲的觀光景點之一，似乎是見證觀光業為這個國家海洋環境帶來明顯負擔的最佳地點。湖面閃爍著螢光綠的光芒，這座湖是數百萬不會螫人的水母棲息地。牠們規律地律動著，身形從乒乓球到保齡球般的大小都有。

在前五年，曾經有多名中國遊客因為在度假村的珊瑚礁岸抓魚以及在此抓水母而遭到逮捕。他們宣稱是打算在飯店房間裡用自己帶來的加熱板煮食。儘管帛琉籍的導遊用英語向那群喧嘩著爬進湖裡的遊客解釋，他們不應該觸摸水母，二十幾名衣服浸溼的中國遊客依然故我，把水母從水裡撈起來觀察。

〜〜〜〜〜〜

在我登上「雷梅利克號」之後，當帛琉官員在沿岸約七十浬處擋下一艘臺灣籍鮪延繩釣漁船「勝吉輝12號」（*Sheng Chi Huei 12*）時，一股隱約的徒勞無功之感湧上我的心頭。帛琉官員將六名印尼船員趕到船首處，登上該船檢查。在我爬上上層甲板時，其中一名水手向我靠上來，抓住我的手腕。受到驚嚇的同時，我意識到我的手距離一條通電的金屬纜線只有幾吋之遙。通常在較大型的魚隻從水中被拉上甲板時，那條纜線就是用來電暈還在活躍亂跳的魚。那名水手指著另一名男子手上一處六吋大小的黑色燒焦痕跡，警告我那就是這條纜線可以造成的傷害。儘管我以為自己已經了解在這些船上的危險，在此又上了一課。

對於帛琉的海巡官員來說，抓到非法漁獵者只是第一步。在他們把這些人帶上岸後，並不能保證會有通譯人員可以協助與這些外國船

帛琉官員查驗一艘在帛琉海域作業的臺灣籍鮪延繩釣漁船「勝吉輝12號」的漁獲。

員溝通，或者是拘留所有足夠的空間可以扣押他們，甚或有可依據的法規足以起訴他們。多數遭到逮捕的是由家族經營的小型漁船。這些經營者通常沒有將近五十萬美元來支付某些較高額的罰金，更沒有錢來支應遣返船員的費用。當這些漁船被逮捕時，帛琉政府就面臨了安置這些船員並送他們回家的難題。

　　在「雷梅利克號」官員檢查「勝吉輝12號」之際，我走向船尾處去看看船員們在下層甲板生活的空間。一把梯子通往下方一個四呎高的隧道口。這個隧道延伸至整艘船的長度，兩旁並排著共十來間六呎長的小房間，每個小房間裡都擺有一小捆衣服做為枕頭。

　　漁船的環境不是特別乾淨，尤其是在開發中國家的漁船。幾十名男子塞在一個潮溼、局限的空間裡長達數個月，而且每天早晚要處理幾千條死去且腐敗的生物，傳染病散播是可以預期的狀況。在我抵達

帛琉之前，已經在數十艘漁船上待過一段時間，並且了解到，為了我的自身安全，我必須調整某些習慣。不能再咬指甲；你不會希望讓你的手靠近嘴巴。即使是一些小傷口都可能很快地嚴重感染。我不再戴隱形眼鏡，因為把它們戴上取下是一個不穩定且充滿細菌的過程，可能會導致瞼腺炎。由於持續處在潮溼的環境裡，耳朵感染也是一場持久的戰鬥：每天滴上數滴由百分之五十的醋與百分之五十的外用酒精混合而成的液體，可有助處理這個問題，不過經常造成劇烈的刺痛感。

「勝吉輝12號」是一艘尤其骯髒的船，而且從臺灣出發已經航行了一千四百浬，超過一個星期。在惡劣氣候下航行於外海，船員幾乎無法待在甲板上。

更深入地爬進這艘船顯然是個壞主意，但是受到好奇心的驅使，我想要看看這些男人是在哪裡睡覺及度過那些暴風雨襲擊的時光。往隧道更深處前進，光線變得更灰暗、氣味更濃厚、熱氣與噪音也更強。一隻老鼠在前方跑著，某些位置會有棕色濃稠散發陳腐氣味的液體從上方滴下：這是從上層甲板的切割臺流下來的。

船員睡覺的小房間差不多就占據了整個爬行的空間。在隧道最深處是船隻的柴油引擎，激烈地運轉著。引擎四周環繞著煙霧，因為它的通風口有部分被堵出了。我只能透過嘴巴呼吸，因為空氣太熱了，感覺我的鼻孔內壁彷彿要燒焦似的。接著我才意識到，剛才爬過來的通道不只是船員們睡覺的地方，也是引擎主要的排氣管。

隨著我愈加探索法外之海，愈感到難以分辨掠奪者與被掠奪者之間的差異。我來帛琉專注於魚類與其他海洋生物在此的脆弱與黯淡處境，以及了解如同矛刺一般對全球海洋進行掠奪的外國非法漁獵者。然而，我快地就意識到這種對比並非如我以為的那般絕對或單純。追捕這些魚的人當然不能擺脫消耗帛琉海洋資源的責難，但是他們本身似乎也是很脆弱的。

那天下午稍晚，回到「雷梅利克號」上，我花了一點時間閱讀帛

琉政府針對二〇一二年賽斯納消失與中國水手死亡事件的調查報告。這份文件包括了當時對非法中國籍漁船上的二十五名漁夫所做的訪談紀錄，他們遭到逮捕並且在科羅的監獄被拘留了十七天。

報告中所記載的多數水手未曾到過海上，也不知道他們的漁船名字、僱用他們的船公司，甚或船長的全名。多數人聲稱，在海巡官員追捕他們的那天，他們之所以逃跑是誤以為沒有穿制服的帛琉人計畫搶劫。他們並不知道自己的捕釣行動是非法的，而文件上寫道：「他說他一點也不知道關於許可證的事，只是做了船長吩咐的工作。」警方的訪談紀錄記述了其中一名中國籍水手所言。

在一份認罪協商中，船員們同意每人支付一千美元罰款，由他們的家人與政府以他們的名義匯款給帛琉當局。他們的小型快艇被毀，而他們的傳動裝置則被沒收。於是他們只能帶著入殮的同伴盧永搭乘由中國政府派出的專機返家。「他不應該受到死亡懲罰。」盧春安（Lu Chuanan）在日後造訪帛琉時，如是提起他那過世的堂兄弟。

在報告中有一句話特別突出，為這個故事劃下令人寒心的結局。在中國非法漁獵者離鄉背景、冒著生命安危航行了幾百浬來到帛琉海域進行了幾天盜魚作業之後，實際抓到的魚群數量不及一打，主要上鉤的是石斑魚及幾顆大型蚌類。這似乎是頗為悲哀的稀少漁獲，也更加證明了這個海域的魚量減少。

那晚，在「雷梅利克號」的舵手室裡，官員們進行了那天登艦的事後調查分析。我們所處的海上是平靜且黑暗的，只有遠處一些小島上閃爍著燈光。對話內容轉向在那些非法作業船隻上工作的船員。「他們不是敵人嗎？」我問道。幾名官員搖頭說不。「你只是做了你能找到的工作。」其中一人說道。

貝埃向我解釋，在他們抓到一艘漁船、逮捕船員之後，他的同事通常會協助找衣服給水手穿。官員們捐出來的許多T恤是過去帛琉政治造勢活動上所發放的，因為這些衣服很多，又是免費公開地贈送。

貝埃說，至少一年會有一次，在帛琉海域上發現的某艘來自臺灣、中國或越南的非法漁船上，會有一名水手穿著為某位帛琉候選人宣傳的上衣。另一名官員補充說道，他在二○一六年逮捕了一名海盜船長，六個月過後，同樣的那個人出現在不同的船上，但這一次他淪為水手。他們重覆出現的次數就說明了他們的堅持與絕望。這個現象也讓我不禁思考貝埃的任務更像是薛西弗斯（Sisyphus）的神話，而非大衛與哥利亞。

「你是否曾經見過罹患減壓症的人？」在我們返回港口的航程中，貝埃在某一刻如是問我。他解釋說，他的巡邏隊所追捕的非法漁獵船隻有許多是越南籍的「藍船」，這麼命名的原因是他們的船身會漆上亮麗的藍色。這些船舶大多數的目標是生活在海洋底部的海參，看起來像是巨大、外層裹著一層皮的鼻涕蟲。當這些船停下來捕海參時，越南籍船員會在嘴巴裡咬著塑膠管，管子連接著船上的空氣壓縮機。他們在腰間綁上沉重的鉛塊以幫助自己深潛下去，通常會下降到超過一百呎的深度，以收集每磅在中國可要價超過三百美元的海參。在二○一六年的一場逮捕行動中，有一名潛水夫上升到水面的速度太快，導致他的關節上出現極其令人痛苦的水泡，就是所謂的減壓症。

「他只是持續呻吟了好幾天。」貝埃說道，並補充說那些哀嚎聲直到現在仍縈繞在他的耳邊。另一位官員聽到這段對話，眼神從他的檢查日誌上移開，抬頭看向我們。他說到在那些漁船上的水手們，「他們才是真正的混獲。」

在那名呻吟水手的故事中，我看到一課清醒的教訓。事實上，那也是我從消失的賽斯納、空無一物的人工集魚器、與海平面等高的礁島，以及抓水母的觀光客等這些故事中得到的相同教訓。我來到帛琉尋找靈感，以及學習關於海洋保育的全球前景。若是世界的漁業資源有任何存活下去的機會，這個島國或許就提供了我們某些指引。然而，在我離開帛琉之際，心中對於海洋保育的希望要比種種障礙所帶

來的痛苦感更少一些。海洋所面臨的威脅比起罪行本身更多得大，也更加複雜。帛琉的真正對手不是以合法或非法來理解，而是更大的問題：氣候變遷、未受管制的觀光業、難以駕馭的遼闊海域，以及某種程度的貧窮所導致的現象：漁船中滿載的盡是在乎生存更甚於法律的男人們。在這場異常巨大的戰鬥中，帛琉做為先行者，是世界的榜樣；唯一的問題在於是否有任何人會跟隨之。

3

一個鏽蝕的王國
A RUSTY KINGDOM

> 人們會為了不同的理由走入世上杳無人煙之地。有些人單純是
> 基於對探險的熱愛而受到激勵，有些人是對於科學知識
> 充滿熱切渴盼，還有其他人則是被「渺小聲音的誘惑」吸引，
> 也就是未知事物的神祕魅力，而踏上無人走過之徑。
> ——歐內斯特·薛克頓（Ernest Shackleton），
> 《南極的中心》（*The Heart of the Antarctic*）

　　一九六六年的聖誕夜，已退休的英國陸軍少校帕迪·羅伊·貝茨（Paddy Roy Bates）開著一艘掛著船外機的小艇離開英國海岸約七浬處，進入北海的範圍。當時他在大半夜悄悄地溜出家，腦中興起一個瘋狂的念頭，要給他的太太喬安（Joan）準備一份絕佳的禮物。利用一組爪鉤與繩索，他爬上一座廢棄的防空要塞，宣稱自己占有了它，並將該要塞命名為西蘭公國（Sealand）。

　　他的禮物並非什麼浪漫的海洋宮殿。建於一九四〇年代早期，這座名為「英王陛下之要塞怒濤堡」（His Majesty's Fort Roughs）的平臺是為了守護泰晤士河（Thames）的五座堡壘之一。一個終日承受海風吹

二〇〇二年的西蘭王國。

襲的龐然大物，人們大多稱之為「怒濤堡」，不過是一個大小約兩座網球場大小的平臺，架在兩根中空的水泥塔上，聳立海平面上方約六十呎處。

在戰事最猛烈的時期，曾經有超過一百名英國海軍駐守在怒濤堡，並配有兩座波佛斯四十毫米防空高射炮（Bofors light anti-aircraft gun）以及兩座維克斯九十四毫米重型防空高射炮（Vickers heavy anti-aircraft gun），其炮管可延伸至超過十五呎之長，以更精確地瞄準二戰當時的納粹轟炸機。在德軍投降之後，這座堡壘旋即被英國皇家海軍廢棄。由於無人使用也無人維護，怒濤堡陷入年久失修的狀態，在英國的警戒下淒涼地遺留在海上。羅伊擁有一艘大型貨輪，在戰後為了進口肉品、橡膠與漁產而經常航行經過這座平臺，對它很熟悉。

在羅伊占領怒濤堡之後，可想而知，英國當局並不同意他的占領，並且命令他放棄。然而，羅伊既大膽又固執，只是叫英國政府滾開。這位倫敦土生土長的傢伙在十五歲就加入了國際縱隊（International Brigade），在西班牙內戰中為共和國打仗。當他回到英國時，又加入了英國皇家陸軍，很快地就一直晉升上去，成了當時最年輕的少校。在第二次世界大戰期間，他服役於北非、中東與義大利等地。有一次，一顆手榴彈在非常靠近他的臉的距離之內爆炸，導致他嚴重受傷。後來，他也曾經在乘坐的戰機墜毀之後，被希臘的法西斯軍隊囚禁起來，但是後來成功地脫逃了。他就是這麼胼手胝足地存活過來。

起初，羅伊利用怒濤堡做為一個「海盜」無線電台。英國國家廣播公司（BBC）在當時獨占了所有廣播頻道，只有在深夜才會播放諸如披頭四（Beatles）、奇想樂團（Kinks）、滾石樂團（Rolling Stones）以及其他流行樂團的音樂，年輕聽眾多感到十分氣餒。諸如羅伊這般大膽的創業家便響應民意，在稍微離開英國國境之外的船上與其他平臺成立非法電台，二十四小時播放流行音樂。當羅伊在一九六六年占領怒濤堡時，他搬了許多牛肉罐頭、米布丁、麵粉與蘇格蘭威士忌過去，就住在上頭，幾個月才回到英國本土一次。在此之前，他也曾經在另一個離岸平臺上經營地下電台，但是英國政府很快地就關閉該處，因為那是位在英國的領海範圍內，當時劃界的方式是從海岸向外延伸三浬的距離。反之，怒濤堡則是處在英國領海之外。

在羅伊於這座重炮平臺上設立新的電台，並且正式將這座平臺做為生日禮物送給他太太之後的幾個月，有一天羅伊與他的妻子和朋友出門去酒吧喝酒。「現在妳有了自己的島」，羅斯這麼告訴他的太太。由於羅伊經常說出類似的話，沒人能夠分辨這是一份真心的禮物或者只是甜言蜜語。他妻子回答說：「可惜上頭沒有幾棵棕櫚樹、一點陽光，以及屬於它自己的旗幟。」其中一位朋友於是將這個玩笑話進一步延伸，說道：「何不在這個平臺成立一個國家？」在場的人都大笑一番，繼續喝著下一輪酒，除了羅伊。幾個星期之後，他向全世界宣告成立一個新的國家，稱作西蘭公國。他所統治的這個國家的格言是「來自海洋，自由」（E Mare, Libertas）。

~~~~~~~~~~

　　海洋可以是既寒涼又充滿掠奪性的環境，對於人類最糟糕的本能來說，它是一個充滿水的溫床；對於海洋生物來說，它則是牠們面臨嚴酷演化考驗的棲地。海洋也是一個發掘新事物、充滿無盡願望以及再創未來的地方。創建一個世界最微小的國家，如此不太可能發生的故事是海上古怪行為的象徵，也是對於國際法的挑戰。不過，它也代表了其他東西——海上冒險的豐富遺產，頑固的權利主張堅持，以及浮誇的主權宣示。

　　做為一個公國，西蘭公國有它自己的護照，盾徽以及旗幟——紅色、黑色與一條白色的對角線。它的貨幣是西蘭公國幣，上頭有羅伊的妻子人像。近年來，它還推出了一個臉書粉絲頁、推特帳號，以及YouTube頻道。

　　雖然沒有一個國家正式承認西蘭公國，它的主權還是很難被否認。大約有幾次，英國政府與其他由僱傭兵支持的團體試圖以武力占領該國，但是都沒有成功。每一次遇到這種情況，貝茨家族會以來福槍朝入侵者的方向開火，向他們的船丟擲汽油彈、煤渣磚，或是把他們登上平臺的階梯推下海。英國曾經擁有一個日不落的大帝國，現在面對一個幾乎不比白金漢宮主廳大的流氓小國，卻動不了它一根汗毛。

　　原因在於主權的首要原則：一個國家執法的能力只能擴及它的國界。英國政府在一九六八年學到這個教訓，當時羅伊的兒子麥可（Michael）從西蘭公國上朝附近維修一個浮標的工人開槍，射了一發點二二口徑的子彈。麥可宣稱他們只是在警告那些工人不要侵犯到西蘭公國的領土主權。在那次事件中沒有人受傷，但是對於英國法治系統的後果——以及西蘭公國的地緣政治地位——影響深遠。

　　英國政府很快地對麥可提出非法持有軍火與開槍的指控，但是法庭宣判麥可的行為是發生在英國領土與管轄權之外，使得他們在英國

法律下不受懲罰。這項判決結果讓羅伊更加大膽，隨後對一名英國官員說，他可以在西蘭公國上指示一場謀殺行動，只要他想要這麼做，因為「我是負責西蘭公國法律的人」。

在恃強凌弱的海洋故事紀錄中，少有如此古怪之事。雖然西蘭公國的故事有時候會令人覺得像是英國超現實幽默團體蒙提・派森（Monty Python）的作品，在我看來它倒也提供了一個機會去探索關於海洋治理的一項嚴重漏洞。令人尤其驚訝的是，羅伊如此囂張的行徑似乎依然屬於合法的運作，或者至少是巧妙地走在合法的空隙之內。

在西蘭公國存在的五十多個年頭以來，只有不到六個人——貝茨家族的客人——曾經住在這個荒涼的邊陲之地。在平臺上，二戰遺留下來的槍炮與直升機不復存在，取而代之的是一架風力發電機，產出時有時無的電力供予西蘭公國十個寒冷房間的暖氣設備。每個月，一艘船會載來補給品如茶葉、威士忌、巧克力與舊報紙。近年來，西蘭公國上的永久居民只剩下一人：一名全職守衛，名為麥可・巴靈頓（Michael Barrington）。

雖然西蘭公國看似既荒誕又虛幻的存在，英國政府倒是嚴肅看待之。最近一些自一九六〇年代末期流傳下來的解密文件顯示，西蘭公國激起官員們之間的磨擦，他們擔心另一個古巴會被建立起來，而且這次就在英國的家門口。這些官員相互辯論，最終拒絕了由海軍去轟炸該平臺的計畫。一九七〇年代，一名德國商人亞歷山大・哥特弗萊德・阿申巴赫（Alexander Gottfried Achenbach）僱用了一隊荷蘭佣兵去攻擊西蘭公國，導致一場人質危機，以及德國與英國之間緊張的外交情勢。在一九八〇年代初期，福克蘭戰爭（Falklands War）期間，一隊阿根廷人試圖買下這個平臺做為訓練基地。更近期，維基解密（WikiLeaks）尋求將它的伺服器移到這裡的可能性，而巴拿馬報紙更是將西蘭公國喚作組織犯罪的天堂。

自從我開始作報導以來，海洋曾以五花八門的方式鼓舞我，但是

一九六八年十月二十三日，倫敦的《太陽報》（*The Sun*）上出現一則漫畫，對於西蘭公國做為一個初生的後殖民分離國家提供了一些背景，並且引用羅德西亞（Rhodesia）的例子，該國為設法維持白人少數管治而宣布從英國獨立出來。

西蘭公國是在法外之海上一個不同的前線。這個地方十足的大膽無畏令人震驚，正如它的哲理基礎——一種全然的自由意志主義（libertarianism）之實踐，但又尷尬地嵌入海事司法與外交事務的神祕慣俗中。

二〇一六年十月，我隨著羅伊的六十四歲兒子麥可與二十九歲孫子詹姆斯（James）造訪了西蘭公國。當時我花上好幾個月的時間，打了數通電話才說服了貝茨家族同意我的造訪。我從未完全了解他們的猶豫，或許他們不想要冒險危害到環繞著這個地方而生的民間傳說吧。

當我終於抵達英國時，我很驚訝地得知這兩個人並不是在西蘭公國上管理這個國家，而是在英國的艾塞克斯（Essex），他們在那兒擁有一隊捕海扇的小艇。麥可看起來像是退休的曲棍球員，身形矮胖，剃著一顆光頭，缺了一顆門牙。他的笑聲低沉洪亮，嗓門沙啞。另一方面，詹姆斯則是長得細瘦莊嚴，有著受過高等教育的風度。詹姆斯說話時會仔細選擇用詞，總是校準細微的差異，而他的父親則是偏好發出驚人之語：「你可以該死地隨心所欲描寫關於我們的事！」在我們見面之後不久，麥可便說道：「我們有什麼好在乎的？」我懷疑他其實非常在乎。

二〇一六年十月一個寒風颼颼的日子裡，這對父子在黎明破曉之前，從哈維奇（Harwich）的港口以一艘小艇做為接駁。貝茨家的男人

坐在小艇中間，而我則坐在後部，隨著小艇重擊著水面上上下下。寒風刺骨之中，我們無法進行對話，所以我只是安靜地抓著船身。

　　當海浪很高時，就像那天的狀況，坐在一艘十呎的小艇上前進讓人感覺像是騎著一匹奔馳的野馬。船身的移動是有節奏的，但不像是在飛馳，那節拍經常變化且難以預期。前往西蘭公國一個小時的曲折航程完全是一場競技表演。我的內臟震盪不已；我的雙腿因為緊扣住座椅而疲憊地顫抖著。

　　小艇飛快地在水面上移動，海平面那端的黑點隨著我們的接近而逐漸擴大，直到我可以看到兩根斑駁的水泥支柱，上方有一座寬廣的平臺，中間的直升機停機坪下方以粗體字漆上了一個網址。這個著名的微國家看起來更像是粗糙而非華麗的。當我們接近平臺時，這才明顯地意識到這個公國的最佳防禦是它的高度。從下方幾乎堅不可摧，它沒有可以下錨的地方、登塔的廊道或是階梯。我們將船停放在其中一根附著甲殼動物的支柱旁，一架起重機從六層樓高之處降下來。

　　巴靈頓穿著一身亮藍，放下一條纜繩，上頭繫著一個木製座椅，看似後院樹下垂掛著的盪鞦韆。巴靈頓是一名六十多歲頭髮灰白的男人，頂著一個圓滾滾的肚腩，臉上掛著微笑。我爬上座椅，然後被吊了上去──在咆哮的強風中是一場痛苦的過程。「歡迎！」巴靈頓在上方大喊。旋轉著起重機，他把我從平臺上降下來。這個地方有一種廢棄物置放場的感覺：一堆堆的工業桶、一疊疊的塑膠箱、糾纏在

造訪於二〇一六年，麥可‧貝茨（Michael Bates）被一個連結著起重機的鞦韆吊上西蘭公國的領土上。

一起的電線、堆成小山的鏽蝕古董，全部都環繞著一個呼呼作響的風力渦輪機，似乎隨時都可能會鬆開。隨著海浪捲起，這整個平臺的結構就會發出吱嘎聲響，彷彿一座古老的吊橋。

巴靈頓一併把詹姆斯和麥可吊上平臺。最後，他把小艇也吊起來，掛在半空中。「以防萬一。」巴靈頓說道，解釋他為何不把小艇留在海上。麥可陪我從混亂的平臺上進入廚房，這裡是西蘭公國的政府總部。他送上了一壺茶，讓我們可以談天。「現在要經過海關程序。」他面無表情檢查我的護照，並蓋上印章。我仔細地看著他的臉，尋找任何允許我在此刻安全大笑的跡象。一點兒也沒有。

～～～～～

在我抵達西蘭公國之前，其實不太知道可以期待什麼。我曾經閱讀過一些關於海上微型國家的富裕與驚奇故事。至少自從儒勒・凡爾納（Jules Verne）的《海底兩萬哩》（*Twenty Thousand Leagues Under the Sea*）首次於一八七〇年出版以來，人們一直都夢想著在海面上或海面下建立永久的殖民地。

一般而言，這些計畫興起之因在於人們將政府視作某種弱化創業精神的氪星石。許多建立這種國家的人相信，當科技發展不受政府阻礙時，便有潛力解決人類問題。支持這些微型國家的人——包括不少在二十一世紀頭十年興起的網路巨擘——通常是家財萬貫的人，沉浸在安・蘭德（Ayn Rand）與湯瑪斯・霍布斯（Thomas Hobbes）筆下的世界裡。這些海上城市的規畫是可以自給自足、自我管理、以海為界的社群，人們對它們的想像有部分是自由意志主義式的烏托邦，有部分是億萬富翁的遊樂園。它們通常被稱作海上家園（seastead），這個名稱源自於美國大西部的農莊（homestead）。

一九七〇年代早期，一位名叫麥可・奧利維（Michael Oliver）的拉斯維加斯房地產富豪將幾艘滿載著砂石的駁船從澳大利亞開出去，前

往太平洋上接近東加的一列淺水珊瑚礁，宣稱在那兒建立米諾瓦共和國（Republic of Minerva）。在當地豎立了一面國旗並安排一些守衛，奧利維宣稱他的微型國家不受到「賦稅、福利、補助」或任何形式的經濟干預主義影響。在幾個月之內，東加派出軍隊到當地宣示其十二浬的領海主權，驅逐米諾瓦上的占領者與他們的國旗——藍色為底的旗面上有一把火炬。一九八二年，一隊由設計飛彈的軍事工程師莫里斯・戴維斯（Morris Davis）率領的美國人再次試圖占領珊瑚礁。幾週之內，他們也被東加軍隊強制驅離了。

在世界其他地方，還有許多失敗的嘗試。一九六八年，一名富裕的美國自由意志主義者維納・史蒂菲爾（Werner Stiefel）試圖在巴哈馬附近的公海上創立一個海上微型國家，名為「亞特蘭提斯行動」（Operation Atlantis）。他買了一艘大船，送往他未來的領土，但是該船很快地便在一場暴風雨中沉沒。另一名富裕的自由意志主義者諾曼・尼克森（Norman Nixon）在一九九九年募到了大約四十萬美元做為預付款，以建造一個名為自由船艦（Freedom Ship）的海上城市，那艘船預計長度達四千五百呎，是「瑪莉皇后二號」（*Queen Mqry 2*）的四倍。但是最終未能建成。

這些計畫之中，有許多或許在理論上是合理的，但是他們從未考慮到海上生活的艱苦現實。在海上，風浪很大，太陽能可以提供電力，但是要建立足以承受嚴峻天氣條件與腐蝕海水的太陽能發電系統不僅困難，還很昂貴。通訊系統的選項有限：以衛星為基礎的連線要價驚人，牽一條光纖電纜或是依賴點對點雷射、微波等方式與陸地通訊設備連結都是很昂貴的做法。前往或離開海上家園都是充滿挑戰的事。風浪與暴風雨尤其可能造成破壞性後果。當小一點的浪頭從不同方向捲來，相遇並結合，「流氓」海浪就會形成。它們可以高到一百一十呎——幾乎是西蘭公國的兩倍高。

經營一個國家——即使只是一品脫的大小——並不便宜。舉例來

說，誰會補助基礎服務（通常是由有稅收的政府提供，但是建立海上
家園的自由意志主義者正是想要逃避這些干預行動）？一直開著燈以
及防禦海盜也可能會很昂貴。

二〇〇八年，這些幻想家齊聚在一個名為「海上家園協會」（Sea-
steading Institute）的非營利組織。這個組織的總部位在舊金山，是由
派翠·傅利曼（Patri Friedman）所創建。派翠是一名Google的程式設
計師，也是諾貝爾經濟學獎得主米爾頓·傅利曼（Milton Friedman）的
孫子，而傅利曼最著名的就是他對於有限政府的想法。該學會最主要
的捐款人是一名身價億萬的風險資本家暨PayPal共同創辦人彼得·
提爾（Peter Thiel），他已經捐了超過一百二十五萬美元給這個組織與
其相關計畫。

提爾也投資了一家名為「Blueseed」的新創企業。該企業目標是
要解決許多矽谷公司感到苦惱的問題：該如何吸引沒有美國工作許
可證或簽證的工程師與企業到矽谷。於是Blueseed計畫在北加州外
海的國際水域將一艘駁船定錨。但是這個計畫從未付諸實行，因為
Blueseed未能募集到足以財務自主的資金。

$$\sim\!\!\sim\!\!\sim$$

當我跟麥可·貝茨問道，海上家園或提爾是否曾經與他聯繫時，
他說他們從未表現出興趣。「或許也是一件好事。」他補充道。麥可
有理由對於他的家族要選擇誰做為夥伴或盟友抱持懷疑。多年來，西
蘭公國面臨的最大威脅不只是來自政府，也來自他的家族曾以為是朋
友的那些人。

在西蘭公國剛建立的早年，這些攻擊來自同為經營地下電台的
DJ。舉例來說，羅南·歐萊希里（Ronan O'Rahilly）曾經在一九六七年
試圖攻擊西蘭公國，他本人在附近的一艘船上經營一個名為卡羅琳廣
播（Radio Caroline）的地下電台。貝茨利用汽油彈趕走了他和幾個手

下。之後，又有背叛他們的投資者針對西蘭公國發動攻擊。麥可回溯起兩次案例。一九七七年，一群來自德國與荷蘭的律師、鑽石商人與羅伊接觸，他們說想要在西蘭公國的平臺上建一座賭場。一九七八年，麥可當時才二十幾歲，父親羅伊讓他留守在西蘭公國，自己應邀去奧地利討論這個提案。當羅伊抵達薩爾斯堡（Salzburg）時，五名男子熱情地歡迎他，並安排在同一週稍晚的時候再次見面討論這個商業提案。結果沒有人赴約，於是羅伊起了疑心，並且開始打電話給在西蘭公國附近工作的漁船船長，因為西蘭公國上沒有自己的通訊系統。當其中一位船長告知曾經看過一架大型直升機降落在西蘭公國時，這位緊張的父親趕緊收拾行李返回英國。

　　大約在一九七八年八月十日上午十一點，麥可聽到了螺旋槳轉動的聲音。他從西蘭公國的武器室裡抓起一把二戰的典型手槍，飛奔到平臺上，發現一架直升機正在頭上盤旋。多虧平臺上架有一根三十五

一九七八年，麥可‧貝茨拿著武器守衛，與其他幾個人在西蘭公國上等待直升機靠近。

呎長的桅桿以阻止這類不速之客，直升機無法降落。這時直升機的艙門開啟，一名攝影師將身子向外傾，比著手勢表示希望能夠降落。麥可激烈地揮手示意叫他們離開。但是不一會兒工夫，幾名男子就從直升機垂降下來的繩子爬下來，站在平臺上。

在直升機飛走之後，麥可立刻認出了眼前其中一位男子厚重低沉的嗓音。麥可曾經聽到那名男子與父親在電話上討論於奧地利見面的計畫，他拿出一份偽造的電報說，麥可的父親已經同意他們來到西蘭公國，這是他們協商的一部分。麥可雖然心生懷疑，卻別無他法，只能接待這些人。於是，這群人進到室內談話。當麥可轉身去倒威士忌時，那名男子溜出門外，把麥可鎖在房間裡，以繩索綁住門外的把手。

精心安排這場行動的是一位名為亞歷山大‧哥特弗萊德‧阿申巴赫的德國人。身為一名前鑽石商暨企業家，阿申巴赫在一九七○年代早期就接近貝茨家族，提議擴張西蘭公國的主權。他的計畫包括了在平臺旁擴建一座賭場、一個綠樹成蔭的廣場、一座免稅商店、一間銀行、一間郵局、一棟飯店、一間餐廳與數棟公寓。貝茨家族歡迎這個想法，雖然他們的反應很慢。

反之，阿申巴赫是一個行動派男人，到了一九七五年，他已經被任命為西蘭公國的「外交部長」，當時他搬到平臺上協助撰寫憲法。阿申巴赫向德國亞琛的地方主管機構提出了一份請願書，要求放棄他的德國國籍而改做為西蘭公國的公民，但被拒絕。

為了為西蘭公國贏得正式認可，阿申巴赫接著將該國憲法寄發給世界各地一百五十個國家，也寄到了聯合國，要求批准該份憲法。然而，各國領導人皆維持懷疑的態度。在國際法之下，欲被認可為一個國家，西蘭公國缺乏三樣基本要素：國家領土、國家主權與人民。位於科隆的法院做出判決指出，平臺不是這個地球表面的一部分，它缺乏社群生活，以及它的迷你領土，皆無法形成一個可讓人長久生存的環境。

對於自己為西蘭公國所做的努力遲滯不前，阿申巴赫感到愈來愈沒耐心，並且責怪貝茨家族沒有盡其承諾。他很快地想出一個能夠讓事情發展加速的點子。他僱用了這架直升機，載著他的律師葛諾‧普茲（Gernot Pütz）以及另外兩名荷蘭人來占領這座平臺。這些人將麥可做為人質囚禁了好幾天，然後才用一艘漁船把他載到荷蘭去，而他的父母就在那兒等著他。雖然在這次突襲事件發生時，阿申巴赫並不在現場，日後在巴拿馬文件曝光之後，英國政府解密的紀錄及其他文件皆清楚顯示出，他很可能就是這起事件的幕後指示者。

羅伊對於這次突襲感到極其憤怒。「當他非常安靜時，你就知道他生氣了，而且是氣到無話可說的程度。」麥可說道。不願意被擊倒，羅伊很快地決定要以武力搶回他的微型國家。他回到英國之後，便招募了一名會開直升機的友人約翰‧克魯森（John Crewdson），他曾經參與過早期詹姆斯‧龐德電影的製作，由克魯森載著帶有火力的團隊回到平臺上。他們在天將拂曉之際抵達，從下風處接近以減少螺旋槳的噪音。從直升機垂降下來的繩索滑下，麥可重重地跌在平臺上，他抓起胸前綁著的霰彈槍開火，差點擊中他的父親。震驚於入侵者的開火，平臺上的德國警衛立刻投降。西蘭公國的創建者再次奪回掌控。

羅伊很快地釋放了所有人，除了普茲，他被處以叛亂罪，在西蘭公國的禁閉室裡被關了兩個月。「對於普茲的監禁在某種程度上是一種海盜行徑，儘管是在公海上，仍舊是英國公民在自家門口犯下的行為。」德國大使館官員寫了一封請願書給英國政府。另一方面，一名荷蘭外交官員對此提出了一個建議：「是否有可能讓一艘英國的巡邏艦『經過』那座堡壘，然後不知怎麼地把它擊沉？」英國政府回應說，它沒有採取任何行動的管轄權。

西德終於派出一名外交官從倫敦前往西蘭公國交涉釋放普茲，這個動作在日後被麥可形容為事實上承認西蘭公國主權的動作。在普茲等待命運安排的期間，他被要求洗廁所和準備咖啡，直到支付了七萬

五千德國馬克（約三萬七千五百美元）給貝茨家族之後，他才獲釋。

　　這整起事件在幾年後出現了更令人困惑的轉折。一九八〇年，當羅伊前往荷蘭對其中一名在當時參與突襲的荷蘭人提出告訴時，先前被他囚禁的普茲卻是做為他的代表出席。這個現象令一些人質疑這場突襲是否只是羅伊和普茲偽造出來的事件，目的是要為西蘭公國贏得曝光度，以及做為主權國家的合法認可。當我向麥可問起這一點時，他否認道：「我們有照片為證。」他指的是當時在堡壘的畫面。「這起事件完全是真實的。」在我提出更多問題之前，我稍微停頓一下，讓他的回應在空中停留一會，因為我滿心期待他會加上一些足以反駁懷疑者的辯解，以證明這起事件沒有謎團、只有真實。然而，他並沒有提出更多解釋來說明普茲為何這麼快地從敵人變回朋友。

　　麥可也駁斥了我對於這場政變是業力的看法。「盜賊之間無情義，對吧？」我問道。西蘭公國不是透過偷竊而建立，而是征服，他反駁說，這讓人覺得是一個沒有差別的差別。「我們統治西蘭公國。這不是一個沒有法治的地方。」麥可經常反覆強調這一點。

　　如果語言學家聲稱，在方言與語言之間存在的差異是一支軍隊，而神學家主張狂熱崇拜是一間沒有政治權力的教堂，那麼貝茨家族的觀點似乎就是一個平臺足以成為一個國家，只要它掌控了自我論述的能力。儘管如此，有時候這份論述似乎很詭異，衍生出離題的部分與陰謀論的部分，使得任何人都難以掌控它。然而，貝茨家族始終扮演了非正式的歷史學家角色，多年來的實務經驗讓他們磨練出說出一則好故事的能力。

　　西蘭公國所遭遇的第二場突襲則是一次更大的威脅。麥可解釋說，他原以為是阿申巴赫幹的好事，但是在一九九七年，美國聯邦調查局打來，他們想要討論時尚設計師吉安尼・凡賽斯（Gianni Versace）在位於邁阿密的家門口被謀殺的事件。「在此之前，我們已經頗習慣接到與西蘭公國有關的奇怪電話。」麥可說道。那名凶手安德魯・庫

納南（Andrew Cunanan）在殺害凡賽斯的幾天之後，侵入一艘私家船屋，自殺身亡。然而，在調查該船屋時，一個名叫托爾斯坦·萊尼克（Torsten Reineck）的男人提出一份偽造的西蘭公國護照。萊尼克還聲稱他開著一輛掛有西蘭公國「外交牌照」的賓士車在洛杉磯行動。

麥可告訴聯邦調查局，西蘭公國只核發過大約三百份「官方」護照給他親自審查的人。聯邦調查局反而告訴麥可，有一個網站聲稱是由西蘭公國的「流亡政府」所經營，不只販賣護照，還聲稱該國有大約

Above Left: Sealand Passport
Above Right: $25 Sealand Dollar Coin
Right: First Edition Stamps
Below: 1977 Edition Stamps

西蘭公國護照與郵票。

十六萬的離散人口，在世界各地設有大使館。調查人員追溯這些護照以及網站，發現阿申巴赫正在西班牙耐心地籌備另一場突襲，雖然這次是從遠方發動。麥可不可置信地表示，他對於這些在網路上及實體世界中以西蘭公國之名及外交證件進行的騙局一無所知。

接下來還有更奇怪的轉折。同年稍候，西班牙的準正規警力公民護衛隊逮捕了一名弗朗明哥夜店經營者，名為法蘭西斯科·杜吉尤（Francisco Trujillo），原由是他在馬德里經營的加油站販售稀釋的汽油。杜吉尤聲稱自己是西蘭公國的「領事」，並且提出一份外交護照，聲稱自己可免於起訴。西班牙警方聯繫了外交部，該部聲稱世界上沒有這個國家的存在。警方於是突襲了位於馬德里的三處西蘭公國辦公室，以及一處製造西蘭公國牌照的店面。他們發現杜吉尤一直以來聲稱自己是西蘭公國的上校，並且為自己與其他官員設計軍事制服。

西班牙警方也發現，西蘭公國的「流亡政府」已經賣出上千份護

照，上頭印有貝茨家族的圖章——兩隻戴有皇冠的海洋生物。這些護照據稱已經出現在世界各地，從東歐到非洲。有將近四千份是在香港販售，在英國於一九九七年把殖民地移交給中國之前，許多居民爭先恐後地欲取得外國證件。在西班牙警方逮捕持有假護照的人當中，有來自摩洛哥的大麻走私犯和俄羅斯的軍火販子。根據西班牙警方的說法，在這些黑道人物當中，有一些人也曾經試圖促成一樁五千萬美元的交易，將五十輛坦克車、十架米格23戰鬥機，以及其他戰機、大炮與裝甲車從俄羅斯運到蘇丹。另根據《洛杉磯時報》(*Los Angeles Times*)的報導，大約有八十人被控犯下詐欺、偽造文書以及冒充外國政要等罪行。

我詢問麥可，他是否認為這些交易是為奪取西蘭公國的一部分計畫，不論是實質上或名義上的奪取。他說或許，「雖然，他們很可能只是想要利用這個點子賺一點錢。」不論他們的動機是什麼，這些協商都是透過一個名為「西蘭貿易發展當局有限公司」(Sealand Trade Development Authority Limited)的企業所精心策劃。巴拿馬文件中包含了一些證據，顯示出這個由巴拿馬市一家莫薩克・馮塞卡 (Mossack Fonseca) 法律事務所建立的公司，與一個由洗錢者與其他罪犯所組成的全球網絡脫不了干係。

這個故事線繞了一圈又一圈，甚至是荒誕的，而且有時候難以追蹤它的真實性。西蘭公國在德國與西班牙的「流亡政府」是一個令人質疑的本體所造出來的虛構複製品。它令我想起豪爾赫・路易斯・波赫士 (Jorge Luis Borges) 在其短篇故事〈環形廢墟〉(Circular Ruins) 裡所寫到的一句話：「在作夢者的夢裡，被夢到的男人醒來了。」

我和麥可在西蘭公國雜亂骯髒的廚房裡，面對面坐了幾個小時。當他仔細描述西蘭公國拜占庭歷史的漫長糾葛奇談時，我們的茶也開

始涼掉。當他終於語畢，麥可面無表情地看著我，彷彿在等待我的反應。我看著他，等待他再繼續。然而，他只是站起身來準備另一壺茶。我注意到我的筆記型電腦還躺在桌上，這才意識到我太著迷於故事情節，而沒有繼續做筆記了。

在拜訪這個奇怪的地方之前，我曾經閱讀過上千頁舊報紙、雜誌文章與英國政府的解密文件，甚至發現了一些古老的電台與電視報導。雖然麥可跟我描述的內容大致上符合我自行研究的結果，但是直接從採訪協力身上聽到，讓這些故事更顯得可信。或者，我猜想他是否只是重述了他用來甩掉英國政府的同一套胡謅故事給我聽呢？

我需要一點空氣，於是詢問麥可能否幫我做個導覽。我們走出廚房，沿著走廊下到一個陡峭的旋轉階梯。支撐著西蘭公國的兩根柱子都是高塔，裡面有環狀的房間。每一個房間的直徑是二十二呎。以水泥製成，房間內部又冷又溼，還可聞到柴油與發黴的氣味。就像是顛倒的燈塔往海浪下方延伸，而非往上，這裡多數的樓層都在水線下方，使得室內充滿令人暈眩的汩汩聲。有的房間只有一盞搖晃的燈泡提供照明，感覺就像是避難艙間。西蘭公國的守衛巴靈頓也加入我們的導覽，他說在夜裡可以聽到來往船隻嘟嘟作響的馬達聲。

北塔裡有數間客房、一間禁閉室以及一間會議室，巴靈頓也住在這邊。當我問起暖氣設備是否足以讓他度過寒冬，「其實我喜歡寒冷。」他說道。當我們下樓時，他在某個房間前停留，該空間已經被改造成一個極簡的教堂。一本打開的《聖經》躺在以華麗的布料裝飾的桌面上。一旁的書架上則擺著一本《古蘭經》與蘇格拉底、莎士比亞的著作。這就像是潛水艇裡的一個圖書室，既超現實又令人感到恐懼的幽閉空間。

我們從北塔上方出來，跨越平臺來到南塔。麥可再次告訴我有關西蘭公國最近期——而且從許多面向看來也是最大膽——的計畫：架設一個伺服器農場，其中包含政府監測不到的敏感數據。這個概念等

同於一個避稅天堂;他們在二〇〇〇年創立了一家名為「避風港公司」（HavenCo），提供虛擬主機予賭博、傳銷（金字塔騙局）、色情內容、防蒐證電子郵件，以及難以追查的銀行帳號等。不過，它拒絕與垃圾訊息、兒童色情及企業網路破壞等有關的客戶。「我們有我們的限制。」麥可說道。（我克制住自己心中的問題:為什麼金字塔騙局可以，但是垃圾訊息不行。）在二〇一〇年，麥可拒絕了幾位維基解密代表申請西蘭公國護照的要求，以及為該團體創辦人朱利安・阿桑奇（Julian Assange）提供庇護的請求。「他們所洩漏的內容已超出我的舒適範圍了。」他補充道。

　　將線上服務移到海上已經不是新奇的點子了。多年來，科幻小說作家曾經夢想過數據天堂。其中最有名的或許是一九九九年由尼爾・史蒂芬森（Neal Stephenson）著作出版的《編碼寶典》（Cryptonomicon），書中杜撰了一個蘊含石油的虛構小島國基納庫塔（Kinakuta），位在菲律賓與婆羅州之間，該國蘇丹邀請小說裡的主人翁協助將該島轉變為一個不受著作權法與其他約束的傳播樞紐。

　　並不是所有的努力都是虛構或想像的。自從二〇〇八年以來，Google一直致力於建立離岸數據中心，可以利用海水來冷卻伺服器──這個做法有助減少陸地上架設伺服器所需的冷氣空調成本。在二〇一〇年，一群來自哈佛與麻省理工學院的研究員發表了一篇論文，建議若是高頻交易公司想要占有優勢，它們應該考慮將伺服器架在海上，以縮短訊息傳輸的距離。雖然這些計畫還沒有具體成果，學者們在一場由海上家園協會主辦的會議上報告了其中一些提案。

　　避風港公司是兩位科技創業者的心血結晶。西恩・黑斯廷斯（Sean Hastings）是一名程式設計師，他搬到位於東加勒比海上的英國海外領地安吉拉（Anguilla），在那兒從事線上賭博項目;萊恩・雷基（Ryan Lackey）則是一名編碼員，從麻省理工學院中途輟學。這兩名年輕男子都非常支持網路世界的自由意志主義，反對政府對於言論自由或數

位隱私的限制。他們說服了貝茨家族在西蘭公國上創建公司，黑斯廷斯與雷基負責招募投資者，包括兩位成功的網路商人。

避風港公司的創辦人有遠大計畫。為了制止干擾者，他們規畫以四名重裝警衛來保護伺服器。放置機器的房間會是純氮氣環境。人體不能吸入氮氣，所以任何人進入房間都必須戴上潛水裝備。一支由編碼員和網路安全專家組成的菁英團隊會保護系統不受到駭客入侵。又因為避風港公司的內容可能會令英國或其他政府單位阻斷其網路連線加以打擊，西蘭公國會有多條網路連線至不同的國家，以及與衛星連線以做為進一步保護。客戶的數據會隨之加密，即使是避風港公司的員工也不會知道客戶在做什麼。

上述多數的計畫都失敗了。「那是一場災難。」麥可哀傷地說道。當時我們駐足在一個房間裡，麥可的目光停留在一面十呎高的牆上，那裡本來擺放著避風港公司的伺服器，但是現在空無一物。要冷卻伺服器空間的想法變得不可行。多數房間缺乏通風口，發電機的燃料總是不夠用。避風港公司本來應該合作以取得網路服務的公司之一破產了。它所仰賴的衛星連線只有128Kbps的頻寬，這是二十一世紀初期緩慢的家用網路速度。西蘭公國南塔從未裝滿伺服器。將氮氣灌進伺服器房間以增強安全的想法只是一個行銷策略，但從未實現。避風港公司的網站遭到網絡攻擊，使得它的連線癱瘓了許多天。避風港公司吸引了大約十幾名客戶，幾乎都是線上賭博網站，但是這些客戶被避風港公司的運行中斷與無能搞得愈來愈氣餒，很快地他們都將業務移到別處去了。

到了二〇〇三年，雷基因為對合夥人愈發不滿而離開避風港公司。同一年，他出現在駭客與編碼員的年會DEF CON上，揭露了許多該公司原本承諾的假象，或是證實不可行的項目。「幾乎所有的時間都花在應付媒體上。」雷基告訴DEF CON的聽眾。「沒有人負責銷售，也沒有回報系統，所以基本上所有初始的訊息都丟失了，或是未

能妥善處理。」

　　麥可指出其他問題。「這麼說吧，我們也沒有跟那些搞電腦的傢伙正面說清楚我們願意接受的客戶類型。」他說道。尤其，貝茨家族否決了雷基提出架設一個非法重播DVD網站的計畫。在雷基看來，這類服務正是建立避風港公司的目的；然而，對於貝茨家族來說，他們很謹慎地不跟英國政府作對，避免危及到他們微妙的主權聲明。我無法判斷貝茨家族對於英國政府小心翼翼的自我保護是基於成熟心態，或是在檯面下受到恐嚇。但我確實是感覺到他們與雷基的爭執較是針對個人而非針對原則（「他就是怪怪的。」麥可一直這麼說），而他們與盜版DVD之間劃清界線只是單純的藉口。雷基在離開避風港公司之後，他搬到了伊拉克，並且在二〇〇四年成立了一家名為藍色伊拉克（Blue Iraq）網路服務公司，專為美國軍隊及私營承包商提供網路服務。

　　當我們在廚房喝完最後一杯茶，麥可出乎意料地咧嘴一笑。一方面他似乎驕傲於他的家族奇異的創立背後所蘊藏的複雜故事，另一方面也驕傲於西蘭公國的韌性。利用國際法的漏洞，西蘭公國已經存在許多年了，而其他建立海上家園的嘗試都不曾超越想像而邁向實現。貝茨家族確實是大膽的，但是西蘭公國的生存祕訣正是它有限的野心。這麼說或許有些失禮但也無傷大雅，西蘭公國不是尋求建立一個大哈里發的蓋達組織（Al-Qaeda）或是伊斯蘭國（ISIS）。在它的強權鄰居眼裡，西蘭公國只是一個生鏽的王國，可以輕易地遺忘更甚於摧毀之。

　　貝茨家族成員也是善於創造神話的人物，他們渴望發展並維護一套西蘭公國的論述，藉此加化自身的主權。西蘭公國從來不是一個烏托邦的安全天堂；它始終更像是一個小島概念而非小島國家，或者如同一名觀察者曾經提出的說法：「它是介於一個未立案家族事業與一場木偶戲表演之間的存在。」一部好萊塢電影當時正在拍攝他們的故

一九七三年，麥可與羅伊‧貝茨攝於西蘭公國。

事（我並不清楚那部電影的拍攝進度，而貝茨家族也對於細節絕口不提）。同時，西蘭公國的資金主要來自於由貝茨家族所經營的線上「購物中心」。上頭所販售的商品並非以西蘭元計價，而是英鎊。馬克杯要價九‧九九英鎊，約十四美元；貴族封號二十九‧九九英鎊起跳，約四十美元。

　　當時間到了我該返回陸地時，我坐在那愚蠢的木椅上，讓起重機把我吊到北海上搖晃著的小艇。做為這個奇怪地方的進出口，這把幼稚鞦韆的愚蠢似乎非常地超現實。回到停泊在西蘭公國水泥柱旁的小艇上，我抬頭仰望那鏽蝕的平臺，向巴靈頓揮手道別。他站在上方，看起來像是某位寂寞的桑丘‧潘薩（Sancho Panza），唐吉訶德想像中的守護者。強風刮著我們，麥可與詹姆斯啟動引擎，將船轉頭朝向海岸前進。隨著這對父子撤退到陸地上，西蘭公國也緩慢地消失在遠方，而他們將回到位於艾塞克斯的溫暖家中，自豪地從遠方繼續統治著他們的王國。

違規的艦隊
THE SCOFFLAW FLEET

這在事實上並不是活著的；它甚至幾乎不是存在的，
而他們感覺到這實在不值得他們所支付的價格。他們願意一直工作；
當人們盡了最大的努力，難道不應該讓他們可以一直活著嗎？
——厄普頓‧辛克萊（Upton Sinclair），《屠場》（*The Jungle*）

二〇一〇年八月十四日夜晚，一艘韓國的拖網漁船「歐陽70號」（*Oyang 70*）船長自紐西蘭查爾姆斯港口（Port Chalmers）出海，這趟航程後來變成他的最後一次出航。這艘船的目的地是在大約四百浬以東的南太平洋上的漁場。當它在三天後抵達時，該名船長——四十二歲的男子申弘基（Hyonki Shin）——命令他的船員從生鏽的船尾下網。當船員們賣力地在照明的甲板上工作時，很快地便吊起一堆數千磅重、柔軟細長的南藍鱈（southern blue whiting），牠們在甲板上翻滾拍打著。每一次收網，就有一堆又一堆的銀色魚群被吊上來。

身為一種鱈魚，藍鱈有時候會被磨成魚條或是仿製成龍蝦。更多時候它會被做成球狀，以富含蛋白質的食物售出給養殖業，做為鮭魚之類的肉食性魚類飼料。一磅的價格大約只有九美分，藍鱈是一種廉

價漁獲,意即「歐陽70號」必須捕到很多量的藍鱈才可獲利。當船員們拉出漁網,一噸又一噸的魚就滑到甲板上——這天總共有八萬六千磅,算是不錯的收獲。

這艘兩百四十二呎的船身破舊,早就沒了剩餘價值。韓籍遠洋漁船的平均船齡是二十九歲,而「歐陽70號」已經三十八歲了。港口的船長們都說這艘漁船是「柔弱的」,意即不穩定的委婉說詞。在它出海前一個月,一名紐西蘭的檢查員將這艘船列為「高風險」,列出十幾項不符安全規範的違規項目,包括這艘船在甲板下方的主要艙門之一會漏水。在該船的經營者聲稱所有的問題都已經解決之後,檢查員才放行讓它出海。

「歐陽70號」沒有解決的問題之一是掌舵的人。前一位船長在酒醉恍惚的情況下翻過船身落海溺死,便由申弘基取而代之。那天,當這艘船下第一次網時,申弘基已經掌舵了九個月。先前的船員稱他為「憤怒的男人」——鬱鬱寡歡、容易大吼大叫,而且幾乎總是拿著一瓶透明的液體牛飲著。水手們私底下爭論過那究竟是水還是米酒,但是沒人膽敢發問。

申弘基很嚴厲地指示他的手下工作。當晚第一次收網時,他們在後甲板分類著那一堆油亮亮的蠕動生物,迅速地將魚拋到一個斜槽上,滑至漁船內部,以便為下一次收網騰出空間。在下一層樓的漁船工廠裡,十幾名男子緊貼著站在一條輸送帶前,揮舞著刀具與操作圓鋸。他們的工作是要將魚頭、內臟和混獲移除,而魚身有價值的部位會繼續沿著輸送帶前進,以進行包裝與冷藏。這些男人們需要大約半天的時間才足以完整處理好第一批漁獲。然而,在他們還沒做完之前,申弘基已經指示甲板上的水手再次下網。在接下來的二十四小時之內,基本上是持續不止歇的工作狀態。

二〇一〇年八月十八日,大約凌晨三點,船上的大副朴民洙(Minsu Park)激動地喚醒申弘基。漁網太滿了,朴民洙告訴他,滿載

一艘韓籍漁船上的分揀台。

的漁網正在把船身向下拉。引擎室裡進水已達幾呎深。甲板上的船員懇求將漁網切斷。船長立刻跳下床，跑到艦橋上，但是他沒有下令切斷漁網，而是要求負責總管水手們的水手長命令大家繼續收網。那是申弘基的最後一次命令。

～～～～～

對於經營該艘漁船的思潮歐陽（Sajo Oyang）公司來說，水手們的糟糕待遇以及船上的悲慘環境並不罕見。該公司經常虐待它的船員，對待他們彷彿像是漁網裡的混獲——令人心煩又惱怒。有時候，這種漠視會讓人賠上性命。在海洋事務的圈子裡，思潮歐陽的船隊聲名狼籍，就和降臨在這位船長與船員們身上的命運一般，眾所周知。

在許多我所報導的罪行海洋故事中，有一個共通的主題是，海洋的遼闊讓人們多麼難以追逐壞蛋——首先，要找到犯人通常已是不可能之事。歐陽公司的故事最顯著之處在於安全隱患和違規行為，以及對於漁工們的持續虐待。然而，檢查員與管理者大多只是聳肩帶過他

117

們的責任，對於命懸一線的漁工不屑一顧。

　　就像某些墜機事件是出於機械故障，通常也有一種拼湊起來的論述讓事件顯得幾乎是不可避免，基於一連串微妙的失誤慢動作發生，一個疊上一個，而且人們早在錯誤發生之前就知道受害者的命運將會如何了。以歐陽船隊的案例來說，這種取證幾乎是可笑地多餘；任何熟悉這些船的人都會知道，災難基本上就是預知的結論。

　　二〇一七年春天，我飛往紐西蘭與印尼去調查這艘違法漁船，以及六艘歐陽公司的船隻曾經遭遇過的災難。在我閱讀這些事件檔案的同時，我所學到的是一堂令人清醒的教訓，不只是關於漁工們所遭受的不人道待遇，也是關於那些生存下來且勇敢發聲之人的命運。

　　除了八名韓籍甲級船員，「歐陽70號」的團隊組成包括三十六名印尼人、六名菲律賓人及一名中國人。平均而言，印尼人一個月的工資是一百八十美元。甲級船員會嘲笑船上的穆斯林為「狗」或「猴子」。他們的飲用水通常是棕色的，嘗起來有金屬味，漁工們後來這麼告訴調查人員和律師。經過一段時間之後，船上供應給船員們的食物只有米飯和他們捕來的魚。吃得太慢的人會被罰錢。船員們形容那艘船為「漂浮的冷凍庫」；船上的暖氣設備幾乎不能運作。共用的廁所沒有流動的沖水設備。一名船員日後提到，船上的蟑螂多到他可以聞到蟑螂掉進高溫引擎縫隙的燒焦味。

　　「歐陽70號」是所謂的尾式拖網船，在船尾會拖著一條長條的圓柱漁網。這艘船在夜間的工作強度最高，因為藍鱈是一種會聚集成群的魚，生活在接近海床的深度，夜裡當牠們靠近水面捕食浮游生物、小蝦與磷蝦時，較容易捕獲。

　　當船員們在八月十八日與漁網奮鬥時，船上的任何人都知道那次的漁獲超出了漁船能夠承受的範圍。雖然沒有人知道究竟有多少魚，因為漁網的重量感應器沒了電力。更換漁船的拖網需要花上超過十五萬美元，而船長更需要承擔失去一整網漁獲的代價。

當漁網在清晨天光未亮被絞車捲上來時，它看起來就像是一隻巨大的鯨魚。在滑道上，網口敞開，彷彿鯨魚在反芻一大群魚，由於數量太多，船艙很快地就阻塞了。漁網封閉的尾端垂掉到海中。這個網狀圓筒就這麼在船後被拖行了將近一百呎。一名漁船船長日後形容那就像是「一條巨大的銀色香腸」。在深海下，膨脹的漁網涵蓋了大約六個網球場的面積。大約有六噸重的漁獲在船的滑道上，另外還有一百噸重的漁獲在水面下——價值超越兩萬美元。

其他船長後來作證表示，若是他們駕駛著同樣大小的漁船，這個漁獲量是他們一般願意拉上來的兩倍之多。在這艘船後方，腫脹的漁網開始將「歐陽70號」的舵向水底拖拉，使得它的船首怪異地指向漆黑的天空。

一名典型的船長會立刻辨別出「歐陽70號」的處境變得多麼地危險。就像戰鬥機駕駛員，深海漁船船長的先天資質與後天養成一樣重要。要穩定一艘一千八百七十噸重的船，同時閱讀潮汐、對抗狂風、指揮十幾名在甲板上爬行的男子，這需要的是幾乎出自本能且少見的冷靜，以及對於空間的敏銳度。在吊起一個重達百噸的漁網時，必須小心翼翼地讓它維持在漁船的正後方，上述的船長資質尤其必要。

申弘基缺乏這樣的才能。他不冷靜，他的漁船也沒有依據環境變

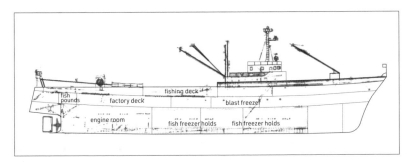

「歐陽70號」的構造圖。

化維持在最穩定的狀態，尤其是當他的漁網突然滑到左舷時，「歐陽70號」立刻就傾斜了十五度。在甲板下的工廠裡，輸送帶前的男人們繼續工作著。即使當船隻傾斜，灌進來的海水升到他們的膝蓋，他們也還是工作著。為了嘗試扶正船身，申弘基孤注一擲，他命令一些人將重型的設備移到右舷，以微微地將重心向右移，並且將設備綑好。

但船身依舊傾斜，海水開始從開啟的「內臟滑道」灌進船艙，那是一扇位於左舷的門，用來將處理過的魚內臟和魚頭丟進海裡。同時，死魚和殘骸塞住了船的排水口，導致原本可以被排出的水滯留在船艙裡。通往下方引擎室的門本來也應該是被密封的，但此時是開啟的，所以魚隻也都卡在那兒。

每個人開始朝錯誤的方向竄逃。水從地板的排水管冒出泡，並且從舷窗灑進來船艙裡，而牆壁變成了瀑布。一艘船沖刷其甲板的能力就和人類呼吸的能力一樣重要。水被排出去的速度總是要快於灌進來的速度才行。當它辦不到時，問題很快就會惡化。

船員們將扁平的紙箱蓋在發電機上，徒然地努力保護它不被從上方灌進來的水潑到。很快地，用來排水的污水抽水機就停止運轉了。即使在水還沒有淹進「歐陽70號」之前，這艘船的平衡就不太理想，因為船長命令將多數的裝箱漁獲堆放在一邊的船舷，而非平均放置。這艘船的油箱沒有被加滿，使得「歐陽70號」因為其內部的晃動而更加不穩定，也是人們所知的「自由液面效應」（free-surface effect）。

大約清晨四點，一場激烈的爭執在艦橋上展開。輪機長淚流滿面，以韓語對著船長大罵，拜託他割掉漁網。船長終於放棄。水手長穿上安全帶，爬進漁網裡，手上持著刀。其他水手跟著他，全都瘋狂地砍著漁網。然而為時已晚，船隻仍繼續傾倒著。

很顯然地，大勢已去：「歐陽70號」正在沉沒。整艘船陷入混亂。在艦橋上，申弘基以VHF訊號發送器發出遇險呼叫。人們開始跳進海裡。只有韓籍甲級船員穿著救生衣。「歐陽70號」的救生船在水上，

但也已經被海浪翻覆。

　　黎明前的水溫大約是華氏四十四度（約攝氏六・七度）。這艘船有六十八件防寒救生衣，其設計是用來抵禦嚴寒——足夠船上五十一人使用。但是沒有一個船員穿上它。是否有任何船員知道如何穿上它，仍舊是個未知的謎。

　　造成「歐陽70號」沉沒的不是大海，而是貪婪。這艘船試圖吞下太多魚，以致大海反而吞噬了它。最後一批逃出被淹沒的船隻的人說，他們看到申弘基在舵手室，拒絕放棄他的位置或是穿上救生衣。他抱著一根杆子，緊抓著他喝乾了的瓶子，用韓語喃喃自語，哭了起來。紐西蘭籍的「阿瑪爾塔亞特蘭提斯號」（Amaltal Atlantis）漁船接收到了VHF訊號，在一小時後趕到現場。若是再晚一些，它救起來的四十五人很可能已經凍死或溺死。

　　一艘沉船的最後時刻是令人恐懼且痛心的一幕——我曾經在印尼目睹過。那看起來就像是一隻怪獸在把船隻往下拉。當船沉沒時形成的抽吸力量可以強大到把附近的人都跟著船捲進海底。「十分鐘不到，船就消失了。」「阿瑪爾塔亞特蘭提斯號」船長葛瑞格・萊爾（Greg

二〇〇六年六月的「歐陽70號」。

Lyall）在驗屍官調查時說道。「沒有警報、沒有燈光，什麼都沒有。」

好幾名生還者承受了急性失溫的痛苦。救援者從未找到船長的屍體。在其他五名遇難的船員中，有三人是死於低溫，漂浮在一艘救生艇裡。在陸地上，一場像這樣可預防的災難或許能夠讓一家公司關門大吉，但是在遼闊的海洋上就不一定了。

$$\sim\!\!\sim\!\!\sim$$

在深海捕魚的世界裡，思潮集團是一隻巨大怪獸。該集團成立於一九七一年，擁有超過七十艘漁船的龐大船隊。該公司的口號是「自然是美味的」。到了二〇一〇年，該集團創造了超過十億美元的年收益，其中有數百萬美元來自於紐西蘭海域捕獲的魚群。

思潮歐陽在紐西蘭的企業結構組成類似俄羅斯套娃的家族：規模較大的公司包裹著子公司，以及子公司的子公司。在紐西蘭，思潮歐陽公司與一間規模較小、名為「南方暴風漁業」（Southern Storm Fishing）的公司合作，由後者協助管理船隊營運事務；而「南方暴風漁業」又承包給另一家名為「漁業顧問」（Fisheries Consultancy）的公司，負責看照漁船的其他需求。在船上工作的漁工並非由思潮歐陽公司直接聘僱，而是由位在印尼、緬甸、韓國及其他地方的人力顧問公司負責。這是國際漁業公司的常態。藉由將外國船員的人力聘僱、物流與工資給付等業務外包出去，母公司就可以集中利潤，並分散責任。

「歐陽70號」的沉船在紐西蘭成了頭條新聞。為了控制損失，該公司請來一位好戰的說客暨發言人葛蘭・殷伍德（Glenn Inwood）。他代表過其他數個充滿爭議與挑戰的產業，尤其是捕鯨業與菸草業，因此聲名遠播。殷伍德知道該做什麼，所以他立刻就投入行動，聲稱這場悲劇只是單一意外。

漁業是困難且危險的工作，殷伍德聲稱。意外就是會發生。其他公司也曾經發生過沉船，人權與海洋倡議人士只是在捏造對於思潮歐

陽船隊的批評。他爭辯說，競爭者也舉起了紅旗，是因為他們想要把外國漁船趕出紐西蘭海域。

大約在「歐陽70號」沉船八個月之後，接替它的「歐陽75號」（Oyang 75）甫結束在紐西蘭海域兩個月的漁撈作業，抵達紐西蘭的利特爾頓港（Lyttelton port）。就在該艘船即將再次出發前往漁場時，殷伍德帶著記者們參觀這艘新船，他稱讚這艘新船是勞動力與漁撈作業最高標準的典範。

然而，即使思潮歐陽公司派出如此靈巧的人來收拾局面，也無法控制針對接下來發生的事件所形成的輿論。二○一一年六月二十日，在那個寒涼的清晨，一位教區居民前往位於利特爾頓的教會時，發現有三十二名印尼男子躲在教堂裡。利特爾頓是位在紐西蘭南島東邊的一個寧靜港口小鎮，人口約兩千兩百人，鄰近基督城（Christchurch），四周被群山環繞，形成一個天然的圓形露天劇場。這些印尼男子發抖著身子，幾近抓狂的樣貌，他們趁著「模範的」歐陽75號在此卸貨時，逃出了那艘船。

這群印尼人在清晨四點起床，趁著船長還在睡夢中時溜出了船隻。身為穆斯林，他們在街上徘徊著尋找清真寺，但是遍尋不著，只好選擇躲進教堂避難。

一個接著一個，這些人向教堂人士與隨後的政府調查人員形容他們在一艘恐怖的船上被囚禁的經過。一名輪機長打斷一名水手的鼻子，只因為他不小心撞到了他。另一名甲級船員經常揍某個船員的頭部，導致他失去了部分視力。反抗的船員有時候會被關在冰箱裡，其他人則被迫吃腐壞的魚餌。在漁獲量佳的時候，每二十小時才能輪班一次，有時候甚至連續工作四十八時。「我經常想要求救，但是我不知道要向誰求救。」其中一名印尼水手安迪·蘇肯達（Andi Sukendar）在法庭文件中提到。

男人們說，最糟糕的部分是性騷擾，主要來自一名有施虐狂性格

的水手長，名叫康源根（Wongeun Kang）。這名四十二歲的韓國人會趁船員們洗澡時，偷走他們的衣服，那麼他就可以在他們赤裸著身子跑回鋪位時在後頭追著他們。在船上的廚房，他會從後方接近船員們，以他外露勃起的生殖器刺向對方。當他們在廊道上經過他時，他會伸手去抓對方的生殖器。其他韓籍甲級船員也會調戲人，但是沒有人像水手長那麼誇張，船員們說道。他會在水手洗澡時攻擊他們。夜裡趁大家睡覺時爬上他們的床。「水手長試著教我如何和他發生性關係，但我拒絕了。」一名船員回憶道。其他人沒有辦法逃出他的魔掌。

但願我能說出自己震驚於這些報告的內容，但是我所讀到的狀況在漁業界是十分病態地常見。海洋的遼闊與甲級船員之於一般船員的支配力量，使得殘酷與凌虐的行徑往往只有當一艘船沉沒時才會被爆出來。

當警方在利特爾頓訪問「歐陽75號」船員時，該船船東拒絕支付他們的食宿，聲稱他們已不再為他工作。水手長遭到解職，並且立刻被送回韓國，以避免在紐西蘭遭到起訴。將這些水手招募來的印尼人力仲介多次打電話給水手們的家人，施壓讓他們閉嘴，尤其不可與記者或律師對話。

到了隔年，一名紐西蘭記者麥可・菲爾德（Michael Field）以及兩名奧克蘭大學（University of Auckland）研究員克莉絲提娜・史崔格（Christina Stringer）與葛倫・西蒙斯（Glenn Simmons）進一步調查。他們訪問了數十名在多艘思潮歐陽公司船隻上工作的船員，以及數百名來自同在紐西蘭海域作業的外國漁船船員，他們揭露出了普遍的虐待模式。

除了令人憎惡的工作條件，歐陽公司的船隻也因為其作業慣俗而使得整個生態體系陷入危機。一艘漁船在俄羅斯因非法捕撈而遭到扣押，接著在紐西蘭因為傾倒上千加侖的引擎廢油至海洋中而遭到開罰。另外兩艘思潮歐陽的船被抓到在紐西蘭水域傾倒價值數十萬美元的魚群——一種被稱作高度分級（high-grading）的做法——以規避漁

獲限額，留下空間去捕捉較新鮮或更有價值的魚。

　　儘管如此，最糟糕的部分是虐待勞工。在思潮歐陽船隻上工作的漁工形容他們的伙食上沾有死蟲，床墊上滿是會咬人的小黑蟲。有些人會躲在衣櫃裡以躲避暴力的甲級船員，以及在附近鋪位上發生的強暴事件，但他們感到自己無力阻止。船員們描述派發下來的衣服是破爛的二手衣、夾克與手套，以及不合腳的靴子。船長會沒收水手的護照及認證文件，以確保他們不能離開。

　　在紐西蘭海域上作業的另一艘思潮歐陽公司的船上，一個名叫山托索（Santoso）的水手不小心被厚厚一捲粗繩壓碎了手指。當他的手指被截肢後，又立即被送回甲板下工作，導致傷口重新裂開。他在夜裡醒來時，發現有蟑螂被乾了的血吸引在上頭爬行。另一個叫做阿布杜拉迪斯（Abduladis）的水手表示，當這艘船滿載漁獲時，大家賴以保暖的暖氣就會被關掉，以便把電力轉給冷凍庫使用。一名輪機員安瓦努洛（Unwanulloh）告訴調查人員，船員們只能用已經在魚類加工過程中使用過的袋子和海水洗衣服，這讓他別無他法，只能每天穿著散發腐臭味的工作服。瓦西拉（Warsila）是另一名在船上儲藏區工作的漁工，他形容食物上布滿小蟲的斑點，但他管不了那麼多，因為實在太餓了。

　　在所有將歐陽船隊的故事拼湊起來的元素中，最能說明問題的部分是有關誘捕的教訓。為何這些男人要接受這份工作？當他們一看到工作條件有多麼糟糕時，為什麼不立刻逃跑？顯而易見的答案是絕望，但是我想要知道還有其他什麼原因。

　　在思潮歐陽船上工作的船員大多來自印尼中部爪哇島的直葛（Tegal），由人力仲介透過某種錯綜複雜的債務束縛關係引進而來。他們簽署了英文合約，卻是他們不懂的語言。一般來說，他們的工資大約是一個月兩百三十五美元——只占了法律規定之最低工資的一小部

二〇一〇年八月，從「歐陽70號」沉船中獲救的印尼籍與菲律賓籍水手正在排隊準備離開紐西蘭。

分，至少當他們在紐西蘭海域工作時。此外，人力仲介會從這筆工資中扣除費用名目如「匯差」、「轉帳費」以及體檢費，有時候費用可達到工資的三成。

為了得到這份工作，他們通常已經事先支付超過一百七十五美元的費用——超過某些人的一個月工資。此外，他們通常還得交出最有價值的所有物做為抵押品，以確保他會完成兩年的合約：房契、汽車行照，以及在某種情況下要交出捐獻給社區清真寺的土地出讓證明。我知道船東們會剝削船員，但是這些水手的故事不尋常地將船東們如何施予控制的過程清楚呈現，包括威脅把不聽話的人列入黑名單、文化羞辱，以及透過扣押擔保品來發揮影響力。

違反合約會對水手們的家庭造成經濟破壞。一名在「歐陽77號」工作的水手蘇山托（Susanto）抵押了他的小學與中學畢業證書。在他的村子裡，這種證明是無可取代的。如果他無法拿回這些文件，他將

無法再被錄取其他工作。這些文件是「他唯一擁有的有價之物」，一份書面陳述中寫道。

　　這份工作的騙局與虐待消息很少傳回新船員被招募的小村莊裡，因為那些被騙的人感到過於羞恥而不願談起，也不會去警告其他人。即使有人知道風險，還是會願意碰運氣嘗試，因為他們太渴望工作了。

　　隨著這些船隻的實際工作狀況在紐西蘭浮上檯面，輿論譁然，立法者開始打擊之。捕魚業則發動攻勢。股伍德這位漁業界的全能修補專家帶頭指控，聲稱長時間工作是所有漁船的標準做法。未能支付工資不是思潮歐陽公司的錯，而是印尼負責處理這類事務的工作人員。而韓國人往往比印尼人有更多肢體動作與聲音。他認為，對於船上的一些虐待指控其實是文化差異所造成的誤解。

　　「在思潮歐陽公司於紐西蘭作業的整個期間裡，它的甲級船員、普通船員與代表從未受到起訴。」二〇一二年七月，股伍德在給紐西蘭一家報社編輯的一封信件中寫道。「在紐西蘭漁業如此嚴格監管的產業裡，這是一項難得的成就。」

　　其他漁業公司認為，思潮歐陽船隊的問題只是單一個案，不應該為此訂立新規範。「紐西蘭漁業已經是官僚主義者的天堂了。」曙光漁業有限公司（Aurora Fisheries Limited）說道。另一家總部設在紐西蘭的大型海產公司海洋君主（Sealord）則指出，外國船隻只捕捉低價值的魚種，「對於紐西蘭漁船來說，那些是無利可圖的收穫」。因為這些外國船隻中有許多將它們的漁獲運至紐西蘭加工，海洋君主公司主張，若是少了這些船隻在紐西蘭作業，將導致一億九千六百萬的出口損失與就業機會流失。

　　與此同時，思潮歐陽公司拚命保護它的品牌。為了試圖找出是誰將消息透露給紐西蘭記者麥可・菲爾德，使他得以持續主宰這個產業

的報導，殷伍德向政府機關與奧克蘭大學提交了公開紀錄的要求，欲搜查電子郵件與其他文件。當美國打擊人口販運大使路易斯・席德巴卡（Luis CdeBaca）至紐西蘭討論漁業產業存在的虐待指控時，菲爾德報導指出思潮歐陽公司僱用了一名私家偵探跟蹤他。

　　當我在二〇一七年春天至奧克蘭做報導時，我認識了克莉絲提娜・史崔格，她是將紐西蘭海上許多虐待行為公諸於世的兩位奧克蘭大學研究員之一。她詳述在調查外國漁船的過程中，她和研究夥伴葛倫・西蒙斯曾經在一家當地的中餐館與來自一艘歐陽船隊的幾名印尼船員吃飯。這些男人當時住在安全屋裡，沒有收入，只能仰賴陌生人的好心供餐。船員的前老闆碰巧也在同一家餐館裡吃飯，他用手機拍下了船員們的照片，打了幾通電話，一群男子就出現在外頭，盯著船員們看，像是在等待他們離開。西蒙斯匆匆地把船員們帶到後門的一輛車上，經過一番追逃後，成功甩開了那群人。

　　思潮歐陽公司有充分理由去反擊負面宣傳。紐西蘭政府已經開始祭出罰款：「歐陽75號」因為傾倒低價值漁獲以換取更有價值的魚種而遭罰三十四萬兩百美元；因為非法傾倒廢油遭罰八千五百美元；「歐陽77號」因丟棄超過七十三噸重的魚而遭罰九萬七千六百美元。

　　來自海外的壓力也在持續升高。二〇一二年六月，美國國務院於發布了年度「人口販運問題報告」（Trafficking in Persons Report），其中特別指出紐西蘭對於外籍漁工的糟糕待遇。為此，紐西蘭採取了激烈的做法。二〇一四年八月，國會通過一項法案，將所有外籍漁船趕出它的領海。漁業公司有兩年的時間可以調整，除了離開之外，可以選擇改掛紐西蘭船旗。

　　這項法案旨在迫使外籍漁船遵守紐西蘭的勞動標準，以保護大約一千五百名在這些漁船上工作的外籍漁工。這是一項大膽的舉措，因為它會讓紐西蘭流失數億美元的海外投資，因為漁業公司寧可轉移到其他地方，也不願承擔新法規而加諸的額外負擔與成本。為了在紐西

蘭海域上作業，公司必須為所有船員開立個人銀行帳戶以匯入工資，所有外國公司擁有的漁船都必須派駐觀察員，而且也會針對工資做獨立查帳。

漁船上存在著強迫勞動並不是新鮮事。有關在泰國、愛爾蘭、臺灣和其他地方的船隻存在海上奴隸的故事已經被報導了超過十年。然而，沒有一個國家如紐西蘭這般積極地做出回應。

儘管如此，海員工會以及漁工的律師仍然質疑紐國政府的作為是否足夠。他們認為，當最惡名昭彰的非法漁船只是選擇離開紐西蘭海域，在其他對於外國漁船管控較少的國家重起爐灶時，紐西蘭頒布新法的效果只是將糟糕的行為推向他處。我曾經看過一個國家的打擊行動，只是讓其他執法較鬆散的國家顯得更具吸引力。

舉例來說，若是紐西蘭想要採取更激進的立場，它其實有權根據「歐陽75號」與「歐陽77號」所犯下的罪行沒收這兩艘船。紐國政府本可扣押並出售這些船，藉此對思潮歐陽公司傳遞更強烈的訊息，並且歸還外籍漁工遭扣除的工資。然而，紐國政府在船公司繳交罰款之後就將兩艘船歸還。「歐陽75號」隨後就轉往東非靠近模里西斯的海域，而「歐陽70號」則是航行至福克蘭群島（Falkland Islands）附近。兩者都被衛星拍到出現在禁捕區域。

針對歐陽悲劇所祭出的監管動作是為了消除憤慨的一個典型案例。海上漁工所經受的駭人遭遇一旦公諸於世，公眾的震驚會迫使立法者與監管機構採取行動。然而，隨著時間流逝，海運業就改變並模糊了敘事焦點。而政府的回應從未完全解決核心問題。

對於流氓漁船的經營者來說，世上還有其他水域。而檢查員的工作是確保船隻與船員的安全，但卻忽略了他們面前顯而易見的違法行徑。

　　沒過多久，另一場災難襲擊了思潮歐陽船隊──這一次是在阿拉斯加與俄羅斯之間的白令海。約莫在威靈頓的國會通過那份轉折的法案過後四個月，另一艘思潮歐陽公司所擁有的船隻為它自己的生存奮鬥著。一九六四年建造於東京，這艘一千七百五十三噸重的「五龍501號」（*Oryong 501*）跟「歐陽70號」同樣是尾式拖網船。共六十人的船員陣容中，有十一名韓國人、三十五名印尼人、十三名菲律賓人，以及一名俄羅斯籍漁業檢查員，後者的工作是負責記錄漁獲量與種類。船長是一名四十六歲的韓國人，名為金介煥（Kim Kye-hwan）。這些人將遭遇的可怕命運，幾乎就和二○一○年發生在紐西蘭附近那場導致六人喪生的姊妹船「歐陽70號」沉船事件相同。

　　「五龍501號」從韓國最南端的釜山港出發。根據與俄羅斯簽定的漁業協定中，它是六艘獲准捕撈青鱈（pollack）的韓國拖網漁船之一，該魚種以做為麥當勞麥香魚主要原料聞名。青鱈在韓國也是頗受歡迎的一道料理，依據其年齡、尺寸與捕捉地點，至少有二十八種不同的命名。自從韓國海域的存量枯竭之後，便在一九七○年代末期與一九八○年代初期開始於白令海捕撈青鱈。

　　二○一四年十二月一日，一場強烈的暴風雪重創俄羅斯遠東楚科奇（Chukotka）區域外海的漁場。每小時六十哩的風速在「五龍501號」的甲板上掀起了四十呎高的海浪。十幾個人在試圖拉起一網二十噸重青鱈的同時，幾乎難以站穩腳步。當時雨勢之猛烈，其中一名男子日後回憶道，那似乎更像是濃霧，因為能見度非常有限。水手們可以聽到浪花聲，卻看不到朝他們襲來的海浪。

　　白令海上的風浪因為可以達九十呎而著名，那是世界末日電影中才會出現的畫面。那麼高的水牆可以在幾秒之內就傾覆一艘船。但是海浪的大小並不是唯一致命的威脅。襲來的時機也很關鍵。一個中型的波浪可以翻覆一艘已然重心傾斜的船。位置也很重要：波浪是來自舷側，或是由上而下打來？一艘船的維修品質，尤其是它的排水能

力，也可以決定它是否能挺過一場強勁的打擊。以遠洋標準而言，導致「五龍501號」沉船的海浪並不是特別巨大——大約二十五呎高——但是那一擊的時機致命，而且正好打在一個脆弱的目標上。

金介煥做出兩項極其糟糕的命令。首先，他命令他的手下在惡劣的氣候下繼續工作。「強制過度捕撈」（forced overfishing）是調查人員事後用來歸咎他未在那天順潮航行的字眼。其次，當水手長請求他不要打開裝載漁獲的艙門時，他否決了這項請求。當時水手長擔心打開艙門會導致泛水（downflooding），這個技術名詞指的是水泛進船體內的災難性現象。船長不理會他的請求，仍執意打開魚艙。

當海浪從魚艙上方落在「五龍501號」上，一大片海水直衝進船體，在儲藏室的木牆上打出一個輪胎般大小的洞。這是那天導致沉船的六大因素之一。搖晃的船身把在甲板上下層工作的人摔倒在地。「由於海水沒有正常排出，這艘船已經開始傾斜，」金介煥在無線電呼叫中說道。「排水口被魚擋住了。」他關掉引擎，以便船員能夠集中精神排水，他補充說。「洩漏進來的海水使得我們已無法掌舵。」

就像它的姊妹船「歐陽70號」，「五龍501號」的維護狀態也很差勁。在韓國，曾於「五龍501號」上工作過的技師後來告訴政府的調查人員，該船的排水系統於離港時就無法正常運作了。該船的船員也相對缺乏經驗。在十一名韓籍船員中，有四人（包括船長）的專業資格不足，並未持有相應職位所需的執照。船長與輪機長的航海人員執照是第三級而非第二級。二副與大管輪也缺乏適當的認證。此外，該船沒有二管輪、三副或是通訊操作員。這就是像是一架沒有機師的飛機、一間沒有老師的教室。一場等待爆發的災難，被送出了外海。

在第一通無線電呼叫的一小時之後，「五龍501號」的船長再次以無線電聯繫。他表示，船體裡還是充滿著水。「我試圖轉動船隻的方向，但是它開始傾斜。」他說道，聲音聽起來較之前驚慌失措。「我正試圖再次調整舵位。」

當我讀到新聞報導與政府文件中對於最終這驚恐場景的描述，不禁感到自己彷彿在觀看「歐陽70號」致命航程的駭人結局重播。在一片絕望之中試圖校正船隻重心，金介煥命令他的手下將任何可以移動的東西搬到另一側，並且固定好。在甲板下的工廠裡，六名男子浸泡在及腰的寒冷海水中，奉命利用手動幫浦把水排出去。三小時之後，他們仍在抽水，但是水已經深及胸口了。等到船長命令船員疏散至救生艇時，「五龍501號」的船尾已經有一半淹沒在海水中。

「我們必須盡快棄船，」下午四點過後不久，金介煥透過無線電發出通知。「請準備好救援。」

思潮歐陽公司聲稱，船上有七十四件防寒救生衣供六十名船員使用。然而，再一次因為不明原因，當悲劇發生時，幾乎沒有人穿著。只有俄羅斯籍檢查員與一名韓籍船員穿上救生衣。那天晚上，全船只有七個人獲救，其餘皆命喪海中。

「我想我必須把我的遺言告訴你。」金介煥在他的最後一通無線電通話中，對他的老友李揚伍（Lee Yang-woo）說道。李是另一艘歐陽船隻的船長，當時就在附近。「別這麼說，」李揚伍催促他。「冷靜地疏散船員。你必須趕快出來。」所有的燈光都熄滅了，金介煥說道。「我要跟這艘船一起待到最後一刻。」船在不到一小時後，下午五點十五分沉沒了。

「五龍501號」的情況近似於「歐陽70號」，不論是船隻本身或是船長都沒有準備好出海，而他們的船員付出了最終的代價。

一再降臨在思潮歐陽船員身上的駭人事件是令人憤怒又悲哀的。然而，更重要的是，它們反映出了海洋規範混亂無條理的性質。在其他任何一個產業中，若是有一間公司容許反覆發生的災難，面對令人難堪的公眾審查，還能夠持續經營著大多數的生意，這會是一場國際

醜聞。在漁業界，這卻是常態。試圖起訴一艘違法作業的漁船就如同徒手抓魚般地困難。

我在二〇一七年五月前往印尼了解原因。透過跟一些曾經在思潮歐陽船隊上工作過的船員談話，我希望能夠從法庭紀錄與調查報告中得不到的內容，更準確地述說他們的故事。我利用政府文件找到了他們的名字，並且在律師和人權倡議者的協助下取得聯繫。其中許多人都拒絕跟我對話。針對船上不法行為的指控，通常須仰賴從船員身上取得的證據，而思潮歐陽公司擅長於讓可能的目擊者噤聲。我發現一名男子曾經遭思潮歐陽公司脅迫簽署保密合約，或稱作「和平協議」。做為交換部分的財務結算，這些漁工同意保持沉默，並且撤銷所有指控——包括刑事和民事。

然而，不只是該公司有意讓受到虐待的船員遠離公眾目光。在我抵達印尼之後，我發現紐西蘭學者葛倫・西蒙斯已經搶先一步和其他前船員聯繫，而且建議他們不要跟我對話。我之前曾經在奧克蘭與西蒙斯喝過咖啡，當時他就說，不會介紹我認識任何思潮歐陽的漁工，若是他們向他尋求意見，他也不會鼓勵他們與我交談。他不相信記者，並指出他的研究是關於工人安全，而為達此一目的，這些漁工十分重要。缺乏共識是一回事，但是阻止記者與漁工對話又是另一回事了。

儘管如此，在其他學者和律師的協助下，我得以在雅加達見到十幾名前思潮歐陽船員。我在雅加達市中心的 JW 萬豪酒店租用了一天的小會議室，他們魚貫走進來與我同坐。他們一個接著一個描述在試圖向思潮歐陽公司爭取未支付的工資之後，自己的生活是如何面臨令人苦惱的轉折。

一個名叫馬德雷斯（Madrais）的男人跟我解釋說，他的太太在一個月前搬去杜拜工作，在一名男子家中當女傭。她接受這份工作是為了幫忙賺錢償還高利貸，那是馬德雷斯之前為了得到在「歐陽77號」的工作而去借來預付的資金。第二名漁工叫賈瓦迪（Jarwadi），他是

「歐陽77號」的前水手，由於先前曾經跟一名律師述說自己在海上的待遇，賈瓦迪描述自己在回到印尼之後是如何被人力仲介列入黑名單。還有一名男子叫偉胡迪（Wayhudi），他曾經在「歐陽70號」工作過，聲稱自己也被列入了黑名單。「我們站出來了，而現在其他人從中受益，我們卻無法繼續工作。」他說到自己與公司之間的抗爭。

一位名為凱倫‧哈汀（Karen Harding）的奧克蘭律師做為多名前思潮歐陽的漁工的代表。過去兩年，她曾試圖迫使紐西蘭政府沒收與轉售價值一百五十萬美元的「歐陽75號」和價值七百五十萬美元的「歐陽77號」。她的目標是用這些售船的收益來支付船員們從未收到的工資。

當我在雅加達與哈汀碰面時，她的心情正糟。那天，她剛從紐西蘭的上訴法院獲悉無法扣押與出售該公司的其他船隻來支付拖欠自「歐陽70號」獲救漁工的工資。「他們期待我們迫使該公司出售一艘躺在海底的船隻來支付工資。」她說道。哈汀個人為了這場訴訟背了超過五萬美元的債務，她打算再向紐西蘭最高法院上訴。

一名韓國的人權律師金正哲（Jong Chul Kim）表示，在「歐陽70號」的案件中，該公司提交包括銀行帳戶紀錄在內的文件予紐西蘭政府，證明它有支付報酬給船員。然而，律師檢視過文件後，認定是造假的。金的組織APIL曾經試圖讓政府起訴思潮歐陽公司未果。犯下身體與性虐待罪行的加害者已經回到海上工作，受害者不願意作證，韓國檢察官也拒絕追究此事，他解釋道。

另一位雅加達的律師大衛‧蘇瑞亞（David Surya）代表六名「五龍501號」罹難船員的家屬。在沉船現場，搜救人員在救生艇與海上發現四具屍體。蘇瑞亞說，因為這些家屬是穆斯林，基於宗教理由，他們希望能夠盡快將心愛家人的遺體送回家，以便盡速下葬。該公司利用這一點，不斷地致電家屬，到家中拜訪，並且提供金錢要求他們簽署保證不控告的文件。然而，每一個家庭仍被積欠超過六萬美元的未

付工資，蘇瑞亞表示，他在韓國法庭上試圖推翻那份「和平協議」的效力，卻陷入僵局。

與此同時，思潮歐陽公司忽視我發出的六封電郵與多通電話。在與船員經過幾天訪談之後，某個傍晚，我坐在雅加達的一家咖啡廳裡，過濾我與漁工和律師對話過程中的資訊，試圖釐清這一切。

這種報導的核心假設是，藉由揭發不法行為，有助於協助阻止它繼續發生。但在這類事件中，我很難不去質疑身為新聞從業人員的使命。我是在追蹤某種法外之海的偉大理論？我的目的是為了將虐待這些漁工的人繩之以法嗎？或許我愈是追蹤諸如歐陽船隊上的那些加害人，那些人就愈是逃跑，而受害者就更難得到他們應得的東西。

紐西蘭大膽做出驅逐思潮歐陽船隊與其他外國船隻離開該國海域的決定，這無疑地引起全球對於這個產業糟糕環境的注意。這項裁定有部分是源於律師、倡議人士、記者與學者們的不懈努力。二〇一八年三月，紐西蘭最高法院對於哈汀提出的訴求——要求該公司支付超過七百萬美元的積欠工資——做出了有利的裁決。然而，這些受害者一回到岸上，就已經付出了沉重的代價，與此同時，思潮歐陽公司仍舊相對頑強。

儘管多年來我已經報導過不少殘酷的產業（煤礦業、長途貨運、性工作、成衣廠與膠合廠），我還是頗為震撼於漁船上的狀況。有一些顯而易見的解釋可說明這個現象——缺乏工會、工作本身受限且短暫的性質，以及遠離陸地與政府監管等。

文化當然也扮演了一角。船上的環境是非常陽剛且類似於軍隊。不抱怨地承受艱苦是一種榮譽。管理上不但極度階層化，而且顯然一點也不民主。下對上的回饋與控訴普遍不受歡迎。

保持沉默是海上生活的核心，打破沉默可能會是一項危險的罪行。在我的報導前期，或許我曾經聽過的最佳建議是來自英國的一名大副。「你想要融入？」我們離開港口時，他問道。「盡可能占用愈少

空間愈好。」他的建議較不是關乎擁擠的生活空間，而更是關於閒聊耳語的社會風險。對於這份沉默的尊重、自適，以及在正確的時刻動用它的能力，或許就是我在報導中所學到最有價值的工具，因為它是讓我可以接觸到人群、進入一些地方的關鍵。

我很佩服海員們安靜的沉著，以及與長時間寂靜相處的自適，有時候寂靜似乎會持續許多天。我也愈來愈尊敬這份寂靜本身，尤其相對於我所來自的世界。我的生活有大部分是在網路上發生，一個傾向於過度分享與立即獲得滿足的場域。相反地，在這些船上的生活是如此徹底地離線，並且由隱私、安靜與等待所定義著。

然而，我也納悶是否正是這份寂靜使得海員們以粗魯聞名，且經常難以適應陸上生活。若是沒有其他原因，這份寂靜就是讓許多海員近乎信仰般地聽從命運的背景。許多水手知道歐陽船隊的船員們發生什麼事，尤其是在印尼，他們之中有許多人以這種聽從命運般的態度看待這份職業，似乎幾乎助長了這種殘酷的必然性。歐陽船隊的案例提醒了漁工，當他們起身對抗這個產業，通常都會失敗。有時候最安全的做法是保持安靜，他們的這種假設並沒有錯。

$\sim\!\!\sim\!\!\sim\!\!\sim$

在我氣餒地從紐西蘭回來幾個月之後，我繼續在遠方監視著「歐陽75號」。衛星科技讓我們更容易辨識出非法行為。在距離雅加達八千多浬的地方，這艘載有四十七名船員的漁船正在阿根廷外海福克蘭群島附近的水域作業，奮力拖拉著幾噸重的魷魚至「歐陽75號」上。自從二〇一一年，一隊船員從這艘船上逃到紐西蘭利特爾頓的教堂以逃避船上的性暴力和毆打行為之後，已經過了六年。

我發現「歐陽75號」的所在位置是一個奇怪、近乎神祕的海域，被稱作光之城（City of Lights）。有上百艘非法漁船來到這兒，據估計，那是世界上最密集的區城，這個地方因為幾百艘漁船利用工業強度的

燈來吸引魷魚而得名。這些燈光之亮，使得衛星拍到的這片海域在夜空閃閃發光。

光之城對於想要非法捕魚的船隻來說是吸引人的，或者是對於那些曾經有過波折故事的船隻，例如「歐陽75號」。由於阿根廷與英國之間的領海糾紛，創造出了一片主權真空的海域。阿根廷政府曾經試圖監管光之城，其多數區域與阿根廷領海重疊，但是它的海軍在與英國爭奪這些島嶼時吃了敗戰，從此未曾恢復元氣。阿根廷的海岸防衛隊只有八艘船，要巡航超過一百萬平方哩的海域。在這些海域上作業的漁船基本上未曾接受勞動、環境或違法捕撈的檢查。

根據阿根廷海軍官員的說法，「歐陽75號」並沒有在光之城拖網捕魷魚的許可證。我透過衛星追蹤這艘船時，看到它照例進入阿根廷海域違法作業。當這艘船前往烏拉圭首都蒙特維多（Montevideo）的港口時，我心想這是一個拜訪該船船員的好機會，於是我立刻僱用了一名阿根廷的調查員飛往烏拉圭。在「歐陽75號」靠港之後，該名調查員在國際運輸工人聯盟（International Transport Workers' Federation, ITF）的協助下登船。當時船長不在，調查員開始詢問船員的工作條件。我想要知道，自從思潮歐陽船隊被驅逐出紐西蘭海域之後，事情是否有所改變。

「歐陽75號」現在是一艘整潔的船──要比那艘遭逢厄運的「歐陽70號」乾淨得多。船上有二十七名印尼人、十二名菲律賓人、七名韓國人與一名中國人，他們往往對於自己正處於哪個國家的海域知之甚少。十幾個男人食堂裡，解釋著船長雖然強迫他們拚命工作，但是身體和性虐待的情況沒再發生。混獲不再直接被丟回海裡。鯊魚鰭和高度分級（丟掉舊的漁獲以容納更高價值的新漁獲）的做法也已經停止，他們說道。

船員們所形容的狀況，確實是較先前改善許多。儘管如此，船員說他們一天工作二十個小時，一週工作六至七天，每個月收入約四百

美元。他們之中多數人為了獲得這份工作，已支付一百五十美元給人力仲介，而且他們頭三個月的工資被扣住，直到完成兩年的合約才歸還。他們抱怨說，當工資匯回家時，公司使用的匯率被刻意壓低。

因為這艘船是掛著韓國船旗，它應該要遵循韓國的勞動法規。我聯繫過首爾兩家專長於《海洋法》與《勞動法》的法律事務所——「Moon & Song」以及「Cho & Lee」——我轉述漁工們所說的情況，並詢問這是否已構成違反韓國法律的行為。兩家律師皆回覆說，預付金、降低轉換匯率、扣留工資以及工時長度皆已違法。

強迫違法漁船遵循勞動法規、遵守捕撈作業規範，以及遵守領海界線，都需要強而有力的執法政權、持續地警戒以及堅持遵循更高標準的法律規章。然而，通常這也需要其他某些東西，一種經常缺乏的成分：受虐待方的參與合作。

降臨在歐陽船隊上的悲劇中，有許多方是可以被責難的。政府的錯在於對那些明顯的問題視而不見，並且在悲劇發生之後未能接續跟進。漁業部門的錯在於拚命地否認問題，杜撰並扭曲事實，使得漁工們被困在可預見的凌辱環境中，接著又藉由要求他們噤聲而更進一步困住他們。儘管這些漁工有充分的理由保持沉默，我們也很難否認，這種沉默只是讓歐陽船隊這種漁船繼續以不負責任且不受懲罰的姿態運作著。

在我的調查員離開「歐陽75號」之前，船上一名二十八歲的印尼漁工把他拉到一旁。這名男子叫普萬多（Purwanto），他似乎很疑惑為何有人會有興趣了解他的工作情形，以及他是否滿意於自己的待遇。「從來沒有人這麼問過我們，為什麼你想要知道船上的生活？」普萬多問道，他已經在船上工作了一年。調查員和工會檢查員表示，他們只是在檢查是否違反了勞動規定。普萬多說，即使真的有違規也沒關係——他需要工作，所以他不會再說什麼了。如果回到印尼，也沒有什麼在那裡等著他。「這是我們所能得到最好的待遇了。」

5

阿德萊德的旅程
ADELAIDE'S VOYAGE

一隻迷宮裡的老鼠可以隨意地去任何地方，只要它待在迷宮裡。
——瑪格麗特・愛特伍（Margaret Atwood），
《使女的故事》（*The Handmaid's Tale*）

當代世界裡有一件奇怪的事，我們以為每一吋土地都為人所有，每一個國家都自稱有法治存在，但是只要離開陸地十三浬，我們就會突然發現自己處在「公海」，超越政府所能管轄的範圍之外。

然而，就像海洋本身，海洋法是艱澀難懂的。雖然形容海洋是一個法外之地並不完全正確，但在幾個世紀以來的海上航程與貿易往來活動中，海洋確實是一個混雜著司法權、跨國條約與國家法律的結。海上活動是否涉及犯罪，通常在某種程度上取決於行為發生的海域。海洋法中有一項條款是將國際海域上的船隻視作移動的大使館，在實質上為船旗所代表之國家的領土延伸。這意謂著船上只適用該艘船所登記國籍的法律。

很少有人像瑞貝卡・岡佩茲（Rebecca Gomperts）如此熟稔於利用海洋法的漏洞。這名來自荷蘭的醫生暨「海上婦女」（Women on

Waves）創辦人乘著一艘經改裝的醫療船，帶著一支由志工醫生組成的國際團隊，橫渡到世界上將墮胎視作犯罪行為的地方提供墮胎服務。從二十一世紀初以來，岡佩茲經常參與這些祕密執行的任務，已多次造訪瓜地馬拉、愛爾蘭、波蘭、摩洛哥以及一些其他國家的外海，遊走在各國與國際法的危險邊緣。

當一個國家的法律禁止墮胎，那項法律的效力只會延伸到該國海域的邊界，也就是從岸邊算起的十二浬。在第十三浬處，國際海域的起點，在岡佩茲的船上執行墮胎就屬合法，因為該船是奧地利籍，墮胎是被允許的行為。

海洋，以及海洋法中投機的怪相，依照岡佩茲的話來說，使得她得以協助婦女「給予自己許可」進行墮胎。更廣義而言，對於岡佩茲和其他許多女性來說，「海上婦女」的目標在於把一件關乎個人健康的事「去醫療化」。藉由將乘客帶到海上，岡佩茲說她是試圖移除橫亙在女性和她們對於自我身體的掌控權之間的中介者，也就是醫生（包括她自己）與國家。如同一名觀察者所描述的，岡佩茲的做法是利用海洋來幫助女性「跨越陸地、法律和許可」。

在報導海洋上的嚴重傷害罪行時，我曾經發現許多壞人並非蓄意違反法律。大多數時候，他們的目標是要賺更多錢，而不論那麼做可能對於漁工造成的後果，以及對於海洋健康的傷害。然而，在我所遇到的人當中，還有一小群人抱持著堅定不移的信念，利用海洋法的漏洞做為一項祕密武器來推動他們所關心的議程。雖然不是每個人都會認同他們在一項議題上所抱持的立場，也沒有人能否定這些倡議者與運動人士很清楚自己的信念。

二〇一七年四月，在我搭上岡佩茲的「阿德萊德號」（*Adelaide*）之前，我的報導大多是著重在海洋上的罪行悲劇。此刻在墨西哥外海，一群團隊為了規避陸地上的不幸，把受害人帶到海上。我報導這個故事的部分動機在於需要一點休息。經過一年以上的時間，在法外之海

「阿德萊德號」載著需要墮胎的墨西哥女性前往公海，在那裡可以合法執行。

較黑暗的角落登上幾十艘船之後，我的內心已然疲憊不堪。我渴望看到一則新的故事，而裡頭的主人翁是不同的類型。在「阿德萊德號」謹慎的行蹤之中，也提醒了我們有些法律是如何地獨斷、近乎愚蠢，但卻對於許多人的生命造成實質後果。善於利用這種法律的漏洞，岡佩茲已經讓不少執法的國家氣餒不已。

「阿德萊德號」於二〇〇二年在法國建造而成，屬於分段式單桅帆船（fractional sloop）。船身內部以亮藍色裝飾，放滿坐墊，令人感到舒適。當船帆全開時，可以航行得很快，但是當我們試圖離開墨西哥海域時，風朝向著我們吹來，只得仰賴一部二十九匹馬力的柴油引擎前進。

幾個月以來，我強力請求岡佩茲讓我加入她的某一段航程。她說，男人通常是不被允許上船的。「這會讓女性感到不舒服。」她告訴我。岡佩茲的船在墨西哥時，船長塞斯・畢爾登（Seth Bearden）是唯一例外，因為他已經經過審查，而且先前在陸地上就為團隊工作過，協助調查船隻。最終，岡佩茲允許我在墨西哥的伊斯塔帕（Ixtapa）

港口登船，條件是我必須保護船上婦女的身分。

　　臉上有雀斑、皮膚白皙，銳利的綠色眼眸與烏黑秀髮，岡佩茲的體格猶如一名長跑選手。她總是東奔西跑，似乎從不感到疲憊，經常一邊在手機上打字，一邊跟身旁的人說話，內容往往是關於下一次任務的後勤安排，或是上一次的任務結果。雖然外表充滿活力，她同時也帶有喜怒無常的複雜感，以及歷經風霜的超然態度。岡佩茲總是同時做著幾件事情，很少將注意力專注在任何一件事上頭，而只是飛快地以眼神接觸。她回應手機來電的聲音很粗魯，彷彿隨時都是凌晨三點。當我說話支支吾吾，以優柔寡斷且岔開的問題迂迴時，她會毫無耐心地打斷，並問道：「所以你在問我這件事是否是一場作秀罷了？」

　　岡佩茲在即將抵達某處之前，通常會事先通知當地媒體，因為她的目標之一是要激起辯論。然而，這趟從伊斯塔帕出發的航程本來是要祕密進行的，因為岡佩茲想要避免重蹈兩個星期前在瓜地馬拉的覆轍。當初由於團隊的計畫遭人通風報信，瓜地馬拉政府派出警力與海軍前往岡佩茲停泊的碼頭。瓜國政府阻止「海上婦女」團隊登船，把他們驅逐出境，並且宣稱他們對於國家安全造成威脅。

　　這種事情對於這個組織來說並不罕見，他們很少得到拜訪國的溫暖歡迎。在愛爾蘭，他們面臨炸彈威脅；在波蘭，岡佩茲在港口被抗議人士丟擲雞蛋與潑灑紅色油漆；在摩洛哥，她差點被一名憤怒的暴徒挑釁；在西班牙，反對者試圖拖走她的船，而岡佩茲阻止他們的方式是切斷他們的繩索。

　　批評墮胎的言論指控岡佩茲是在經營一艘「死亡之船」。他們聲稱她的組織暗中破壞國家主權，同時精心策劃一場駭人的戲碼，折磨心靈脆弱的婦女以達到其政治目的。

　　岡佩茲的看法則不同。「我們只是以單純且有創意的方式」利用法律來提供「減少傷害」的服務，並且讓女性得以掌控自己的生命。「禁令不會讓墮胎行為消失，而只是使之地下化。」她這麼對我說。

~~~~~~

　　我在墨西哥伊斯塔帕港登上「阿德萊德號」。由於海象正在變糟，很可能導致我們被困在港內，岡佩茲的團隊也擔心墨西哥當局很快就會聽說我們要將懷孕婦女帶到海上而要求我們回頭，因此我們趕緊出海。

　　這次出航並不平順。當船長畢爾登試圖控穩「阿德萊德號」這艘三十六呎的玻璃纖維船時，八呎高的海浪硬生生地打在船首上。一陣暴風雨即將來襲，而墨西哥的大浪重擊只是讓情勢更糟。「阿德萊德號」已經繞了兩次圈；在船身兩側約二十呎長的淺灘上各有排列開來的鋸齒狀巨礫，而第二次我們差點就要被打在這些石頭上。

　　在甲板上，當浪花打向我們，鹹鹹的海水濺上我們的臉時，我只得緊抓著定位索以穩住重心。在我身旁，有兩名墨西哥婦女蜷縮著。她們都只有二十幾歲，想要墮胎，但是在墨西哥全境幾乎都是非法的。為了執行墮胎，團隊計畫將兩名婦女載到墨西哥靠太平洋一側的十三浬外，正好超越墨西哥的執法範圍。

　　伊斯塔帕港的出口很窄，海浪用力地向港內襲來，導致我們的出海異常危險。如果我們沒有算準出海時機，就很可能會翻覆或被重擊。因此，畢爾登讓我們的船靠在出口附近，等待適當的時機瘋狂衝刺。

　　「你現在必須出發了。」岡佩茲終於對畢爾登下令，她的聲音裡帶著緊張的急迫感。時間正在流逝，她補充道。管理伊斯塔帕港的當局已經對於這一船外國人似乎決心要在如此危險的海象下出海起了疑心。「他們會叫我們回港，一切就結束了。」岡佩茲說道。

　　畢爾登三十五歲，來自南卡羅萊納州，說話的聲音沉厚，身上有一些刺青。他是一名有經驗的船長——他在奧克蘭的碼頭工作時，自己學會了開船——但是此刻的他顯得有些慌亂，因為他在幾個小時前

不小心撞上了碼頭的長堤。在一波波海浪衝擊之間，平靜的海水只會持續大約兩分三十六秒；我手上拿著錶，為浪頭來襲的時刻計時，一邊盯著海浪一邊計算時機。對於動作遲緩的「阿德萊德號」來說，要抓準那個時機出港，需要的是一瞬間的爆發力與分秒不差的運氣。當岡佩茲與畢爾登在爭執著對抗海浪的風險時，一名和墨西哥婦女坐在一起的志工拿出一包多力多滋與大家分享，試圖以墨西哥搖滾樂團 Maná 的話題來分散她們的注意力。

「去他的。」畢爾登終於這麼說道。他從岡佩茲身邊走開，抓著船舵，緩慢地將油門桿向前推，伺機而動。在下一個波浪襲來之後，他加大馬力，眼睛直瞪著前方的地平線，趕緊全速前進以突破下一波浪。「所有人到船尾去！」畢爾登吼道。幾秒之後，浪頭打上了我們的船首正面，使得甲板下方一些金屬與玻璃製品掉下來，發出可怕的碎裂聲響，並且擠壓著「阿德萊德號」的前進路徑，彷彿一名高校生惡霸把瘦弱的孩子壓在置物櫃上。在最緊張的時刻，儘管風浪用力地襲擊而來，「阿德萊德號」還是挺著。接著，它開始一吋一吋地前進。當「阿德萊德號」重新穩住了重心，每個人都開始拍手叫好，一名墨西哥婦女原本將她的臉埋在手掌間，此時也抬起頭來露出如釋重負的表情，就像是剛從惡夢中醒來的孩子。

當「阿德萊德號」終於駛離了伊斯塔帕港，大夥兒的腎上腺素降下來，甲板上瞬間陷入一片寂靜，碼頭裡停泊的兩層樓高遊艇也從我們的視線中愈縮愈小。墨西哥婦女吃了暈船藥，於是有些感到昏昏欲睡。她們的安靜似乎很沉重，想當然有部分原因在於終止孕期的決定之重。

見到有機會與一名墨西哥婦女坐在一起，我移到她的身邊，開始以西班牙語談天。「我沒有錢撫養孩子，」她說道。「最主要是我還沒準備好當一個媽媽。」她解釋說，她有一個穩定交往中的男友，而且他們有使用保險套，只是它破了；在墨西哥的多數地方，若是墮胎（甚

至只是試圖墮胎）的消息傳出去，對於她這樣的女性是很危險的。

墨西哥一直是羅馬天主教的大本營。自從二十一世紀的頭十年以來，數十名墨西哥女子被家人、醫院員工或是其他人舉報曾經墮胎，因而遭到論罪。墮胎在這個國家還是非法行為，但是估計每年有一百萬名女性以祕密途徑進行墮胎手術。根據生育健康研究中心葛特馬赫協會（Guttmacher Institute）的研究顯示，通常有超過三分之一的這類地下墮胎行為會導致併發症，包括感染、子宮破裂、大量出血，或是子宮頸穿孔。

在墨西哥的一些地方，任何沒能生下健康寶寶的孕期都會引起人們對於媽媽的懷疑。幾百名婦女曾經因為墮胎沒處理好，在尋求醫療協助之後遭到監禁。醫院必須向警方通報任何可疑的墮胎行為，就如同他們對於槍傷患者的處置。在某些州，例如維拉克魯斯（Veracruz），則要求對於有墮胎嫌疑的女性進行非特定的「教育」手段。

二〇〇七年四月，墨西哥市將墮胎除罪化，允許婦女在懷孕頭十二週之內可自由地結束孕期。這項決定在全國引發強烈反彈，三十一個州之中至少有半數通過憲法修正案，宣稱生命起源於受孕那一刻。

在登上「阿德萊德號」之前，我讀到了一名婦女派翠西亞‧門德茲（Patricia Mendez）的案例。她在二〇一五年二十歲之時進行了墮胎。門德茲後來描述警方與偵探如何被召集到醫院病房，而她則被迫簽署文件。院方甚至將胎兒抱到她的面前說，「親他，妳殺了他。」她回憶護士這麼對她說道。男友的家人為胎兒舉行了葬禮，而門德茲被要求出席。

～～～～～～

「邊界只是個屁。」在我們離開伊斯塔帕一兩個小時之後，畢爾登說道。這句話吸引了我的注意。畢爾登是那種似乎總是把別人會藏在心裡的想法大聲說出來的人。他說話時，一貫地會以自我質問的口

氣將句子作結:「好像那麼做有任何意義」,或是「我甚至不確定我是否相信那一點。」鑒於他正在冒著生命危險跨出一條邊界,他所表現出對於邊界的不屑一顧似乎有些諷刺。不是因為在海上或其他任何地方劃出的邊界有意義,他回應道,我們的行為是單純基於實際需求:協助婦女上船需要的是認清墨西哥的法治與邊界,而非忽略。

畢爾登曾經在加勒比海、墨西哥與加利福尼亞的海域航行過,對於閱讀這裡的地圖與航海圖十分熟練。然而,他的觀點是,這些人為的組成只是未竟之事,而且總是為了滿足某人的利益。他掀起上衣,展示出在他的腹部一側不規則伸展的刺青。那是一幅描繪出一八四八年的墨西哥地圖,當時尚未簽署《瓜達盧佩-伊達爾戈條約》(Treaty of Guadalupe Hidalgo),邊界也還沒有被那些占領這個區域的人重新劃分。在他的腹部另一側是一幅非洲地圖,上頭覆蓋著美國的輪廓。他解釋說,這幅圖的重點在於展示非洲的真實尺寸,以對照出它如何在世界上的多數地圖被扭曲呈現。各國基於自身的利益而劃定邊界,雖然它們或許有權力在陸地與海洋的地圖上這麼做,也不應該在女性的身體上決定邊界,畢爾登說道。「女性應該對自己的身體擁有完整的主權。」他附和著「海上婦女」的一項標準論點。

海上的邊界或許顯得主觀,但後果可以是很極端的。想想一九二〇年通過的《公海死亡法》(Death on the High Seas Act),這部美國的法律規定一名水手在公海上意外身亡的法律追溯僅限於財務上的損失,意即他的家人只能要求金錢損失上的賠償,而不能要求疼痛、受難、心理壓力與其他難以量化的損失賠償。若是同一個人是在某間工廠或牧場死於意外,死者家屬可以向雇主要求可觀的賠償,包括現有損失與未來的收益。

這部《公海死亡法》源於英國的普通法,將海上的死亡視作上帝的旨意,船東無法被告責。在海運興起的早期,這或許是事實。然而,今日在安全方面的進步,例如自行扶正的救生艇、緊急定位訊號

浮標以及水密艙室等，意謂著許多在公海上發生的致命意外並非不可避免，也不是上帝的旨意。反之，它們經常是船長與船公司過度疏忽的結果。這項不合時宜的法規使得有些船公司得以逃避安全顧慮，躲在法規對於公海為不可避免之致命場域的解讀背後。事實上，在海上劃定公海邊界讓船公司占了許多便宜，就如我所報導的不法之徒，包括羅伊‧貝茲與保羅‧華森。

在海上邊界的意義中，「阿德萊德號」團隊的工作代表了一個不尋常的案例，激發了我各種有趣的假想。舉例來說，女性做出服用五顆藥丸以導致流產的決定是合法的，因為岡佩茲處在一艘奧地亞籍的船上，並航行於公海。不過，若是岡佩茲與她的患者是在一艘墨西哥籍的船上，而當他們抵達公海時，他們選擇跳到海中去服用藥丸呢？既然他們已經離開墨西哥籍的船上，這種下水的行為是否能讓他們脫離墨西哥的禁令呢？

在前往墨西哥之前，我從歷史與法律期刊中追尋某些假定的答案，而我發現部分解答存在於十九世紀一則可怕的故事裡。一八八四年，在南大西洋上遭受暴風殘酷襲擊後，一艘英國的帆船「木犀草號」（*Mignonette*）沉入海中，但是船長和另外三人乘坐一艘橡皮艇逃生。約莫三週後，他們因為飢渴難耐而幾乎喪命。瀕臨死亡之際，船長撲向十七歲的雜役，以小刀割破他的喉嚨。幾天之後，一艘德國籍船隻經過，把三人救了上來，而他們之所以能夠存活，靠的是以那名死去的雜役為食。德國人在那艘橡皮艇上發現了部分遺骸。

一回到岸上，三名生還者便因謀殺與食人行為遭到起訴。為他們辯護的律師提出兩點抗訴。首先，因為那名雜役不是在英國籍帆船上被殺害，而是在漂浮於公海上的橡皮艇裡，既非隸屬英國也非屬於其他任何國家的管轄之內。其次，這些人所面臨的境況是如此極端，想要將法規一併適用並不合理。他們是處在「一種自然的狀態，沒有法律所定義的權利、義務或罪行。」布萊恩‧辛普森（A. W. Brian Simpson）在他的著作《食人行為與普通法》（*Cannibalism and Common Law*）中寫道。然而，這兩點抗訴都沒有成功，這些男人被宣判有罪。

辛普森解釋說，雖然三人的律師在法律層面的技術上是正確的，法官的裁定卻是較出於政治考量，而非以法理基礎為主。地方官希望對民眾傳達一項訊息，即他們的管轄權可以延伸到遠方與大英帝國接壤之處。這則故事讓我相信，不論是一群飢餓且絕望的男人吃了一名雜役，或是我所假想的女性跳進公海裡吞服墮胎藥的情節，政府對於超出法律所及行為的容忍度仍有其極限。

～～～～～

岡佩茲很清楚墨西哥當局對於她的任務可容忍的極限，因此我所參與的離岸遠征幾乎是祕密進行的。以大約十節的速度前進，「阿德萊德號」花了三個小時才抵達十二浬的無形邊界，畢爾登向大家宣布道。隨著引擎緩慢下來，岡佩茲出現在甲板上，她溫柔地點頭，以令人欣慰的笑容看著其中一名婦女，意示著請她到甲板下方的房間，也是這艘船的診間。

在樓下的船艙裡，岡佩茲為一名墨西哥婦女照超音波，以確認她已經懷孕多久。在問過一些關於過敏與用藥史之後，岡佩茲進行了十五分鐘的諮詢服務，建議她在墮胎之前應該考慮的因素。她提供了藥物資訊，並且解釋整個流程，警告對方可能會流血與疼痛。「妳確定妳想要繼續嗎？」岡佩茲問道。該名婦女肯定回覆，於是岡佩茲給了她五顆白色藥丸：一顆美服培酮（昔日稱作RU-486）以及四顆米索前列醇（Misoprostol）。

「Miso」是它的常見名稱，在世界各處廣泛應用，包括治療產後出血及預防潰瘍。在許多國家，它主要是做為這些小病症而存在於藥房貨架上。關於這種可以輕易取得的藥，渴望終止孕期的女性通常並不知道若是劑量正確也可以用來墮胎。

為了讓藥物更快地進入血液，岡佩茲指示她們把藥含在舌下，或是介於臉頰與牙齦之間。一名墨西哥婦女從甲板下方回來之後，另一名又接著走下樓梯。當第二名婦女再次出現時，她們都屏息著面向船的前方坐著，不發一語。

除了好幾次靜悄悄地訪問船上幾名女性，我在這趟遊走於墨西哥主權邊界的航程中幾乎都是沉默的。自從我第一次在海上做為觀察員以來，我已經將不占空間地讓自己融入船上氛圍的建議內化到我的言行中，但是我在這趟旅程中更加謹慎地保持沉默，因為這趟任務的性質極度私人，也因為這艘船上幾乎都是女性，我比一般情況下又更像是個局外人。

我想起在這艘船上找到的寂靜。有時候我會坐上幾個小時，不發一語地凝視著海洋的開闊空間，以聆聽腦海中一般不會聽到或是不曾允許自己那麼長時間去聆聽的聲音。在海上，你會變得擅於與自己對話，一名船員曾經這麼告訴我。另一名船員都形容這些聲音是「靈魂的耳語」。有些聲音是黑暗的，有些則明亮一些，但它們都是非常個人的感受。雖然這種內在的對話本身很有價值，它似乎也切中我對於法外之海的了解。它暗示了我去注意到，我在世界各地的海洋邊界所遇到的諸多人士之中似乎都有著自己的獨立思想，而這是我在陸地上鮮少遇見的。

～～～～～

在剛抵達墨西哥時，我在岡佩茲的住處附近租了一間 Airbnb 公寓，可以眺望碼頭，因為若是她和她的團隊決定要在深夜乘坐「阿德萊德號」出海，我希望可以避免自己被放鴿子的可能性。在我們第一次出航的前一晚，我大約凌晨兩點起床，走到陽台上，可以側聽到岡佩茲在電話上以西語夾雜著英語、荷蘭語，與對方密集地討論著要如何從兩百哩外的村莊祕密載運幾名需要墮胎的女性到港口來。幾個小

我加入瑞貝卡‧岡佩茲的行程，當時她準備要將她的「阿德萊德號」駛出墨西哥。
她載著兩名年輕孕婦至公海上，協助進行墮胎。這在墨西哥是違法行為。

時之後，當曙光灑在碼頭上，岡佩茲不願告訴我她前一晚是否有睡
覺，而是拿出海圖和畢爾登研讀。

　　岡佩茲出生於蘇利南（她的父親來自前荷蘭殖民地），她在三歲
時搬至母親的家鄉荷蘭。她的成長歲月多半是在菲立辛根（Vlissingen）
度過，她在那兒會與家人航行至北海，也是當時愛上了船。

　　一九八〇年代中期，岡佩茲進入阿姆斯特丹的一間醫學院就讀，
同時也在上一些藝術課程。她的專長是裝置藝術，利用影片探索女性
身體，以及女性身體和生育之間的關係。在完成醫學訓練之後，她曾
經有數年在綠色和平的「彩虹戰士二號」（Rainbow Warrior II）做為隨船
醫生。那段期間，她認識了一名曾經被強暴的女性，施暴者是一名本
應協助她墮胎的男子。岡佩茲也在南美認識了一名十八歲少女，辛苦
地拉拔三名年幼的弟妹。岡佩茲說，那名少女的媽媽在祕密墮胎時不
幸過世。

　　「她們的故事將這些原本對我來說只是數據的事物擬人化了。」

她說道，並解釋她為何開始籌錢租用一艘船，將船艙改造成海上墮胎診所。她聯絡了過去在藝術學校的朋友，包括一位知名的荷蘭藝術家喬普‧馮萊蕭（Joep van Lieshout）來協助她設計與打造診所。

二○一一年，就在岡佩茲預計離開愛爾蘭展開第一趟航程前不久，荷蘭交通部威脅撤銷她的船隻許可證。雖然墮胎在荷蘭是合法的，經營診所卻必須符合某些要求。岡佩茲給荷蘭當局傳真了一份證書，上頭說明該診所是一份藝術作品，名為A-Portable；據此，她聲稱該診所不必遵循某些海洋法規。於是這艘船獲准航行，而馮萊蕭日後在威尼斯雙年展舉辦展覽時，便展出他的設計圖與診所的模型。

岡佩茲最初計畫要在她的船上執行墮胎手術，但是無法克服許可證與後勤安排的問題，所以她的團隊維持用藥物做內科方式流產。其他人也曾經有過類似的想法，但沒有人真的付諸實現。包括一位名叫納瑪‧莫蘭（Na'ama Moran）的以色列企業家，她多年來試圖創建一家公司，在距離美國海岸十三浬之處停泊一艘船，提供廉價醫療服務，如此一來，就不必受到美國刑法或醫療執照法規的規範。雖然莫蘭沒能湊足創業資本，人們對於這種服務的需求卻是真實的。每年有超過一百萬名美國人前往其他國家如墨西哥、南非與泰國，進行整形、髖關節置換、心臟瓣膜修補與抽脂手術等。

在「阿德萊德號」返回港口時，我到甲板下方去找岡佩茲。她觀察到，雖然較富有的婦女尋求墮胎時，可以搭機到另一個接受合法墮胎的國家去進行，這對於大多數女性來說卻不是一個選項。「我們不能帶她們到奧地利，但是我們可以把一點奧地利帶給她們。」一名來自愛爾蘭的志工艾米爾‧史帕克斯（Eimear Sparks）插話說道。

岡佩茲回顧她在近年來收到過的一些苦惱電郵與來電。一名摩洛哥女性寫道，她想要喝漂白水以終止孕期；另一名在阿富汗服役的美國女兵遭到強暴，但是她不能在營地附近墮胎。一名英國女子受到男友暴力對待，她說如果男友發現她懷孕就會揍她，因此她要

想辦法墮胎。

　　我問岡佩茲是否認為自己的行為違法。我預期她會肯定地回覆，並且猜想她的解釋會類似《梅岡城故事》結尾的走廊那一幕，讀者看到兩套正義系統交錯，並且相信合法的行為不總是正義的行為。然而，這不是岡佩茲的答案。「我們沒有違法；我們只是以對我們有利的方式利用法律。」她說道，並且表示她認為自己更像是一名藝術家。尋找合法的漏洞是一種藝術，她補充道，而且是一種激起公眾辯論同時保護就醫者隱私的藝術。有一件事是肯定的：無庸置疑地，「海上婦女」所做的事情帶有某種戲劇性。而岡佩茲很自在地擅於上台表演。

　　這個組織最成功的挑釁之舉發生在岡佩茲於二〇〇四年前往葡萄牙時。該團隊試圖靠岸，卻遭到葡萄牙政府拒絕，並派出兩艘軍艦阻擋他們的去路。這件事接著引發媒體關注，岡佩茲被邀請至葡國的電視台為「海上婦女」辯護。然而，她只是利用這個機會解釋如何以米索前列醇終止孕期。雖然墮胎在葡萄牙是非法的，但米索前列醇在當地藥局就能買到。岡佩茲在幾十萬名觀眾面前大膽指出這件事。這場對岡佩茲的訪問被視為葡萄牙於二〇〇七年將墮胎合法化的全國性公投之催化劑。

　　「在許多地方，女性甚至不知道有這種藥丸的存在，而且它們並不昂貴。」當我問起那次她在葡萄牙電視上的大膽舉動時，岡佩茲說道。根據世界衛生組織的估計，全球每年有超過兩百萬名女性進行「不安全」的墮胎行為，其中大約有四萬七千人會因此喪命。

　　在我們第一次祕密出航回到伊斯塔帕之後，第二天岡佩茲利用她在葡萄牙成功宣傳的天資，又引起了騷動。伊斯塔帕是個風景優美的小鎮，今日人口大約四萬五千人，於一九七〇年代末期成為一個受歡迎的觀光景點。奢華且獨門獨戶的度假村接壤排列，這個城市位於格雷羅州（Guerrero）的太平洋側。這是墨西哥最危險的州之一，因幫派與毒品相關的謀殺與劫持案而惡名昭彰。這個城鎮有許多政府派出的

便衣與制服警察，以防備盛行的綁架事件。

岡佩茲在碼頭不遠處的一間飯店召開一場記者會，宣布「海上婦女」已經在前一天載著幾名女性前往公海進行墮胎，而且它會在隔天再出航一次。「這是關乎社會正義的行動。」岡佩茲告訴現場約莫五十名記者與女性運動人士。

記者會之後，我致電給一名在州政府工作的公衛官員，詢問她對於「海上婦女」的看法。「我們不相信他們的行動完全合法，但是我們還在試圖了解詳情。」該名官員說道。

一個小時之後，墨西哥當局打電話給岡佩茲。首先，港務警察以氣候惡劣為由，不准她的船出航。岡佩茲指稱有其他更小型的船獲准出航。官員只好讓步。接著，移民局宣稱岡佩茲的員工假藉觀光名義入境，卻是在海上工作。岡佩茲拿出他們的簽證，上頭顯示他們其實有恰當地表明自己的身分。然後，政府質疑那艘船是否有取得適當的載客許可。岡佩茲表示該船的分類是遊艇，不需要受到那些規範限制。最後，岡佩茲似乎面臨到被驅逐出境的可能性，幸好她的律師設法從一名墨西哥法官那兒取得裁定，保住她待在墨西哥的權利。

很顯然地，當事情牽涉到海洋，某些法律的執行就會比其他法律來得嚴格。在我的報導生涯中，我曾經看過政府花費少得多的心力查緝最低工資、最高工時等規範。而且，岡佩茲不像是我在其他地方看到的船長那般在海洋保育區非法捕魚，也不像是容許奴役漁工的船公司，她並沒有犯法，只是利用了法律的漏洞。她如此公然地行動，又是做為一名女性與外國人，才是最有可能導致政府如此反應的因素。就像是「木犀草號」的故事，政府的反應多半是基於政治考量，而非法律。

在那天解除了似乎是最後的官僚障礙之後，岡佩茲召集了她的隊員。她說，「快點，我們必須在政府再來找碴之前採取行動。」於是，團隊帶著兩名女性趕緊登上「阿德萊德號」，第二次駛往公海。畢爾

登站在舵手的位置，在手機上檢查好幾幅海圖。然後，他將油門桿往前推進，這次小心翼翼地避開了長堤。

沒有阻礙的監獄
JAIL WITHOUT BARS

> 要擊潰一個男人，在我看來沒有什麼比海洋更可怕的了，
> 即使他可能很強壯。
>
> ──荷馬（Homer），《奧德賽》（*The Odyssey*）

　　長久以來，海洋上的生物被幻想成自由的終極表現──擺脫被陸地局限的生物、一種發掘與徹底改造的機會。從出發前往發掘新大陸的大膽歷險故事開始，這種敘事幾個世紀以來一直深植在我們的DNA中。它也導致了當代遊輪產業所兜售的一項令人困惑的矛盾想法：一艘漂浮的大型飯店航行於一個個精心安排的停泊站點之間，讓乘客下船購買當地小飾品，如此便可讓人們從規律的日常生活中獲得紓解。即使是「在海上」如此簡單的詞彙，似乎都隱含著可能性與權力的聲跡。

　　正是在這樣的背景下，我持續發掘那些看似與這種敘事衝突的故事。這些故事顯示出，當海洋對於某些人來說是一種解脫時，對於另一些人來說卻是監獄。所以，我前往探索人們最終被海洋禁錮的多種模式。誰是俘虜者，而什麼時候會讓我們難以分辨俘虜者與被俘虜者

之間的差別？海洋如何促成了多種形式的束縛，又是以什麼方式讓人們陷入羅網？我也想要了解這種限制是如何懲罰人們的身心。透過海上探索，我很敏銳地意識到我有選擇。我總是知道自己很快地會再回到陸地上；另一方面，對於被困在海上的人來說，海洋是一間沒有阻礙的巨大監獄。

在最縈繞我心頭的故事中，有個新詞彙是我從數趟旅程中學到的：「漂流的」（rafted）。只要船隻在海上航行，人們──通常是絕望的人，有時候是危險的人──就會試圖偷渡上船，而這些偷渡者若是在船上被發現，就可能會發生「漂流的」結果：船員一旦發現有不受歡迎的客人上船，就會讓他們漂流在大海上，任其自生自滅。「漂流的」特指這種不祥的命運。

幾個世紀以來，無數的偷渡者、反叛者與海盜被處以這種懲罰。直到二十一世紀頭十年，歐洲與美國的移民法在一片對於恐怖主義的恐懼中緊縮，船隻若載有非官方登記的船員或乘客，就會被處以更重的懲罰。國家把處理偷渡者的責任從移民事務主管當局轉嫁給船公司和保險公司。此舉對於船東造成新的壓力，於是他們又把這樣的壓力遞延至船長與船員身上。若是偷渡者在船隻航行期間被發現，有時候船員會被要求「把問題送走」。用木板放逐漂流就是一個解方。

二〇一一年五月，大衛・喬治・蒙朵瓦（David George Mndolwa）和他的朋友喬克坦・法蘭西斯・科貝洛（Jocktan Francis Kobelo）在開普敦悄悄地溜上一艘名為「多納自由號」（*Dona Liberta*）的三百七十呎希臘籍冷凍貨輪上。他們在碼頭聽到水手說，這艘等在船塢邊的紅底輪船即將在沒有巡夜員的監視下出港前往英國。如同其他住在開普敦港旁棚屋區的數十名坦尚尼亞人，他們將偷渡視作尋求更好生活的一場賭注。他們想逃離非洲，去其他任何地方。

帶著他們的護照、一條麵包以及一袋柳橙汁，這兩個男人在夜裡快步穿過繫著船隻的繩索，偷偷地溜進引擎室，爬過吱吱作響的地板

下方，他們就躲在那兒，僅作小聲耳語。為了對抗睡意，他們屈蹲在水深及胸的水裡，水中還摻雜著引擎漏油，然而躲藏的地方變得愈來愈難以忍受。當渦輪啟動，船隻駛出開普敦時，引擎發出無止盡的聲響，令他們耳鳴難耐，煙霧也讓他們備感頭暈。熱氣「偷走了我們的呼吸。」蒙朵瓦說道。兩天之內，他們的食物就吃光了。於是他們從地板下冒出來，爬過低層板的迷宮，來到甲板上，他們在繫著的救生艇上發現了餅乾與瓶裝水。接下來幾天他們都躲在救生艇裡。

九天之後，飢餓打敗了兩人。他們再次爬出藏身之處，但是他們向船員坦承自己的存在。怒氣衝天的船長將蒙朵瓦和科貝洛鎖在一個房間裡。在某些船上，船員會把偷渡者拘禁在一間船艙，直到抵達下一個港口。然而，在「多納自由號」上，船員們以空油桶與木桌板製作了一張脆弱的筏艇。其中一個船員揮舞著刀，把兩名偷渡者趕到甲板上，只見一條繩索垂降在隨波浮沉的筏艇上。船員們命令蒙朵瓦和科貝洛跨過欄杆。「下去！」手上抓著刀的男人大吼著。「下去！」

當他們爬上光滑的筏艇，這兩名不會游泳的坦尚尼亞人差點就滑落海中。當時的海浪大約有六呎高。船員們切斷繩索、釋放筏艇，它立即就漂走了。「多納自由號」在視線中愈來愈小，直到消失在海平面的另一端。

當蒙朵瓦和科貝洛在筏艇上載浮載沉時，他們看到海平面上開始有烏雲聚集。這兩名偷渡客用繩子把自己跟筏艇牢牢綁住，等待風暴靠近。很快地，二十呎的海浪將筏艇東搖西晃至將近七、八呎高。為了維持筏艇平衡、避免翻覆，兩人的背緊貼著筏艇，雙手因為死命抓著一條從生鏽的藍色油筒

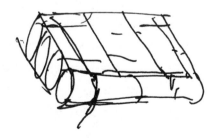

由大衛・喬治・蒙朵瓦所繪，這是他和另一名偷渡同伴被漂流至海上時所搭乘的臨時筏艇。

中凸出的鋼筋而磨破皮。「我們完蛋了。」蒙朵瓦自言自語著。

科貝洛和蒙朵瓦的經歷很少見，然而掌管港口的機關愈來愈傾向於拒絕船隻放偷渡客上岸，通常是基以安全顧慮以及拘禁成本。在某些情況下，偷渡客會被困在船上長達數年之久。

二〇一四年，根據媒體與人權運動者的說法，有兩名幾內亞偷渡客或是被推落海中，或是被迫從法國外海跳船，因為好幾個非洲國家不讓他們上岸。兩人之中有一人溺水身亡。此前兩年，一名船員把四名非洲偷渡客丟下地中海（他們全都游至岸邊活下來了）。只要有一名偷渡客乘船抵達港口，船長或保險公司就可能面臨高達五萬美元的罰款。若是貨輪運貨的日程因而延誤，這種成本通常還會再加倍。

每年有超過一千名藏匿船上的偷渡客被捕。還有數十萬的海上移民，好比那些不顧一切想逃離北非與中東的人，他們會乘船橫越地中海。對他們來說，幾乎沒有什麼路線是安全的。在我採訪期間，有六名偷渡客聲稱他們的海上偷渡經驗，就跟藏匿在汽車行李箱長達數日、數週或甚至數月以跨越嚴苛的地形沒什麼兩樣。途中的氣溫極高，幾乎不可能攜帶足夠的食物或飲水。如果你試圖在半途跳船逃跑，「大海會吞噬掉你。」一名來自南非德爾班（Durban）的偷渡客說。

為了上船，某些偷渡客會從事碼頭搬運工或清潔工的工作，其他人會從船尾下方游過，從舵槳與船接合的縫隙擠進去。許多人會帶著「偷渡竿」──繫著鉤子的長竹竿──以攀上船。載運燃料或食物給停泊船隻的補給船有時候也會載著不受歡迎的乘客。在溜上船之後，偷渡客會躲在船身內部、貨櫃、起重機駕駛室或是工具箱裡。

他們或許相信自己贏得了通往新生活的免費船票，但是一旦船隻出航，第一眼看起來安全的角落經常變得致命。冷凍的漁獲儲藏室變得不宜人居、排氣管變得極熱、貨櫃被密封且煙燻。海事通訊與船運保險報告提到了不少駭人聽聞的受害事件：「悶死在上了鎖的貨櫃」、「被煙燻嗆到窒息」、「在收錨時發現屍體」等等。然而，更多時候死

亡來得更緩慢一些。例如暈船嘔吐所導致的脫水，或是從疲勞或飢餓中昏厥過去。

當暴風雨終於來襲，蒙朵瓦和科貝洛幾乎撐不過那個晚上。在八小時漆黑的夜裡，兩人在風雨中凝視著上方，由於不斷湧來的海浪緊閉著雙唇。他們為減少暈船的感受而把視線斜向一方。暴風雨在開放水域的衝擊力更為強大，因為雨水會從上方和下方襲來。蒙朵瓦將那樣的經驗比擬為同時遭受地震與颶風。

隔天早上，天空一片湛藍。他們把自己從筏艇上鬆綁，開始聊起足球與家庭以打發時間。在筏艇上挺住是一場持久戰。缺乏食物和飲水，以及寒冷的海水不時地潑打上來，已經讓他們筋疲力盡。那是一個多風的春季。到了日落之時，由於氣溫開始下降，恐慌的情緒也逐漸降低。「我們變得無話可說了。」蒙朵瓦說道。他開始念起主禱文，一開始只是在腦海裡覆誦，後來便大聲朗誦出來。科貝洛也加入他的行列，直到開始咳嗽，甚至咳血。

這兩名男子極度幸運，海平面上浮現的一個小點成了他們的希望。沒多久，一艘十呎長、掛著外引擎的木製長舟靠近這兩名坦尚尼亞人。「你們為什麼在這裡？」漁夫以英語向他們大聲詢問，並拋出一條繩索至筏艇上。「我不知道。」蒙朵瓦回道。

半天之後，這艘漁船將筏艇上的偷渡客載到賴比瑞亞港口城市布坎南（Buchanan）外大約幾哩的一個碼頭。由於沒有證件，他們被賴比瑞亞移民官拘留。「為什麼把我們關進監獄，卻放過那些船員？」蒙朵瓦想起他曾經在提及「多納自由號」的船員時，如是詢問一名官員。「我們處理的是陸地上的違法行為，而不是海上的。」官員回答道。至於科貝洛，由於他的咳血惡化，在上岸六天後就去世了。當時他才二十六歲。

二〇一一年六月，「多納自由號」抵達英國西南端的港口特魯羅（Truro），約莫是蒙朵瓦與科貝洛被放逐之後的一個月。英國警方顯然

是在賴比瑞亞官員的通知下，登上該船並質詢船長。根據港口官員的說法，警方隨後由於證據不足而結束調查。

我打電話聯繫馬克・基林巴克（Mark Killingback）船長，同時也是特魯羅港的港務長，詢問有關偷渡客的事。他表示，從「多納自由號」遭受風雨侵蝕的外觀判斷，便知道這艘船的處境艱困。不帶一絲諷刺，基林巴克補充說，他的單位曾經多次收到扣押該船的要求，但是那些要求與該船殘忍放逐偷渡客的做法無關，而是來自該船的外國債權人，他們擔心自己在海上的投資會蒙受損失。

~~~~~~

二十年前，這或許是不可能發生的事。一名駐華盛頓特區的記者或許不會在只知道某人住在南非一處貧窮棚屋區的情況下，去追蹤那不知名或不知去向的人物。我花了三個月，沒有一點好運，但是幸好有智慧型手機的全球互聯性、數位紀錄以及社群媒體如WhatsApp和Facebook，我最終聯絡上了蒙朵瓦。

一開始，我是從一名聯合國官員口中聽聞他的故事，那位官員不確定偷渡者的名字，但是知道他們之中有一人沒能熬過苦難，死在賴瑞比亞。我打電話給一位賴比瑞亞的朋友尋求協助，以電郵聯繫上了偷渡者在賴比瑞亞首都蒙羅維亞（Monrovia）的堂兄弟，那時他正和一名警官交往。那名警官小心翼翼地透過Facebook即時通把我介紹給一名前港口官員，他有管道取得一些有用的紀錄。

我們之間沒有任何金錢往來，只是通了很多電話、簡訊與真心的懇求。「你沒有理由幫我，而且我未獲允許付錢買消息，」我在每一次連線時都會這麼說。「但我聽說你是友善的，而這是一個大眾應該知道的故事。」

我的重大突破出現在港口官員同意調出一份事件報告之際，報告中描述了兩名被沖上岸的偷渡客所遭遇的情事。雖然內容稀少，不過

報告裡記載了科貝洛的全名。於是，我僱用了一名蒙羅維亞的記者去調查當地媒體，其中有多數都不是線上媒體；該記者並與人權團體確認，以協助我找到科貝洛的家人。

一週之內，我們就找到了科貝洛的三十七歲兄長麥可，他當時住在坦尚尼亞。我跟他通了電話，最後僱用了另一名當地記者去當面拜訪他，並協助我們之間通話。在三蘭港（Dar es Salaam）的一間單房住宅裡，麥可承認他的弟弟違法偷渡，但是他不應該為此賠上性命，麥可說道。「即使在坦尚尼亞，我們也會說，如果你抓到一名小偷，不要揍他，」他補充道。「你不要把他丟進海裡。」我詢問麥可能否協助我找到蒙朵瓦，他同意了。

雖然蒙朵瓦住在開普敦附近的街頭，沒有固定居所，不過幸好他有一支隨付隨用的智慧型手機，他也知道在哪個地方有免費的網路服務，所以他一天會上線幾次。科貝洛的哥哥透過Facebook即時通讓我們搭上線。接下來的幾個月，我幾乎每天都會和蒙朵瓦通話或傳訊息。他成長於史瓦希里語（Swahili）的環境中，但並不是完全不懂英語。所以，他通常會依發音拼字，意即我經常需要大聲念出他的訊息才能搞懂他想要說的話。

在蒙朵瓦於二○一一年遭到「多納自由號」放逐之後，賴比瑞亞的移民官以非法移民為由將他監禁了五個月。接著，他被送回坦尚尼亞，並且設法回到了開普敦港附近的營區。

當被問到為何要登上「多納自由號」偷渡離開，他只是簡單回答說：「我想要一個新的人生。」他告訴我，科貝洛在此之前已經嘗試過三次搭船偷渡——

大衛・喬治・蒙朵瓦

目的地包括新加坡、安哥拉與塞內加爾。在新加坡，他有一年的時間在一個小旱塢擔任夜巡員與消防員。在他待過的每一個國家，移民當局最終總是會找到他，並且把他送回坦尚尼亞。

蒙朵瓦形容在開普敦的貧瘠生活，白天在南非桌灣（Table Bay）的人行道上閒晃，販賣仿冒的名牌手錶與足球運動衫，夜裡則睡在橋下一處臨時搭建的棚屋。對於幾乎不識字，也不曾離開非洲的蒙朵瓦來說，科貝洛口中所形容新加坡時光——免費就醫、上餐館吃飯，以及永遠不會被警方驅趕的海灘——聽起來要比在開普敦的生活好得多了。

我以電話和簡訊與蒙朵瓦聯繫了一兩個月之後，他才同意讓我派兩名攝影師去開普敦。我的目標是要讓攝影師艾德·奧（Ed Ou）和班·所羅門（Ben Solomon）花一些時間與蒙朵瓦及其他同住在港口附近營區的偷渡客相處。二〇一四年十二月，奧和所羅門前往開普敦，他們花了幾週時間跟拍這些偷渡客的日常生活，包括聖誕節與新年假期。

當時，蒙朵瓦住在港口旁一處滿是碎石、垃圾與排泄物的骯髒斜坡上。在以茅草與木條搭建成的臨時棚屋裡，只有一條髒污的毯子，而他就睡在那兒。天花板垂下幾十張沒有中獎的彩券，像是風鈴般地搖晃著。

為了維持生計，蒙朵瓦在附近的紅綠燈處向司機兜售口香糖與髮圈。他這般微弱的存在有助解釋他為了偷渡離開而甘冒的風險，而且他告訴我，他計畫再試一次，愈快愈好。「我只是相信那艘船會改變我的人生，」他說道。「我如此相信。」

蒙朵瓦居住的區域很危險。某個下午，奧獨自去見幾名偷渡客，結果在半路被搶。襲擊者對他又揍又踹之後——導致他的一隻眼睛與肋骨瘀傷——就帶著價值數千美元的攝影器材離開。我們並不清楚蒙朵瓦或其他偷渡者是否與這次事件有關，或者行凶者只是那一帶有前科的人。

我一直和蒙朵瓦在Facebook上保持聯繫。我於二〇一五年在《紐

約時報》報導他的故事之後的兩年間,他又三度試圖從開普敦偷渡,結果有兩次在塞內加爾、一次在馬達加斯加被捕。他告訴我,每當船長發現他在船上,船東會付給他一千美元趕他下船。這筆錢足夠讓他浮沉個半年,他補充道。蒙朵瓦總是會想辦法回到他在開普敦港旁邊的棚屋區,回到那貧苦的生活,期待下一次再出發。

我發現令人難以置信的是,他竟然會持續做著一件幾乎從一開始就要了他的命的事情。然而,他向我指出一點,雖然他可能會在偷渡過程中喪命,他也可能抵達某個生活更好的地方,或是收到一千美元而被遣返回家。對他來說,這個勝算值得冒險。

幾個世紀以來,諸如蒙朵瓦這類的偷渡客一直都是船舶運營商的惡夢,扭轉了捕獲者與被捕者的角色。彼得・拉比茲(Peter Rabitz)於二十一世紀初期開始經營一家名為聯合康(Unicon)的公司,總部位於德國不萊梅,它代表船公司與保險業者處理遣返偷渡客的事宜。拉比茲回溯二〇一五年的一椿案例:一名十六歲的幾內亞偷渡客在一艘丹麥籍油輪上被發現。該名偷渡客拒絕下船,也不願提供名字或國籍。船公司拒絕強制遣返他,部分原因在於不知道該把他送去哪裡。在這樣的案例中,捕獲者與被捕者的角色就會令人混淆,拉比茲說道。偷渡客雖然被困住,同時也等於挾持了船公司。

難以置信地,這名幾內亞偷渡客在船上待了一年半的時間。當這艘船航行了大半個地球、造訪數個港口時,這名偷渡客多數時候是被鎖在船艙裡。有一天,他厭倦了海上生活,要求與船長見面,於是一名船員護送他到艦橋。他把自己的名字告訴船長,並且說他準備好回家了。他還說,他的護照一直都藏在床墊下。

這是一則古怪的故事,但是我傾向於相信它。或許是我逐漸了解到這些海員擁有的自我見解,又或者是海上生活是如此不同於陸上生

活，以致一名偷渡客與船長落入某種固執的長期對峙似乎不是什麼牽強的事。經驗豐富的水手擅長等待，部分原因在於海上航行時，時間與距離感都會被拉長。

我聯繫了艾德華‧卡爾森（Edward Carlson），一位駐紐約的海事與商貿律師，他曾經參與過許多涉及偷渡客的案件。他補充說，偷渡客往往是聰穎又老練的對手，以至於船長或船公司必須想盡辦法應付他們。舉例來說，許多偷渡客知道，如果他們宣稱自己被船員攻擊，就可以使一艘船陷入長期調查而被困在港裡，導致幾百萬美元的延遲損失。「你有一艘油輪載著價值高達兩億美元的埃克森美孚（Exxon Mobil）原油，拖船、補給船、碼頭代理人以及整個港口煉油廠都在極度緊迫的時間壓力下等著從你的船上卸油，以便讓這艘船及時清出錨位，」卡爾森說道。「然而，你的船上有個十五歲孩子可能導致這整件事被耽誤。」

有些偷渡者是「常客」，被抓的次數多不勝數，拉比茲解釋道。為了找出他們的國籍，拉比茲的員工組成涵蓋將近十幾種語言，包括一系列阿拉伯與非洲方言。偷渡客的口音、用字遣詞與面部特徵通常會透露出他的母國，他說道。

當一家船公司僱用拉比茲的公司，他的員工會飛到船隻停泊的那個國家。他們登上該船，溫和地（他強調說恐嚇脅迫從不奏效）嘗試說服偷渡客相信自己將不會受到庇護，而拘留中心不是一個他會想要的選項。一旦偷渡客同意離開，他通常就會被送上返國的班機，而且經常會有一兩名守衛一起登上那班飛機。有時候，偷渡客會威脅在公眾場所脫光衣服，或是造成其他類型的事件，以進行最後孤注一擲的戲劇性抗議，除非他們得到金錢補償才肯罷休。拉比茲說，他的同事總是會準備一點現金以備不時之需。有一次，他的公司付了一萬美元給一名偷渡客，才終於說服他登上飛機。對於他的客戶來說，當偷渡客試圖重新協商他的遣返條件時，相較於把對方扣押在飯店裡好幾

個星期，直接塞錢把他送走還是比較省錢的做法。

至此的教訓似乎在於，偷渡的出發點可能來自於一種混雜著絕望與空想：一種搭便車的行徑；因為船隻正朝向其目的地航行，就以為搭上一程不會讓別人付出任何代價或承受任何痛苦。然而，事實遠比這種想法更殘酷：偷渡經常會演變成一場攤牌，有人贏、有人輸，而且付出的若不是金錢就是生命。

～～～～～

當我一邊旅行一邊搜集有關海上俘虜的故事時，我逐漸意識到人們來到海上生活的途徑有兩種：一種是被海洋誘惑而來，另一種是非自願地被帶到這裡。例如蒙朵瓦是屬於前者，他們通常是受到利益與機會的前景吸引而離開陸地。

另一方面，阿哈穆德・阿布・卡達阿拉（Ahmed Abu Khattala）則是屬於後者。二〇〇一年九一一事件之後，恐怖攻擊為拘禁與偵訊的問題創造了一個全新的法學範疇，不只在陸地上，也在國際領海上。阿布・卡達阿拉是這類國家安全案例之一：他並非如我在泰國和婆羅洲所遇到的那些被人口販子拐騙來的移工水手。阿布・卡達阿拉是被美國士兵綁架並快速帶到海上的。原因何在？因為他被指控是二〇一二年九月十一日發生在利比亞班加西（Benghazi）恐怖攻擊事件的元凶，該起事件造成美國大使約翰・克里斯多福・史蒂文斯（J. Christopher Stevens）和另外三名美國人喪生。

二〇一四年六月十四日，一支海豹部隊和至少兩名FBI探員乘坐橡皮快艇接近利比亞海岸，希望能活捉阿布・卡達阿拉。美國陸軍三角洲部隊突擊隊員已經在陸上待命。整個任務的氣氛是緊張的。美軍早在一年多前就擬定好逮捕阿布・卡達阿拉的計畫，但是行動在最後關頭中止，因為另一個在的黎波里（Tripoli）人口密集區幾乎同時進行的恐怖分子逮捕突襲計畫於推特上曝光，導致逮捕阿布・卡達阿拉的

行動變得太危險。

這一次，美軍先將阿布‧卡達阿拉誘騙到班加西南邊的一處濱海別墅，而當他們遇到阿布‧卡達阿拉時，他獨自一人。這名六呎三吋、兩百三十磅的彪形大漢試圖與美軍對峙，在他被壓制在地之前，身上受了一些輕傷。突襲隊員旋即將他送到停泊於公海上的一艘艦身六百八十四呎的美軍兩棲船塢運輸艦「紐約號」（*New York*）上。

在接下來的五天裡，一個由情報人員和執法人員組成的專業美軍單位對阿布‧卡達阿拉展開偵訊。這個名為「高價值被拘留者偵訊小組」（High-Value Detainee Interrogation Group）的單位嚴加盤問阿布‧卡達阿拉對於計畫中或已發生的攻擊事件所知之資訊。與此同時，另一個由FBI探員組成的團隊則告訴阿布‧卡達阿拉，他已經被逮捕，並且對他宣讀米蘭達權利（Miranda rights）。阿布‧卡達阿拉立刻要求一名律師，但是因為他們在海上，並沒有律師可以找。FBI探員又繼續審訊阿布‧卡達阿拉達七天之久。

在停留於國際水域的「紐約號」上拘禁與審訊阿布‧卡達阿拉一事引起了人們對於美國該如何處理恐怖攻擊嫌犯的問題。在九一一事件之後的十年間，被拘押者通常是透過名為「非常規引渡」（extraordinary rendition）的計畫被送到位於美國境外如羅馬尼亞、波蘭和埃及的祕密監獄，即所謂的黑牢。CIA會長時間審訊被拘押者，有時候還會用上諸如水刑的刑求手段，並且不讓他們接觸律師。有些被拘押者會被移至位於古巴關塔那摩灣的美軍拘押中心。這些做法理應隨著歐巴馬的當選而終止，因為他曾在競選期間承諾會停止刑求、引渡等做法，以及關閉黑牢與關塔那摩灣拘押中心。

這是一個原則性的立場，但是卻為情報界帶來了挑戰，因為後者必須知道要將恐怖攻擊嫌犯送去哪裡。如果CIA或美軍將被拘押者送回美國，很可能在他們一踏上美國本土，刑事程序就會立即啟動，意即對他們宣讀他們的權利，並且提供他們與律師接洽的管道。美國

曾經一度在阿富汗擁有自己的監獄，但是這些拘押中心都很快地就移交給了阿富汗政府，而阿富汗政府並不想要處理收押這些外國嫌犯所衍生出來的司法與政治後果。

國際公約規定，戰俘應被關押在陸地上的固定位址，讓外部監視裝置可以找到與檢視之。當被拘押者要被解送到另一地時，有一種出於善意的期待是會以飛機快速解送他們到目的地；反之，若是搭船則要花上好幾週甚至幾個月的時間。

在公海上，拘押與偵訊的合法性是曖昧不明的。當然了，美軍軍艦掛著美國船旗，所以在船艦上發生的事是屬於美國司法的管轄權，或許因此而需要對被拘押者宣讀他們的米蘭達權利。然而，我們並不清楚米蘭達權利在公海上適用的程度，即使是美國的被拘押者。

在聯邦法律下，一名被拘押的嫌犯——即使是在海外被逮捕——必須盡快地送交地方法院召開第一次調查庭，一般來說是四十八小時內。雖然聯邦法院曾經裁定，未能符合該項規定的罰責有限，他們也提供了一些構成不合理延遲解送被拘押者的例子。一名法官把不合理的延遲總結為「為了搜集額外證據以正當化逮捕行動而延遲；出於對被拘押者的惡意而延遲；或是為了延遲而延遲」。此外，並不是刻意針對公海上的拘押行為，美國最高法院曾在二〇〇九年以五比四的些微差距做出決議重申這個觀點。在 Corley v. United States 案中，大法官蘇特（Souter）寫道：「為了偵訊而解送延遲正是『非必要延遲』的縮影。」

對於阿布・卡達阿拉的偵訊過程似乎正符合了這些有關不合理延遲的描述。儘管如此，歐巴馬政府仍為這種透過海路解送被拘押者的做法辯解。司法部律師認為，相較於在某個歐洲或北非國家將被拘押者解送至機場，透過國際海域是更實際的做法，且在安全上為必要之舉，因為前者需要取得當地政府的同意。

在遞交給美國地方法院的書狀中，阿布・卡達阿拉的律師主張，

在這種環境下偵訊他相當於嘲弄法律。他們指出，政府利用公海的做法比起「精心規畫的目無法紀」好不到哪去。阿布・卡達阿拉在海上遭受刑求而做出的證詞應該不予採納，他們說道。二○一七年八月，一名聯邦法官駁回律師的請求，裁定阿布・卡達阿拉在海上拘押期間的證詞可為法庭所接受。

阿布・卡達阿拉並不是第一個在海上被偵訊的恐怖攻擊嫌犯。二○一三年，阿布・阿納斯・利比（Abu Anas al-Libi）被指稱是一九九八年美國駐肯亞與坦尚尼亞大使館遭受恐怖攻擊的主謀，並且被關押在美國軍艦「聖安東尼奧號」（San Antonio）上。二○○一年，索馬利亞恐怖組織青年黨（Al-Shabaab）一名軍事指揮官阿米德・阿卜杜勒卡迪爾・沃薩米（Ahmed Abdulkadir Warsame）在亞丁灣（Gulf of Aden）一艘漁船上被捕，並且被美國海軍拘押在公海上達兩個月。人稱美國塔利班的約翰・沃克・林德（John Walker Lindh）在二○○一年被關押在兩棲突擊艦「貝里琉號」（Peleliu）以及「巴丹號」（Bataan）上，直到二○○二年一月二十二日，小布希政府方才決定要怎麼處置這名二十歲、來自加州的道地美國人。

當然了，上述這些恐怖攻擊嫌犯都不是我能訪問到的人。因此，我轉而接洽曼索爾・阿戴菲（Mansoor Adayfi），他曾經是恐怖攻擊嫌犯，被關押在關塔那摩灣拘押中心。他知道且曾經寫到許多其他同被關押在該處的人，而我想要了解他對於利用公海偵訊的看法。

他解釋道，許多被關在關塔那摩灣拘押中心的阿富汗人對於海洋一無所知。對他們而言，海洋是恐怖的怪獸。他告訴我，「阿富汗人對於海洋唯一的理解是，那裡有很多水會殺人與吃人。」他並指出美方偵訊者會利用這一點。「當我們偵訊結束，你會被帶到海上，丟到海裡。」他回憶道。但願這項軼聞只是因為這些偵訊者的工作就是在被拘押者心中植入恐懼，以促使他們供出資訊。

海洋不只是一個關押嫌犯的方便地點，阿戴菲說道。「它也是從

這些嫌犯身上挖出資訊的一項強大心理工具。」在關塔那摩灣拘押中心的被拘押者大多是被關在室外牢房，剛好就距離海邊只有一兩百碼之遠，但是因為周圍的柵欄被防水布覆蓋著，沒有人可以完整地看到海。儘管如此，他們會請其他人幫忙把風注意警衛動向，然後趴在地上透過防水布下方縫隙偷窺。

二〇一四年，由於一場颶風靠近，防水布曾經短暫地被拿下來幾天。當被拘押者只能聞到或聽到海洋的氣味與聲音時，他們是恐懼的。一旦他們能夠看到全貌，眼前的海水就變成了驚奇的來源，讓人得以短暫逃避被關押的痛苦。有些人甚至試圖畫下眼前的風景，阿戴菲說道。如同前文提到的南非偷渡客，海洋的現實與象徵對於這些恐怖攻擊嫌犯來說是某種矛盾的存在：一旦犯法且超越了一般法律得以覆及的範疇，就意謂著終極的自由與最嚇人的束縛。

～～～～～

有時候在報導中，會發現最迫切的故事就藏在眼皮下。人們被拘押在海上最真實的案例就在我身邊，但是唯有當我停下來尋找時，才會注意到它們。我經常不經意地遇到被困在外海毀損船舶上的水手，這些人被遺棄，但是無法離開他們的船。

背後的故事通常是相同的：手中資源用罄的船東，由於資金短缺而宣告破產。為了減少損失，他們拋棄自己的船：這時船通常還在外海，或是停泊在某個國外的港口，而此舉讓船上的船員陷入動彈不得的困境。如同「飛翔的荷蘭人」（〔Flying Dutchman〕傳說中永遠無法返鄉的幽靈船），這些男子被拋棄在海上漂泊，或是坐等救援，有時長達數年之久。通常問題在於他們缺乏可以合法上岸的移民文件以及返家所需的資源。每年，全球都有數千人在海上長期受苦，不論是生理上或心理上都緩慢地崩潰。有些人會賠上生命，通常是在他們試圖游上岸時。

　　我在報導其他題目的過程中，仍不時撞見這些受盡折磨的靈魂。我在希臘雅典探索船隻是如何被海上追討人與貪污的港口官員偷走時，我遇到了「索菲亞號」（*Sofia*）的船員——十名絕望的菲律賓人被困在一艘載運瀝青的貨輪上，下錨於離岸大約六浬之處，而且這些人已經超過五個月沒有收到薪水。在阿曼灣的一座海上軍火庫「海警一號」（*Seapol One*）上，這是私人海洋保全警衛於任務轉換期間在國際海域上等待的地方，我聽過幾名警衛說到他們的老闆不再接聽他們的電話。他們的船艙已經開始發出臭味，並且到處爬著害蟲。在某一刻，他們撩起自己的短袖，露出身上被臭蟲囓咬所造成的皮膚感染。

　　一名臉上帶有痘疤、瞳孔是冰藍色的羅馬尼亞人喬治・克里斯多夫（George Christoph）是讓我最大程度了解到關於海員落於拋棄之境的人。克里斯多夫是一名經驗老到的水手，他在二〇一一年六月於英格蘭的特魯羅港登上「多納自由號」的那一刻起，就意識到有些不對勁了。在「多納自由號」放逐了兩名偷渡客之後的隔月，船隻返回特魯羅港，運營商很快地將船員都送回家，試圖重新招募一批與蒙朵瓦

喬治・克里斯多夫（右）和弗洛林・拉杜坎（左）於二〇一一年被招募至「多納自由號」上擔任海員。然而，他們被遺棄在英國的港口，困在糟糕的環境條件中。

和科貝洛的殘酷放逐毫無關係的水手，而克里斯多夫就在此時上了船。

　　克里斯多夫受僱於一間人力仲介公司，他接到一間希臘的船公司來電，簡短指示他立刻飛到英國，因為整個船隊都在等待準備要出航。然而，當他抵達時，卻發現船上並沒有物資，貨櫃也是空的，而且多數的船員都已經離開。「多納自由號」幾乎沒有足夠的燃料來點亮輪機室上方的燈泡，更別說啟動它五千六百匹馬力的引擎。「多納自由號」下錨在英國的領海上，距離特魯羅港只有一兩浬左右之遙，並沒要去任何地方。由於沒有回家的機票，克里斯多夫只能待在原地，希望這份工作最終實現。

　　很快地，另一名羅馬尼亞人弗洛林・拉杜坎（Florin Raducan）就加入了克里斯多夫的行列。在接下來的幾個月裡，這兩名男子在船上釣魚，向往來船隻乞求罐頭食物與瓶裝水。有些日子他們只能餓著肚子。比起飢餓，更糟糕的是「必須乞討的羞恥」，克里斯多夫說道。他們住的地方沒有暖氣、自來水或是電力。他們的手機沒電了、廁紙用光了，香菸也抽完了。處在神經緊繃的狀態下，他們收集雨水做為飲用水和洗澡水。「但是並不足夠。」克里斯多夫回憶道。他的醫療紀錄上顯示，他的胸口上很快就出現嚴重的皮膚感染。每一天，這兩人等待著從未來到的命令。「那是附薪水的牢獄生活，儘管並不保證領得到薪水。」克里斯多夫回溯著海上工作予人的一種常見印象。

　　我已經聽聞過克里斯多夫的經歷，因為當時我正在調查「多納自由號」以及與之相關的偷渡客受虐情事。當我在羅馬尼亞的加拉茨（Galati）聯絡上克里斯多夫時，他說船員受困一事在這個產業十分常見，尤其是在「多納自由號」這種較為窮困的船隻。

　　過去在「多納自由號」上工作的船員經常透過電話或是祕密紙條向國際運輸工人聯盟請求協助。根據工會紀錄所示，他們提及船上有違反安全規範、嚴酷工作條件、薪資盜竊以及遺棄船員等情事。

　　到了二〇一二年，這些被通報的虐待情事使得工會向水手們發出

警告，不要為「多納自由號」及其船公司「商業SA」（Commercial SA）名下的其他船隻工作。「船上缺乏禦寒外套、安全帽與安全鞋。」一名工會巡檢員寫道，形容著船員們在十一月的挪威於甲板上的工作情形，而當時的平均氣溫是冰點以下。在西班牙與南非，船員們抱怨船長經常竄改航海日誌，然而薪水從未支付過，船隻破損的部分更是從未修補。

「當你的合約到期，他們會送你回家，並且聲稱已經匯錢給你。等你回到家才發現根本沒有。」一名烏克蘭籍的水手尤里・程（Yuriy Cheng）在一個線上水手論壇中以俄文寫到「多納自由號」的船東。程並形容那艘船上的管理階層與多數菲律賓船員之間的對峙情勢，後者因為一年未領到薪資而開始罷工，儘管船公司威脅他們若是沒能將船上的貨物運達目的地，就會讓他們吃上官司。「這些人約莫四十到五十歲左右，他們因為沮喪而像嬰孩般哭泣。」程寫道。

克里斯多夫與拉杜坎被困在停泊於英國外海的「多納自由號」上

「多納自由號」，攝於二〇一四年。

長達五個月，直到一個名為「海員任務」（the Mission to Seafarers）的救援組織把他們救出來。受困期間，他們就靠著罐頭以及船上的柴火煮水，才得以煮飯和拉麵。

「他們不想待下來，但是他們拒絕離開。」該組織的宣傳與區域事務主管班・貝利（Ben Bailey）解釋著自己如何策劃將克里斯多夫和拉杜坎帶離這艘船。在這種情況下，金錢糾葛是將這兩人束縛於船上的原因。這兩名羅馬尼亞人皆支付了超過一千美元給介紹他們登上「多納自由號」的人力仲介。離開該船意謂著喪失任何收回押金或收取薪資的機會。在缺乏船東同意下行動，等於是冒著被列入黑名單而無法再獲得工作的風險。

五個月之後，當克里斯多夫得知自己的孩子因為沒錢支付學費而被迫退學，他決定自己再也忍受不下去。至於拉杜坎，他的轉折點在於得知他的妻子必須去街上乞討。兩人皆收下了「海員任務」為他們購買的機票，返回羅馬尼亞的家。

這兩人的命運激起了一個更大的疑問。如此充斥各處的問題為何幾乎得不到大眾關注？原因之一在於薪資盜竊與遺棄海員是被忽視的罪行。不論這類行徑是多麼地故意與殘忍地算計，它們都代表一種被動形式的傷害，在表面上看起來似乎較不殘暴。遭到忽視的故事通常是耳語而非大聲呼叫，在人們尋找一個明顯的惡棍之處，他們卻只會發現可怕的冷漠。這種忽視的後果通常是慢動作地在遠方呈現出來。不幸地，老記者的格言「見到血，才能上頭條」（If it bleeds, it leads）千真萬確──它的反面也是成立的。當一場悲劇愈是常見、愈是缺乏戲劇性，它就愈不像是一場悲劇，甚或不是一個值得被述說的故事。

這個令人感到不適的事實，在我自己的報導中顯而易見。我將大多數的時間用來調查嚴重的弊端──監視器拍到的謀殺畫面、被銬在船上的工人、在海上遭受性侵害──而非影響到更多人的慢性犯罪，例如我在「索菲亞號」、「海警一號」以及「多納自由號」上發現的遺

棄行為。畢竟，一名肩上掛著火箭推進榴彈發射器的索馬利亞海盜，比起在某個偏僻辦公室裡的不知名官僚某天突然停止回應電郵、關閉手機更來得引人注意。雖然在這兩種情況下，被遺棄在船上的男子都是人質。

我來到阿拉伯聯合大公國，花了幾天時間和「海員任務」的區域主管，同時也在英國聖公會教堂服事的牧師保羅‧伯特（Paul Burt）相處。在杜拜與阿拉伯半島最北端之間綿延百哩的海岸線上，大約有十幾個港口，從最大規模的港口如傑貝阿里（Jebel Ali），主要是容納大型的貨櫃船，到小一些的港口如拉希德港（Port Rashid），大多停泊的是拖船與補給船。在這兩者之間還有數個港口擁有廉價的大型錨位，非常適合營運狀況不佳或設法規避監督的船舶運營商。阿吉曼（Ajman）與沙加（Sharjah）的漢瑞亞（Hamriyah）就是這類型的港口，也是伯特牧師花費多數時間的地方。

這些港口一再地提供建立在相同基本故事之上的相異版本。海員們被遺棄在這片流體的沙漠中，通常是被困在一艘名義上停泊於港口中的船上，但是事實上船並不能接觸陸地，只能待在離岸幾浬的地方。舉例來說，在「獵鷹號」（Falcon）上，五名來自蘇丹、厄利垂亞和菲律賓的男子等著將柴油運往葉門，但是當他們工作的船隻被賣給了一名新船東，而對方拒絕支付他們先前被積欠的九個月薪資時，他們就形同被孤立了。在他們被囚禁於海上的期間，他們的職業證照都過期了，使得他們的處境進一步受阻。他們的手機額度用罄，和家人的聯繫因此被切斷。「我們只想要回家。」船長不斷地對我說。大多數時候，這些男子都是虔誠的教徒。當我跟他們談話時，他們經常會提及神聖的命運。來世之於他們並不是一個概念，而是一個終點，而地獄（或者其他可能的用詞）就在當下、此處。

在杜拜有許多海員遭遺棄的案例，因為石油價格已從二〇〇八年的每桶一百三十美元高峰跌至二〇一七年七月的每桶四十七美元，使

得該地區石油產業的海上運輸多閒置停擺。在中東地區波斯灣的多數國家，包括阿拉伯聯合大公國，組織工會是被禁止的行為，使得「海員任務」的工作更加必要。在任一時刻，都有超過兩百五十名海員被困在杜拜附近的港口裡。伯特的五名員工每天平均接到三通緊急電話。在缺乏法律影響力的情況下，「海員任務」主要仰賴對船東施壓，使之對船員負責。

在杜拜外海約六浬處，伯特的同事、同時也是聖公會教堂的牧師尼爾森・費南德茲（Nelson Fernandez）搭乘一艘船去拜訪名為「海軍上將號」（*The Admiral*）的柴油油輪。經過這艘船的水手曾致電伯特，通報「海軍上將號」上的人正在乞求瓶裝水，而且他們在易燃的甲板上起火煮食。當費南德茲登上「海軍上將號」，六十多歲的菲律賓籍船長出現在甲板上，手上握著手機。「這種事情每天都在發生。」船長反覆重述著，並且向費南德茲展示手機裡的照片，是一個充滿血的馬桶。

船舶引擎壞了，而船長和其他六名菲律賓船員被困在船上長達九個月，沒有潔淨的水資源。海水淡化器無法運轉，飲用鹹水使得他的胃發生潰瘍，船長如此推斷他的出血原因。「非常可怕。」他一邊瘋狂地瀏覽著自己曾經發給船東的一百四十四封簡訊，一邊不停地咕噥抱怨，乞求船東的回應。

費南德茲耐心地聆聽船長述說了半個小時，而當時間到了必須離開之時，這名牧師走到了繩梯旁，爬回載他過來的船上。在告別的藝術中，費南德茲就像是畢卡索。他把手搭在船長的肩上，以凝視的眼神將他的言語化做了承諾。「我會在三天內帶著乾淨的水和食物回來。」他說道。船長充滿痛苦地輕聲回應道：「請帶著我們離開。」費南德茲沒有多說什麼，只是緩慢但堅決地轉身，他的冷靜行徑某種程度上強化了他的承諾。然而，如果眼神是手臂，船長的凝視應該已經在費南德茲啟動引擎時就抓住了他。

我從未找出這些人被困在「海軍上將號」的原因。有些船東拒付

薪資，因為他們相信（有時候是正確的）船員抽取船上的燃料賣到黑市；然而，更多時候只是很單純的理由，他們沒有錢支付薪資。

我在這次報導中所見證的問題規模與強度感覺像是一樁醜聞。如果人們發現有個產業實際上採取某種別過頭去的政策，如同世界各地的工廠慣常地將工人鎖在門後長達幾週甚至幾個月，沒有乾淨的水或食物，沒有薪資，他們也不知道自己何時能獲准回家，這難道不會爆發立即的憤慨、罪行調查以及消費者的抵制行動？在海上不是這麼一回事。

不論我們將這個產業說是漁業或商船運輸，事實依舊。忽視一幅從債務奴役到系統性遺棄的清楚圖像，是被默許的一種實務做法。這類事件很少被媒體報導，產業的發言人將其說成是非常規行為，或者把話題轉向跨國與離岸商業活動特有且不可避免的官僚挑戰，藉此稀釋掉核心問題。這些工人是獨立的承包商，而非我們的責任；這些船隻掛著其他國家的船旗；人力仲介公司應該負責處理將他們遣返回國的作業與支付薪資；應該負起過失責任的是船東而非產業等諸如此類的藉口。在一個愈來愈全球化的經濟體中，自私的論點是陳腐的工具，但是再也沒有哪裡比起海洋更能有效地利用這些論點了。

多年來，我曾經與數十名產業顧問、律師、保險業者與船舶運營商對話過。他們通常聲稱這個產業不夠團結，以解決諸如債務奴役、人口販運、薪資盜竊或遺棄海員之類的問題。事實上，他們經常告訴我，沒有什麼值得一提的產業，更沒有人可以有效率地起而行，或是形成處理這類痛苦問題的共識。反之，世上存在的只是許多獨立的船隻與船隊，飄揚著各種不同的船旗，他們說道。然而，當我們談到諸如對付索馬利亞海盜、抵制工會、標準化港口協定、反恐怖威脅，或是可能導致大型漁業遭禁的抵制措施、推行更嚴格的反污染或薪資規範等議題時，這些產業倒是令人吃驚地有效率且團結。

不幸的事實是，在航海世界中，法律多半對於一艘船的貨物保障

要比對於其船員的保障來得好。二〇一七年，某種程度上受到負面新聞與工會壓力的驅使下，船運業史無前例地團結起來，試圖面對他們遺棄海員的傾向。這個產業採取了新規定，要求船東購買保險承擔水手遭遺棄在港口的成本。然而，如同伯特所點出的癥結，最可能使水手陷入困境的較小型船舶並非這項新規定下的對象。

我在航海世界中經常看到這個問題。海上幾乎不存在的工人保障通常只適用於最不需要顧慮的船隻。舉例來說，保障許多水手基本權利的國際協議稱作《海事勞工公約》（Maritime Labour Convention），但是虐待情事最嚴重的漁船卻豁免於該公約的規範。為了打擊南中國海上的海上奴隸現象，許多由泰國政府引入的新規定只專注於較大型的船隻，因為那些新規定對於中型船隻來說會造成財務上的過度負擔，儘管中型船隻的數量要多得多，而且更可能涉入人口販運。

事實上，採取幾乎無法命中目標之解決方案的這種傾向實在太過常見，以致人們很難不去質疑這是否為蓄意的做法。有些人或許會以陰謀論來駁斥這種推測，我則更將之視作模式識別。我也懷疑這種圓滑的做法是否只是產業以高薪聘請顧問所提供的某種詭計。無論如何，這些死裡逃生的結果只是讓人們得以繼續感謝立法者的短視，以及我曾在紐西蘭發現的大眾憤慨會逐漸消散的傾向。

～～～～～

不論一個人是被不在意的船東遺棄、被某個外國政府綁架，或是被不滿的船長丟下海，海洋都可以是一個殘酷的監獄。蒙朵瓦、卡達阿拉與克里斯多夫被困在海上的經驗非常不同，但是這幾起事件都令我思索著他們為維持理智或許採取過的因應機制。

當我在閱讀相關資料時，曾經讀到一則關於一艘比利時研究船「貝爾吉卡號」（Belgica）的故事，其中對於被困在海上時的心理壓力提供了頗具啟發性的早年教訓。一八九八年，這艘一百一十八呎長的木

船被困在別林斯高晉海（Bellingshausen Sea）的南極冰山之間。當時船上共有十九人：九名水手、兩名工程師，以及一支由八名官員與科學家組成的國際團體，其中包括地理學家、大氣科學家和人類學家。當陽光消失了兩個月，這支隊伍辛苦地承受著寒冬。在喪失了獲救希望之際，他們的真實敵人已經不是寒冷而是瘋狂的心智。幾週之內，一名船員時常在夜裡陷入妄想與抑鬱的狀態，另一人則是宣稱要走路回比利時。

「貝爾吉卡號」終於在將近一年後破冰成功，回到安特衛普（Antwerp）港。存活的船員都是一副憔悴與消瘦的樣貌，但是他們的心智大致上還是正常的，因為船長嚴格要求他們的生活作息，就是為了維持他們的心理健康。這套生活作息包括了「烘乾處理」法，即要求所有人坐在一個溫暖的火爐前至少半個小時，並且吃下一片難吃但富含維生素的企鵝肉。此外，船長也要求所有人在冰上進行例行性運動、參與團體聚會，包括從雜誌撕下有女性的頁面進行一場選美競賽。

「貝爾吉卡號」生存策略的消息在船長之間傳開。許多人從這起事件中學到的一課便是：有時候對於心理採取預防措施，就跟對氣候變化採取預防措施一樣重要。日後航行至南冰洋的船長都開始帶上拘束衣。到了二十世紀，許多前往北極圈、南極圈或進行其他漫長航程的船上醫務室也都會備有安定精神的藥物。一九九六年，人類學家傑克・史圖斯特（Jack Stuster）利用「貝爾吉卡號」的日誌來設計太空站。若要讓太空人存活下來，他們會需要準備好面對長時間處在極度隔離狀態下所導致的憂鬱與迷失心理，史圖斯特建議道。從曾經歷經極度疲勞之海上航程的人們身上，我們有許多該學習的地方。

我著迷於數百萬名自願前往海上航行的水手們所面臨的心理挑戰。即使在一般情況下，長途航程中的寂寞與無聊都可能是對心理的嚴酷考驗。由國際運輸工人聯盟所做的一項研究發現，在六百名受訪的水手之中，有超過半數的人聲稱在海上生活期間感到抑鬱。另一份

發表在《國際海事健康》(International Maritime Health)期刊上的研究顯示，水手在海上自殺的全球比例要比英國或澳洲的陸上自殺比例高出三倍。

航海一直都是一項孤獨的職業。然而，在九一一事件之後，美國與許多歐洲國家的反恐法律限制了船員在港口上岸的權利，使得這項職業的孤獨感更加高漲。船員們被要求在等待船舶運營商提供下一個目的地的期間，只能將船隻下錨在離岸半浬以外的地方。在船上，有時候一名船員可能會坐上好幾個月，看著岸上，卻無法給他的妻子寄一封電子郵件、好好地吃上一餐、讓醫生檢查讓他在夜裡睡不著覺的牙痛，或是在他的女兒生日時聽到她的聲音。

在許多港口，碼頭旁的妓院因應這些新的規範而調整其商業模式。「愛之船」或是漂浮妓院應運而生，開始載運帶著藥物和酒精的女性前往停泊在港外的船上。然而，隨著男人們被困在海上的時間愈久，這些船被叫去的頻率就愈低。每個人都知道，一名被困住的海員很快就會變成身無分文的海員。

然而，儘管這份工作包含了所有的思鄉情懷，大多數我曾經訪問過的水手皆表示，即使面臨被虐待或被遺棄的境地，他們也不願意離開船上。通常他們會對於沒有領到薪資就回家的行為感到羞恥。在陸上，這些男人是丈夫、是父親，也是兒子；而在海上，他們的職等決定了他們的地位。而他們的地位又伴隨著嚴格的規矩，擅離職守是違背最高命令的行為。海員幾乎都是男性，而他們的船隻幾乎總是被稱作「她」，這對於他們形成了明確的情緒支配。他們對「她」又愛又恨。一起航行著，對於彼此日漸感到厭倦，卻又互相保護著。這些男人經常說他們的船不只是工作場所，也像是妻子般的存在。

實際上，所有被困在海上的男人都會說，一旦他們找到回家的路，總會希望再回到海上。對比著他們曾經在海上經歷過的一切，這個現象似乎令人困惑。很顯然地，驅使著他們回到海上的是需求：當

選項不多時，這是一份報酬不錯的工作；此外，海上生活也有一股拉力。基於我曾經從這些男人口中聽到的苦難，這股拉力似乎更像是順從而非誘惑，儘管其威力強大。人們告訴我，當你離開陸地的時間夠久，你就很少會以相同的狀態回來。「它會改變你。」一名被困住的男子說道。

在海上待過一陣子之後，我感到自己對於睡覺、對話以及食物出現了微妙的變化。在航程中，我愈來愈習慣極度擁擠的鋪位、漫長且極度的寂靜，以及吃下任何送到我眼前的食物，最常見的是半熟的魚和幾乎不熟的米飯。當我回到家之後，我發現自己吃得更快了，更像是為了應付了事而非享受於美食之中。我會更緊密地依偎在太太身邊，對於多餘的空間感到不自在。我厭倦了說話，更多時候希望能戴著耳機逃避對話。每一次回到陸上，我的脾氣都會比先前更暴躁。

不過，我感到最大的改變是我的胃。多年來，在海上報導的期間，我染上了某些水手喚作搖擺的狀態。其他人則將這種情況稱之為暈陸或登陸困難症。就像你在船上感到暈船時需要調整狀態，當你回到陸上也需要重新調整狀態。有時候，重新適應是很困難的，而且會給人帶來噁心的感覺，以致結果顯得詭異。當我重新站在陸地上的那一刻，就會開始感到不舒服。

這個經驗類似於酒醉之後躺到床上會引發的暈眩感。當我的體內維持平衡感的前庭系統產生一股持續的搖擺知覺時，我的腦袋感覺就像是上下振動的浮標。在一個如同時差的空間中，我的身體還停留在那個已經離開的地方印象中。通常最不容易感到暈船的人也是最容易感到暈陸的人。我從未在船上因為暈船而嘔吐，但是我有兩次在重新站到陸上時嘔吐的經驗。當我在海上停留的時間愈久、海象愈糟糕的時候，我回到家的搖擺感就會維持愈久，有時候甚至持續好幾天。

當然了，在海上工作不是我的一生職志。我只是一名訪客，一個來自陸上的生物經過了海洋。不同於許多我曾經訪問過的人，我總是

擁有離開的選項。儘管如此，這種奇怪的失調感逐漸令我對於海洋的
領會形成一股崇敬。它改變了我——不只是心理上，也包括生理上。
我不得不想像它也改變了許多我曾經遇過的海員們。

失落方舟的入侵者
RAIDERS OF LOST ARKS

在一個人人皆有罪的封閉社會裡，被抓到是唯一的罪行。
在一個充滿竊賊的世界裡，最終唯一的罪惡是愚蠢。
——亨特・S・湯普森（Hunter S. Thompson），
《賭城風情畫》（*Fear and Loathing in Las Vegas*）

在各式各樣的報導旅途中，每當有人問我在做什麼時，我通常會回答與海上犯罪有關的事。他們的回應幾乎總是：「哦，所以就是像《怒海劫》（*Captain Phillips*）中的索馬利亞海盜？」我傾向於笨拙地回應道：「是的，但也包括其他類型的海盜行為。」

自從人類首次航行於海上以來，竊盜一直是航海生活的一部分。雖然掠奪一艘跟摩天大樓一般大的船隻似乎有些荒謬，這類事件發生的頻率卻是令人吃驚地頻繁。事實上，海盜行為不只關乎快艇襲擊者。海盜通常會穿著商業西裝，抓準時機搶劫停泊在港口裡的船，而非強用武力。我先前曾被多次告知，「在世上的某些港口裡，現實占有，九勝一敗。這就是法律。」

在無數個月的報導期間，我看過每一種類型的偷竊，諸如非法捕

魚、集魚器襲擊、綁架漁民、打劫殘骸以及人口販運。另一方面，偷走他人的船隻是一種不同規則的偷竊行為，幾乎太荒謬而難以置信。所以，我在二〇一六年十一月前往希臘，以了解這種不同類型的竊盜行為，並且特別要檢視港口貪污行為在其中所扮演的角色。對於所有在海上發生的不法情事來說，我必須研究它在陸地上的根源。

引發我開始研究這個主題之因，是在幾個月前，一封寄到我的家的九乘十二吋馬尼拉紙信封。上頭沒有標示寄件者，裡頭只有一份破爛的十頁文件，標題是「港口騙局」。這份文件是由一份辭彙檢索表所構成，描述如何偷竊一艘船、改變它的身分、祕密地抽走燃料，或是偷走貨物。這封信是從希臘寄出，可能是來自於某個有點陰暗的傢伙，我在二〇一四年前往雅典時曾僱用他帶我在比雷埃夫斯港（Port of Piraeus）附近繞繞。他曾經提過自己未能完成的一份關於港口犯罪的手稿，或許他將我視作讓這其中某些騙局曝光的途徑之一吧。我很樂意幫忙。

這份辭彙檢索表等於是一名記者的金礦。就像《瞞天過海》（Ocean's Eleven）一樣，騙局的名稱有如「意外的難題」，意指超額計費的詭計，也就是船廠為虛構的問題進行維修；或是「卡布奇諾燃料」，這是當供應商加熱燃料，或是把空氣打進燃料裡，在表面形成如卡布奇諾般的白沫，如此會使得燃料體積增加，供應商就可以多收一些錢。

如果保險詐騙是目標，那麼這份辭彙檢索表就提供了經過證實的可靠技倆。一名貪污的運營商僱用一群船員將船隻開到外海，讓船隻表面上於海上故障。接著，運營商會安排一名參與騙局的技師前往該船，並且評估把船弄沉是唯一可負擔的選項。這名技師和運營商會瓜分沉船所詐得的保險金，運營商再將該船改名、登記為其他國籍，然後以新的身分再出發。

這份辭彙檢索表也針對更改竊得船隻的身分提供了一些有用的指導。要切斷一艘船與過去的關聯，該文件建議換掉所有可能內建於控

制台或船體的追蹤設備；抹去所有寫有船名的物品，包括救生衣、艦橋文件、救生圈、文具與救生艇。「更換該船在建造時的命名。」上頭寫道。那個名稱通常會焊在船首的兩側以及船尾，為凸起的鋼字。「別忘了主引擎上的號碼。」文件補充道，因為那是調查員在追蹤一艘遭竊船隻原始身分時所偏好採取的做法。

　　若說這份檢索表教會了我任何事情，那就是海上騙局需要技巧。帶著一艘船潛逃——不論是以債主身分收回抵押品，或是偷走船隻占為己有——不是一件簡單的事，但也不是少見之事。我希望能夠採訪某個曾經投入這種工作的人以進一步了解這個主題，而眾所周知，一名叫做馬克斯·哈德伯格（Max Hardberger）的男子正是這方面的大師。

　　隨著天色轉暗，被偷的船隻在黑夜的掩護下，逐漸駛離希臘海岸線，進入薩羅尼克灣（Saronic Gulf）。這艘兩百六十一呎長的貨輪名為「索菲亞號」，此時所有的信號燈盡皆熄滅，船艙裡的燈光也全被遮住，避免從舷窗洩漏出去。甚至連艦橋都處在一片黑暗中，緊張的船長在推動節流閥時偷偷望向外頭的海浪，距離船尾約莫六浬的比雷埃夫斯港變得愈來愈遙遠。這是一個沒有月光的夜晚，讓人無從判斷海洋與天空的邊界。唯有當一片更黑的烏雲陰影覆上海浪時，這艘船才能用肉眼看見。

　　失竊的船舶外觀就像是一棟漆黑的二十六層高建築被轉個了方向，滑進水裡。靠著一顆一千七百七十四匹馬力的引擎，船首突破寒夜的空氣前進。「索菲亞號」以八節的速度航行，巨大的螺旋槳推進器在水下大力地轉動著，激起白沫。這艘掛著巴拿馬船旗的貨輪吃水不深，因為在緊急出海的情況下，貨艙是空的，燃料也不多。這艘船移動的速度快得足以在海底引起低沉的嗡嗡聲響，卻也慢得足以立即被希臘海巡人員抓到，若是該國政府決定嘗試。

「索菲亞號」是一艘希臘人所有的船隻，馬克斯‧哈德伯格受僱將它從雅典附近的比雷埃夫斯港偷出來。馬克斯的客戶是一群紐約的抵押貸款方，因為債務人以船隻抵押借貸卻拒不償還，便僱人把船偷走。

「索菲亞號」的艦橋上，緊張感高漲。船長透過電話接收到兩組不滿的債權人的指示，而且並不清楚誰才是主導方。一邊是名為「新領導」（NewLead）的管理公司，負責該船的每日營運作業，包括照顧已經被積欠幾萬美元薪資的船員，由運營商組成。另一邊則是該船的抵押貸款方，一家位於紐約、名為TCA資金管理集團的風險投資公司，遭船東積欠了四百二十萬美元，由銀行家組成。

運營商和銀行家都想要盡快地讓「索菲亞號」離開港口，因為有一股高漲中的怨怒正在虎視眈眈著船東的資產。船東是一名令許多人害怕的希臘男子，米卡利斯‧佐洛塔斯（Michalis Zolotas），他在幾個星期前因為賄賂與貪污遭到逮捕，並且引渡至塞普勒斯（Cyprus）。佐洛塔斯有許多債主，但是直到他被逮捕之前，沒有人敢向他追討債務。如今，既然他的債務都被攤在陽光下了，他的債權人都希望能夠

搶到他的船。海洋法的界線大致上沿著一條距離海岸十二浬的想像界線延伸，但是為了錢，那條線是可以輕易被扭曲的。

在「索菲亞號」艦橋上，身材矮小但態度堅定的菲律賓籍船長柏納多・羅沙里歐（Bernardo del Rosario）掌著舵。自從他逐漸晉升位階以來，這趟鬼鬼祟祟駛離希臘海域的航程，還只是他這十幾年來第二次以船長身分出航。雖然他在馬尼拉的海事學校接受過廣泛的訓練，這種航程還從未有過。隨著耳邊的爭執聲愈來愈激烈，羅沙里歐的主要擔憂是自己的船長生涯可能才剛開始就要在此終結，因為藐視船東的命令可能會危害到一名船長的執照。羅沙里歐的困擾在於，他並不清楚誰才是真正的所有人。「這樣不好，」他不斷地喃喃自語道。「這樣不好。」

在「索菲亞號」從比雷埃夫斯港逃離的前一週，才發生過一場風險極高的賽局。那些銀行家僱用業界普遍公認的最佳海上追討人馬克斯・哈德伯格，他從密西西比州飛到雅典，成功說服了「索菲亞號」的船員讓他登船。然而，下一個挑戰是要讓這艘船離開雅典的比雷埃夫斯港，因為風聲很快地在債權人之間傳開，這艘船是攻占佐洛塔斯財產的一個現成據點。每一次哈德柏格試圖清除該船的留置權與扣押令時，又會有新的要求出現。一群憤怒的債權人擠進雅典的法院，有些人的債權證明是假的，有些人則是真的。每個人都拿著佐洛塔斯未清償的票據出現：為「索菲亞號」船員供餐的餐飲公司，為船隻加油的燃料供應商，或者為水手購買機票的旅行社等。

哈德柏格認為，若是銀行家們不採取大膽的舉動，「索菲亞號」會喪失其所有價值。僱用他的銀行家是被積欠金額最高的人，但是還有其他幾十名債權人。根據提出求償權的該國法令規範，哪些債權人可以獲得清償或者能夠獲得第一順位清償都是不一定的。為了與其他債權人在同一個利基點上競爭，他們必須把「索菲亞號」帶到一個對於債權糾紛採用英國普通法的地方，因為這種法制對於抵押貸款方和

外國的訴訟當事人有利許多。兩個理想的選項包括：馬爾他，大約距離五百浬遠；或者直布羅陀，大約是到馬爾他三倍的距離。這兩地的法院不會像希臘那般偏袒船東。此外，直布羅陀還以特別快速處理買賣與拍賣船舶事務著稱。

「某種程度上，這是一場時機的競賽。」某個下午在雅典的一家餐廳裡，哈德柏格告訴我，當時他正在伺機行動。為了親眼看到收回船隻如何運作，當時我跟著他飛到雅典。在享用一盤巨蝦的同時，哈德柏格向我解釋海洋法中的一項怪異之處：一旦一艘船被售出，其先前所背負的債務與扣押令都會自動失效。如果他能夠將「索菲亞號」帶到馬爾他或直布羅陀，他就可以「把她的屁股擦乾淨」（scrub her bottom），這是海事行話中用來形容清除一艘船原本的留置權與扣押令。如此一來，銀行家就可以轉賣這艘船，快速地彌補其損失。挑戰在於如何把這艘船送到那裡去。

良機來得很快。哈德柏格和銀行家僱用的一名希臘律師在雅典法院外徘徊了幾個小時之後，在週五法院關門之前，他們看到機會浮現。大約有六件新債務索賠要求被提出，多半是幾千美元的金額。就在法院要關門的十分鐘前，他們很快地解決了所有這些要求，清除扣押令，並且快速地趕到港口，搭上一艘快艇前往「索菲亞號」下錨處。

哈德柏格的計畫是盡速將「索菲亞號」駛出十二浬的範圍之外，在法院有任何人向佐洛塔斯的其他債權人通風報信之前，離開希臘當局的管轄範圍。在雅典法院週末休庭前清除債權之舉，為哈德柏格爭取到足夠的時間逃到公海，接著在其他國家籌備一場拍賣，就可以讓他和銀行家甩掉任何剩餘債務，把該船的屁股擦乾淨。此種做法的危機四伏，但只要船長配合，這個計畫是合理的。可惜的是事情並非如此。

馬克斯・哈德柏格與他的狗摩根勒菲，攝於他在密西西比倫伯頓的拖車前。

　　哈德柏格住在密西西比州倫柏頓（Lumberton）森林裡一輛破舊的拖車裡。當他的電話響起時，通常意謂著某個地方的某個人正處在特別侷促的狀態下。沒有人會喜歡打電話給哈德柏格，而做為業界經驗最豐富的海上追討人，他只接受最困難的任務。他的公司名為「船隻提取」（Vessel Extractions），專長在於鬼鬼祟祟地——有些人或許稱之為偷竊——將船隻帶出國外的港口，通常是在黑夜的掩護下，把船隻移到他的客戶比較有機會取得合法所有權的司法管轄區內，例如「索菲亞號」這樣的船隻。

　　這次哈德柏格受僱於銀行家們，奉命將該船盡快帶離希臘海域，而他答應了我的請求，讓我在雅典加入他的行列。「索菲亞號」背後的故事頗為複雜，而在途中，我納悶著如果我跟隨哈德柏格，我算是站在法律的哪一邊。為了搞清楚勢態，搭機前往雅典時，我努力地閱讀了大量的法院紀錄、新聞剪報以及警方文件。

　　佐洛塔斯的船隊是由六艘船所組成，其中包括「索菲亞號」的多

數船隻是載運瀝青或液化瀝青的貨輪。瀝青看起來像是粗厚的黑色油漆，主要用來鋪設馬路，所以這項產品的市場是全球性的。然而，載運瀝青的貨輪養護費用極高，因為瀝青必須被維持在加熱的狀態下，否則就會固化。由於佐洛塔斯的船隊載運著如此高價值的貨物，他在遙遠國度的政府裡都有強大的朋友。

佐洛塔斯也有許多敵人。塞浦勒斯的銀行體系於二〇一三年崩潰，為他的敵人們打開了一個破口。隨著希臘政府與塞浦勒斯政府著手調查銀行體系崩潰一事，佐洛塔斯也於二〇一六年被捕，並且遭指控利用他名下的一家公司向塞浦勒斯中央銀行的前行長行賄。

隨著佐洛塔斯遭到逮捕，紐約的銀行家皆趕緊緊動了起來。除非他們快速地取得當初做為擔保品的「索菲亞號」，否則他們很可能沒有第二次機會把借出去的錢收回來。也就是在此時，他們打電話給哈德柏格。

TCA 不是唯一對佐洛塔斯的資產進行突襲的公司。在喬治亞州的薩凡納（Savannah），美國法警突襲了他的一艘運糖貨輪「卡斯特拉諾號」（Castellano），基於未清償債務而命令其不得駛離。在巴爾的摩，美國海岸防衛隊扣押了他的一艘瀝青貨輪「葛拉納迪諾號」（Granadino），名義上是因為該船上有十幾名船員受困。另一艘佐洛塔斯所有的貨輪「伊歐拉號」（Iola）則是停泊在挪威的德拉門（Drammen）港內，而債權人還在為此爭執不休。還有一艘也是載運瀝青的「卡塔莉納號」（Katarina），其船員則自己掌控了那艘船以要求拿回被積欠的薪資。

佐洛塔斯的財產很快地被網住。若是「索菲亞號」在希臘海域被扣押，不論是銀行家或是船上的菲律賓籍船員都無法在短期內把錢拿回來。希臘的司法體系並不以效率著稱，對於外國債主或船員也沒什麼同情心。

希臘是航海世界的強權，而且該國著名的航運家族中大約有半數是來自一座多山的小島契歐斯（Chios），位於土耳其海岸線外約五浬

之處。幾個世紀以來，這座人煙稀少的小島曾經被不同的國家聲稱占有，但比起做為那些國家的一部分領土，它更像是海上商人的基地，歷史上東西方之間的交流通道。來自這個島上的人以他們向外探險的精神，以及航行於法外之海的商業敏銳度著稱。

佐洛塔斯就是出身自契歐斯。他的家族經營船隊到他已是第三代，觸角也涉及銀行業與政界。在雅典，他既為人所尊敬，也為人所畏懼。我在抵達希臘之後很快就去了一趟契歐斯，那裡的人形容佐洛塔斯就如同一九九〇年代的電影《刺激驚爆點》（*The Usual Suspects*）中的神祕虛構人物凱撒・索澤（Keyser Söze）一般地令人敬畏──眾目睽睽之下完美隱身的幕後大主謀。「是的，他來自這裡，但是如果你打算書寫關於他的事蹟，你或許不應該來到這座島，」一名曾與佐洛塔斯共事的夥伴警告我道。「這裡不安全。」

～～～～～

雅典不是我和哈德柏格第一次見面的地方。我有個朋友是美國海岸防衛隊的調查員，他有一次在閒聊中提到船隻總是被偷。有時候不是海盜偷的，而是銀行與追討人，他向我解釋道。我知道偷竊的非法行為存在，但是這種準合法（或至少不是明確的非法）的強占船隻行為倒是第一次聽說。當我進一步詢問更多資訊時，哈德柏格的名字不斷地被提起。我得知在過去二十幾年間，哈德柏格曾經取回超過二十多艘船隻，並且以接受最困難的搶占與衝撞任務聞名，委託他的客戶通常是銀行、保險業者或是船東。因此，我找到哈德柏格的行蹤，並寫了一封電子郵件給他。我告訴他，我想要了解他的技術與見解，而他也同意讓我書寫介紹他的工作。

二〇一六年，我在海地和哈德柏格見面。我必須到那裡參與正為了猖獗的海上犯罪而頭痛的海地海巡隊活動。哈德柏格則是前往協助一名巴基斯坦船東將他的貨輪從一名貪污且聲稱要毀約的租船人手中

我和幾名海地的海巡警官在巡邏艇上合照。他們登艦巡檢一艘小漁船，而後對方送了一條魚給他們。

搶回來。隨後，當法庭宣判結果對船東有利，這項索船任務也跟著取消，所以哈德柏格便有空加入我在海地的行程。

在太子港的奧洛弗森飯店（Oloffson Hotel）等待海地海巡隊來電的同時，我與哈德柏格進行面訪。那間飯店是一棟斑駁的十九世紀哥德式宅邸，格雷安‧葛林（Graham Greene）撰寫關於杜瓦利埃「醫生老爹」（Papa Doc Duvalier）在海地生活的小說《喜劇演員》（*The Comedians*）時，曾經住在這裡。對我來說，在長時間以骯髒的船為家之後，這間飯店讓我得以獲得短暫的款待歇息，好好舒展一下筋骨。哈德柏格和我在陽臺上吃著總匯三明治、喝著啤酒，一邊交換海上故事，一邊望著眼前的熱帶果樹、巫毒神雕像，以及探照燈下飛竄的蝙蝠。

哈德柏格就像是一部會行走的地下活動百科全書。他可以一個國家接著一個國家細數那些尚未數位化的港口。這是很有用的資訊，因

為仍依賴紙本紀錄的港口比較不可能注意到你的名字或護照號碼，他解釋道。我請他形容一下自己在這些年來為了登船所使用過的技倆。「看看這裡。」他回應道，整個臉亮了起來，彷彿我在請一位爺爺展示他的孫子照片一般。他解釋自己最常偽裝成一名有興趣的船買家、港口官員或是承租人。他會跟守衛豪飲一場，帶性工作者來吸引他們的注意力；用巫醫嚇唬港口警察；還有以親戚住院的藉口來欺騙守夜人離開他們的工作崗位。

在如此激烈的行業中，他的名字又充滿了肌肉感，人們或許會預期哈德柏格是選秀般的樣貌，但並不是。身高五呎八吋、體重一百五十磅，哈德柏格有著馬拉松選手的體格以及農夫的落腮鬍。他帶著硬框眼鏡，以快速高亢的聲音回溯他的故事，彷彿一台快轉的錄音機。他受過印第安文化薰陶的痕跡還留存在他的口音裡，將「well」發音為「wull」，以及「because」變成「becawse」。儘管他通常是一群人當中最常旅行的人，但是只要隨意地提高音調，他就可以營造出天真鄉下人的效果。他飽讀詩書的神態與身上老舊的藍色牛仔褲形成強烈對比。在某一刻，他還曾朗誦出十一世紀波斯學者歐瑪爾・海亞姆（Omar Khayyam）《魯拜集》（The Rubaiyat）裡的詞句。

抑制不了的好奇心，哈德柏格總是帶著一小本黑色筆記，以便隨手記下一些想法與觀察。他在成長過程中是一名衛理公會教徒，但是現在公開宣稱為無神論者，而且當他回顧過去的探險、形容未來的計畫時，他通常會帶著一臉頑皮的笑容，就像是一名屢屢要盜上三壘的男子。我所認識的追討人當中，每一個都不缺自我關注感，某種程度上是會將自我神話的愛出風頭者。哈德柏格是個缺乏耐性的說故事人，當他聽著你說故事時，彷彿期待你趕快說完故事，他好開始說他自己的故事（而且總是更精彩的內容）。

哈德柏格的父母都是老師。他的父親有個嗜好是捕捉蛇並冰凍起來，以便保存牠們的骨頭做為上課教材。他會把蛇的屍體放在幾年前

於後院堆起的火蟻巢上。接下來幾週之內，火蟻就會把骨頭撿乾淨，然後他會噴上黏合劑，把骨頭轉移到一塊托板上。

哈德柏格起身點了第五瓶啤酒，同時說到他家養的寵物鱷魚，並且示範他的父親如何在餵食時，以一根棍子把一整隻從店家買來的雞推進鱷魚籠裡。就跟許多來自鄉村的南方客一樣，哈德柏格的成長環境充滿了槍枝。他興奮地形容他的父親教他和他的兄弟卡爾（Karl）製作黑火藥的方法，然後在自家後方以控制好的強度炸開一棵柏樹的樹樁。一九六〇年代中期，當禁止郵購槍枝的法律即將通過之際，哈德柏格的父親准許他們兄弟倆訂購一支來福槍與一支手槍，以郵寄包裹送到，就可迴避掉購買槍枝的年齡限制問題。這對兄弟經常去附近的沼澤地進行射擊，但從未真正射殺過獵物。「就像是一場不公平的對決。」哈德柏格如此形容狩獵動物的行為。

青少年時期，哈德柏格熱愛閱讀海上歷險的作品，例如佛瑞斯特（*C.S. Forester*）描寫洪布洛爾（Hornblower）一系列冒險犯難的故事。他夢想著到海上生活，或是開飛機。一九六六年，他前往父親執教的尼可爾斯州立大學（Nicholls State University），那所學校因為自由開放的風氣而有「河口上的柏克萊」（Berkeley on the Bayou）之稱。

哈德柏格有一位室友伯尼・蘇慕薩（Bernie Somoza）是尼加拉瓜獨裁者安納斯塔西奧・蘇慕薩（Anastasio Somoza）的兒子，他透過伯尼結識了一些國際友人。此外，他也加入了反越戰的團體。一九六八年的一個午後，哈德伯格在校園裡的某棵樹下，向他的一些反戰朋友解釋如何簡單做出一套可靠的爆炸裝置，而校方日後稱之為「橡樹下的陰謀」。幾天之後，一個粗糙的炸彈就在校園裡的一個垃圾桶被引爆。儘管這次爆炸事件可能只是慶祝七月四日美國國慶的煙火（在愛國的路易西安那州完全是合法的行為），但關於哈德柏格的那場即興炸彈製作講堂便開始謠傳。「人們認為我最好轉學。」哈德柏格簡略地敘說他轉學到紐奧良大學的經過。

　　暑假期間，哈德柏格在一艘運送鑽井液至離岸油井的船上擔任甲板部船員。他努力向上，最終取得了船長執照，得以在二十八歲之前就在加勒比海領導自己的貨輪。他也考取了機師執照，駕駛作物噴粉機及協助載運難以透過陸路送抵的屍體以賺取外快。博學多聞的哈德柏格還曾經在密西西比州維克斯堡（Vicksburg）的一所高中和路易斯安那州斯萊德爾（Slidell）的一所教區學校教授英文與歷史，日後並至愛荷華大學修習創意寫作碩士學程，專注於小說與英詩寫作。

　　一九九〇年，哈德柏格在一些船上打零工時，某位船東朋友致電向他請求一次不尋常的協助。當時，一名貪污的港口經理在委內瑞拉的卡貝略港（Puerto Cabello）扣押住他朋友的船，要求一筆可觀的賄賂金。船東正好知道哈德柏格是個富有冒險精神且圓滑的傢伙，便請他飛到委內瑞拉把船偷出港口。哈德柏格欣喜地接下任務，而他的冒險行動最終被海洋相關媒體報導出來，他也開始接到類似的請求電話。

　　哈德柏格自稱喜歡這份工作。到了一九九八年，完成西北加州大學（Northwestern California University）的四年遠距課程之後，甚至沒有在法學院上過一天課的他，一試就通過加州的律師資格考試。四年之後，他和一名曾在高中上過他的歷史課的學生麥可‧波諾（Michael Bono）一起成立了「船隻提取」公司。這家公司的業務偶爾會涉及大型遊艇，但是更多時候，客戶來電是要求他們取回小型至中型的「不定期貨輪」，這些船上的貨物是在現貨市場上交易，沒有固定的行程表或是停靠港，為貧窮或政權不穩定的發展中國家載運貨物。哈德柏格向客戶收取酬金的過程分成兩階段：首先是一筆初始的調查費用，以研究每個單一案件，然後在他們成功收回船隻之後再收取第二筆費用。根據哈德柏格的說法，收回一艘五百萬美元的船隻可能會讓他們獲得二十五萬美元的酬金。

　　然而，有時候案件的風險太高，以致哈德柏格後悔接下工作。他總是會努力達成，但是在執行過程中的危險度要比他所享受到的快感

更大，他說道。當然了，他有一則故事可以用來闡明這個論點，就在我們加點一輪啤酒的同時，他跟我分享了這則故事。

那是二〇〇四年，海地爆發了一場軍事叛變。哈德柏格的目標是一艘重達一萬噸、達十層樓高的大船「馬雅快運」（Maya Express）。一名美國商人僱用該船將兩百三十五輛二手車自美國東北部運送至海地，但是卻拒絕付錢，導致船東未能償還他所積欠的抵押債務，於是海地當局把該船扣留在港口裡。這名美國商人勾結當地貪污的官員，策劃了一場作弊的拍賣，打算藉此買下該船。這個舉動並不尋常，但也絕非前所未聞。海洋拍賣允許買家匿名，而如果這次詭計成功，唯有期望收到可觀回扣的海地貪污官員知道船隻的真實買家就是一開始導致船東倒債的人。

船東僱用哈德柏格前往米拉瓜納（Miragoane），以趕在他的對手透過拍賣騙得該船之前把船偷走。就在哈德柏格抵達該處之後不久，他發現駐守「馬雅快運」的看守人在黑市上販賣該船的燃料。他也發現另一個微小但重要的事實：港口官員只能在港口的足球場使用他們的手機——該地區唯一有穩定訊號的地點。哈德柏格的腦筋動得很快，他付了六千海地古德（約莫一百美元）給一名當地巫醫公開地對足球場下咒語，藉此趕走警衛。接著，他邀請「馬雅快運」的船員到當地的酒吧，假托要討論收購他們偷竊的部分燃料，實際上是要把他們騙離該船。

當船員們都下了船，哈德柏格和他的三人團隊登上「馬雅快運」開始工作。他們持噴燈截斷船隻下錨的鐵鏈，但噴燈冒出的火光差點就洩露了他們的蹤跡，最後他們還是成功地把船駛離米拉瓜納，航向巴哈馬；該國一名法官支持收回船隻行為。為了證明他的裁決是正當的，該名法官寫到，這艘船的所有權無法在海地被妥當處理，因為該國的港口與司法體系的腐敗。「任用親信與貪污是當地潮流。」他以此作結。我翻遍了法庭文件，無法找到該名法官在他的判決中提及該

船被處置的方式（無疑是法外的）。

與哈德柏格在太子港度過一段時間之後，我邀請他和我一同前往米拉瓜納參與海地海巡隊的活動。他同意了。「這是一個拜訪老朋友的機會。」他說道。在驅車前往的途中，我們聊到他開始從事追討工作的動機。在某一刻他說到，比起死亡，他更害怕的是沒能好好活一場。

他就像是老一點的丁丁（Tintin）那般令我詫異。他擁有寫作的碩士學位，而他心中最偉大的作品並不是由其他人所撰，而是由他親身活出來的。曾經有一度，他毫無悔意地跟我回溯起一段往事，就在他女兒出生之後不到兩小時，他搭上了一架清晨六點起飛的班機前往瓜地馬拉，為的是在叢林裡一座油井進行二十八天的任務。難怪他現在獨自生活著，我心想。他向我展示他在密西西比州倫柏頓所住的殘破行動小屋，並補充說明自己衡量人生的方式從來不是口袋裡的金錢數目，而是經驗豐富度。喝過太多啤酒之後，哈德柏格與我利用最後一輪酒向尚未犯下的錯誤致敬，然後在該晚暫時告別彼此。

隔天，我為了盡職調查而打了幾通電話給美國海岸防衛隊的調查辦公室、國際刑警組織，以及哈德柏格獲得律師執照的加州律師協會。我想要確認有關他的投訴紀錄、紀律處分或是拘捕令，但毫無所獲。

我聯繫了查爾斯・德拉貢納特（Charles N. Dragonette），他直到二〇一二年之前，都在美國海軍情報局（Office of Naval Intelligence, ONI）監控海上犯罪行為。我詢問他對於海上收回生意的看法。德拉貢納特警告我，哈德柏格和他同業的行為屬於私自執法，這一點無庸置疑。他們在那些為了建立法治已然掙扎許久的地方侵犯了法治。「我確實擔心這些傢伙如何暗中與執法當局競爭，在他們的眼皮下偷走船隻，藉此令當地官員難堪，」德拉貢納特說道。「他們並且賄賂當地幫手以達成這些攔截行為，如此使得整體的貪污問題更加嚴重。」德拉貢

納特說到這裡，停頓了好長一會，又補充道，「不過馬克斯是真正的高手，在這些情況下若有任何規範，我想他都沒有觸犯到。」

〜〜〜〜〜〜

雖然從太子港驅車到米拉瓜納只有四十哩遠，我們卻顛簸了四個小時，在滿是灰塵且大汗淋漓的狀態下才抵達。在離開海地首都的途中，當我們試圖轉彎越過一輛輛漆上亮麗色彩的Tap-tap公車時，路上交通突然堵塞。十分鐘之後，我們終於得以前進，並且遇上一隊穿著制服的警察，有的背著機關槍，聚集在某個十字路口。那些警察站在一具屍體旁，一名男子在騎乘摩托車的途中遭到射殺。我向其中一名員警詢問事發經過，他解釋說，那名男子是搶劫嫌疑犯。哈德柏格用會意的眼神瞄向我，因為就在前一晚，他才跟我提到海地當局有他們自己處理偷竊犯的做法。

我們抵達米拉瓜納時，天色漸漸暗了下來。隨著氣溫降低，這座城市才剛要開始喧騰。哈德柏格解釋說，這座港灣城鎮的全盛時期是在一九六〇年代晚期，當時是鋁箔公司雷諾茲（Reynolds）的加工中心。這個地區的紅土富含鋁土礦，是鋁製品的重要成分。然而，到了一九八〇年代，當雷諾茲與海地獨裁者、綽號「娃娃醫生」的讓－克洛德・杜瓦利埃（Jean-Claude Duvalier）發生爭執之後，該公司便拋棄了它在米拉瓜納的工廠。當地港口與附近工廠的控制權皆轉移到了地方政府手裡。「他們現在經營當地的方式彷彿是一個獨立封地。」哈德柏格說道。

人們通常會為了給船隻換上新身分而駕船到米拉瓜納。這個港口很偏僻，相對地也沒有什麼巡邏，而且它的水深適合大一點的船隻停泊。任何人想要為一艘偷來的船快速換裝並獲得新的文件——移除所有名字、撬開引擎上的序列牌照，並焊除船身上的原始名稱——都可以在兩天之內完成。當我們走在米拉瓜納狹窄的街頭，到處都是摩托

車與兜售炸豬肉與搭配克里奧爾醬汁的貝類的小販，哈德柏格跟我解釋著一艘船獲得新身分所需的費用。「你需要的總額大約是三百美元、四名焊接工，以及一台傳真機，」他說道。「但其中尤其重要的是三百美元。」

在許多開發中國家，賄賂無所不在，但是沒有哪裡比海地的港口更盛行賄賂了。港務長得以行使非比尋常的權力。稽查員可以為了一些理由就扣押船隻，包括船身狀態、睡眠區的大小，以及航海日誌的可讀性等。在較貧窮一些的國家，刺激當地經濟的簡易做法就是盡可能地讓一艘船待在港口的時間愈長愈好。即使稽查員不會直接從扣押船隻的行為中獲利，他的親友也會獲得好處，或許是透過販售燃料、食物、修理服務，以及船隻被困在港口期間豪飲的酒錢。

有些港口比起其他地方更因為普遍的賄賂行為而惡名昭彰。由於黑市賄賂盛行，巴拿馬運河經常被稱作「萬寶路運河」（Marlboro Canal）。奈及利亞的拉各斯港也是全球賄賂名聲最糟的港口之一，或許是因為多年來，一艘船必須從稽查員那裡取得超過一百三十個簽名，才得以獲准卸下任何國際貨櫃。在商業運輸業工作的每個人都受苦於賄賂行為，但是沒有人想要公開挑戰這個問題，因為他們或多或少都是這種非法行為背後的共犯。

米拉瓜納是加勒比海上經手二手衣物與其他二手貨品的最大港口之一。這座城市也是許多遭竊船隻以及等待轉移毒品至邁阿密的走私客聚集之處。當我們抵達港口時，經過了幾艘停泊在港邊的繁忙船隻，船上皆堆滿了多到不可思議的舊床墊、被丟棄的鞋子、廢棄的自行車與老舊汽車。這個畫面壓倒了人的感官——更大聲、更臭、更炎熱、更擁擠、充滿色彩、令人困惑，而且對我來說完全陌生的體驗——也是令我感到幸運擁有這份工作的那些尋常時刻之一。

在我們前往米拉瓜納的途中，哈德柏格與他長期以來的當地助理歐吉·卡戴（Oge Cadet）聯繫，歐吉很快地便來會合。我們三人立刻

搭上一艘十五呎長的木製伐艇出海，從海上觀看被隱蔽的一部分沙灘。這兩名男子在此前已經討論過建造一個新的私人碼頭的計畫，所以這次會合對於他們來說，是個勘察潛在不動產的好機會。他們想要開始拆船的生意，也就是拆解老舊船隻。「廢金屬的美好之處在於它沒有序列號。」哈德柏格說到這種拆解工作的誘人之處。

雙槳在蔚藍的海水中濺起水花，卡戴划著小艇順著海浪帶著我和哈德柏格至六艘停泊於近海的鏽蝕貨輪旁。他們假裝是潛在的船隻買家，從伐艇上對船員大聲喊出問題。在其中兩艘船上，船員大聲抗議被當地官方扣押；另有一艘船遭遇了一場可疑火災，正在進行修理中。船員們公開表示，他們相信那場火災是有人刻意為之，以便詐領保險金。此外，第二艘船上的船員以令人驚奇地坦率態度告訴我們，由於當地警方懷疑這艘船涉及毒品走私，因此遭到扣押。

我從小艇側邊探頭看向水裡時，可以清楚分辨出有好幾艘沉船就在我們下方。划過這些猶如鬼魂的鐵製屍體，它們的瞭望塔只差幾呎就要刮到我們的船底。停在其中一艘殘骸上方時，我開玩笑地說，這代表失去一個做拆船生意的機會。「短時間內沒有人會把它們拆了。」我觀察道。開船的人提醒我，這些船沉了，不代表就沒有人會去偷它。畢竟，這就是「海洋拆解手」存在的意義，他說道。

當然了，他說的頗對，我承認。當我在印尼做報導時，已然聽聞這些存在於水下世界的角色。在那個國家，海洋拆解手大多來自馬都拉族（Madurese），以有效率拆解沉船上的高價金屬而聞名。他們會划著木船到幾浬外的海面上，身上配備著鐵撬、槌子、短斧，以及一部柴油發動的空氣壓縮機，機器上繫著看似澆花水管的管狀物，以便打入空氣供他們呼吸。他們有時會下潛至超過五十呎深的水下，從殘骸上拆解大片金屬，再以纜線綑綁送上水面。在全盛時期，從一艘體型較大的沉船上拆下來的金屬與零件，儘管鏽蝕且附著甲殼生物，仍可賣到一百萬美元。

在海地，拆船的人則大多待在水面上。米拉瓜納的海灘上飄散著濃厚刺激性的濃煙，到處是嘶嘶作響的壓縮機與發出震雷噪音的大錘。強壯的男子裸著上身，利用噴燈與鈍斧把船隻拆成好幾個部分，彷彿螞蟻在一隻大象屍體上作業。他們以克里奧語（Creole）相互叫喊著，警告下方的人注意掉落的碎片。在海灘上脆弱的棚屋裡，他們修理與清洗船體上拆下來的引擎零件。大塊的金屬則是熔化成鋼筋，可用在混凝土牆的建築工事中。

在米拉瓜納轉一圈之後，隔天我們便與海地海巡隊一同出海，由於美國海岸防衛隊警告他們，有一艘可疑且可能是失竊的船隻正闖進海地水域。經過幾個小時航行過波淘洶湧的海面，我們朝著海地的最西端前進。船上的七名海巡官員之一路漢迪‧布瑞札（Louhandy Brizard）形容著最近兩起船隻搶劫事件如何讓他與他的同事疲於奔命。第一起事件發生在幾個月之前，一艘由海地政府僱用於該國海域內搜尋金礦的私人船隻遭竊，並在隨後追回。第二起事件則涉及富有的前海地政府官員所擁有的一艘小船，至今尚未找回。「我們通常不會逮捕竊賊，而他們也知道這一點。」他說道。

鑒於我們在米拉瓜納看到的拆船效率，海巡隊在尋找的可能不再是一艘完整的船。我詢問布瑞札，外國的追討人是否可能協助他們趕在這些搜查未果的船隻被拆解之前找到它們。「他們應該被逮捕。」他直截了當地回答道，對於哈德柏格的職業渾然未覺。站在我身旁的哈德柏格對我投以某種眼神，彷彿在暗示我是在玩火。我很快地轉移話題，繼續詢問其他問題。

在海地這種地方的困難與危險似乎並不會對哈德柏格造成困擾。他顯然很享受遊走於生命安危與法律邊緣的工作。在與他一同經歷這段探險旅程後，我開始欣賞哈德柏格運作的這片灰色地帶。我也看到了詭計多端的債務人、不誠實的港口技工、暴躁的警衛、不滿的船員，以及好勒索的港務官員是如何被這個灰色地帶餵養出來，促使其

他人僱用這些海上追討人以更聰明的計謀打敗他們。在哈德柏格回家之前，我問他對於這片灰色地帶與海地這種地方所喜愛之處為何。差不多就和他喜歡住在密西西比州的理由相同，他說：「這些地方幾乎沒有法律。」

〜〜〜〜〜

　　哈德柏格給我一種對於海上追討的觀點，但他不是唯一在這個灰色地帶活躍的人。為了了解更多一些關於這種生意的技倆，我打電話給另一名海上追討人道格拉斯·林賽（Douglas Lindsay），他是英國一家追討公司「海洋解決」（Maritime Resolve）的主要合夥人。他解釋說，雖然偷船有時候是海上詐欺的目的，但大多數的港口貪污都是「勒索與釋放」的騙局。貪污的地方官員通常會利用這個技倆扣押一艘船，直到時間久至足以向船方敲詐費用。他們扣押的藉口有各式各樣：從虛報的維修帳單、假碰泊費到偽造的留置權，或是莫須有的破壞環境罪名。

　　「但是勒索的時間夠久，你就會窒息。」林賽補充道。即使是為了支撐一艘閒置的貨輪，每天也要花上高達一萬美元。隨著等待期間貨物變質毀損、交貨期限過去以及積欠的薪水累積，都會導致航運企業破產。有時候，這些扣押行動只是為了取得船隻所有權的更大陰謀的一部分，之後船隻可能透過倉促舉行的公開拍賣或法院拍賣而轉手他人。

　　林賽述說了他在二○一一年處理的一起案件。一名保險業者僱用他，以取回一艘由希臘人營運的貨輪，該船載著從巴西出口的糖，在抵達西非的幾內亞時，意外損毀了碼頭長堤。船長被捕，船隻也跟著遭到扣押。根據保險業者估計，損毀的部分不到一萬美元，但是船長卻遭拘留索求五千萬美元的罰款。「他們把你送進那個國家；你找到對的官員，協商把船長帶回來。」林賽說道，並表示那艘船和船長最

後以不到二十萬美元獲釋。

我不太確定林賽的故事是令我印象深刻或是感到震驚。當然，二十萬美元已經比最初的五千萬美元要少得多，但還是遠高於實際上造成的一萬美元損失。然而，最終我體認到真正重要的數字是那艘船的價值：三百萬美元，那才是真正的關鍵，也就是追討人為船東省下的金額。

儘管這類港口貪污行徑衍生出種種花費，船運業仍獲利頗豐，因為大多數經驗豐富的運營者都知道該賄賂誰，以及如何將這些不可避免的隱藏成本轉嫁到消費者身上。全球有超過百分之九十的貨物，從燃料、食品到商品，都是透過海運送到消費市場，而港口行賄每年可增加數億美元的非官方進口稅，以及貨物和船舶燃料的額外成本，最終推升了運費、保險費率和商品售價達百分之十以上。

世界上龐大的失竊「幽靈船隊」也造成了地緣政治的代價，因為這些船隻被用來進行各種不同類型的犯罪活動，幾乎無法追蹤。舉例來說，在索馬利亞、葉門和巴基斯坦，幽靈船隻被用來載運與伊斯蘭激進組織有關的戰士，這些人在二〇一二年便被恐怖分子利用來攻擊孟買。在伊朗與伊拉克，幽靈船隻經常被用來規避國際原油與武器禁運。在其他地方，它們通常被用於不同的目的：在南亞是用於人口販運、海盜與非法捕魚；在加勒比海是用於走私槍械與毒品；在西非外海則是用於運輸非法燃油。

海上詐欺（或者在此普遍意指船運）通常包含了四個主要角色：承租人、託運人、收貨人與船東。承租人向船東租船來載運貨物，而他的工作是尋找想要寄送貨品的託運人。收貨人從託運人那兒買下貨品。其他支援的角色包括監督船員與每日物流的管理公司，以及保險業者或是保護和賠償俱樂部（Protection and Indemnity Club），更常見的稱呼是P&I Club，這個角色負擔船隻或貨物所面的環境損害風險，如漏油或毀損。

海事法律的一些特點也給了惡棍們可乘之機。舉例來說，一名船長的航海日誌在法庭上占有不尋常的分量。若是一名貪污的承租人付錢讓船長在日誌寫道，貨物是在航程中受到損壞，那麼直到有人支付損失之前，那艘船大概都出不了港口。船舶出售比起其他類型的財產出售更為匿名且確定。這是為何貪污的個人或公司喜歡以購買船隻的方式來洗錢，以及傾卸他們不想被政府發現與課稅的資產。因為一艘船可能是從甲國買進，掛上乙國的船旗，然後停泊在丙國的港口，使得各國很難追查投資在某艘船上的金錢來源。

船舶交易的匿名性也使得偷竊行為更加容易。如果合法的擁有者在一場拍賣上發現失竊的畫作、汽車或工藝品，他可以主張對失竊品的所有權，多半也就能取回他的財產。在國際海事法律的架構下，這種救濟行為要困難許多。以業界用語來說，一艘在法院拍賣下出售的船隻已是公認「洗過臉」（face washed），清除掉原本連結的留置權與其他債務，包括抵押。

警方為了追捕失竊船隻費盡心力。在多數情況下，唯有海事當局是從本國領海上開始追捕，並且一直將逃跑船隻維持在視線可及的範圍之內，他們才能夠繼續在公海上追擊、攔截、登上並且控制一艘懸掛他國船旗的船隻。對於法院來說，所謂的視線可及多半不包括衛星或雷達觀測，而是真正肉眼可見的距離。在晴朗無雲的天氣下，從艦橋上可看到的範圍通常大約是七浬。

如果一場追捕行動是在公海上展開，那就更令人擔憂了。除了特殊情況，或者唯有掛著同一國船旗的軍艦，或是由逃跑船隻的船籍國發出許可，才能在國際海域擋下一艘船。目前全世界有許多懸掛利比亞船旗的船隻，超過四千一百艘；巴拿馬的船旗也是多數船隻的選項之一，該國除了巡邏海岸線之外，並沒有軍艦定期開出外海。這其中潛藏著國際船隻盜竊之美：如果有人試圖追捕，他們只需要逃跑即可；而且這種事情很少發生。這也大致上解釋了哈德柏格的世界。

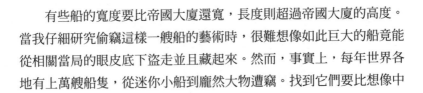

　　有些船的寬度要比帝國大廈還寬，長度則超過帝國大廈的高度。當我仔細研究偷竊這樣一艘船的藝術時，很難想像如此巨大的船竟能從相關當局的眼皮底下盜走並且藏起來。然而，事實上，每年世界各地有上萬艘船隻，從迷你小船到龐然大物遭竊。找到它們要比想像中困難許多。

　　一艘失竊的船隻一旦開始移動，一週內就可以航行好幾千浬。調查人員會發出獎賞公告、徹底搜查船舶出售清單，並且聯繫港口官員。為了尋找線索，他們會發布假的招募廣告，聯繫過去曾在失竊船隻上工作的船員親戚、前妻或是被拋棄的女友，有時候還會派出飛機、僱用快艇並且警告船公司協助盯梢。只不過這些方法很少奏效。

　　偷船不像偷車，後者傾向於留在竊盜行為發生的國家裡；也不像偷飛機，由於擔憂恐怖攻擊而被更緊密地追蹤著。失竊船隻是最難被收回的財產類型之一。即使是在美國境內要收回船隻都很困難，因為跨州的相關資料庫並沒有很好地連結，而且比起汽車資訊，船舶資訊要少得多。

　　要抓到一艘失竊船隻的最佳機會是在它出航之前。這通常需要明智的協商。一名來自佛羅里達州的海上追討人查理・米全（Charlie Meacham）描述他在多年前的一次任務，當時他受僱去取回一艘被困在某座西非港口（他不願透露切確地點）的船隻。該船隻及船員因為涉嫌在港口附近的海域釀成五十加侖的漏油而遭到扣押，並且面臨六千萬美元的罰款。在送了一箱傑克丹尼爾威士忌至港口主管辦公室，並且祕密電匯了五萬五千美元到他的銀行帳戶之後，船員和船隻便悄悄地獲釋。「賄賂是違法行為，但協商一筆罰款不是。」米全向我強調這點。

　　這種協商過程通常是乏味的工作，涉及紙上作業與銀行，但是當

地方當局不合作時,協商可能會變成海上越獄。這是當一場收回行動變成「提取」時。常見的情形包括船隻被帶到「不友善的司法權區」,例如委內瑞拉、古巴、墨西哥、巴西或海地的港口,這些國家的地方政府對於外國船東較不同情。在這種情況下,收回一艘船的選項就只有從糟到更糟。

　　米全描述了他在幾年前到哈瓦那取回一艘美國人所有的失竊大型遊艇的過程,該船被一家知名的古巴飯店用來提供釣魚觀光行程。米全和他的團隊私底下租用了那艘船,來到國際海域上之後,他們給了古巴籍船長兩個選擇:跟他們一起回美國,或者自行搭乘救生艇返回岸上。船長選擇了後者。米全表示,他一年之間有好幾次會去其他國家確保失竊或遭詐的船隻獲釋。許多從美國偷走的船隻是犯罪集團所為,可能涉及人口販運、槍枝或毒品走私行動。

　　約翰・道比(John Dalby)是一名海上追討人暨一家英國公司「海洋風險管理管理」(Marine Risk Management)總裁,他說自己會盡量避免在「不友善」的港口收回失竊船隻,因為偷船者通常在當地政府機關裡有朋友。他舉出一個替代做法的範例:他的手下會扮演毒品查緝的官員,在公海登上嫌疑的船隻,然後偷偷在船上安裝追蹤器。下船之後,等待該船駛入印尼海域,他在印尼執法機關的朋友會很樂意逮捕該船。

　　安排一個把船偷出港口的計畫通常得從監視開始,好幾名追討人如是告訴我。觀察得夠久就會發現,每天幾乎總會有三十分鐘左右的空檔船上是沒有人的,通常是在守衛換崗的期間。而大多數的提取團隊只需要不到十五分鐘就可以登船,追討人說道。不過,把船弄出港口則需要更長的時間,因為愈大型的船隻所配備的引擎會需要半個小時以上來熱機。為了祕密登船,追討人說他們需要的不過是一盞頭燈,以及一捆綁著爪鉤的多結繩索。為了消除爪鉤碰撞船隻的金屬欄杆時所發出的鏗鏘聲,用一塊布把它包起來會有幫助,

一名追討人補充道。

只要有機會，哈德柏格偏好說服對方讓他登船，利用他的各種假制服和官方名片，包括：「港口巡檢員」、「海軍部督察」、「海事勘測員」、「內部稽查員」以及「買家代表」等。如果他可以從船員那兒贏得一回正式的登船巡禮，他會戴上內建攝影機的眼鏡，也會在艦橋某個不受注意的角落留下一部錄音機，直到下船前再取回，那麼他就可以捕捉到船員們在他不在艦橋裡的時候說了什麼。為了確認那艘船的身分，他會檢查引擎序號，那是竊賊經常忘記移除的資訊。如果他可以獨自進入引擎室，他會帶著一小瓶磁粉，灑在原本應該刻印船名但通常已經被焊除的地方。由於焊除會改變金屬的慣性，磁粉一覆上去就會黏附出原本的船名形狀。

有時候，把一艘船弄出港口還需要機靈地轉移注意力。追討人會付錢請當地政客關閉附近的道路、派街頭少年去小巷弄裡縱火，或是請鎮上另一端的酒吧主人辦一場盛大的派對。哈德柏格說，為了讓守衛離開船隻，他曾經做過最糟的事情是付錢請人去欺騙守衛，聲稱他的母親剛被送進醫院。在更多時候，他則偏好僱用妓女。「因為她們一輩子都在演戲，可說是最佳演員。」他觀察道。

在我所訪問過的六名追討人當中，沒有人曾經因為收回一艘船而遭到逮捕，雖然他們曾經陷入不少類似的緊張情境中。林賽說到他昔日的一名合夥人在與海參崴的港口主管交易不成之後，只得躲在某輛車的後車箱以潛逃出俄羅斯。道比說到他的一名手下在一次收回行動中被扣押為人質，之後在政府軍的協助下才獲救。米全則是說，有個販毒集團還在墨西哥懸賞他，因為他從他們那裡取走了十幾艘船。

最終，不論是他們巧妙地轉移注意力的技倆、精心安插的盟友、假制服、還是便利的小裝置，在我看來，這份工作成敗最關鍵的因素似乎是對於法律的彈性見解。賄賂、罰款、稅金、費用——如何歸類這些用來解決問題的錢通常取決於付錢的人是誰。有些人或許

稱之為竊盜行為，有些人則稱作提取、司法權重置或是海上收回。無論如何，哈德柏格都準備好要取回「索菲亞號」了，而我想要親眼目睹這場行動。

～～～～～

根據哈德柏格的標準，從希臘把「索菲亞號」取回應該是一件簡單的任務。他不需要偷溜上船，不需要穿著假制服或是以對話欺騙船員，用不上爪鉤或妓女，也沒有巫毒下咒。他的客戶是紐約的銀行家，再三跟他保證船員是站在他們這一邊。由於哈德柏格對於結局非常有信心，他的公司只收取相較一般水平低得多的日報酬，雖然他不願透露實際數字。

「索菲亞號」的運營商「新領導」贊同把船帶離雅典當局管轄區的必要性，然而，他們開始擔心把船開走之後會發生的事，以及哈德柏格會把船帶往何處。他們想知道那是否會讓他們較無法掌握該船命運。

在哈德柏格抵達雅典之後不久，他愈來愈清楚意識到這個任務會比他原先以為的困難得多，不只是因為搶奪船隻的布署安排，也因為兩大債權方──紐約的銀行家與船隻的運營商──並未達成共識。他感到運營商的猶豫，但他還是對於船隻要航向何方抱持保留態度。「先把船弄出希臘海域，」他一直這麼說道。「然後我們再來煩惱要帶它去哪裡。」他的論點在於「索菲亞號」只要繼續載運瀝青就可以賺錢，但前提是他們得把這艘船帶離那些規模既小又可能是作假的債權人，後者試圖把「索菲亞號」困在希臘。

哈德柏格沒有告訴「索菲亞號」的運營商，他的真正計畫是把船弄到國際水域上，然後在銀行方的授權下指示船長開往距離五百浬的馬爾他或是距離一千六百浬的直布羅陀，那裡的法院對於抵押貸款方遠比對於船東或是運營商友善得多。哈德柏格在雅典陸地上的那幾

天，一直在忙著搜集小額債務、清除拘捕令。他僥倖地逃過被追問「索菲亞號」的下一個停靠港。

這改變了哈德柏格實現計畫的時機。在一艘船離開港口時，必須告知港口管理人，這艘船將要開往哪個新的目的地。當運營商看到馬爾他在名單上，他們就會知道有些事情正在醞釀中，因為在馬爾他並沒有瀝青工廠。這也意謂著，銀行家們很可能想要完整擁有這艘船。一旦船隻抵達馬爾他，很可能就會使得運營商失去賭注。

當我抵達雅典與哈德柏格會合之後，在我們為了出航準備做最後衝刺的期間，哈德柏格的計畫似乎偏離了預期。從紐約打來的憤怒電話中，銀行家表達他們對於任務還未達成的高度惱怒。哈德柏格和他的生意夥伴麥可‧波諾試圖安撫他們，解釋「索菲亞號」在收到比雷埃夫斯港務局的出港許可之前無法離開。「我是僱用你用盜的，而你卻一直跟我說出港令？」波諾回想起一名為銀行家工作的紐約律師在某通電話中對他大吼。波諾回說這裡是希臘，不是海地。攜船潛逃在這個地區是困難得多的提案。

希臘密布的島嶼地理意謂著「索菲亞號」必須航行十七個小時才能駛抵國際海域，而哈德柏格才會有比較可靠的法律論據以接管該船。波諾解釋說，任何微小的失誤都有可能造成嚴重的後果，倘若船隻運營商通報希臘當局「索菲亞號」正在逃跑，「馬克斯會在一個小時之內就被逮捕。」對於運營商而言，若要聯繫希臘當局的朋友，或是告訴比雷埃夫斯港的任何人說他們收回佐洛塔斯債務的最後機會就要溜走，十七個小時已是綽綽有餘。

好幾個緊張的日子過去。在哈德柏格應付希臘人、波諾安撫紐約客的同時，我坐在港口附近的一家飯店等待一位名叫狄米崔斯‧布尼亞斯（Dimitris Bounias）的當地記者，我曾經僱用他來幫忙。最後，我終於收到波諾的簡訊：哈德柏格要趕緊開溜了。我和布尼亞斯立刻衝向一艘租來的小快艇，開始一個小時左右的航程駛向愛琴海。我們被

告知躲在另一艘接近「索菲亞號」的油輪附近，因為哈德柏格不想讓「索菲亞號」的船長看到我們，擔心我們可能會嚇到他和船員。基於同樣的理由，哈德柏格指示我不要打開無線電，也不要用手機跟他聯繫。

我們停在油輪附近五個小時，等待哈德柏格和「索菲亞號」的船員準備好在入夜離開。海浪之高，使得我們若是關掉引擎就可能翻船，所以我們在原地打轉著。我們的船是一艘十呎的硬底小艇，側舷不高——可以高速行駛，但是沒有篷頂，會暴露在浪花與惡劣天氣之下。隨著入夜，氣溫下降、海面上升，我們被海水潑濺得更厲害。我拚命地克制自己顫抖，而布尼亞斯患有糖尿病，在查看他的血糖值時發現已降至危險的低水平，因此我們決定飛奔到附近的小島上吃點食物、喝點熱飲。

在我們爬上碼頭點了一些食物之後不久，我的iPhone就開始嗶嗶作響。追蹤軟體顯示「索菲亞號」正在移動。「不妙，我們必須走了。」為了驅寒，布尼亞斯點了好幾份茴香酒，我們只得退回，抓起外帶薯條趕回船上。不到半小時，我們就跟上了。在黑夜中，我們尾隨著全速駛向公海的「索菲亞號」前進。

艦橋上的爭執依舊，「索菲亞號」的目的地仍然懸而未決。銀行家和運營商還在對峙中，而船長被卡在中間。運營商不喜歡前往馬爾他的點子，但是他們也沒有提供替代選項。哈德柏格擔心他們可能會試圖把「索菲亞號」導向利比亞、埃及或突尼西亞的港口，眾所周知他們在這些政府裡有強大的盟友。「索菲亞號」先前曾經在這些國家停泊過，而且這些國家較可能會忽視紐約債權人或是海上追討人的要求。「我可不是在嘗試讓自己死於某個中東國家的監獄裡。」幾天之前，哈德柏格曾經在雅典的一頓晚餐席間說道。令人不安的一點是，不論他在哪裡登船，他也有必須下船的時候。目的地不只必須對於船東有利，也必須對他有利。

　　當時，「索菲亞號」上有十三名菲律賓籍船員，他們是由一家希臘的人力仲介公司所聘僱。這些船員在過去幾個月以來未收到薪水，而這家人力仲介公司採取了這個行業中少見的做法：為了避免危機而直接介入，寄錢回去給船員們在菲律賓的家庭。這家人力仲介公司老闆以同情且支持船員的名聲在菲律賓水手之間流傳，他可能是想要在未來招募更多的菲律賓水手。若是哈德柏格可以想出一個計畫，把這艘船帶到一個可能讓船員們至少收到部分薪資返家的港口，那麼人力仲介公司——以及船員們——是會支持的。幸運地，在出航之前，哈德柏格說服了銀行家同意支付船員們半額欠薪，而且他們若是協助把船駛往馬爾他，就可以獲得另外一半欠薪。

　　船員們很喜歡這個計畫，但是船長羅沙里歐卻陷入進退維谷的兩難境地。駛往公海或是待在希臘海域？他應該聽從紐約的銀行家或是在雅典的運營商？

　　當「索菲亞號」駛離比雷埃夫斯之際，一名代表運營商的律師打電話給船長，告訴他絕對不能聽從哈德柏格的指示，因為這艘船還在希臘海域上，運營商仍然對它有合法掌控權。「在任何情況下，你都不准進入國際海域。」律師說道，並警告船長若是聽從哈德柏格的指示，可能會遭到起訴。「盜竊行為不是一個選項！」運營商寫了電郵給哈德柏格，表示他們正在考慮採取法律行動以對付他和波諾。「離開比雷埃夫斯，駛往任何一座附近的小島，然後就在那裡下錨。」新領導公司命令羅沙里歐。

　　當哈德柏格和羅沙里歐站在「索菲亞號」的艦橋上，來自傳真、電郵、簡訊與衛星電話的各種衝突指令向他們飛來。銀行家主張，他們做為抵押貸款方在法律上有權力取得這艘船。「立刻開往馬爾他。」銀行家在一通電話中命令船長。為了強化他們的聲明，波諾以電郵寄給船長一封來自「索菲亞號」的船旗國巴拿馬一名海事律師的信。信中解釋道，在這樣的情況下，抵押貸款方有權力取得該船。「你正處

在違法邊緣。」波諾在一通電話中如是警告羅沙里歐，並提及一起刑事訴訟案，關於某艘船的船員或船長因為做出與船東利益衝突的行為而遭到起訴。波諾警告羅沙里歐，如果你不前往馬爾他，銀行家會拋棄這整艘船，「你也永遠別想收到薪水了。」

　　這場爭執持續了將近十個小時，期間「索菲亞號」仍在希臘海域上，但是試圖離比雷埃夫斯愈遠愈好。我們已經在雙引擎快艇上跟蹤「索菲亞號」好幾個小時，偶爾從哈德柏格和波諾那兒收到更新訊息，直到我們開始碰上大浪，才決定返回港口。

　　羅沙里歐在艦橋上小心翼翼地應付著，試圖不洩露出他相信哪一方的話。最終，他在希臘的聖喬治島（Agios Georgios）附近慢了下來。「下錨」，他給出一項挑釁的指令，像是一名受夠孩子們爭吵的母親。「我會在這裡等著，你們兩邊去搞清楚你們的歧異。」他如是告訴哈德柏格。

　　接下來的一週，他們就待在那裡。哈德柏格後來告訴我，他是如何與波諾扮演黑臉與白臉。這兩人試圖說服運營商，在希臘海巡隊抵達之前，「索菲亞號」應該離開希臘海域，以免船隻被拘留之後再也不得運轉。無所是事的船員們一遍又一遍地觀看玩命關頭系列電影以打發時間，那是少數他們在船上可以看的電影。哈德柏格則是在醫務室裡船上唯一空餘的床位上閱讀佛瑞斯特的《布朗決議案》（*Brown on Resolution*），內容是關於一艘沉沒的皇家艦隊的唯一倖存者。與此同時，我回到雅典的一間飯店裡待著，寫訊息告訴家人我的位置，並且修改我的行程。我好奇誰在「索菲亞號」占了上風，也好奇這種戲劇化的爭執是否只是某種更大型競賽中的某一回合，以不為消費者所知的方式，反應在全球運輸商品的誇大價格中。

　　終於，雙方在隔天達成協議。只要銀行家支付五萬美元，運營商同意讓「索菲亞號」航向馬爾他。銀行家和波諾形容這筆錢是「單純的敲詐」。另一方面，運營商則對於這筆金額有他們自己的詮釋：「這

「索菲亞號」匆忙地駛離比雷埃夫斯港、朝公海前進，哈德柏格站在艦橋陽臺上，以雙筒望遠鏡查看希臘海巡隊是否會趕上他們。

是慷慨的行為。」他們聲稱，由於銀行家的「意圖盜竊行為」，他們已經為嚴重耽擱承受了昂貴的代價，這筆錢之於他們真正被積欠的金額，只不過是九牛一毛。

若以六節的速度前往馬爾他，需要六天的時間，這是這艘船面對強勁風浪可以辦到的最佳速率了。在航程中，「索菲亞號」陷入嚴重的破損狀態。由於深度堵塞，馬桶開始溢出灰色的髒水。馬桶裡的排泄物濺滿廁所地板，形成發出惡臭的三吋深積水，船員必須以水桶撈出積水，抬到樓上，倒出船外。雷達系統故障，以致艦橋必須仰賴衛星電話。最後，船上的主要發電機之一停擺，「索菲亞號」勉強靠著一台備用的緊急發電機才撐到馬爾他。「那麼多人為了一個完全是垃圾的東西在爭執。」哈德柏格在一通電話裡如是告訴我。

當他們抵達馬爾他，哈德柏格把補給塞滿了他的後背包，也是他唯一攜帶的行李，然後和在這段旅程中建立起密切關係的船員們一一道別。在海上的不愉快狀態可以創造出快速且深刻的團結情感——前

提是那些狀態不會導致船員之間相互鬥爭。船員們有理由生氣：這十三名菲律賓人已經有五個月沒有收到薪資了。

「我們要在幾週之內把『索菲亞號』賣掉，或是讓它重新恢復運作。」銀行家們這麼告訴波諾。船員們對此感到懷疑，我也是。哈德柏格飛回了密西西比，他在這場冒險傳說中的角色已然告一段落。幾個月後，他查詢手機裡的追蹤軟體，想看看「索菲亞號」去了哪兒。結果還是定錨在馬爾他。

我和船員們在那之後失去聯繫，從未得知他們是否順利回到家鄉，或是得到人們承諾給付的薪資。在那場奇異的劫船事件之後許久，我好奇那十三名菲律賓船員後來的情況，以及他們的心智狀態是否已經從那艘骯髒的船隻上解脫。我在法外之海所發掘到的諸多故事之中，主人翁出海是為了索討：不義的賞金，例如「雷霆號」；在陸地上難以取得的權利，例如登上「阿德萊德號」的女性；一小片鏽蝕的領土，例如西蘭公國；或是一份財產，例如失竊的「索菲亞號」。在這些案例中，船員們幾乎總是僅能勉強維生，卻被困在其他更龐大的角色之間。

哈德柏格告訴我，「索菲亞號」上並沒有配備可用的救生艇，就這麼出海了。他也提到，輪機長連續好幾個月要求船東送來更替的零件，但是從未收到過。菲律賓籍船員似乎真的被困在危險且糟糕的境地裡。他們的船並沒有準備好應對任何災難，但似乎就正在航向一場災難。船員若是想要下船，只有在船東或運營商的許可之下才可能實現。

哈德柏格繼續過著他的日子。還有其他船需要被收回，多虧了他所珍視的海洋法中存在的灰色地帶，以及人們僱用他來對付的穿著商業西裝的強盜們，這門生意給了他穩定的工作機會。

8

中間人
THE MIDDLEMEN

在這個世界裡，同船船員們，能夠自己支付旅費的罪惡之人
可以自由地旅行，甚至不須護照；然而，若是窮人，即便是美德之人，
也會在所有國界上被阻擋下來。
——赫爾曼・梅爾維爾（Herman Melville），《白鯨記》（*Moby-Dick*）

　　當艾瑞爾・安卓德（Eril Andrade）在二〇一〇年九月離開他於菲
律賓南林那布安（Linabuan Sur）的小村莊時，他的身體是健康的，內
心充滿希望，預期自己可藉著在漁船上的工作，賺到足以幫母親換掉
漏水屋頂的錢。七個月之後，他的人卻是被裝在棺木裡送回家。

　　這具屍體因為被存放在船上的漁獲冷凍庫裡長達一個多月而呈現
烏黑狀態。他失去了一隻眼睛與胰臟，全身上下都是割傷與瘀青。解
剖結果顯示，這些傷口是在他死亡之前就已經造成的。「生病休息。」
一張貼在他的屍體上的紙條寫著。那是船長以中文寫成，上頭只說明
安卓德死於二〇一一年二月，得年三十一歲，在他的睡夢中病倒。

　　我在二〇一五年從一名人權工作者口中聽說了安卓德的故事，雖
然我知道有許多人死在漁船上，這則案例還是引起我高度的興趣，因

艾瑞爾·安卓德在二○一○年被一家位於新加坡的非法人力仲介公司「站出來水手」所僱用,而後在可疑的情況下死於一艘臺灣鮪延繩釣漁船。

為安卓德是透過人力仲介公司找到他的工作。我曾經從工會團體、港口官員以及為船員辯護的律師等人那兒聽說過這些公司,他們以詐欺工人聞名。

雖然菲律賓的檢察官試圖釐清安卓德的死因,他們卻無法聯繫上漁船運營商。事實上,他們甚至無法聯繫上人力仲介公司的老闆。我想要知道原因,所以我前往菲律賓,不只是為了了解安卓德的死因,也是為了更加了解像他這樣的工人是如何被招募到這些船上,以及人力仲介公司在事情出錯時扮演了什麼角色。

安卓德的家屬告訴我,安卓德是在二○一○年夏天開始焦躁不安。他曾經在大學就讀犯罪學,希望能成為一名警員,卻沒有意識到他的身高距離五呎三吋的門檻要求還差了兩吋。於是他在一間當地醫院擔任夜間警衛,一小時薪資不到五十美分。他的哥哥朱利厄斯(Julius)告訴我,他沒在家裡的水稻田工作時,多數時候都在看電視上的卡通。

當一名堂兄告訴安卓德在海上工作的機會時,他覺得那是一個可

以周遊世界，同時又能賺到足夠收入支持家庭的機會。他被介紹給同村的一名婦女瑟莉亞・蘿貝洛（Celia Robelo），她為一家新加坡的人力仲介公司「站出來水手」（Step up Marine）在當地招募人力。蘿貝格告訴安卓德，他每個月可以賺到五百美元，外加五十美元的津貼。

安卓德不顧一切地抓住這個機會，交出一萬菲律賓披索（大約兩百美元）的「處理費」，並於二〇一〇九月前往馬尼拉，在那兒他又交了三百一十八美元以飛往新加坡。人力仲介公司派出了一名代表在機場與他會合，帶他到位於新加坡擁擠的中國城區的辦公室。「站出來」招募而來的人在出海前以及回來之後，就睡在辦公室上方十六樓的一間骯髒的兩房公寓裡。

和安卓德簡短通過話的家屬表示，他在那間公寓裡待了大約一個星期。室內沒有電視，鍋碗瓢盆被堆放在角落。待在那兒的人說，他們幾乎每一餐都吃炸魚，於是牆壁上覆著一層油膩。地板非常骯髒，以致一些地方還長出苔蘚。此外，根據一名菲律賓警方調查人員提供給我的法庭紀錄和問訊抄本內容，公寓窗戶是密封的，室內混雜著尿味與汗臭味。他們被要求祕密出入。負責控管工作的公寓管理人有時候會在夜裡向這些男人索討性行為。

安卓德就是在這間骯髒的公寓與家人失去聯繫。「哥，我是艾瑞爾。」安卓德在九月十五日下午四點二十九分傳了一封簡訊給他的哥哥。「我現在在新加坡，之前因為手機加值用完了，沒辦法傳訊息給你。」那是安卓德在登上臺灣籍漁船「鴻佑212號」（*Hung Yu 212*）之前，家人所收到的最後一封訊息。

為了連結生產者與消費者，如果海洋是全球經濟中勢必要橫跨的廣大空間，那麼海員們就是中間人，在協助將商品從一個港口搬移到另一個港口的過程中，過著如鬼魅般的生活，在海上漂流著，不為人

所見，而且一直在移動中。

航海產業主要分成航運業與漁業。雖然在航運業工作的商船水手面臨著他們自己的困難，尤其是被拋棄，但這些人往往比漁船上為數眾多且貧窮的漁工受到較好的保護。漁業船員很少加入或者組成工會，因此缺乏政治影響力，這也是他們被排除在《海事勞工公約》的部分原因之一。該公約是由幾十個國家所簽署的一項國際協議，旨在保護海員的權益，確保他們獲得適當的報酬。

全球有超過五千六百萬人在漁船上工作，另有一百六十萬人在貨輪、油輪、貨櫃船與其他類型的商船上工作。在大多數的情況下，這兩種類型的海員都是透過人力仲介公司找到工作。全球有幾千家這樣的公司，從幾十個國家招募船員，為幾乎總是在移動中的船隻供給勞動力，人力仲介公司在其中扮演了重要角色。

例如「站出來水手」這樣的人力仲介公司須負責處理從薪資給付以及機票到港口費用與護照等相關事宜。這些仲介公司也是幾乎不受規範，經常有腐敗情事發生。當海員被買賣——未依照他們的意願而更換工作，通常是透過債務、恐嚇或詐欺的方式——人力仲介公司經常是罪魁禍首。事實上，承擔這種指責是他們工作的一部分。這些公司讓船舶運營商得以巧妙地推諉事責，且輕易地轉移責任歸屬——相較於他們所提供的後勤支援，這是更有價值的角色。然而，人力仲介公司雖然承擔指責，卻很少被追究責任，因為他們大多位在距離海員居住生活與虐待情事發生地點十分遙遠的地方。

對於招募而來的海員，這些公司承諾他們一個通往更富裕生活的途徑。安卓德和其他許多由「站出來水手」所招募的水手都是來自南林那布安，位於菲律賓班乃島（Panay）北部海岸的一個人口約三百四十人的小村落，距離馬尼拉東南方約兩百二十四哩。我在那裡接觸過的大多數人都說，在被招募到漁船上工作之前，他們從未出過國或是在公海上工作過，也未曾聽說過「販運」一詞，或是與人力仲介公司

打過交道。

如果安卓德的經歷和我在他的村子裡所採訪過的其他菲律賓男子類似，那麼他大概是在抵達「站出來水手」於新加坡的辦公室時被告知事情出錯，他的薪資會比先前承諾的金額少了一半以上。別管原先所說的一個月五百美元，新的薪資是一個月兩百美元，而且當公司把其他「必要扣除額」計入時，這個數字還會再縮水。

這些扣除額的名目會在混亂的文書工作、快速計算的過程以及海員們不熟悉的名詞如「護照沒收」、「強制費用」、「副業收入」等被模糊地解釋帶過。來自安卓德同村的另外六名男子——檢察官表示，他們也是被「站出來水手」招募——描述他們如何被要求簽署一份新的合約：內容通常是綁定三年的工作契約。這份合約特別指出沒有加班、病假、每天工時十八到二十小時、每週工作六天等，以及每個月扣除五十美元的伙食費，船長還擁有調度船員到其他船隻工作的絕對權力。

接著，有些人會簽下一張伙食供應的預付單據（一次性兩百五十美元的費用，就像多數的扣除額，會由人力仲介公司持有）。然後還有「本票」，用來確認海員們若是離開工作的船隻，就會受到「擅離職守的懲罰」（違約罰金通常會超過一千八百美元）。文件上並指出，船員欲領取薪資，必須自費飛回新加坡。

我去了一趟南林那布安，與幾名認識安卓德且也曾經被「站出來水手」聘僱的人談話。這個村子有許多狹窄的交叉小路、一條主要的街道，兩旁矗立著棕櫚樹，路旁有一間古色古香的教堂，前方庭院掛著各式旗幟，還有一間便利商店張貼著網路遊戲與寶馬香菸（Pall Mall）的廣告。我一個接一個地去拜訪他們以煤渣磚建成的小屋，通常都是位在森林深處，四周有雞隻與豬仔閒晃著。這些男子幾乎都是裸著上身、穿著夾腳拖，而且總是不需要我多做介紹就同意坐下來和我對話。

　　當我問起他們的合約，顯然沒有人曾經收過自己簽署的文件副本。若是持有副本，就可以幫助他們確認自己的合約至少是對雙方皆有約束力的。這些男子也不知道為什麼在海外的老闆沒收他們的護照會是一件麻煩事，這會讓他們沒有權力離開。

　　在這些男人抵達新加坡之時，多數人已經陷入嚴重債務危機——有些人負債超過兩千美元，比菲律賓人六個月的平均薪資還多。為了籌得這些錢，他們通常會跟親戚借錢、抵押他們的房子，或是把家裡值錢的東西拿去典當。文件上顯示他們犧牲掉的東西包括「家用漁船」、「我哥哥的房子」以及「一頭水牛」，那是農夫用來犁田的一種牛。

　　即使安卓德和其他菲律賓男子是在不同的時間點飛到新加坡，他們所有人對於「站出來水手」辦公室樓上的公寓幾乎都是一樣的形容詞。一個位於新加坡的倡議團體「情義之家」（Humanitarian Organization for Migration Economics, HOME）執行主任范國瀚（Jolovan Wham）曾經在二○一四年拜訪過那間公寓，試圖協助被困在那兒的一名海員。他告訴我，那間公寓裡的男人們「像是沙丁魚般被塞在裡頭」。

　　好幾名男子告訴我，那間公寓是由一名四十多歲的矮小菲律賓男子彭（Bong）和一名中國女子莉娜（Lina）負責管理。新來的人被指示要壓低音量，避免走來走去。有些人會被要求在早上七點以前離開公寓，太陽下山後才能回來。其他人則被隔離在公寓裡，而前門總是被彭鎖著。

　　夜裡，二十多名男子就著紙板躺在地板上，彼此間僅相隔幾吋的距離。有三名海員回憶道，如果彭指向你，意即你得去他的房間睡覺，也就是和他發生性行為的地方。「『不』並不是一個選項。」其中一名海員說，因為彭掌控了每個人可以得到什麼工作。

　　我知道答案，但有時候還是不由得納悶為何這些男人會走進一個如此明顯的陷阱裡。因為渴望一個新的生活，他們很容易被騙，一旦他們被困在人力仲介的手中，就變得更加難以回頭了。

$$\sim\!\sim\!\sim$$

在過去十年間，沒有哪個國家每年輸出的海員數量高過菲律賓。儘管菲律賓人口不及全球人口的百分之二，卻提供了全球商船大約四分之一的船員。到了二〇一七年，菲律賓每年大約輸出一百萬名勞工──占全國人口百分之十──至海外工作。這些勞工每年將超過兩百億美元的收入匯回國內。由於許多菲律賓人會講英語，相較於斯里蘭卡、孟加拉和印度等國的勞工擁有更高的教育水平，並且以服從聞名，因此全球對菲律賓勞工的需求很高。菲律賓移民局堅稱他們沒有鼓勵勞動力輸出，只是協助管理流程。

學術界與人權倡議者反對菲律賓官方的聲明。他們表示是政府在驅使勞動輸出，把菲律賓變成「吉普賽人的國家」。這些批評也指責政府未能在國內創造足夠的就業機會，讓人民不必遠離家鄉，而且在他們出國之後，未能確實地保護他們。

二〇一六年，超過四十萬名菲律賓人試圖尋找甲級船員、水手、漁民、貨物處理員與遊輪員工的工作。若說安卓德的死透露了任何事，那大概就是即使是已經在海上勞動市場有數十年經驗的政府也很難保障人民的海上工作權，雖然正如我不久之後所理解到的情況，這些政府的努力通常也只是漫不經心。

應該保護安卓德這些人的行政機關稱作菲律賓海外就業管理局（Overseas Overseas Employment Administration），總部設在馬尼拉。該機構的辦公室位在市中心一棟酷熱的建築裡，本身就像是一幅官僚體制的縮影，值得被收錄在格雷安・葛林的小說裡。在一層又一層的偌大隔間裡，職員們一排排坐在大型木製桌前，用力地握著圓珠筆在三聯式表格上寫字，周圍堆著一疊疊文件夾，即將要歸檔於高大的金屬櫃中，不合作的抽屜拉開時還會吱吱作響。這隻笨重的行政恐龍似乎特別不適合追蹤──更不適合保障──上百萬名在世界各地持續移動的

勞動力。

我花上幾乎一整天的時間在這棟建築裡到處遊走，迅速翻閱該機構對於遭侵害勞工的卷宗資料。這些檔案就像飯店帳單一般枯燥乏味，但是暗藏著一些驚喜。舉例來說，一個檔案櫃裡存放著一份二〇一二年的研究指出，菲律賓駐新加坡大使館曾經收到的協助請求案件當中（在二〇一〇年一月至二〇一一年四月之中約有六十三件），有關菲律賓男子在漁船上遭非法販運的件數要比菲律賓女子涉及性交易與夜生活娛樂產業（這些工作普遍被認為更容易導致被販賣或侵犯的下場）的件數還多。

這些文件也包括了由招聘人員所杜撰的假表格，以欺騙人們為一些不存在的項目支付費用。有些假表格的右上角還蓋有戳章以便顯得更官方一些。但是仔細查看其中某個戳章的印記，我發現它是用小孩玩具印章組所偽造的，上頭還有米妮的臉。

午餐休息時間，我穿越馬尼拉市區，來到馬尼拉灣附近的 T.M. Kalaw 街上一處約有兩個街口長、擁擠的人行道上。這裡有幾百名海員在尋找工作。來自人力仲介公司——有些是合法的，但有許多是不合法的——的招聘人員在他們的脖子上掛著告示，列出所有徵人的工作機會，或是指向身旁桌上排列的手冊。

一首耳熟能詳的塔加洛語說唱歌曲〈Seaman lolo ko〉（我的爺爺是一名水手）做為背景音樂大聲地播放著。「這些日子以來，被欺騙的是水手。」歌手勇加斯（Yongas）唱道。他在歌詞中警告著，過去做為騙子——對他們的伴侶不忠誠——的水手，如今是被其他所有人欺騙的一群。在男人們想辦法穿越人群的同時，其中許多人似乎已經將歌詞記在心裡，也跟著喃喃唱著。我不太確定是誰播放那首歌，但是人群似乎淹沒了它在一個招工場合裡響起的諷刺感。

當我回到政府的海外就業機構，營運與監督部門的主管塞爾索・小赫南德茲（Celso J. Hernandez Jr.）正在他的座位上，同意回答我的問

題。他解釋道，如果一名菲律賓籍的家事移工在科威特被她的雇主性侵害，她可以去菲律賓駐當地的大使館尋求協助。「相反地，在海上沒有大使館。」他說道。在赫南德茲每週經手的七十多件勞工受侵害案件中，大約有十到十五件是關於海員，他說道。

他又解釋道，政府試圖遏止人們接受那些曾經侵犯勞工權利的人力仲介公司招募已有一段時日。若是符合某些特定背景的菲律賓男性準備出國，馬尼拉機場的移民官會把他們擋下來。關於這一點，政府鎖定的是年齡在二十至四十歲之間，且身上種種跡象顯示出他們可能是來自鄉村地區：膚色較深、衣著廉價、對於旅行的理解不深。赫南德茲說，這種策略的效果很小，因為人力仲介公司開始指導他們該如何回答關鍵問題，以免被移民官盯上。人力仲介也會賄賂某些移民官讓他們的船員不必接受詢問就直接通關。

我把安卓德的案例告訴赫南德茲，並且向他展示我已經搜集到的證據。在我說話的同時，他也檢查著自己的電腦。當他面無表情地抬頭看著我時，他表示並沒有任何關於安卓德的死亡或是「站出來水手」公司的紀錄。「你確定嗎？」我問道，無法掩飾我的懷疑。赫南德茲緊張地解釋說，許多諸如「站出來水手」的人力仲介公司對於政府來說是完全隱形的。我告訴他，我會進一步調查下去。赫南德茲搖搖頭，請我讓他知道我的發現。

〰〰〰〰〰

儘管在赫南德茲的辦公室裡沒有紀錄，「站出來水手」在這個業界已是人盡皆知。成立於一九八八年，該公司原本招募的是家事勞工，例如與雇主同住的女傭，她們從菲律賓被派往新加坡，為雇主一家煮飯、打掃和照顧小孩。

幾個星期以來，我聯繫了世界各地聲援海員與人權的團體，請他們檢查自己的檔案中是否有提及這家公司，並且與我分享任何他們所

在錫布延海（Sibuyan Sea）上的一群漁船船員。他們述說自己被名為「站出來水手」的人力仲介公司販運的故事。

能找到的文件。很快地便看得出來，「站出來水手」因管理不善而惡名昭彰。我收到的文件指出，在安卓德去世前的十年之間，該公司已經涉入六起與人口販運、嚴重肢體凌虐、忽視、不實招募等相關的案件，還積欠了數百名來自印尼、印度、坦尚尼亞、菲律賓和模里西斯的海員薪資。這一切都讓我更加不理解為何菲律賓政府的海外就業機構不曾聽說過這家公司。

「站出來水手」不是我在報導期間唯一遇到的失職人力仲介公司，其他公司曾經聘僱在歐陽公司船上遭受性侵害與肢體暴力的印尼漁工。我在杜拜遇到的水手遭棄事件，人力仲介公司也在其中扮演主要角色。

所有這些公司都有同一套劇本。他們利用債務、詭計、恐懼、暴力、羞恥以及家庭牽絆來招募這些人，將他們陷入羅網，又把他們拋棄在海上，有時候好幾年都處在極度困難的處境中。這些公司也展現

出了販運海員是稀鬆平常而非無賴詐欺之事，而且通常不是由地下犯罪首領精心策劃，而是透過法人事業，在願意撇過頭去的政府機構默許之下相安無事地營運。在關於船隻收回的報導中，我曾經看過貪污如何經常從陸上延伸到海上；而在研究人力仲介公司時，我發現在國境之內針對犯罪行為執法的意向經常會止步於海岸線上，即使一國的司法管轄權與責任是延伸到海岸線以外的範圍。

不過，我也逐漸意識到，人力仲介公司在全球漁業所扮演的更大角色。這些公司不只是在船員與雇主之間做為權責與罰責的緩衝，他們的目的也是協助鞏固某種對於全球化的幻覺。人力仲介公司——尤其是傾向於刪減薪資與欺騙工人的那些可疑公司——提供漁業公司所需的效率，以便維持住世界各地的消費者渴望相信的幻覺。

這個幻覺即是認為我們可能實現永續地、合法地打漁，與漁工簽訂合約、讓他們賺取像樣的薪資，同時還可以維持在超市貨架上一個五盎斯的鰹魚罐頭只要二‧五美元，而且鰹魚還只是幾天前在幾千浬遠的水域裡捕上來的。如此低的價格與如此高的效率背後皆有隱藏成本，而人力仲介公司就是在協助隱藏那些成本。

隱藏成本絕不是漁業僅有的現象。舉例來說，自從工業革命以來，其他產業已經被允許免費排放大量的二氧化碳至大氣中，而大眾所承受的隱藏成本便累積成了今日我們所知的氣候變遷。儘管如此，人們較未意識到漁業所存在的隱藏成本，因為海洋是如此遙遠的範疇。

漁業公司如果必須自己招募那些以不可思議的低薪為他們從事如此危險工作的漁工，並且自己處理後勤事宜，他們很可能會陷入財務困難。海洋上的目無法紀以及消費者與政府忽略這些隱藏成本的意願，都可算是讓許多漁船得以免於財務困難的某種補貼。

這個現象就是全球化令人困擾的真實：與其說它是建立在亞當‧斯密所謂的看不見的手，更像是建立在市場詭計的手。藉由把這項任務外包給人力仲介公司，諸如生鮮超市與供應鏈更上游的漁業批發

商，其企業責任與人力資源部門就不需要嘗試理解或解釋，在這些漁船上的船長怎麼可能找得到願意為了如此廉價報酬賣力的工人；他們不需要質疑隱藏成本以及菜單上的魚價是否為真；也不需要解釋怎麼可能如此快速且實惠地把漁獲從地球的一端運送到另一端，或是解釋那些在漁船上喪命或受傷的船員家屬們怎麼了。人力仲介公司讓這些問題變得無法回答，前提是如果消費者或任何人會想到要質問他們。

　　在新加坡，我僱用了一名當地記者暗中拜訪「站出來水手」的主要辦公室。他用手機拍了一些照片，以電子郵件傳給我。該辦公室的內部空間狹小，位在一棟購物商場的二樓，對面是一間情趣用品店和按摩室。幾個星期以來，我試圖採訪「站出來水手」的老闆維克多（Victor）與布萊恩・林（Bryan Lim），但他們數次拒絕我的要求。在二〇〇一年，菲律賓最高法院的一場訴訟透露出了他們的想法。「完全的陌生人。」當維克多・林被問到自己與一名控訴未獲得薪資的海員之間的關係時，他如此表示。一旦他們上了船，公司就對這些人沒有責任了，他補充道。

　　林拉開自己與受僱漁工之間的距離，以及菲律賓政府拉開與輸出勞工之間的距離，這兩者存在著某些共通性。兩方都不願承擔將勞工置於危險且受虐環境中的責任，因為那意謂著他們會被要求負責修補問題。

　　法庭最終否絕了林的聲明。比起把「不識字的鄉下人送到國外，讓他們在虐待勞工的雇主手裡承受不人道的對待」，唯一更糟糕的是該公司密謀拒絕支付勞工薪水，法庭判決寫道。在我對於菲律賓政府的諸多批評之中，這份法庭判決是針對弊端行為的一項直率且強有力的定罪。

　　不幸地，這份法庭判決也是一個轉折點。過去維克多・林與「站

出來水手」是利用在菲律賓註冊的人力仲介來招募移工，至此他們開始轉而仰賴在新加坡的菲律賓籍家事移工來非法招募他們在小村莊生活的親戚。舉例來說，瑟莉亞·蘿貝洛被她的嫂子蘿絲琳·蘿貝洛（Roselyn Robelo）僱用為招聘人員，而蘿絲琳先前是林的家事幫傭。

根據一封二〇一二年來自菲律賓駐新加坡大使館的信件內容，在安卓德過世之後，「站出來水手」的職員與安卓德生前工作的臺灣籍漁船船東提議要支付他的家人大約五千美元的賠償金。鑒於任何菲律賓合法的人力仲介公司通常會支付至少五萬美元以賠償一名海員之死，這項提議金額實在低得可憐。安卓德的家屬不但拒絕，並在二〇一一年十一月向新加坡人力部（Ministry of Manpower）提出對「站出來水手」的正式控訴。

我希望能繼續追蹤他們的控訴結果，但實際上每一位我所聯繫過的人都要我去找「站出來水手」。在新加坡，人力部官員使勁地跟我解釋為何他們沒有針對人口販運和其他違法行為起訴該公司。他們說，他們對「站出來水手」進行過調查，結果顯示該公司完全只扮演行政上的角色。它只是單純的中間人，官員主張道。它只負責漁業公司與漁工之間的引介，並且提供後勤支援如住宿、機票與航海文件等，以便把漁工分配到各漁船上。

新加坡人力部官員承認，因為他們的部門不具海外司法管轄權，該部沒有訪問任何聲稱遭受債務奴役、肢體凌辱或人口販運的菲律賓籍勞工。而被問到為何「站出來水手」要求預付費用，欺騙移工真實薪資，以及在他們遭受不法對待之後拒絕協助他們返家時，新加坡官員表示這些問題需要直接去詢問該公司。

在臺灣，我僱用了一名調查員去詢問警方、漁業相關當局以及安卓德的船東。在此之前，我試圖說服我的編輯讓我飛到臺灣，那麼我就可以親自去採訪，但是當時的時間很緊湊，我們也猜想身為一位不會說中文的外國人，我僱用一名當地人應該能獲得更佳的資訊。臺灣

警方與漁業官員表示，他們沒有任何紀錄顯示曾經詢問過「鴻佑212號」的船長邵金鐘（Shao Chin Chung）。一位在鴻飛漁業（Hung Fei Fishery）工作的祕書表示，該公司老闆正在國外修理另一艘漁船，不方便通話。關於船員的問題必須去詢問人力仲介公司，該祕書建議道。

　　與此同時，我還是無法聯繫上「站出來水手」。在留下數通未獲回應的留言予該公司辦公室之後，我僱用了一名信差傳遞一封信給他們，內容詳述我的發現，以及菲律賓執法當局和其他人所作的控訴。我從未收到任何回應。「他們不對任何人做交代，」一名來自新加坡移工倡議團體「客工亦重」（Transient Workers Count Too）的董事會成員雪莉‧希歐（Shelley Thio）說道。「這就是這門生意被設計的方式。」

<hr />

　　在二〇一一年四月六日，「鴻佑212號」載著安卓德的遺體抵達新加坡的港口。新加坡衛生科學局（Health Sciences Authority）的法醫病理學家黃慶寶（Wee Keng Poh）在六天後進行了驗屍。他的結論是，安卓德死於「急性心肌炎」，一種心臟肌肉發炎的病症。他的報告中並沒有提供更多細節資訊。

　　安卓德的遺體接著被運往菲律賓，卡利博（Kalibo）的病理學家諾埃爾‧馬丁內斯（Noel Martinez）進行了第二次驗屍，但是結果不同於第一次。在安卓德身上沒有長期心臟問題的證據，他說道。反之，他將死因歸咎於「心肌梗塞」，一種急性的心臟病發作。他的驗屍報告中並寫到，在安卓德的眉毛、上下脣、鼻子、右上部胸口及右邊腋窩處都有生前造成的大規模瘀傷與割傷。

　　我花了將近一個星期試圖與兩位病理學家聯繫──包括寫電郵給政府官員與前雇主，以及透過《紐約時報》駐外記者協助搜尋電話號碼──但是一無所獲。這番碰上死胡同的努力唯一的用途是說明了一項重點：如果一名全職的調查記者在《紐約時報》的所有資源支持下，

仍無法找到這些病理學家。安卓德的家人們如何期望能得到答案呢？

最後，我終於從一名省級警探那兒獲得一些協助。他在讀過驗屍報告後告訴我，安卓德遺體上少了的胰臟與眼睛可能已經被移除，或是在驗屍過程中不小心被驗屍官破壞。然而，該名警探補充道，他懷疑實情並非如此。他認為更可能的解釋是，這些器官在某場嚴重意外中被徹底摧毀。

二〇一五年九月，我前往安卓德的家鄉南林那布安，訪問了幾名曾經被「站出來水手」招聘的男子。他們都和安卓德一樣，曾經在南非與烏拉圭之間的南大西洋上，為臺灣籍的鮪延繩釣漁船工作，而這種船在漁業界具有最糟糕的虐待漁工惡名。

好幾名受訪者表示，他們相信菲律賓政府內部的低階公務員與人口販運者串通一氣。他們回溯到，曾經在馬尼拉機場被指示前往某些窗口見特定人士，即使沒有必要的海外工作證，他們也會揮手讓你通關。一名來自政府的發言人否認這些陳述，並提出新頒布的反人口販運法與一些執法案例，以示證明菲律賓政府保護勞工的承諾。

我希望能訪問一名安卓德的親近友人康德拉・波尼希提・維參特（Condrad Bonihit y Vicente），但是當我找到他時，他正準備隨一艘漁船出海工作。因此，我從他的船長老闆那兒獲得許可，跟著他們的十人團隊一起出海至離岸四十浬遠的地方過夜捕魚。在最初七個小時的航程中，船員們幾乎沒說什麼話，與我保持距離。然而到了某一刻，我需要上廁所，於是問了其中一人廁所的位置。在這種漁船上排尿似乎很簡單，但是排便就需要擁有體操選手的平衡感了。

在船後方，馬達的後面，有兩條平行但距離約一呎的木板，那就是你應該蹲下瞄準的位置。木板極度溼滑，而且誇張地骯髒，因為使用者經常會瞄不準而碰到木板。這艘船上的船員都擁有驚人的穩健步伐，但是對於我這樣的訪客來說，摔進海裡完全是有可能的事——更嚇人的是，該船的螺旋槳推進器就在正下方轉著。那個晚上我沒有掉

進海裡，但是在脫下褲子的時候滑了一跤，幾乎就要掉進去，這個窘狀引起船員們的哄堂大笑。當我重新站穩步伐、拉上褲子，並且鞠了一躬，大夥兒立刻熱情地鼓掌。那是令人尷尬又恐懼的一刻，但是這段插曲讓我破冰成功。

一個小時之後，當波尼希提‧維參特正在拉起一個五十呎長、裝滿鰻魚的漁網時，我靠近他的身邊，請他猜測安卓德賭運氣地與「站出來水手」這類非法人力仲介接觸的原因。「你需要錢來賺更多錢，」他說。「但那是我們之中多數人所欠缺的。」

波尼希提‧維參特解釋說，他也曾經為「站出來水手」工作過，儘管他在一開始試圖避免。為了參與海員培訓課程，他多年來向親戚們借款超過兩千一百美元，結果在期末測驗時，他少了九美元的賄賂金給老師。當時他已經沒有時間去借錢，也沒有人可以借錢給他了，波尼希提‧維參特說道。在沒有證照的情況下，別無他法，只得找上非法人力仲介公司。

二〇一〇年，波尼希提‧維參特透過「站出來水手」找到一份工作，與其他三十人在一艘臺灣籍鮪延繩釣漁船「吉宏101號」（*Jihorn 101*）上工作，每日酬勞是五‧三美元。十個月之後，當船隻停泊在開普敦時，他決定要逃跑，他說道。因為他每週都目睹船長與水手長毒打船員，有一次還造成一名水手失去意識。在當地一名牧師的協助下，波尼希提‧維參特飛回新加坡，「站出來水手」要求他簽署一份表格，同意讓公司以他被積欠的薪資買機票回家。波尼希提‧維參特說，在那之後他就再也不從事遠洋工作了。當我在距離菲律賓海岸幾十浬之處訪問他時，他每天賺的薪資是一‧二美元。

當我們回到岸上，我找到另一位安卓德的朋友埃馬努爾‧康塞雄（Emmanuel Concepcion），他在附近城鎮的一家速食餐廳工作。他回溯自己的經驗，不相信安卓德是在睡夢中死亡的可能性。

二〇一〇年十月，康塞雄被「站出來水手」聘僱，開始在一艘於

南大西洋海上作業的臺灣籍鮪釣船「富盛11號」(*Fuh Sheng 11*)上工作了大約九個月。每幾週之間，船長會為了一些微小的違規事項如動作太慢或是掉了一條魚而對船員拳打腳踢（通常是用他的拳頭或雙腳，但經常也會用長木棍戳打）。

某一個傍晚，船長對廚師特別殘暴地攻擊之後，船員們看到操舵室的地板上有血跡，而且很快地發現船長不見了。接下來的一週之間，船員們都不知道該怎麼辦，船隻就在海上漂流著，直到輪機長出面作主，把船開到了開普敦。警方立刻逮捕了廚師，他日後承認自己刺殺了船長，把屍體丟到海裡。康塞雄聲稱他從未收到薪資，但是在事件發生之後就立刻飛回家。回到我一開始的問題，康塞雄說道：「我是否認為安卓德死於睡夢中？不，事情不會這樣發生的。」

我花了很多時間與精力去尋找與訪問村民們——這個過程一方面讓我感到值得，一方面又覺得無意義。一旦聽到夠多的虐待情節，你就會變得麻木。更糟糕的是，這些故事開始互相附和，因為它們都是那麼地一致。我所做的一切都無法讓安卓德起死回生；在那一刻，我也不相信我所揭露的情事可能迫使整個漁業或是菲律賓與臺灣政府起而行動。

這個過程開始令人感覺像是為了解釋而解釋。在新聞業的核心中唯一永久不變的確定性——證明事實並且讓那些無聲之人得以發聲，這是有價值的做為——令人感到不是那麼肯定的了。然而，我還是堅信著，藉由揭發這些資訊，其他人或許能以某種方式利用它來改變些什麼。儘管在我心深處，我懷疑人們是否有任何合理動機這麼做，或者只是我的職業幻覺罷了。

∿∿∿∿

二〇一四年，菲律賓警方控告十名與「站出來水手」相關的人士，涉及非法聘僱與販運安卓德及其他同鄉的人。最終，只有一個人遭到

瑟莉亞・蘿貝洛是告知安卓德有關在臺灣籍鮪延繩約漁船上工作的人。由於安卓德在可疑的情況下喪生，瑟莉亞被關進了一座位於菲律賓鄉間的監獄，名為阿克蘭康復中心（Aklan Rehabilitation Center）。站在身後的是她的九歲兒子札維爾（Javier）。

起訴：瑟莉亞・蘿貝洛。這個結果引人爭議，她是漁工遭虐事件中位階最低且罪責最輕的人。

　　為了檢察官口中所稱，她第一次進行的招募活動最多只賺到二十美元的酬庸，四十六歲的蘿貝洛卻面臨了終生監禁的可能。其他遭到菲律賓當局控告、與「站出來水手」相關的人士都沒有出庭應訊，據信他們都在新加坡。由於兩國之間沒有簽訂引渡條約，他們很可能永遠不會被繩之以法。

　　除了蘿貝洛之外，無法起訴任何人的此一事實，強烈地提醒了所謂的「公地悲劇」，意即人們傾向於忽略非自己所有的東西。因為公海是屬於大家的，也就不屬於任何人，政府之間便未能合作保護海洋工作者或是調查不法情事。國際水域是允許錯失存在的空白，通過這個邊境的風險得要自行負責。這個地方適用旁觀者效應：一種病理學上難以動搖的假說，意即相信其他人會糾察這些罰行或是修補這些壞

事。對於「站出來水手」這樣的公司來說，這種空隙不是一則悲劇，而是一個機會。

與安卓德的朋友在海上捕魚結束回到岸上的幾天之後，我開車駛在一條塵土飛揚的道路上，前往蘿貝洛遭囚禁的阿克蘭康復中心去拜訪她。這個監獄位在四周環繞著稻田的偏遠地區，面積五畝大，以十呎高的煤渣磚建成，裡頭關有兩百二十三名受刑人，其中二十四名是女性。這個監獄給人一種熙熙攘攘的貧民窟之感。來探監的孩子們光著腳丫，與雞群到處跑來跑去。囚犯們蹲在一片金屬屋頂上，俯視著庭院。令人噁心的濃厚排泄物氣味從一條沿著其中一棟建築物搭起的污水道中散發出來。

自從二〇一三年五月以來，蘿貝洛就被囚禁在此。她一邊哭著，一邊解釋著自己如何落得這個下場。「當我拿到一個名字，我就傳給新加坡那邊。」她說道。她從來沒有見過或直接與老闆對話，只有跟她在新加坡的嫂子蘿絲琳聯繫，後者曾經請她協助。老闆承諾凡是介紹一人就支付兩美元的酬庸，但她從未收到過。這筆酬庸應是用來抵銷她的溝通成本，因為她需要開車來回這些年輕男子家中去協助他們填表，以及寄送他們的文件。在安卓德過世之前，她不曾從那十位受僱的男人口中聽聞在新加坡或是海上發生的事情，她說道。檢察官聲稱由她招募而來的男人當中，有一些還是她的親戚。

「如果沒有人有工作，那麼一份工作機會就是你會分享的東西。」蘿貝洛說。她為了成為教師而去上大學，但是從未教過書。她形容自己在村子裡的角色不是一名勞工招募員，而是透過宣傳海外工作機會來嘗試幫助他人。

在我去監獄裡拜訪蘿貝洛的那一天，她的丈夫米契爾（Mitchell）和兩個孩子，九歲的札維爾與七歲的蓋茲瑞爾（Gazrelle）也在。米契爾為了支付兩千八百美元僱用太太的第一位律師，賣掉了他的自動三輪車，而且一直都沒有工作。然而，那位律師沒有為她的案件做任何

事就消失了，這對夫妻說道。

在探監之前，我事先約好與負責這起案件的檢察官雷納多‧小佩拉爾塔（Reynaldo B. Peralta Jr.）見面，並且在位於省會卡利博的檢察官辦公室等了好幾個小時，小佩拉爾塔都沒有露面，也不回應電郵。然而，他最後有跟我僱用的一名調查員對話。他說，當地警方沒有訪問其他與安卓德同船的船員以確定他的死因，因為他們在菲律賓的其他地方，這已超出他的管轄權。

當被問到蘿貝洛只是一名低階關係人，或許罪責極微時，小佩拉爾塔表示「若不是她的招募，這些受害人可能不會出國」。她知道自己是在做非法募工，他聲明道，因為有些村民拿錢請她匯到新加坡去，而且她沒有做職業介紹的執照。

在我待在菲律賓的最後一天，我回到安卓德的村子，希望能拜訪他的老家，最後一次回顧他的生活。我試圖訪問的村民們都很害羞，而當我提到安卓德的案件時，他們更是絕口不提。我感到他們的猶豫較多是因為愧於案件中的受害人與加害人都是當地人，而較不是擔憂公開談論這起案件的可能後果。

在一輛停在泥濘小路上的水果運載推車旁，我遇到了一名願意開口的男子。他說自己知道這起案件，若是有相同的工作機會出現在他眼前，自己也很可能會掉進一樣的陷阱。我問他原因，他沒有回答，而是單純地指向身旁一堆半爛的芒果、山竹與香蕉。我想他的意思是，「如果這是你所有的一切，難道你不會跳進任何出現在眼前的機會嗎？」

最後，我終於找到了安卓德的老家，已經沒有人住在裡頭，四周長滿了叢生的香蕉樹。走在這棟屋子四周，我發現有幾張沒有支付的電費單塞在前門的縫隙間，收件人是他的母親莫莉娜（Molina），二〇一四年死於癌症。前門沒有上鎖，因此我走了進去。天花板漏著水，不遠處有一堆塵封的家庭相簿與大學年鑑。在屋子旁擺放著一具棺

材，當初裝著安卓德的遺體回到菲律賓。

在我前往機場之前，我也去安卓德的哥哥朱利厄斯家中拜訪他。他告訴我，他的家人還在等待案件中的某人被判處死刑。我指出瑟莉亞‧蘿貝洛已經入監服刑。他不以為然地把這件事視作司法的錯誤。真正的罪犯，「那些應該被指責的人」還是自由之身，在新加坡與海上工作著。「他們躲得遠遠地。」他說道。這不是偶然，我心想。

下一個邊界
THE NEXT FRONTIER

我向漆黑的海洋發問
在漁夫們前往的遠方──
它以寂靜回應我，
下方一片寂靜。
──莎拉・蒂斯黛爾（Sara Teasdale），
《阿瑪菲夜曲》（*Night Song at Amalfi*）

　　大約在距離巴西海岸線一百五十浬處，我爬進了一艘迷你的雙人潛水艇，心想我是否犯了一個可怕的錯誤。在嚴厲的赤道豔陽下，我可以感到汗水從我的脖子與胸口淌下。在這艘緊急救難用潛水艇的狹小空間裡，我的身旁環繞著把手、按鈕與螢幕。

　　帶我們來到這兒的綠色和平組織船員把一塊厚重的玻璃罩從我的頭頂上方蓋下來，只聽見一陣巨大的吸抽聲與加壓的嘶嘶聲，我所在的隔間便被密封起來。坐在我左手邊的是潛水艇駕駛員約翰・霍瑟瓦（John Hocevar），船員也對他進行一樣的程序。我們的頭在這兩座小塔裡搖晃著，彷彿處在兩座緊鄰的魚缸裡。約翰對我比了一個豎起拇指

的手勢，我則以蒼白的微笑回應。

潛水艇接著被一架起重機吊至三十呎的高空，越過了船舷，然後降至船身的深綠色吃水線旁。起重機將我們浸到海浪裡，在我們開始朝三百五十多呎深的海床下潛的過程中，一連串氣泡從潛水艇圓頂上方湧出。

我來巴西是為了觀看一場爭議。一邊是三家能源公司所組成的陣營，另一邊則是一隊巴西科學家。贏家的獎賞是什麼呢？掌握一片海床。能源公司為了贏得在這片海域鑽油的權利支付了大筆金錢；巴西科學家則希望能阻止他們，表示鑽油行為會危害到附近六百二十一哩長的珊瑚礁生態。

勝算操之在鑽油公司手中。他們擁有資源僱用許多律師為其辯護與爭取，包括進入這些海域、發送水下無人機與船隻、利用聲納設備搜尋潛藏在海底的財富等權利。巴西政府也是站在鑽油公司這邊。二

在巴西外海的大西洋上，一架起重機從直升機停機坪上吊起一艘潛水艇，越過船舷。二〇一七年一月，一隊巴西科學家為阻止該地區的鑽油計畫而面臨與時間賽跑，希望能記錄沿著海床延伸超過六百哩的珊瑚礁。

〇一三年，該國政府已經對這些公司發出探鑽許可。為了扳回勝算，綠色和平派出旗下最大的船艦之一「希望號」（*Esperanza*，西班牙文中「希望」之意），並且租用了一艘潛水艇以載運巴西科學家至引發爭議的那片海床，這些研究員希望能在那裡錄下需要受到保護的自然資產。

我暗自思忖，這些石油公司會贏。他們通常在這類爭議中都會獲勝，不只是因為他們的口袋深得多。畢竟，遊戲規則的寫法是對他們有利的。巴西政府和其他多數國家一樣，在允許企業於自己國家水域探鑽或挖礦之前，都會要求一份環境影響評估報告。然而，這類文件提供的是空洞的保護，尤其是在這部分的世界，因為很少有人或組織負擔得起驗證文件正確性的費用。根據探鑽發生地點的海洋深度，執行獨立評估的花費通常都太昂貴了。因此，大眾對於環境評估幾乎沒有什麼選項，只得照單全收。

這場在巴西的攤牌完全提醒了我們，海床是地球的最後一塊處女地，在這個無法可管且神祕的地方，充滿了豐富礦產資源，以及尚未被發掘的生物多樣性。這裡可能是地球上最不受到管制的領域，也是科學家、自然保育人士、產業與政府經常為了進入與掌控而相互較勁之處。我們已經畫出的夜空還比深海多得多。在公海上目無法紀的行為或許很猖狂，但是深海裡還存在著大片空白——不只是實際上的空白，也是法律上的空白。我想要直接探索這些空白，而這場針對大西洋裡珊瑚礁的戰役只是一個契機。

某種程度上，水下的空白是由於我們對於那兒的一無所知而形成的，對巴西來說也是一樣的道理。二〇一〇年，當 BP 公司（前稱英國石油）的深水地平線（Deepwater Horizon）鑽油平台在墨西哥灣發生漏油事故時，美國聯邦當局不僅苦於阻止漏油擴大，也苦於找出誰才是這類離岸災難的專家。海事當局後來告訴我，美國政府從未做過全面性的研究，也不曾完整繪製出美國領海內四百五十萬平方哩的龐大生態系。

　　這種知識上的盲點背後存在著漫長的故事，而幾個世紀之來，有些令人著迷的錯誤觀點也因為我們對於海洋的認知不足而興起。目前為止，我的最愛是維多利亞時代的迷信，認為海水在較低的深度會變得稠密，以至於更黏稠的深水層能夠阻擋某些東西降到某個深度以下。因此，人們相信一艘沉船只能落到某個固定的深度，盤旋在那兒，永遠不會到達海底。一名死者根據他的橫膈膜大小、衣著的重量，以及其累積且不悔改的罪惡密度，會沉到不同的深度。在這種摻雜了迷信、宗教與科學的思想中，海洋從各方面來說都成了地球上的煉獄：最邪惡之人沉到最海底，而道德上不好不壞的人則永遠在海中漂流。

　　當然，科學與現代性已經糾正了許多古怪的錯誤觀念，但是多數國家對於自己的領海還是知之甚少。當巴拉克・歐巴馬於二〇〇九年入主白宮時，他發布了一道行政命令，創建一套旨在標準化的海洋政策，其中一部分就涉及了繪製美國的海域，包括遼闊的海床。

　　大多數的人傾向於認為國土領域止於海岸線，但是在國際法下，一個國家的主權範圍通常可延伸至海岸線外兩百浬之處（儘管主權中有許多部分會逐漸減弱，也就是為何岡佩茲的船只需要航行離開墨西哥海岸線十二浬，以及西蘭公國只需要距離英國海岸線三浬遠）。因此，美國所掌控的領域事實上是海洋面積（大約四百五十萬平方哩）大於陸地面積（大約三百五十萬平方哩）。美國國土如關島、美屬薩摩亞、波多黎各、美屬維京群島以及北馬里亞納群島等，或許只是迷你島嶼，卻為美國的司法管轄權增加了大片的海域，所以沒有哪個國家比美國擁有更大的領海。

　　然而，歐巴馬政府體認到，美國政府體系中缺乏中央治理單位針對如何繪製與管理這片領海做出決策。改變這個現實會對於鑽井與漁業造成威脅，業者無不積極遊說以阻止聯邦政府回到過去的做法，也就是對於這片區域施以較高度的控制。這些產業將繪製海洋視作對其進行分區的徵兆，很可能導致產業活動受到更大的限制。二〇一七年

四月，川普總統撤銷了歐巴馬的行政命令。

　　在巴西，環境政策總是較美國寬鬆一些。一個由三家石油公司組成的跨國聯盟——英國的BP、法國的道達爾（Total），以及巴西的QGEP（Queiroz Galvão Exploração e Produção）——在二〇一三年共同支付巴西政府超過一億一千萬美元，以取得在亞馬遜河口附近的大西洋上鑽油的許可。然而，這些公司在提交給政府的申請文件中，刻意地未提及珊瑚礁，儘管知道牠們的存在。

　　儘管從未有科學家近距離看過這些珊瑚礁，但漁夫們口耳相傳著牠們的存在，像是某種失落但存在的亞特蘭提斯。直到二〇一六年，一隊巴西科學家才在《科學進步》（Science Advances）期刊上發表了一份開創性的學術論文，定下關於日後被稱作亞馬遜珊瑚礁（Amazon Reef）的關鍵細節，包括其大小和位置。他們的研究奠基於從海床設置的漁網所拉上來的貝殼、魚類以及其他證據，於石油公司提交文件並取得探鑽許可之後三年才發布。儘管如此，還是沒有人曾經親眼看過珊瑚礁群，至少科學家們本來是這麼以為。

　　在巴西科學家之間謠傳著一種說法，拍攝到這些珊瑚礁的錄影帶確實存在。幾位巴西科學家，包括我在「希望號」上碰到的那幾位，開始調查並暗地裡與為石油公司工作的研究員聯繫。他們很快地發現，早在獲得探鑽許可之前，這些公司已經派過遙控潛水器（Remotely-Operated Vehicle, ROV）至亞馬遜珊瑚礁所在的海床上，拍攝到牠們蔓生且活躍的結構。該公司拒絕向大眾公開這份影像，但是「當他們申請探鑽許可時，卻假裝珊瑚礁不存在一般」，「希望號」的其中一位科學家羅納多・巴斯托・法蘭西尼－費爾侯（Ronaldo Bastos Francini-Filho）說道。

　　這也是綠色和平於二〇一七年介入協助之因。科學家們出發去親

眼觀看這些珊瑚礁,記錄牠們的存在,並且公布影像。若是他們在珊瑚礁上發現新物種或是瀕臨絕種的物種,巴西政府就可能會強迫石油公司重新申請探鑽許可,而時程延後所造成高昂的代價,甚至有可能迫使他們取消計畫。

在我離開美國之前,綠色和平的主管對我設下嚴格的條件。為了安全起見,不准拍攝他們的巴西籍員工。而在前往「希望號」的途中,尤其一旦進入巴西領土,我必須避免與其他人談論到工作細節。某些船員被告知,在他們安全抵達停泊在亞馬遜河馬卡帕(Macapá)港口的「希望號」之前,不要穿著有綠色和平標幟的衣服。

該團隊有很好的理由謹慎行事:二〇一六年,共有四十九名環保人士在巴西遭到殺害,要比其他任何一個國家來得多;二〇一七年七月,另有四十五人落得同樣下場。但是,幾乎沒有人因為這些極度殘暴且無恥的罪行遭到起訴。一名環保人士的耳朵被割下寄給他的家人。一名曾經抗議亞馬遜雨林伐木行為的修女在大白天遭到槍殺。過去十年間,全球環保人士遭到謀害的案件大約有半數發生在巴西。

綠色和平的三艘全球船艦中,以「希望號」的船身最大,有兩百三十六呎長。該船於一九八四年建造於波蘭的格但斯克(Gdansk),是一艘配有四十個艙位的消防船,最高航速達十六節,懸掛荷蘭船旗。由於在強勁海流中仍能穩定航行,而被選為擔綱本次任務。「希望號」也擁有最有力的起重機,可用來放潛水艇下水,還有寬廣的直升機停機坪,可用來儲放潛水艇。

在我抵達巴西時,距離出發前往「希望號」前還有一些時間可以打發,我受邀和一名綠色和平的駕駛員登上該組織的水上飛機,從高空鳥瞰亞馬遜河口的全景。綠色和平倡議者解釋說,他們飛過海洋和飛過雨林的目的是相同的,都是試圖讓政府抗拒賺錢的誘惑,而不再允許獲利龐大的產業——海上鑽井與伐木業者——掠奪公共資源。

我們在清早登上水上飛機,越過阿馬帕(Amapá),巴西最少人居

且植被最密集的州之一。全球有大約百分之二十的氧氣來自亞馬遜雨林，而當我們朝海岸前進時，飛過了一片不完整的綠林上空，可見一塊又一塊被伐過的棕色地帶。

森林濫伐導致每年有七千五百平方哩的雨林消失，等同於每分鐘少掉六座足球場的面積。這種破壞的速度造成了一場惡性循環。一般來說，森林上方的水氣有一半是透過樹木釋放，但是伐林使得乾旱加速。當樹木遭到砍伐，切面會腐爛或被燒毀，反而將碳排放到大氣中。通常樹木具有海綿般的功能，可以吸收碳，同時釋放氧氣。所以，除了破壞亞馬遜雨林之外，伐林行為也是將當地有限的區域從碳匯變成碳排來源。

消失的森林是明顯的證據，可顯示出巴西保護其棲地的掙扎不只是一場離岸抗戰，也是一場陸上抗戰。在所有我曾經聽聞過關於森林濫伐的故事中，沒有一則讓我準備好目睹這些在雨林中參差不齊、遭到燒毀的區塊。它讓我預感到一股不可避免性，像是當你觀看一隻受傷的獵物被健康的掠奪者撲倒時會有的感受。這個結局不會是好的，我心想。

當我們抵達海岸線時，飛越了世界上最廣大的紅樹林，綿延約一百二十四哩。這片蒼翠繁茂的紅樹林沼澤超脫世俗，幾乎不曾被探索過，其豐富的生物多樣性也幾乎未被編目，它保護著沿海地區不受到侵蝕、風暴潮（尤其在颶風來臨時）以及海嘯。這些樹木靠著如蜘蛛網般纖細的根，凸出水面之處似乎蹣跚搖擺著。沼澤不是完整的陸地，也不是完整的海域，而是鹽度高，水下充滿各種生物如魚、蟹、蝦、烏龜和軟體動物，水上則有鳥類和哺乳類動物。如果在亞馬遜附近的新鑽油井發生漏油事件，這一片要比全球對於石油的痴迷存在更久遠的紅樹林很可能會是付出代價的對象。

隔天，我登上「希望號」，在我的艙間安頓下來之後，來自巴西阿馬帕的參議員暨永續發展網絡黨（Network of Sustainability Party）黨員

朗道夫・羅德里格斯（Randolfe Rodrigues）和二十幾名記者及地方環保團體人士一同上船參訪了幾個小時。在「希望號」出航之前，這是一個讓他們參觀該船並聆聽科學家解釋漏油風險的機會。石油公司聲稱，漏油造成的破壞有限，因為亞馬遜河朝向海洋的水流會將湧浪推離岸邊，也推離珊瑚礁。然而，在巴西沿岸的湧浪於不同深度其實是流向不同的方向，科學家解釋道。「你必須謹記，海洋不是一個二維平面，而是一個三維、多向的空間。」其中一人補充說。

做完船上簡介之後，客人們離開了「希望號」。我問法蘭西尼－費爾侯，他是否擔心一場漏油事件可能在公眾知道之前就殺光了整個海底的生物。這關乎的不只是個別物種，他告訴我。「這關乎的是數百或數千個物種的棲地，」他說道。「我們試圖要保護的是整個太陽系，而不只是一個星球。」

〜〜〜〜〜〜

在我們出發前一天，為了早起寫作，我悄悄地從鋪位溜走，試著不要吵醒我的室友。船上是二十四小時的工作場域，即便是停泊在港口時，不過這個時候只有輪機室與廚房是活躍的。甲板上一片漆黑寂靜，早餐要到七點才開始供應，晨間會議是八點召開，而日常工作開始於八點半。

有人警告過我，像這樣的採訪計畫很容易過度報導，搜集過多資料而不可能全部透過文章傳達出來；花了許多時間在旅行上，卻幾乎沒有時間用來寫作。一開始，我決心避免這個錯誤，強迫自己至少要每天寫一點東西，即使是當我在海上的時候。我的日常作息是清晨四點半起床，寫到早上七或八點。在這段時間，睡意成了夥伴。當天稍晚的時候，我的腦袋裡通常還會裝著各種聲音互相爭執或懷疑，使得我時不時地分心。但是，在黎明破曉前的那幾個小時，似乎只有一種聲音可以跟著我一起醒來，於是我們得以在其他聲音還在睡夢中時，

安靜地、冷靜地且清楚地和彼此對話。結果即使是壓抑著呵欠連連，也能產生類似服用了阿得拉（Adderall）的專注效果。

我走向一張置於港口側的椅子，強風至少會讓炎熱的氣溫稍微減弱一些。走過轉角時，我差點濺出手上的咖啡。有一隻看起來像是巨型蟑螂的生物在我的腳踝附近爬行，身形就如我的手掌一般大；另一隻則出現在我前方幾呎的甲板上，一隻爬在扶手上，還有一隻停在我的行進路線上，大約前方十呎處。前一晚是我第一次在這艘船上過夜，所以我還沒有遇過這些晨間生物。

後來我才知道，他們是巨型水蟲，為負蝽科（Belostomatidae），當地人稱之為barata-d'água。當牠在美國被發現時，通常是在深南部（Deep South）地區，稱作「咬腳趾蟲」（toe-biter）或「鱷魚蜱蟲」（alligator ticks）。牠們是具侵略性的掠食者，雖然以攻擊和吃水蛇和幼龜聞名，但主要是以水生無脊椎動物為食。為了殺死獵物，牠們會用喙狀的針注入強大的消化唾液，可以在幾分鐘之內分解獵物的內臟；接著，牠們會繼續黏在對方身上，吸食剩餘的體液。雖然對人體不會造成致命傷害，不過被這種水蟲咬到被認為是最痛苦的昆蟲叮咬之一。

我試圖和這些巨蟲保持距離，就在我經過牠們時，有一隻突然飛了起來。在曙光柔和的光線下，牠的身影看起來像是一隻麻雀。當我終於來到椅子邊，便趕緊坐下收拾心神，評估這個環境狀態。潮溼的空氣讓我的筆記型電腦螢幕凝結著水珠。在船隻上方，早晨是繁忙的時分：鳥兒啾啾叫著，拍動翅膀撲剌剌飛騰。船身的管線上，行軍蟻排成一列縱隊往下走，穿過將我們繫在船塢旁的繩索。水中，有根約莫六呎長的枝條漂流著，當一隻鳥朝它俯衝而下時，它便開始在水面滾動著。我坐在那裡，觀看身邊環繞著的奇異景象。我感受到一種謙遜的驚奇感，一種大開眼界的寧靜，彷彿我是祕密造訪他人領地的外星人。

「希望號」在當天稍晚啟航，氣氛立刻轉為嚴肅，幾乎是緊張的。

幾個星期前，這艘船已經收到巴西地方政府與聯邦政府的環境主管機關來函，准許我們以潛水艇下潛到珊瑚礁處。雖然在巴西的專屬經濟海域（《聯合國海洋法公約》給予沿海國家獨有控制權的離岸區域）不需要這種許可證，不過，為保護船上巴西籍員工和科學家不致在巴西政府反悔時遭受嚴重後果，綠色和平仍然徵詢當局同意，以做為額外預防措施。儘管如此，在我們出海一天後，船長收到了巴西海軍的嚴正警告：如果我們讓潛水艇下水，就會被逮捕，即使這是不需要許可的行為。

海軍介入一項完全合法的科學探測活動，這種做法顯示出在法外之海，各個國家與個人是如何經常性地自行捏造規範，就如同他們頻繁地忽視之。顯然，這場抗爭不只是高度涉及石油公司的利害關係，對於巴西政府亦然。亞馬遜出海口底下的石油蘊藏量估計高達一百五十億至兩百億桶。這大約是阿拉斯加海岸平原未開發之石油蘊藏量的兩倍。三家石油公司向巴西政府購買了在沿岸地區鑽井探勘的權利，但是這些許可證在兩年內就會過期。一項新的環境影響評估很可能會斷送任何開採這些蘊藏量的希望，因為它會讓環保人士有更多時間激起大眾反彈，或是透過司法延遲這些計畫。

巴西民眾尤其焦慮離岸探鑽的安全，因為這個國家已經在海岸線上其他地方發生過數次嚴重事件。二〇一五年，巴西國營石油公司（Petrobras）鑽油平台上的意外事故造成九名員工喪生。二〇一一年，美國石油巨擘雪佛龍公司（Chevron）在康坡斯海域富拉德（Campos de Frade）油田發生嚴重漏油事故，超過三千桶原油造成里約熱內盧沿岸十一哩長的浮油。

當「希望號」朝著亞馬遜珊瑚礁前進時，艦橋持續傳送自動識別系統定位訊號，讓有關當局知道我們在哪裡。我們不知道巴西是否會派出任何執法船艦來攔截我們；更可能的是，海軍會在我們返回任何巴西港口時拘捕我們，哪怕只是檢查我們是否有違反命令。

　　船上的討論移至船長的艙間裡閉門進行，或許是因為甲級船員不想讓我感受到緊張氛圍。我緊張地在艙門外踱步，彷彿裡頭正在進行一場手術。當人們從會議中走出來時，他們告訴我，綠色和平的成員希望繼續這趟任務。他們主張，儘管海軍下了命令，我們還是應該潛下去，因為這麼做並不需要徵求許可。既然我們還在巴西的專屬經濟海域，只要我們沒有帶走任何樣本而只是觀察，法律便允許我們探勘這裡的水域。

　　「你不了解巴西的海軍是怎麼運作的，」一名想要依照計畫下水的科學家在一段特別激烈的討論中說道。「他們不會逮捕任何人。」並補充說，他們只是試圖施以權威。

　　然而，綠色和平租用的潛水艇所有者Nuytco研究公司在得知海軍出面時，他們抱持了謹慎態度。該公司執行長透過衛星電話表示，他不想冒著被巴西政府沒收那艘價值一百八十萬美元的潛水艇的風險。

　　經過一天的爭論之後，團隊決定了一項新計畫。我們將前往西北方超過兩百浬的法屬圭亞那海域邊界上，從珊瑚礁的另一側放下潛水艇，就在巴西的專屬經濟海域外，超出巴西海軍的管轄權範圍。圭亞那沒有理由反對我們下潛，因為他們沒有授權任何人在他們的水域進行探鑽，也未面臨從石油公司那裡獲得或損失上億美元收入的抉擇。此外，圭亞那對於巴西政府的探鑽計畫抱持懷疑態度，因為如果發生漏油事件，海流可能會將部分油污帶到圭亞那海域。海上的執法不足對於「希望號」也是有利的：就算圭亞那決定要阻止潛水艇，其海軍規模也比巴西要來得小而難以布署。

　　但是，這項前往圭亞那海域的新計畫使得我們必須與時間賽跑。要到達新的下潛地點需要兩天，而我們只有十天的時間，潛水艇就必須被送回北溫哥華進行它的下一趟任務。這艘船在海上跑的速度太慢，以至於船長關閉了洗衣間。當時是夏天，而華氏九十五度（攝氏

三十五度）的天氣讓人熱得發汗。在甲板上，女性員工穿著短截工裝褲與運動內衣，男性員工則赤裸著上身。有些人開始散發出汗臭味，包括我在內。為了避免臭味在船艙內瀰漫，鞋子都被留在房間外。很快地，上衣、褲子和襪子也都被掛在外頭，導致整個廊間看起來、聞起來都像是高中的更衣室。

有一道強勁的暴雨正快速地朝我們前進，這讓放下這艘六千八百磅的潛水艇的行動變得極為危險。陸地上，綠色和平的律師群一片騷動。在法屬圭亞那有一組人正在跟有關當局對話，以取得准許我們下潛至圭亞那海床的許可。在巴西，「希望號」上的科學家夥伴們開始動用他們的政界關係，並且聯繫曾經在出航前上船參觀的議員朗道夫・羅德里格斯，希望可以藉由他的協助，說服巴西政府改變立場。

「希望號」上的氛圍變得陰鬱起來。夜裡在二樓休息室的喝酒射飛鏢遊戲被取消。為了填補心情不佳的寂靜氣氛，有人播放了湯姆・克魯斯主演的科幻動作片《明日邊界》（Edge of Tomorrow），主角是一名注定要為了同一場戰役一次又一次戰鬥的士兵（與綠色和平不可謂不像）。就在影片播放到一半時，休息室的門突然打開，一名科學家站在背光的入口，咧嘴笑著說：「我們成功了！」巴西政府已經改變態度，同意讓我們潛水。我盡可能地問了所有人，但是未能得到任何直接的答案解釋巴西政府為何改變心意。我猜想是他們意識到，阻止我們的潛水艇可能會被視作違法。

～～～～～

這不是綠色和平第一次或唯一一次為了海床抗爭。多年來，該組織與底拖網漁船交戰。這種船經常被稱作海洋界的露天採礦，是以巨大的加重漁網拖過海床以捕撈生活在那個深度的魚種。

這種做法從兩方面來說極具破壞性。底拖網雖然很有效率，卻也一視同仁。幾分鐘之內，漁網就會掃走可能花上數千年才生成的珊瑚

礁，只留下一片毫無生氣的海床。在非洲大草原上，人們會在兩輛大型全地形越野車之間繫上一哩寬的網子，全速前進以捕捉地松鼠，而底拖網所造成的無差別大屠殺就和這種捕地松鼠的方式沒什麼兩樣，一名作家曾經如此形容道。主要的差別在於，一旦聽說在非洲大草原上所捕捉到的生物大多是無辜受害者，而且屍體會被丟到一旁任其腐爛，民眾會極其憤怒。在底拖網下，混獲的下場是受到進一步殘害。凡是不符市場需求的魚種，或是身形太小、遭壓扁的魚，船員會將漁網中的多數這類混獲丟回海裡。

二〇〇八年，綠色和平在北海建立基地。為了阻止一艘德國籍拖網漁船，綠色和平花了好幾個月的時間，在德國附近敘爾特島（Sylt）外礁的範圍內策略性地布置了超過一百顆巨石。在港口裡，每個人都知道綠色和平是來做什麼的（很難隱藏如此巨大的物體），但是在海洋事務中經常有類似的狀況，也就是人們並不清楚他們的行為是否合法。所以，沒有人知道合法與否或者如何介入阻止。

每一顆巨石的重量大約三噸出頭，體積約莫一台雙門冰箱——如果它們被拖網船捕到，其體積大到足以破壞漁網。綠色和平利用起重機，一顆接一顆地把它們吊起來，置於海底的指定位置。綠色和平此舉旨在希望能阻止拖網漁船，而非破壞漁民們昂貴的漁網，因此他們提供更新的海圖給地方當局和漁船船長，上頭標示出巨石放置的位置。到了二〇一一年，綠色和平也以相同的策略在瑞典外海的北海海域作業。

好幾個國家的政府官員對於造成拖網漁船停工的巨石群感到憤怒。對於當地漁民來說，巨石就像是丟在他們生計上的炸彈。荷蘭漁業部部長戈達・費爾堡（Gerda Verburg）宣布了逮捕「諾特蘭號」（Noortland）的計畫，那是綠色和平用來放置某些巨石的船。荷蘭漁民則是出面抗議，並郵寄上千件包裹至綠色和平總部，其中許多裝著以塑膠袋仔細密封的磚塊和死魚。幾個國家的漁民也控告綠色和平，聲

稱這些巨石是一種傾倒行為，對於從事漁業的船員造成生命危險。德國、瑞典與荷蘭的法庭皆駁回了這些指控。

然而，在爭取對海底控制權的競賽中，多年來綠色和平最大的敵人是石油與天然氣產業。二○一○年，綠色和平與BP較勁，該公司於墨西哥灣的深水地平線油井發生爆炸，造成美國史上最大規模的漏油事件。在爆炸發生數個月之後，BP仍未能成功封閉油井，石油從海底附近的一道破損管線噴出。該公司聲稱正以一種化學分散劑分解海面浮油，藉此清理漏油。綠色和平對於這種說法抱持懷疑，他們和來自多所大學的研究員搭乘數艘潛水艇下潛至墨西哥灣海底，以檢查海洋的健康情況。一組來自賓州大學的團隊帶回了驚人的畫面，顯示出海底彷彿鋪上柏油的停車場，而非幾個月前色彩繽紛的萬花筒樣貌。事實上，分散劑並沒有分解石油，而是讓油沉到海底，並在下沉過程中覆蓋了所有遇到的東西。我在《紐約時報》上報導過BP漏油事件，也還記得當時閱讀了BP科學家討論這個問題的內部文件與法庭紀錄，對於分散劑的擔憂似乎是非常學術性且無足輕重，直到我看了從受影響的海底拍攝回來的前後對照影片之後才改觀。

這種漏油災難只是許多環保人士對於能源公司搶進另一個未開發處女地——北極圈——的擔憂原因之一。若是漏油散布在極圈的海底，以及冰層下方的海水中，那麼清理工作會特別困難。

探鑽技術的進步讓過去無法開發的北極石油蘊藏量得以開採，使得各國競相爭奪取得這些資源的權利。目前探鑽已在離岸很遠的海域進行，鑽油平台不再固定於海底，因為海水深度太深了；取而代之的是，透過巨大的螺旋槳來保持平台的位置，每一具螺旋槳都像一輛校車一般大。鑽油平台遠離岸上的事實也意謂著它們不再完全適用於探鑽國陸上的法律。

二○一七年，我搭乘綠色和平的「北極日出號」(*Arctic Sunrise*) 前往位於俄羅斯與挪威北方的巴倫支海 (Barents Sea)。半國營的挪威石

位於俄羅斯與挪威北方的巴倫支海上，一座名為Songa Enabler的鑽油平台座落在國際海域上，是目前全世界最深入北冰洋的探鑽裝置。

油公司Statoil已經在科費耶爾（Korpfjell）油田錨定了一座鑽油平台，名為Songa Enabler。如同規畫在巴西海岸線上亞馬遜河口進行的探鑽作業，這個靠近挪威的計畫代表了石油產業全新的風險承擔水平。目前還沒有一家公司曾經在這麼北方的極圈裡進行探鑽。由於Statoil的油井位於國際海域上，超過挪威本土北方兩百五十八浬的距離，使得這座油井更加引人爭議。

　　關於在國際海域上進行探鑽與其他活動的法律，要比在一國海域的法律更加混亂。這讓Statoil有更大的活動範圍去進行探鑽──也讓綠色和平有更大的活動範圍去抗議。讓事情更加複雜的一點在於，鑽油平台所在位置超出了挪威的經濟海域，但還在該國的延伸大陸棚區域。在國際法下，沿海國家被賦予完整權利在其專屬經濟海域內發掘與開發自然資源，像是巴西外海的珊瑚礁區。然而，再延伸到大陸棚的區域，這些權利就不可「侵犯」或「不合理地干預」「航行權與其他權利與自由」，包括抗議的權利。法院判決指出探鑽公司得以在鑽油平台外圍建立一個方圓半公里的安全區。這些公司也被要求容許某種程度的「妨害行為」，只要那不會「干預到其主權之行使」。換句話說，法律留下很大的解讀空間。

　　一開始，綠色和平試圖趕在鑽油平台運抵之前，搶先至Statoil位於北極區的探鑽基地，停泊在那兒拒絕離開。它的目標是要阻止油井上的作業，希望能與石油公司展開一場漫長且昂貴的法律抗爭，以爭

取在該處的權利。然而,後勤問題使得「日出號」的啟航時程遭到延誤,而Statoil的鑽油平台首先抵達了基地。所以綠色和平尋求B計畫:在抵達油田後,倡議人士會衝破安全區,靠近到足以拍攝影像的距離內,以製作宣傳影片向大眾說明探鑽活動擴張的危險。對於挪威政府與Statoil來說,他們在科費耶爾油田下了很大的賭注:地震波探測顯示,該區域很可能有數百萬桶原油的蘊藏量。儘管挪威以具有特別保護環境的政策聞名,該國仍有大約百分之四十的出口收益仰賴石油與天然氣生產。而他們還沒有準備要為了安撫某個惱人的環保團體而放棄一大部分的出口收益。

當「日出號」抵達該處,一艘三百四十四呎長的KV Nordkapp挪威海岸警衛隊船艦已經等在那兒,若是綠色和平做出違法行為,他們就要介入。三天之後,綠色和平開始行動。一隊人馬以四艘小艇載著抗議告示牌划槳進入安全區。另一隊人馬開著快艇拖著一個浮標,上頭插著一顆巨大的金屬圓球,以代表危機重重的地球。在行動開始

二〇一七年七月,綠色和平的「北極日出號」。數名倡議人士準備採取直接反對Songa Enabler的行動,這是他們試圖阻止挪威探鑽計畫的努力之一。

的八個小時之後，挪威海岸警衛隊登上「日出號」，逮捕了船上所有人。他們以一條纜線繫住船隻，花了兩天的時間把「日出號」和船員拖回挪威的特羅姆瑟（Tromsø）。五名船員在那裡被處以將近兩萬美元的罰金，而後釋放。在接下來幾個月裡，挪威政府扣押了多艘綠色和平的船，並且針對逮捕與扣押行動的合法性進行了一場漫長的法庭訴訟。

在綠色和平耗費數個月與上萬美元在法庭上抗訴，以取回遭到扣押的設備之際，Statoil的計畫幾乎毫無延遲地進行著。我曾經在北冰洋上參與這項任務，發現自己在兩個重要教訓之間被拉扯著。第一個教訓是，勝算絕對不是站在倡議人士這一邊；第二個教訓是，倡議人士知道第一項事實，而有時他們投入的更是精心設計好的劇情，而非真正的較勁。

〜〜〜〜〜〜

巴西附近的海上抗爭是否為真，或者只是設計好的事件，以及巴西科學家是否有任何機會阻止這項探鑽計畫，仍有待觀察。但是，綠色和平首先必須搜集證據以保護這片海域，以及在其海床範圍延伸的神祕珊瑚礁。

珊瑚是這次巴西探險隊的核心，而「希望號」上的小圖書室堆滿了與之相關的書籍與期刊。參與這次考察的科學家都極為嚴肅地看待珊瑚，這也是為何綠色和平的潛水艇駕駛約翰・霍瑟瓦決定要刺激我一番。某個午後，我正與科學家和船員坐在船艙休息室裡，大家都安靜地在自己的筆記型電腦上工作著，霍瑟瓦走進來，清了清喉嚨之後向大家宣告，休息室裡的每個人都期待地抬起頭來看著他，包括我在內。「所以，伊恩認為珊瑚很無聊。」他說道，口氣彷彿是在宣讀一紙教皇諭令。人們帶著懷疑、幾近鄙視的表情轉向我。我向霍瑟瓦投以「下地獄吧你」的眼神。「只是想說你們應該知道這事。」他說道，

無辜地對著我假笑一番。

　　他不完全是錯的。我曾經一度將珊瑚視作不比被美化的石頭厲害多少的生物。我認識霍瑟瓦已有五年，一直以來他和我之間會友善地針對珊瑚礁開開玩笑。當他提到珊瑚礁時，興奮之情彷彿某人正在為有史以來的最佳動作片背書，偶爾他也會提出關於珊瑚礁有故事性的點子，希望我能寫出來，而我總是會拒絕他。我們都有自己在理智上的盲點，而在提到海洋時，珊瑚礁就是我的盲點之一。沒錯，我知道牠們是許多生物色彩繽紛的家，也是對於全球潛水產業的一項恩賜，但是我從未真正地對牠們產生興趣。

　　聆聽霍瑟瓦談論起珊瑚與海洋生物學，就會令人想起馬克‧吐溫的名言，關於你的生命中最重要的兩天，一個是你出生的那一天，以及你明白自己出生意義的那一天。霍瑟瓦天生就是海洋的倡議者。身高六呎、體重一百九十磅的他，身形過分瘦長但是體格健壯。他成長於康乃狄克州，曾經夢想過為美國國家森林局（US. Forest Service）工作，跳傘搶救森林大火。但是他後來愛上了海洋生物學，一九九三年從佛羅里達州靠近羅德岱堡（Fort Lauderdale）的諾瓦東南大學（Nova Southeastern University）獲得碩士學位。

　　霍瑟瓦身上多數部位都有刺青，在他的右手臂上有一個彩色的馬賽克圖像，是白令海底峽谷與海綿動物、鯊魚和一隻巨大的太平洋章魚正在拉扯一艘捕捉青鱈的拖網船。在他的右肩胛上是畢卡索的唐吉訶德畫作──有些人或許認為這個理想主義的角色很適合做為綠色和平及其任務的象徵。

　　霍瑟瓦具有傳染力的熱情最終勝過了我的懷疑心。在加入這趟航程之後，我決心要把我的腦袋浸淫在珊瑚礁的驚奇世界裡。我的目標是要了解為何那麼多聰明人會覺得牠們很令人著迷、重要，甚至令人興奮。珊瑚礁是生物棲息地的想法並不怎麼激勵我，我需要認識住在那兒的居民，才能關心牠們的家。所以，當我們航向下潛地點的途中，

我花了點時間把船上小巧但專業化的圖書室裡的藏書與雜誌報導都翻出來閱讀。我也詢問船上的科學家們，從這些熱情的珊瑚支持者獲得即席講學。

很快地，我便了解到自己過去對於珊瑚的觀念是如何地被誤導。珊瑚是專業的建築工，可說是地球上最佳的建築工，即便牠們的動作很慢。在兩億至三億年的演化結果下，牠們以蝸牛般的速度成長著——一年最多擴張不到一吋。舉例來說，澳洲的大堡礁既大又明亮，長到了十三萬三千平方哩，超過賓州面積兩倍之多，甚至從外太空也能看見，但還只是相對年輕的珊瑚礁，才六十萬年左右。

我也學到了珊瑚是熟練的獵人。牠們會利用極小的有毒倒鉤刺向迷你的浮游生物敵人，或是布署以黏液製成的網，捕捉牠們的獵物。珊瑚也是充滿密集生物的小宇宙，在兩畝大的區域內就有比整個北美洲所有的鳥類物種還多的海洋生物棲息於此。這些小宇宙異常地有效率，基本上不產生任何廢棄物，因為任一個有機體的副產品就是另一個有機體的資源。如果大部分的海洋區域是一片液態沙漠——貧瘠且缺乏養分——那麼珊瑚礁所充滿的活躍生機與生物多樣性，就等同於撒哈拉沙漠中有一座亞馬遜雨林。在某個午後，我抬頭看了看時鐘，才發現自己沉浸在某一本書裡長達四個小時，差點要錯過晚餐。

我們正在發掘的這片珊瑚礁如此吸引人之因，在於牠的存在似乎公然挑戰了許多人對於珊瑚礁的認知。雖然珊瑚不是植物，陽光通常仍是牠們生存至關重要的條件。蟲黃藻是珊瑚的能量來源，這種顯微鏡下才看得到的藻類寄宿在珊瑚體內，需要陽光以傳遞能量給珊瑚。這就是為何珊瑚多生長在淺且乾淨的水裡。相反地，亞馬遜珊瑚礁位在深且渾濁的水中，混雜著淡水與鹽水。在一年的某些時候，亞馬遜河如幽靈般的一氧化碳羽流（plume）會導致整個海床接收不到光線。科學家相信亞馬遜珊瑚礁大量仰賴化能合成作用（chemosynthesis）而非光合作用生存。化能合成是在沒有光線的情況下，利用細菌來產生

有機質，並且從二氧化碳、水與其他無機物（如氨、鐵、硝酸鹽與硫黃）來產生能量。科學家猜測，地球生命的起源來自化能合成，而今日所見的這種有機體就是地球上第一批具有生命之有機體的遠房後代。

「好吧，現在有些壞消息。」科學家法蘭西尼－費爾侯在某一刻說道，打斷了我對於珊瑚礁的樂觀想法。全球暖化威脅到了全世界的珊瑚生存，因為升高的溫度正在改變海洋的化學成分，他解釋道。珊瑚在鹼性水質生長得最好，但是化石燃料的排放正在酸化海洋。隨著氣候變遷導致空氣過熱，也凝結了水氣。大約有四分之一釋放到大氣中的二氧化碳是被全球的海洋所吸收，我們可以測到海水的pH值下降，使得珊瑚骨架更難鈣化。

當氣溫上升，讓珊瑚礁呈現繽紛色彩的蟲黃藻便開始產出過多的氧氣，而珊瑚蟲會驅趕牠們。於是珊瑚開始變成白色，並且邁向死亡——這個過程稱作白化。我們的地球正處在人類史上最嚴重的珊瑚白化情況之一。光是幾十年的溫室氣體排放量就會導致所有的珊瑚礁「停止成長，並且開始溶解」，一組科學家在一份名為《地球物理研究通訊》（*Geophysical Research Letters*）的科學期刊中寫道。這現象意謂著數百萬種物種的滅絕。

這也難怪當霍瑟瓦洩漏出我不可告人的祕密時，在這艘船的休息室裡有那麼多人會顯得驚駭了。當我認識的愈多，便愈加意識到存在於巴西科學家企圖造訪這片海床的迫切渴望中的賭注為何。探鑽代表的不只是毀滅性的漏油威脅。從海底下抽取的石油最終會成為助長氣候變遷的力量，使得世界各地的珊瑚礁銷聲匿跡。為了亞馬遜珊瑚礁奮鬥的這一仗只是一場更大規模戰爭的其中一役，而我即將要潛入這場小規模衝突之中。

從一個更高的高度俯視，保護亞馬遜珊瑚礁的運動追求的是一次關乎全球大眾如何看待海洋的典範轉移。對於巴西的科學家和綠色和

平的保育人士來說，海洋不應該是被我們利用，或是我們抽取資源或傾倒廢棄物的地方。海洋應該是被我們放過的一片龐大棲息地，或者最好是受到我們保護、協助讓它繁榮之地。海洋給予我們的是一個擴張人性、強化生物多樣性，並且證明我們有能力和地球上其他居民平衡共存的機會，而不應該是用來填滿我們的荷包和胃。

經過四天的航行之後，「希望號」停了下來。科學家告訴船長，根據先前的航海紀錄與漁船日誌，我們正處在很有機會找到珊瑚礁的位置。自從我們出航以來，顏色閃亮的 Dual Deep Worker 2000 一直緊緊地繫在甲板上。現在船員們準備好讓潛水艇下水。雖然天空是矇矓且陰暗的，海風拽著我們的頭髮，一股悶熱感仍向我們襲來。

這艘潛水艇建造於二〇〇四年，小巧的身型彷如 Mini Cooper 與可愛的皮克斯動畫角色，內部空間只夠容納駕駛和一名乘客。兩人處在分離且密封的隔間裡，必須透過無線電相互通話以及與大船聯繫。儘管我穿著短褲與 T 恤以保持涼快，不過潛水艇內部的溫度是受到控制的，以確保我們在冰冷的深海裡仍能維持溫暖舒適。潛水艇配備了六顆看起來像是小電扇的一馬力推進器，最高速度是兩節（大約是每小時二・三浬，或是閒適散步的速度），而最大深度則是兩千呎，或是大約三分之一哩。潛水艇的一側有一些深長的刮傷，是幾年前一次任務中造成的，當時在聖巴巴拉海峽（Santa Barbara Channel）被強勁的洋流帶到撞上一座鑽油平台。

潛水艇技師在前一天就訓練我如何為船艙加壓，在我們抵達海床之後如何與「希望號」通話，以及若是遇上緊急事故如火災、失去引擎動力或是被流刺網困住該如何處理。儘管受過訓練，我還是犯了一個菜鳥級失誤而導致下潛延誤。就在我的隔間密封之後不久，我的手肘撞到了某個東西，於是聽到小小砰地一聲以及嘶嘶的噪音。我透過

耳機詢問怎麼回事，一名技師小跑步越過停機坪而來，透過我的玻璃罩查看儀表板。他臉上的表情不太令人安心。

「我們需要打開他的罩子，」他告訴其中一名同事。「立刻！」原來是我沒有依照指示把某個按鈕完整擰到底，因此純氧正竄進我的隔間裡，在這種情況下呼吸是可以致命的，任何一點火花也很可能導致爆炸。三十秒之後，霍瑟瓦和我爬出潛水艇，等待技師們修復設定。這也提醒了我，我在這個環境裡是生手。即使在陸地上不是特別笨拙，我也曾經把咖啡濺在一名船長的筆記型電腦上、在一艘漁船上差點電死自己，而現在又在臨危之際幾乎要在潛水艇上點燃一場致命的爆炸。

在重新鎮定下來之後，我向科學家們問及，為何在這個區域探鑽的努力經常失敗。我曾經讀到一個說法，過去幾十年來，石油與天然氣公司已經嘗試在這個區域探鑽至少九十五次，但從未成功開採到原油。有將近三分之一都是公司自動退出。而我從巴西政府的紀錄中讀到「機械性失誤」這個經常出現的隱晦解釋。隨著水力壓裂（hydraulic fracturing）與離岸探鑽愈來愈興盛，這個產業的技術也愈來愈複雜，或許是他們想要一次又一次在這個海域嘗試的部分原因。我以為我對於科學家提出這樣的問題是無傷大雅的，但我錯了。

科學家們向彼此投以幾乎是欣喜的眼神，彷彿這是一個好機會讓他們在營火旁分享一則鬼故事。這裡的海域是眾所周知地困難，他們說道。在亞馬遜河口，混濁的河水帶著巧克力牛奶般的顏色，而且水流很強勁。在所有注入海洋的淡水中，大約有百分之二十是來自亞馬遜河。由於淡水與鹽水的密度不同，當它們混合在一起時，導致水底下的世界看起來就像是一個千層蛋糕。海床上，某些區域是泥土質，其他區域則是砂質。這個現象使得水流的方向更加複雜。

當亞馬遜河把沉積物帶進大西洋時，有些地方會形成羽狀物，導致清澈的海水變得混濁。就像是水下的沙塵暴，這股羽流不可預測地

與洋流一起移動，可達亞馬遜河口外幾百浬的距離。船上一名來自聖保羅大學（University of São Paulo）的海洋學家艾朵多・西戈（Eduardo Siegle）解釋，這些被羽狀物帶著走的沉積物在海裡累積了幾十萬年，形成一個陡峭的板架，而這個板架的邊緣就如同懸崖般，深度從四百九十二呎直降至九千八百四十呎以上。

另一名來自巴西帕拉州聯邦大學（Federal University of Pará）的海洋學家尼爾・阿斯（Nils Asp）表示，探鑽者在此面臨的最大挑戰之一，就是必須穿過相較於其他區域多出幾千呎厚且不穩定的淤泥。羽流是會到處襲擊的威脅，科學家們解釋道。它可以在幾分鐘之內吞沒一架遙控潛水器。而且被多數人認為石油所存在的海底板架邊緣經常會發生大規模的崩塌，使得鑽油平台倒塌。

在甲板上的這堂課本來可以繼續下去，不過潛水艇技師打斷我們的對話，叫我爬回我的隔間以便再次加壓，開始下潛至這個科學家口中令人卻步的地方。當技師準備蓋上我的玻璃罩時，法蘭西尼－費爾侯向我投以會心一笑。「祝你好運。」他說道。

～～～～～

潛水艇開始下潛，逼近頭頂上的水流導致我有股幽閉空間的恐懼。過去幾年間，我在世界各地的船上旅行，但是從未登過一艘潛水艇。我的艙間裡是否真的有足夠氧氣？如果那個封條又砰開一次，而我再次被純氧包圍，又離大船那麼遠的話，我該怎麼辦？

霍瑟瓦啟動推進器，推動潛水艇下潛。很快地，水底下的空間顯得好寬敞，我的幽閉空間恐懼變成了廣場恐懼。我感到自己赤身渺小地處在一個巨大、昏暗又陌生的世界裡。慢慢地，我的恐懼變成了敬畏。當我抬頭透過玻璃看著頭上的泡泡，海平面在陽光的照射下閃爍著，發出玻璃般透徹的藍光。隔間裡的聲音比我的預期中吵雜，包括引擎發出的隆隆聲，以及將二氧化碳排出艙間的空氣洗滌器聲音。我

綠色和平的海洋專案主任約翰‧霍瑟瓦駕駛著一輛潛水艇下潛至大西洋的海床。

看了一下錶：大約過了兩分鐘。脖子上的汗水開始變乾，我的隔間感覺既涼爽又舒適。探測器的把手延伸至我們面前，上頭裝有一部高解析度的水底攝影機。在我們緩慢下潛的同時，兩旁的照射燈也伸出昏暗的水裡。

這艘潛水艇花了大約十五分鐘下潛至三百一十五呎深的海床。一路上，一條翼長四呎的鱝魚滑過我們身旁，一些霓紅燈般色彩鮮豔的魚群也快速地游來游去。我們還經過了箭蟹、大龍蝦與脆弱的海星。雖然我們不是處在亞馬遜羽流中，能見度仍是急劇變化，類似於在飛機上穿越雲層。前一秒，我們還什麼都看不到；下一秒，四周就變得一片清澈。

一大群身形長、呈灰色的鮣魚衝向潛水艇，試圖像牠們貼在鯨魚或鯊魚上那般地吸附在我們身上。一條六吋長的白魚從海床的一個洞進進出出。霍瑟瓦透過無線電說，那條魚叫雙帶海豬魚（slippery dick），牠以逃出漁網與漁民之手聞名。我們接近一處從遠方看起來只像是一堆崎嶇岩石的地方，但是隨著我們愈來愈靠近，我發現自己沉

浸在一個小人國裡的大都會，一些藍色、橘色和黃色的生物在那兒形成熙熙攘攘又生氣蓬勃的氛圍。

霍瑟瓦喚起我的注意，指向一堆圓形、鋸齒狀如石頭般的結節，叫作紅藻球（rhodolith）。它是由一種紅色藻類組成，可以形成各種不同形狀。紅藻球堆是一個忙碌的地方，看起來就像是蟻塚的內部，有一座高起的複合體，裡面住著迷你如蟲般的生物。有一個區域是「清潔站」，讓魚兒在此清掉身上的寄生蟲。而幫魚兒清潔的清潔工身上帶有五花八門的色彩與大膽的圖案，以吸引潛在的客戶，有時候為了更積極的宣傳，還會揮舞著觸鬚，或是搖動牠們的身子。

「即使是最貪婪的掠食者也受到歡迎。」霍瑟瓦透過對講機跟我解釋道。清潔工會游進或爬進牠們的嘴裡，靠著吃食寄生蟲與死皮維生。我們觀看一隊纖弱的薄荷蝦與長鼻子的箭蟹站在一旁準備為下一位訪客清潔。霍瑟瓦說，在清潔站的一些生物假裝是清潔工，但只是想從一些輕信牠們的魚兒身上咬下幾口軟組織。而掠食者也可能是不那麼誠實的生物，他補充道。有時候牠們會吞下辛勤工作的清潔工。「這片水底世界就是一座叢林。」他說道，透過玻璃向我微笑。

霍瑟瓦很快地發現某些種類的蝶魚以及會發光的隆頭魚（wrasse）在珊瑚礁附近快速地穿梭著。後來我請教了科學家，並且跟一些研究書籍上的照片比較，才知道有些我們看到的魚從不曾被記錄過。在隨後幾天的潛水任務中，科學家們也拍到了幾條南方紅鯛魚（Southern red snapper）與雪花下美鮨（snowy grouper），都是被巴西政府列為瀕危的物種。這些記錄下來的畫面是巴西科學家們所需的彈藥。

亞馬遜珊瑚礁在我們四周展開。隨著紅藻球結合在一起，會形成更大的組織，成為珊瑚礁本身的骨架。經過好幾次的下潛之後，綠色和平可以繪製出這片水下珊瑚礁，發掘牠們的輪廓，並且拍下從亞馬遜河口延伸至法屬圭亞那這六百浬大部分的區域。當潛水艇沿著海床的等深線轉圈與上浮時，探照燈在每一個方位都照亮了一些新奇、怪

異的生物多樣性證據。有時候，從上方會有燈光照達我們，在海床上閃閃發光。當我看向身旁這豐富的世界時，我知道我再也不會把珊瑚誤會成只是「被美化的石頭」了。

霍瑟瓦和我沿著海床閒晃了一小時，然後無線電響起打斷了這片閒適。

「DeepWrorker，這裡是船上。」一個聲音說道。

霍瑟瓦假裝沒聽到，讓我們繼續探索。

三分鐘之後，「DeepWorker 駕駛，請回答。」

「繼續說。」霍瑟瓦回覆道。

「我們需要讓你們回到水面上了。」

「收到。」霍瑟瓦說道。

我們開始上浮。在接近彩色玻璃窗般的水面時，我透過玻璃罩向上看。拜訪過這片脆弱且奇異的世界，其中充滿了不完全像是我們平時在動植礦物圖鑑中會看到的生物，這讓我感到某種程度的欣喜，但也提醒了我，要讓人們想要保護他們未曾見過的事物並不容易。人們對於月球黑暗那一面所知道的要比對海底所知的還多，霍瑟瓦說道。這一點對於某些公司是有利的，因為它讓公眾監督比較不可能發生，也讓綠色和平之類的組織較難以阻擾。「不幸的是，我們所不知的事物其實可以傷害到我們。」霍瑟瓦補充道。

當我們回到水面上時，霍瑟瓦和我安靜地坐著，在水面上浮沉，像是一個魚餌等著被「希望號」的起重機捲回去。我搭乘水上飛機越過亞馬遜森林的那趟行程，讓我得以對於氣候變遷下的危機擁有全域性的感受，但是這趟潛水艇之旅提供的是一種對於威脅的前排觀點。我回想起另一次曾經這麼近距離看到海床的經驗：從影片中看到BP在墨西哥灣的漏油情況。影片中了無生氣的黑暗畫面完全迥異於剛才在水下看到的豐富色彩，以及紅藻球堆與清潔站的蓬勃生氣。

在我們回到岸上六個月之後，我收到一位曾經在「希望號」上工

作的科學家寄來的電郵。他表示，根據他們在潛水任務中搜集到的研究資料，巴西聯邦政府的環境主管機關要求石油公司提供更多訊息，但是那些公司拒絕提出。因此，政府撤銷了他們在亞馬遜珊瑚礁附近探鑽的執照，至少暫時如此。

　　對於在海上或可準備好開始商轉的活動，一個國家動用其公權力予以掌控是很少見的情況。巴西科學家與綠色和平贏得了這場戰役。然而，我還是對於更大規模的戰役抱持悲觀，或至少是清醒的態度。因為我知道，在像我這樣的一般消費者的默許之下，形同於支持財力雄厚的公司繼續大幅度地追逐石油。

海上奴隸
SEA SLAVERY

如果沒有怪獸在夜裡埋伏，海洋會是什麼？
它會像是沒有夢境的睡眠。
——韋納・荷索（Werner Herzog），
《給困惑之人的指南：與保羅・克羅寧對話》
（*A Guide for the Perplexed: Conversations with Paul Cronin*）

　　被迫勞役的工人在世界各地都有，但是沒有哪裡的問題比南中國海還猖獗，尤其是在泰國漁船上。部分原因在於，根據二○一四年聯合國的資料顯示，在典型的一年當中，這個國家的漁業大概缺少五萬名海員。因此，每年都有成千上萬的柬埔寨與緬甸移民悄悄地進入泰國以彌補這個人力長期短缺的問題，而肆無忌憚的船長便會把這些男人與男孩當作奴隸般販賣。

　　隨著燃料價格上漲、近海漁獲減少，研究海上勞工的學者預測有更多的船隻將會試圖向更遠的外海探險，使得移工被虐待的可能性提高。這份工作是殘暴的，而且在這些傲慢、無效率且獲利低的船上，船長要求船員們只能做他們被吩咐的工作，只能在他們被吩咐的時候

執行，沒有抱怨、不論工時長短、不論伙食多寡，也不論酬勞微薄。
簡言之，這些船長仰賴海上奴隸。

「在海上的生命是廉價的。」人權觀察（Human Rights Watch）亞洲
分部的副主任菲爾．羅伯特森（Phil Robertson）這麼說。工作條件不斷
惡化，他說道，因為鬆散的海上勞動法規以及全球對於海鮮貪得無饜
的需求，甚至是過度捕撈也導致魚群資源量大大減少。

多虧了前人的優秀報導，我對於海上奴隸的問題略知一二。但是
自從我結束報導以來，我在這段過程中所面對的惡化程度——我直接
見證到的卑劣殘暴以及在我所訪問的男人身上遺留下來的影響——一
直縈繞著我。在法外之海，受害者為數眾多——包括海浪之上與之下
——但是這些把食物帶到我們餐盤上的人所受到的暴行，對我來說尤
其衝擊。做為消費者，人們逐漸意識到，在生活中的方方面面，手機
已經成為某種應付類似暴行的警備力量。如果有什麼壞事發生，它很

南中國海上的一艘泰籍漁船。

可能會被拍攝下來，然後上傳至YouTube。然而，同樣的情況很少發生在海上，在這裡，契約奴役依舊是一種標準的商業慣俗。

「但願我從來不曾見過。」保全人員宋南（Som Nang）如是形容他在離岸幾百浬外的海上親眼見證的景象。二〇一三年末，宋南首次登上一艘負責為南中國海上的漁船補給的船隻。經過四天的航行之後，宋南的船拖著一艘掛著泰國船旗的殘破拖網漁船。

在拖網漁船前方，一名赤裸上身、消瘦的男子蜷縮著，瘀青的脖子上掛著一個生鏽的金屬鐐銬，連著一條三呎長的鎖鏈，另一頭繫在甲板上的軸環。船長日後解釋道，這名男子曾經試圖逃離那艘船，所以船長用金屬鐐銬銬住他，並且在每一次有其他船隻靠近時就把他上鎖。

這名男子的名字是朗隆（Lang Long），和其他上千名在泰籍漁船上討生活的男人與男孩一樣，他是從柬埔寨被販運至泰國。隆從來不曾意圖要到海上。他來自柬埔寨首都金邊外的一個村子，在一場佛教節慶活動上認識了一名男子，介紹他到泰國做營建業的工作，並且答應把他弄進泰國。

隆當時三十歲，他將這個提議視作一個鹹魚翻身的機會；他已經受夠了看著他的弟妹們挨餓，因為他們家的稻米產出不夠供應每個人。所以，隆在夜裡坐上了一輛平板卡車後座，沿著顛簸的泥土路來到泰國灣上的一座港口城市。當他抵達曼谷東南方十幾哩遠的北欖府（Samut Prakan）時，被關在港口附近一間由武裝警衛看守的房間裡長達數天。人口販子接著以大約五百三十美元左右把隆賣給了一名船長，這個價格比一頭水牛還來得低。他和其他六名移工被趕上一座舷橋，上了一艘破爛的木船。這是隆被殘酷地囚禁在海上長達三年的開端，而這段期間，他還被轉賣兩次到不同的漁船上。

二〇一四年九月，當我正在報導非志願勞工時，我在泰國東南部海岸線上的宋卡府（Songkhla）認識了隆。那時，他在七個月前被一個叫做海星國際服務中心（Stella Maris International Seafarers' Center，又稱海員中心）的天主教慈善機構救了出來，該機構付錢給船長以換得他的自由。海星國際服務中心在超過三十個國家、兩百多個港口設有辦公室，為海員及其家庭提供社工服務。當時我去到宋卡府，正是因為海星國際服務中心的社工說他們會協助我認識被販運的受害者，並且把我介紹給負責調查這些虐待行為的官員。

在等待與隆相見的期間，我花了幾個小時在海星國際服務中心的辦公室裡翻閱一本案件紀錄的活頁簿，裡頭盡是發生在海上的殘酷虐待、拷打以及謀殺事件。一頁翻過一頁，在照片與潦草的筆記裡，這些文件描述了生病的人被拋下海、挑釁的人被斬首，以及違抗命令的人被關在甲板下又黑又臭的漁獲儲藏室裡達數天之久。「我們每週都會收到新的案件。」中心主任蘇查‧鐘塔陸卡納（Suchat Junthalukhana）說道。

熬過這些痛苦的考驗通常需要憑藉一點運氣，遇到無私的陌生人去聯繫海星國際服務中心或其他投入祕密救援海上奴隸的團體。在馬來西亞、印尼、柬埔寨和泰國，有一個由海員組成的地下網絡。宋南是其中一名救援者，據稱他的名字在柬埔寨語是「好運」的意思，我透過海星國際服務中心認識了這名四十一歲的柬埔寨男子。他的身形矮胖、態度嚴峻，很快就向我展示他塞在腰間防身用的伸縮金屬棒。在碼頭邊工作多年，宋南曾經聽說過許多殘暴的故事；然而，沒有一則故事讓他準備好親眼見到運搬船上所發生的一切，他補充道。

宋南曾經在一種被稱作母船式運搬船的船上工作。這些笨重的船隻什麼都能載運，從燃料、食物到備用漁網和換班工人都有，船身通常超過一百呎長，作用就如同海上的沃爾瑪超市——可滿足各種目的的補給商店。當初就是這種船將隆送進了囚籠，後來也是它把隆救了

出來。

　行進緩慢的拖網漁船之所以可以在距離陸地一千五百浬的地方捕魚，就是靠著運搬船的幫忙。它們讓漁夫們可以在海上待上好幾個月甚至好幾年，而仍舊可以在收網一週之內就把漁獲清乾淨、裝罐並運回美國的商店貨架上。

　一旦大批漁獲被轉至一艘運搬船上，它會與其他來源的漁獲混雜儲藏於甲板下的冷凍室裡。港口官員幾乎不可能搞得清楚這些漁獲的來源，實際上也就不可能知道這些漁獲是被合法僱用的漁夫捕得，或是被奴役的移工非法捕獲。

　經過四天的航行之後，宋南的運搬船拉到了隆所在的那艘破舊泰籍漁船，船上八名水手剛結束在印尼海域上的兩週非法捕魚作業。隆在當時是被鏈住的。凡是有其他船隻靠近，船長就會把項圈套在他脖子上，通常每週一次。在緬甸水手和泰國資深船員之間，身為船上唯一的柬埔寨人，隆會一眼不眨地看著任何願意與他做眼神接觸的人。

「請幫助我。」宋南回想起隆以柬埔寨語喃喃自語的畫面，又補了句話說，那一幕深深烙印在他的腦海裡，也是他不再於海上工作的原因之一。

　在隆被救起之後，一份警方後來的報告寫到他被俘虜的情形，以及他在海上好幾次被賣給不同漁船的方式。「三艘漁船圍繞著補給船，開始為了隆爭奪起來。」報告寫著。在距離岸邊如此遙遠的海上，缺工是常見的現象。在一年之後，隆又在某個夜

在朗隆被俘虜於泰籍漁船上的那些年，他的脖子上會被套上項圈，在漁船之間被賣來賣去。

裡被賣到別艘船上，而過程中也發生同樣的爭執。

在我讀過海星國際服務中心關於獲救水手的案件紀錄後，一名社工帶我到某個坐位區去見隆，樓上是一間放滿輕便小床的房間，隆和其他曾經也是船員的人就睡在那兒。隆已經在此待了好幾個月，等待被轉送到政府的安置所。他會在安置所住到政府當局有空調查他的案件為止。隆的身形既瘦又高，皮膚是乳咖啡色，上頭長了些痘瘡。他不自在地坐著不動，像是一具筆直的屍體，只透過鼻子呼吸，彷彿害怕張開嘴巴。雖然有著人的軀殼，他的眼神卻帶著永遠空洞的凝視。

我知道這很可能會是我進行過的對話中較為困難的一次。我事先把一些戰術告訴我的翻譯：在你把我介紹給隆之後，一開始，我很可能會安靜地坐上十五到二十分鐘。我希望你只要簡明有禮地告訴隆我是誰，告訴他我的目標是記下他身上發生的故事。然後，我會和隆握手，你會說在我們開始之前，我需要花幾分鐘沉澱一下想法。接著我們會安靜地坐著。這個場面會很奇怪，我告誡他，但是請讓這片寧靜氛圍自行發揮作用。重要的是要建立起壓力，但願如此能讓隆變得跟我一樣渴望交談。口譯員點點頭，表示他了解我的要求。

在某一刻，我會拿出一條口香糖，我繼續說道。我會放一片口香糖在我的嘴裡，然後我也會拿一片給你，請你嚼它。這個動作是要展現給隆看，分享是可以的。我會放一片口香糖在桌上、放在隆的面前，輕輕地做個手勢，表示如果他想要就可以拿去。我可能會只是漫無目標地凝視。我可能會在我的筆記本裡潦草塗鴉。稍後，我會起身去拿幾瓶水。當我回來遞一瓶給你時，我需要你打開它開始喝，我也會做一樣的動作。是的，這一切都是非常刻意安排且事先策劃的動作，甚至是帶有操控性的，我承認。但是，我發現這麼做也可以很有效地破冰。口譯員似乎了解了，並且同意扮演他的角色。

在坐了將近半個小時之後──水喝了、口香糖嚼了──我輕輕地開始詢問隆，有關他的經驗。他說，一開始，他試著記錄在海上度過

的每一天與每個月，利用一支生鏽的魚鉤在木欄杆上刻記。最後，他停止這麼做。「我從未想過我可以再看到陸地。」他說道，聲音逐漸減弱。隆接著補充說，他再也不想吃魚。當話語愈說愈多，他的眼神越過我。在某一刻，我小心地、緩慢地轉身去看他選擇把眼神落在哪裡。沒有什麼，只是一片光禿禿的白牆。

隨著他在船上工作的時間愈長，他積欠那名帶他非法越過國境的船長的債務理應變得愈薄。然而，時間只是綑緊了隆的束縛。他的人質狀態開始像一場終生監禁。他在海上累積的經驗愈多，其他欠缺人手的船長就愈是願意支付更高的金額買下他來工作。

一開始，他犯下很菜鳥的錯誤。在被俘之前，隆沒有捕魚經驗，也不曾看過海洋，他似乎比其他水手更常把漁網攪成一圈，他說道。所有的魚在他看來都長得一樣——身形小、帶著銀色——分類十分困難。由於密集地暈船，他的動作一開始很慢，但隆說，在他看到一名船長因為某人工作的速度太慢而抽打對方之後，他就開始加快速度了。

儘管隆很努力，他還是面臨嚴重的懲罰。「他被木桿或金屬桿毆打。」泰國政府的國家人權委員會辦公室（Office of the National Human Rights Commission）在他的案件紀錄上如是寫道。「在某些日子裡，他只有休息一個小時。」當飲用水變少，水手們會從裝魚的桶子裡偷走氣味難聞的冰塊。如果某個船員放裝備的方式錯誤，船長會減少那名犯錯者當天的伙食。

隆說他經常想要跳海逃跑。他告訴一名後來治療他的醫生，他在海上生活的三年間不曾看過陸地。夜裡，有些時候並沒有人在看守船上的無線電，但是隆不知道他可以向誰求救，或是如何求救。他被俘虜與孤立的感覺愈來愈嚴重，因為和其他在船上的人語言不通。

儘管他非常害怕船長，隆說道，海洋卻更令他畏懼。在波濤洶湧的海上，有些海浪會達到好幾層樓高，再重重地打上甲板。當宋南的船現身時，隆已經被項圈銬上銬下地過了大約九個月。

　　比起看到隆被銬住，更令宋南吃驚的是，運搬船上似乎沒有人像他一樣驚訝於這一幕。回到港口之後，宋南聯繫了海星國際服務中心，該組織開始募集贖回隆自由之身所需的兩萬五千泰銖，大約是七百五十美元。我記得我聽到這個數字時，感到多麼噁心：隆的生命比我從華府飛到曼谷的機票還廉價。

　　那不是宋南最後一次見到隆。在接下來幾個月間，宋南兩次去補給那艘漁船。每一次當運搬船靠近，隆都是被銬住的。「我在試著讓你自由。」在其中一次前往補給的過程中，他對隆耳語道。

　　二〇一四年四月，隆的囚禁以最平淡的方式結束。在宋南的運搬船與隆的船隻約好下一回在南中國海上大約距離陸地一個星期航程的地方碰頭時，他帶著一包棕色紙袋，裡頭裝滿從海星國際服務中心那兒拿來的泰銖。救援者視這筆錢為贖金，船長卻視之為「償債」——這是隆在工作上還積欠的金額。宋南幾乎不發一語地把錢袋遞給隆的船長，接著隆就踏上了宋南的船，啟程返回陸地。

　　隆在運搬船上航行了六天，大多數的時間都在哭泣和睡覺。船員們把他藏起來，以免他們營救隆的消息走漏到其他漁船那裡，因為他們擔心其他船長可能會厭惡一家補給公司扮演這種介入勞工糾紛的角色。宋南在營救隆之後，很快就不再於海上工作。他找到了一份新工作，是工廠的保全警衛。宋南的家就位在宋卡府外圍，是一棟水泥房。我去那兒拜訪他時，他說他還會做惡夢，內容是關於他在海上見到的場景。「我不喜歡那裡發生的事情。」他說道。

〜〜〜〜〜〜

　　我所寫的關於隆的故事是《紐約時報》的罪行海洋系列報導之一，在二〇一五年七月二十七日登上報紙頭版。在那之後，泰國的反走私官員聯絡我，他們覺得這則故事很有可信度，而警方有一隊特別小組想要逮捕並起訴該名船長，那時候他正在海上的另一艘漁船上作

業。接下來的兩年裡，隆也成為某種象徵：後來的美國國務卿約翰・凱瑞（John Kerry）好幾次在記者會與外交場合上提起他的故事，藉此強調終結勞工販運的必要性。

某個午後，泰國軍政府駐美大使皮桑・馬納瓦帕（Pisan Manawapat）要求與我會面，以討論我的報導。在他的兩名下屬陪同下，我們在華府時髦的喬治城區一家餐廳共進午餐。一開始，我們只是說著一些陳腔濫調：曼谷大眾運輸令人印象深刻地準時、普吉島觀光客不斷成長的數字，以及他的女兒自法學院畢業後一片光明的就業前景。

接著我們開始進入正題。「你要知道，我們很認真看待這些事情。」馬納瓦帕說道，意指海上奴隸，然後在接下來的半個小時向我解釋他的政府正在採取一步步行動。他提到涉及勞工虐待的調查與起訴案件數增加，以及在泰國境內新設了多處安置所，以安置被販運的受害者。他也解釋移民當局如何執行新的登記措施以清點沒有身分證明的勞工，提供他們身分證。

在餐敘最後，馬納瓦帕大使給了我他的私人手機號碼。「我只要求跟你維持一條開放的溝通管道。」他說道。我不發一語，沒有說出當下心中的想法。在我的報導登上《紐約時報》之前，泰國政府大多拒絕回應我，不承認收到我的電郵，也拒絕接聽我的電話。我欣見這對我來說似乎已不再是問題。

幾週之後，當我結束一場於美國國際開發總署（US. Agency for International Development）的簡報之後，一名國務院官員走近講臺，問我在那陣子是否有聽說隆的消息，我說沒有。「他消失了。」她說。「政府似乎把他扣押起來。」她補充說，她在曼谷領事館反走私小組工作的同事非常擔憂他的安危。我感謝她告訴我這件事，並且立刻聯絡了馬納瓦帕大使。我維持禮貌但口氣堅定地告訴他，鑒於我們在喬治城午餐時所討論的內容，我全心期待他在曼谷的同事能夠立刻找到隆，並且提供證據讓我確認他沒有被扣押。我的觀點是，因為我的報導可

能是導致隆被扣押的原因，在新聞倫理上，找出他的所在是我的責任，並且盡可能地確保他的安全。

隔天，隆現身在一處政府機關，移民官正在評估他的心理健康，並且跟他討論，他比較想要回到位於柬埔寨磅湛省（Koh Sotin）的家鄉或是留在泰國。我始終不清楚隆是否原本就一直都在那裡，或者他是在我的那通電話之後才被移置該處。不過，隆聲稱如果他回到柬埔寨，他希望能回去做以前的工作，在當地一間寺廟做清潔工。

大約兩年之後，我回到泰國探望隆。他還住在宋卡府附近的政府安置所。泰國警方追查到最後一艘銬住隆的船名「N. Poo-ngern 8」，泰國當局也確認了船長就是綁架隆的人。他是一名泰國男子，名叫蘇汪‧素克馬（Suwan Sookmak），隆和宋南從一排嫌犯照片中指認出他。警方在素克馬的情婦位於宋卡府的家附近埋伏一個多月後，終於在他回到岸上的時候將他逮捕。「N. Poo-ngern 8」的船東馬納斯‧普坎（Manas Phukham）與席素姐‧普坎（Srisuda Phukham）也被捕，因為船長聲稱他們才是販運隆的主嫌，但是他們由於缺乏進一步的證據而獲得釋放。

我在宋卡府的安置所探望隆一整天。他的心理與精神狀態似乎仍受盡折磨，或許無法修補了。我曾經試圖再次訪問他──詢問他的未來規畫，以及對於泰國政府處理案件的想法──但是在見到他有多麼脆弱且退縮之後，我選擇只是觀察。在一場心理治療過程中，他和另外四名遭到販運的男子使用蠟筆畫一個故事，他看起來很艱難地跟上節奏。其他人的畫中是一些簡筆人物站在樹林裡或是茅屋旁，而隆的畫只是一些線條與斑點。安置所的社工告訴我，他經常提到想要回家，但是他們懷疑他是否已準備好自己生活、保住飯碗，並且持續用藥。

二○一七年八月，大約是隆的惡夢開始之後六年，泰國法院以人口販運罪行判處素克馬四年有期徒刑，並且要求他支付隆四十五萬泰銖（大約一萬三千五百美元）的傷害賠償。二○一七年十二月二十八

日，隆離開宋卡府的安置所，返回柬埔寨。

每隔幾個月，我還是會與一名在泰國政府裡工作的反走私官員互通訊息。她在這些年來變成我最佳的採訪協力人員之一。即使在隆返回柬埔寨之後，她仍舊試圖追蹤著他。但是如今隆位在如此遙遠之處，她也很難取得有關他的近況消息。我們對於隆的長期展望感到悲觀；他仍是很容易到手的獵物；若是發現他再度被困在另一場販運困境中，我們都不太知道自己可以怎麼辦了。

隆的案例是很極端。大多數的船長沒有訴諸於鐐銬船員這種方法。要將移工困住，通常只需要債務，以及與陸地的距離。在泰籍船隻中，公認條件最差的是在海上作業好幾個月或好幾年的遠洋漁船，它們也是最仰賴移工的船種。

對我來說，為盡報導之責，親自去看看這種被剝削的環境是很重要的。人權倡議人士與記者曾經形容過這些船，但是他們的報導通常建立於逃跑水手回到陸地上之後所做的證詞。我和一名英國攝影師亞當・狄恩（Adam Dean）以及一名年輕的女性泰語口譯員同行，希望可以登上這些遠洋漁船親自看看。很快地，我便發現這是一個極具野心的目標。

雖然聯合國公約與諸多人權保護措施皆公開禁止債務奴役，泰國軍隊與執法機關幾乎沒有進行什麼措施來控管海上的不法行為。進一步讓執法變得複雜的是，有些官員會共謀進行漁業的人口販運，收受賄賂讓走私者安然通過邊界。許多移工曾經向聯合國官員與人權團體通報，他們被警察從走私者那裡救下來之後，警察只是把他們又賣給了另一名走私者。

經過多年，《紐約時報》的讀者經常寫電郵問我，我是如何讓人們如此坦然地敘說一些或許不是很明顯反映在他們身上的事情。我很

少能夠給出一個好答案，只能說我在這份工作中總是驚訝於人們想要訴說自己故事的強烈意願。做為一名記者，我發現如果一個人打量過你，並認為你看起來似乎值得信任，他通常就會願意開口。

有時候，表現出靦覥是有用的，其他時候則需要毫不掩飾地透明。我並不特別擅長於前者，據說我的眼睛會像跑馬燈一樣地投射出訊息。當我處在緊張的環境中，例如港口、充滿人的市場或混亂的街區，而我並不想要讓我的好奇、困惑或恐懼如此公開地展現在我的臉上時，我會戴上太陽眼鏡。不過，大多時候我會試圖以坦率的態度贏得人心，或者透過事先做足工作來令對方在一開始就印象深刻，讓他知道我至少對於他的觀點有一些了解。這些策略在面對漁船船長時特別有效，他們通常會對人做出精明的判斷，而且完全沒有耐心陷在困惑的情勢中。

儘管如此，要讓遠洋船長同意帶我們上船並不容易。狄恩和我在泰國最大漁港之一的宋卡港駐紮下來，每個晚上都跟遠洋漁船船長出去吃飯喝酒，希望可以說服他們帶我們上船。事實上，他們所有人都拒絕我們的請求。他們解釋，沒有人想要被看到載著外國人出海。這個產業的名聲已經夠糟的了。

英國《衛報》(*The Guardian*)與一個非政府組織「環境正義基金會」(Environmental Justice Foundation, EJF)曾經在前一年做過廣泛的報導，揭露這個產業的殘暴與走私問題。由於這些報導，泰國已經是美國國務院反走私辦公室的焦點，海鮮買賣的商人也僱用調查員來評估他們的供應鏈有多嚴重的海上奴隸行為。

在狄恩與我對船長們獻殷勤的同時，他們則似乎困惑於我們為什麼會想要花時間待在每個人都知道是既危險又骯髒的船上。我說，我們只是想要見證這份工作，並且把這些男人的生活記載下來。當我們終於找到一名船長願意載我們一小段航程時，他拒絕讓我們在港口登船。反之，我們必須僱用一艘小艇把我們帶到七浬外的地方，在無人

看到我們的情況下，從那兒爬上他的船。

我們跟隨他的指示，搭了一艘小艇出海，在另一艘船上坐了將近十個小時，再換到第三艘船上待了幾乎一樣長的時間，才看到那艘最終成為我的報導重心的泰籍圍網漁船。這艘船上有四十名束埔寨人，其中有一些是看起來不到十五歲的男孩。船身外觀看起來非常殘破，上頭的空間既擁擠又生鏽，似乎已經在海上跑過無數個年頭。我極度渴望登船。

在這種時候，溝通很像是在玩猜字謎。幾乎沒有幾名船長或船員會說英語，而經過這麼漫長的航程，我們的泰籍口譯員已經陷入嚴重暈船狀態，只要一站起來就嘔吐，也就是說，她的翻譯是混亂、簡短且充滿歉意的。

我曾經擔心一名女性翻譯加入這趟報導之旅的風險，不是因為她可能容易暈船，而是因為我不確定在海上好幾個月沒見到女性的男性船員對於她的出現會有什麼反應。但是這名口譯員以強悍與無懼聞名，曾經在同樣危險的環境中做過報導，包括在泰緬邊境山區的羅興亞人難民營。她沒有令我失望，即使身體不適，她還是很投入工作，拒絕回航。

當我們試著協商登船時，我心想自己是否會在哪天回想登上這艘破船的決定時，發現這是一回明顯魯莽的失算。在報導工作中，諸如此類的時刻會令我的腎上腺素與恐懼激增。除了在千分之一秒的短暫時間內依據少得可憐的資訊評估風險之外，我幾乎沒有其他選擇。這些人怎麼看待與我們同行的女性？船長們是否正在對彼此投以別有居心的眼神？這艘船是否適合航行？

對於整個背景的陌生讓閱讀線索變成純粹的猜臆。你仰賴的大多是直覺，而在此刻，你的直覺通常已經被疲憊嚴重阻礙。《紐約時報》德里辦公室主任傑弗瑞・葛特曼（Jeffrey Gettleman）曾經將這種現象形容為「信任的過渡性」。記者把他們的生活多數時間投資在報導工作

中,他說道,你信任的人把你跟他們信任的人放在一起,而他們又把你轉給了他們信任的其他人。當這條關係鏈被愈拉愈長,你愈希望它是穩固不斷的。

雖然搭載我們的船長為我們的提議說好話,這艘圍網漁船的船長卻是以懷疑的眼神打量我。不知怎的,我把這個情況視作好的徵兆,彷彿他對我的擔憂要大過於我應該對他的擔憂。經過幾分鐘之後,他同意讓我們登船待上兩三天,只是有兩個條件:我們不准在報導中提及他的名字或是他的船名;而且我們必須在任何時候都不影響到他的手下工作。船長解釋道,我們距離港口大約有一百二十浬,而經過超過九個月的作業之後,他的船很快地就要返航了。我們會待在他的船上看到最後一輪的捕魚作業,然後跟著他們回到岸上。

我們很快地爬上這艘圍網漁船,而我因擔心這位新船長可能會在還有機會的時候改變心意,所以做出手勢請載我們來的第一位船長趕快離開。在接下來的幾分鐘之內,柬籍船員以深刻的困惑眼神盯著我們,直到船長透過揚聲器以泰語對他們大吼,吩咐他們回到崗位上工作。夜色漸沉,到了收網的時刻,夕陽把水面的反光從閃亮的錫箔色變成了沼澤般的翡翠色,再轉成了焦油般的黑色。

泰國的漁船大多是底拖網漁船,在船尾拖著一張網牆。圍網漁船用的是更基本的環狀漁網,下網時瞄準的是更靠近水面的魚,向上收網,然後像是束口的零錢袋那般把漁獲困在上頭。為了確保五十呎寬的漁網口徑確實收緊,男孩們會潛下漆黑的海裡。如果有人被困在漁網裡,跟著漁獲猛地從幾噚深的海裡被拉起來,在這樣的黑暗與噪音環境中,很可能沒有人會在第一時間注意到。

對於船員們來說,受傷始終都是一個威脅。在我的報導生涯中,這些船上的水手們經常會向我尋求協助,彷彿我是一名醫學專家,因為他們看到我在早晨會吃維他命,就猜想我知道如何給藥。在菲律賓的一艘船上,一名男子向我展示他在頭皮上的傷口,聲稱上頭爬了蠕

蟲（但我看不到）。在索馬利亞外海，我遇到另一名水手咳血之後只是吐到海裡，彷彿是很稀鬆平常的事。他透過一名翻譯告訴我，他已經咳血好幾個月了。起疹子是最常見的症狀。在印尼，一名水手沒有穿褲子或內褲，只是在腰間圍著一條毛巾工作著，因為他的胯部有一些發癢的潰瘍，若不這麼做就很不舒服，他告訴我。在許多這類的情況下，這些男人會向我尋求協助，而我也只能給他們一些我認為或許至少可以減輕症狀的內服或外用藥。每當我完成一趟航程回家之後，我會把所見的情況描述給我的內科醫生聽，然後她就會和我一起研究下一趟航程或許會用到的抗生素與其他藥物。

這艘泰籍圍網漁船與柬埔寨船員的衛生條件是我見過最糟的，可以見到幾乎在每個地方都爬滿了大量各種尺寸與顏色的蟑螂。當幾名男孩在經過整夜工作之後，做出手勢邀請我跟他們一起用餐，但船上的髒污某種程度上讓我躊躇了一下。他們的食物包括了一天一碗的米飯，裡頭摻有煮熟的烏賊和其他不知為何物的佐菜。對我來說，他們的邀約是拉近距離的難得機會，也是一場腸胃的賭注。當時我也確實很餓，因為我的花生醬與果乾配給已經吃完了。

在這些海上航程中，飢餓總是一直陪伴著我的感受。通常到了我回家的時候已經掉了十磅。我變得擅於欺騙自己的身體：喝水來填飽我的胃，用口香糖來欺騙我的嘴巴，用咖啡來維持我的精力。我也會提醒自己，或許我感受到了飢餓、口渴或疲憊，但我身旁的人很可能要比我承受更多，藉此來壓抑我想要抱怨的任何衝動。

在我為這本書所做的報導過程中，用餐經常是一場冒險。在家裡，我是素食者；當我旅行時，我會吃下任何眼前的東西。對於別人提供的食物說不，很可能會被視作在室內吐痰一般的無禮。「海蟲湯」、生烏賊配飯、臭味撲鼻的榴槤——某些送上來的食物會需要快速嚼食、閉上雙眼以及充足的解酒液。

在泰緬邊境的一家路邊餐廳，我的翻譯幫我點了一大盤巨蝦。每

隻蝦的身形都跟我的前臂一樣大，被蒸熟但維持完整，眼睛、觸鬚和其他部位都還在，看起來像是浩劫後生存下來的蟑螂。還有一次，當我在印尼海域上，招待我的船長驕傲地給我送上一顆他們捕到的巨蚌。那隻生物還在牠的殼裡，當牠被放在廚房料理檯面上時，大約有十五吋高。在被丟裡熱水裡之前，每當廚師想辦法打開牠的殼時，牠就不斷試圖閉上殼。我把一段影片寄給我的十四歲兒子——主旨為「今天的晚餐」——展示廚師與蚌的戰鬥。我的兒子艾登回訊道：「住手！」

在這艘泰籍漁船上的一些柬埔寨男孩看起來比艾登還年輕，當我想到他們的人生是多麼不同時，這真的震懾到了我。男孩們一邊遞給我一碗帶有斑點的飯，一邊仔細地看著我。我盡量讓自己不顯得遲疑。利用我的手指，我把摻著烏賊的飯塞進嘴裡。男孩們都爆笑出來，嘲弄我的吃飯速度之快。「像是我們。」其中一名男孩指著我說道。他的名字是皮爾（Pier），那年十七歲。幾分鐘之後，我將他們的笑聲視作詢問他在船上生活情形的好機會。

「你只是必須努力工作。」已經在船上工作將近一年的皮爾說道，他喜歡船上甚過於家鄉。「在那裡沒有事情好做。」他抬起健壯的二頭肌來展示他的勞動成果。

皮爾補充說，他還積欠船長一筆債，一部分是走私客協助他從邊境來到港口的費用，另一部分是他預支現金寄給家人而累積下來的債務。最終，皮爾和我發現，只剩我們兩個人還坐在那兒。我把握機會溫和地詢問一些更敏感的議題，但是幾乎沒有從他那兒得到什麼答案。雖然他似乎樂於回答我的多數問題，當我問到他是否曾經被揍過，或者他是否曾想過離開這艘船，甚至是在他清償債務之前就離開時，皮爾只是安靜地往下看。

債務奴役在發展中世界很常見，尤其是在營建業、農業、製造業與性產業，而在海上又更是無所不在且被濫用，因為這些移工是處在

隔離的狀態下。在泰國，過去船長會預先支付一大筆錢給水手，讓他們的家人可以在他們出海的期間維持生活。但是因為愈來愈多的水手是移工，船長不再預付一筆錢給他們，而是付錢給把水手帶進泰國的走私客。

我詢問船上一些水手的經驗。他們說，一旦離開陸地，他們的債務就變得更難清償。這些債務之硬可以追溯到全球經濟與歷史影響力。一九八九年的蓋伊颱風是泰國海鮮產業的轉捩點，因為它擊沉了數百艘泰國漁船，導致超過八百人死亡，這場風災立刻為泰國漁業創造了勞動條件極度危險的名聲。幾個世代以來，漁船為年輕泰國男子提供了相對優渥的勞動報酬，尤其是對於泰國東北部的鄉村居民而言。這種季節性的辛勞被記錄在一首知名的泰國歌曲〈航海漁船〉（Tang-ke）中為人所傳唱。

泰國的海上奴隸問題也跟該國的中產階級浮現有關。在亞洲的「老虎經濟體」之列，泰國的國內生產毛額於一九八〇年代末期呈現平均百分之九的年成長率，並於一九八八年達到最高峰的百分之十三。其出口產值也以每年平均百分之十四的幅度擴張。陸地上的薪資增長，使得泰國人更無意願接受海上的工作。就二〇一六年而言，泰國的失業率是世界最低之一——普遍低於百分之一。漁業於是愈來愈仰賴廉價的外國勞工，特別是引進自緬甸、柬埔寨與寮國。儘管如此，泰國漁船還是長期缺工。由於這個產業拒絕投資可以節省勞動力需求的科技，始終仰賴需要大量船員的圍網漁船，因此缺工情形更加惡化。

泰國的勞工與人權濫用問題也和它的環境問題有關。隨著泰籍船隻數量增長，他們捕撈的範圍也在擴張，導致魚類資源縮水。在漁業與自然保育生態學中，單位努力漁獲量（catch per unit effort, CPUE）是一項間接評估物種資源豐富度的指標。在泰國灣與泰國西邊的安達曼海上，漁船的單位努力漁獲量在一九六〇年代中期到二十一世紀初之間下滑了百分之八十六，使得泰國海域成為全球最過度捕撈的地區之

一。雖然漁業資源減少，泰國船隻還是捕撈愈來愈多的量，某種程度上透過航行至更遠的海域作業。所有這些更大層面的經濟與環境影響力共同促成了債務奴役更加緊密地交織在南中國海的漁業結構中。

～～～～～

在我快速與船員用餐過後的那天清晨，船上陷入了一片短暫的平靜。整個船隊的人都消失在船艙後方極度炎熱又擁擠的空間中。那裡的天花板只有四呎高（約一百二十二公分），即使是身形矮小的柬埔寨人都嫌擁擠。引擎渦輪不停地震動著，發出震耳欲聾但令人安心的聲音。每當引擎冒出一絲黑煙，這艘船的木製甲板就會震動一次，而黑煙則會飄進船員們睡覺的區域，比起室內瀰漫的潮濕體臭，黑煙幾乎可說是更受人歡迎的替代物。

我也開始發出臭味。我的褲子沾到魚內臟的殘骸，我的鞋子浸在鮭魚堆中。然而，儘管我在航行過程中幾次想要洗掉身上累積的穢污，洗澡還是不太吸引人的事情，因為必須全身暴露在後方甲板，把一桶海水倒滿全身。捕魚作業最密集的時間是在夜裡，後方甲板都是器械與繁忙工作的人。也就是說，通常我們只有在大白天利用甲板洗澡的選項。

至此，我的體臭已經說服了我，在這趟航程結束後必須去買新衣服。再多次的清洗也無法拯救我這身的衣著。在登上長途班機之前，尷尬已經教會了我，最好是丟掉我在漁船上穿過的任何鞋子，因為清除它們的氣味根本是不可能的任務。穿著這些鞋子上飛機，甚至只是把它們裝在密封的塑膠袋裡帶著走，都會導致其他乘客的抱怨。（「不好意思，我想上面可能有什麼東西在腐爛。」）當我的衣服在一趟海地航程中滋生臭蟲之後，回到家，我的太太就指示我從車庫進家門。我沒有丟掉的衣服在洗過之後，會被放進冷凍庫一個星期，然後再清洗一次，以去除所有上頭殘留的東西。

上｜在一艘泰籍圍網漁船上擁擠的睡覺區，吊床通常是以漁網修改而成，水手們避免睡在地板上，部分原因在於地板上有許多老鼠，我經歷艱難困苦才學到的一課教訓。

下｜相較於船員們擁擠且鼠災氾濫的區域，泰籍漁船上的船長睡覺區就宜人許多。

　　圍網漁船上的柬埔寨男孩在睡覺時會每兩小時輪班一次，他們睡在如同繭蛹般以破漁網做成的吊床上。原本我不了解為何男孩們要睡在吊床而不睡在地板上。因為已經四十八小時沒闔眼了，我們決定也要試著休息一下。睡覺區非常地擁擠，我們只能塞在船員們吊床下方的地板上，像是棺材裡的屍體一樣仰躺著。大多數的船員只穿著內衣睡覺，而我的鼻子幾乎就要碰到上方男孩的臀部。這麼靠近一位陌生人，而且聞著他的惡臭，感覺像是在侵犯他的隱私，也是在自我招惹對自己隱私的傷害。我已經被訓練到能夠忍受刺鼻的惡臭，但是這個房間超乎平常地有挑戰性。從一些老舊的足球護具上擠出一些液體，加上尿液與魚漿，然後放在火上煮沸：在那個角落飄散的潮濕氣味大概就是如此。

　　隨著氣味愈發強烈，我的疲憊感也愈來愈重，於是我立刻就睡著了。但是大概只過了十分鐘，腎上腺素就驚醒了我，有什麼東西在我的腿邊跑過。試著坐起來的同時，我撞到了就在幾吋之上的男孩，於是我的頭燈滑掉。重新戴好頭燈之後，我打開燈，看到地上排著幾十隻老鼠，有些在清理著船員們吃到一半的晚餐剩飯；其他像搶劫商店的暴徒，在男孩們的帆布袋中跑進跑出。

　　我叫醒躺在我身邊的翻譯與狄恩，移到船長休息區的上方。我現在了解為何男孩們選擇睡在擁擠的吊床上，而非直接躺在地板上。學到這一課，我在心中暗自發誓，一旦我們回到大城市之後，我首先要買的裝備就是旅行吊床。

〜〜〜〜〜〜

　　當我在報導行程之間回到美國時，大專院校經常邀請我去對學生與教職員分享新聞業。在問答時間，總是有人會問到這份工作的危險，而我經常感到疲於回應這樣的問題。事實上，我的自我意識是樂於被當作某種環遊世界的英雄；也沒錯，我面臨過一些真的很危險的

時刻；但是，相較於我所書寫的對象、在我離開之後仍然留在當地的採訪協力夥伴、員工（翻譯、攝影、接頭人），以及早在我空降至他們的世界之前就已經在報導這些議題的當地記者們所面臨的危險，我的危險總是顯得小巫見大巫。

對我來說，登上泰國和其他地方的船隻所面臨的真正危險似乎是以下這類情況：從一顆滑溜的礁石掉下去、因食物引起的身體不適、從機器搖晃的零件前走過。我成功發展出一套與恐懼共處的健康關係——有些人可能會認為是不健康的。當我發現自己處在愈是緊張或危險的困境時，我愈會產生樂觀的心態，假定自己可以順利解決。畢竟，如果我沒有熬過這份危險，誰會去回溯這裡曾經發生過的事情呢？我報導的故事必須被敘說，而我正是夠幸運的人才得以擔綱這份工作。

這種荒謬至極的觀點正是為何我也假定，若是在這些報導過程中有災難要降臨在我身上，它更可能是發生在一部以火箭般高速穿梭於迦納首都阿克拉的計程車後座，或是在一輛行駛於婆羅州山區塵土飛揚且臨近峭壁的貨車後頭，因為人們在這種老套的活動中會降低警戒心。我不是在為這種令人費解的邏輯辯解，但是它確實在我報導本書的過程中以其特有的方式幫助了我。

事實上，在我的許多報導探險過程中，幾次真的面臨對肉體有害的時刻通常都是我自己所犯的錯誤。在摩加迪休（Mogadishu），當我為了從警方的船隻登上一艘載著牛群、船舷達四層樓高的巨型貨輪時，我差點就掉下大約三十呎的距離，因為我試著在身上背了太多的裝備。在阿拉伯聯合大公國的港口，我在等待下一艘船來接我的期間，跟五名海事安全警衛在一起長達二十四小時。大多數時候，我們只是坐在港口的酒吧裡，努力喝完三瓶歐本單一麥芽威士忌。喝到第三瓶時，其中一名警衛變得粗聲粗氣——大聲地與旁人擊掌、潑濺手上的酒、抱怨電視上的足球比賽、摔下他的椅子等。另外有一群警衛坐在旁邊的幾張桌子，人數是我們的兩倍，由於愈來愈受不了噪音，

便說了一些話，主要是要叫我們小聲一些。這個舉動差點就導致雙方大打出手，直到我們這群人之間比較清醒的少數幾人把我們吵鬧的朋友拉到酒吧外。

在索馬利蘭（Somaliland）的哈爾格薩（Hargeisa）——索馬利亞的一個自治區——我的攝影師法比歐・納西蒙多（Fabio Nascimento）和我差點就被十幾名男子處以私刑，因為我們拍攝他們嚼食阿拉伯茶的舉動引起他們的不滿——這是一種會令人上癮、像是安非他命般的葉子，當地許多男子會嚼食。在那之前，我告知納西蒙多可以拍攝這些男人，幸好我們的駕駛及時將我們載離那個現場。

我跟納西蒙多是在南大西洋上的一艘船上認識，當時他正在拍攝一隊科學家，之後我就僱用他來幫我工作。這名年輕的巴西男子曾經有多年在亞馬遜雨林做報導的經驗，而他能夠在不舒適的環境中工作的能力令我印象深刻——更不用說他在拍攝靜物照片與影片方面的才華，尤其是使用無人機。我僱用他在一年間加入了十幾趟旅程，這是我所做過的最明智決定之一。納西蒙多可以承受各種天氣，不只一次帶我避開危險。在某一趟前往墨西哥的旅途中，我用西班牙語對計程車司機說了一句帶有玩笑意味的話。由於他對我們收取三倍於我們先前坐同樣路線的價格，我說的那句話意思約莫是這個車資等於某種形式的搶劫。結果情勢愈來愈緊張，計程車司機和我差點就要打起架來，最後是納西蒙多讓我冷靜下來。

不論是在泰國或其他地方，我在漁船上最大的恐懼都是掉下海。如果在夜晚掉下海，很有可能在好幾個小時之內沒有人會注意到。若要在這種事件中存活，我在某次於佛羅里達州清水市（Clearwater）與美國海岸防衛隊的搜救團隊共度的一週之中學到一點。在那次行動中，我大多數時候待在他們的塞考斯基松鴉鷹（Sikorsky Jayhawk）直升機上，觀看警員們練習以特製搜救籃打撈掉進海裡的人。當我跟這些警員描述自己在海上的報導，並且向他們徵詢如果掉到海裡或許可以

提高生存機會的方式（我的泳技不錯），他們看著我的眼神彷彿我問的問題是如果我決定切斷我的手，該如何補救我的手腕。「最好是避免這種事情發生。」一名駕駛面無表情地回道。

其他警員提供了更有幫助的訣竅：當你走到甲板上時，帶上一組頭燈並穿著亮色衣服。如果你掉下海時，海水很冰冷，你要咬緊牙根，忍耐著別讓自己驚慌呼吸，因為那第一口氣通常就會讓你溺水。把你的膝蓋收到胸前以減少熱量散失，他們說道。永遠不要頂著海流游泳。踢掉厚重的靴子或鞋子。如果海水不是太冷，就把你的褲子或上衣脫掉，在邊緣打結，試著捕抓空氣以做為漂浮的器具。學習「防溺法」的技巧，也就是以不耗能量的方式游泳，專注於把空氣留在肺部，保持身體垂直、放鬆，這樣只需要最小量的氣力，讓你的頭浮在水面上。

我所登上過的大多數漁船都缺乏救生衣，所以在一開始我會帶上自己的。然而，某一次在印尼雅加達機場的安檢人員因為認為把救生衣充氣的噴霧罐是炸彈而扣留住我，從此之後我就不再帶著救生衣旅行了。一開始，我會帶著一部衛星電話，繫在腰間的防水袋裡，但是以分鐘計費的電話費率很快地就變得太過昂貴。我轉而改用 Garmin inReach，它具備 GPS 定位與傳訊（雖然不是語音）功能。這個裝備總是繫在我的腰間，上頭有一個按鈕，一旦我押下去，就會警示一組事先設定好的人，通知他們我遇上麻煩了。雖然，我未曾搞清楚這些人若是收到警示，實際上應該怎麼做。

白天，我會利用一片攜帶式太陽能板來為一組全功能電池充電，那麼在夜裡，我就可以用它來為我的追蹤器與其他小玩意兒充電。追蹤器除了做為我不幸落海的唯一希望，它也可以告訴我（以及其他登入某一特定網站的人）在任一時刻我正處在地球何方。它們也是我和家人維持溝通的一項重要管道。在追蹤器上打字是很彆扭的做法，而且數據傳輸極慢，但是我會頗定期地傳送更新資訊給我的太太雪莉。

（「一切平安。天氣因素導致延誤。五天內回家。」）這些唐突的句子總是會以「TQ」作結，意即「Te quiero」，也就是西文的「我愛你」。我們也有緊急情況下使用的祕密代碼。若是我在一通電話或短訊中提到「Yorel」這個名字（他是我的一位高中同學，本名是Leroy），意即我正身陷麻煩，但是我無法明說，例如我被綁架做為人質或是遇上海盜。雪莉手上有一份包括了《紐約時報》、司法部門以及美國國務院人員的電話號碼，一旦發生這類緊急事件，她就可以向他們發出警訊。謝天謝地，我從未遭遇過需要呼叫Yorel的情況。

然而，我在撰寫本書的過程中最感折磨的恐懼，似乎並不是演講時聽眾所預期的。隨著我在報導時見證到愈多吸引人且緊急的時刻，我愈是擔心自己會無法做到在寫作中不辜負他們。我該如何找到恰當的敘事角度，如何決定要留下或剔除哪些資訊，以及如何保護那些協助我採訪的人？我是否太早從我的報導行程中抽身，致使錯失了某些一生難得一次的機會，或者我是否流連太久而浪費了我本來可以花在其他地方的珍貴時間？

〜〜〜〜〜

可以肯定的是，我的確在這些報導行程中遇到幾名嚇人的角色。其中一人就是在南中國海上這艘泰籍圍網漁船的水手長，他的名字是唐。在老鼠們把我嚇醒的那一晚，我的精神太亢奮而無法再次入眠，所以我最後去了舵手室。那時唐正在值夜班，從凌晨一點至五點。唐是泰國人，但是會說柬埔寨語。他是個有著大肚腩的矮胖男子，駝背又少了三顆門牙，在船上的首要任務是維持船員秩序。

唐以破碎的英語告訴我，在深海作業的船長壓力很大。捕上來的魚無法存放很久，他解釋道。在漁船的冷凍室裡，融化的冰塊就是一場與時間的賽跑。隨著魚被解凍，牠的蛋白質含量就會減少，所以銷價也會降低。

在全球，漁船只是為了打平損益就必須走得更遠。對於一艘遠洋漁船來說，燃料成本通常會吃掉至少百分之六十的收益，是二十年前水平的兩倍。舉例來說，泰籍漁船過去最多只在兩天航程的範圍內作業。到了二〇〇五年，他們已經去到孟加拉與索馬利亞一帶，有時候在海上一待就是好幾年。儘管高度仰賴奴役移工與老舊漁船，泰籍漁船還是發展成了全球重要的一角。

世界上多數的遠洋漁船是以代理委任制運作。「唯有當我們的漁獲足夠時，船員們才能得到薪水。」唐說道。這種制度意謂著船上的緊張感很強烈，船長愈是對於船員們實行高壓管理，愈是擔憂船員的表現。語言與文化障礙加深了兩者之間的隔閡；大多數的漁船會有三名泰籍幹部（船長、輪機長與大副），而其他人都是外國移工。

我問唐，為何船上的紀律傾向於如此嚴格。對於這個問題，他的臉上露出明顯的厭惡表情，他敘述了一起可怕的暴動故事，是由一群緬甸人與柬埔寨人所發動，他們以一把鈍的開刀山屠殺了船上三名泰籍幹部。一邊說著，他用下巴指向舵輪附近的儀表板上放置的一把手槍。「你必須展示給他們看。」他指的是給船員們上一堂課。他的一臉冷漠令我想起一個說法，真正危險的男人不是某種身形，而是某種面貌。

從我能找到研究中顯示，暴動似乎不是在泰籍漁船上常見的事，但是在過去十年之間，全球每五起海盜攻擊事件就有一兩件發生在南中國海上。當我讀到這個數據時，我懷疑這又是一個被扭曲的數據，而事實上泰國政府分類為海盜攻擊的案件更可能是暴動。唐指向前方的窗戶，說道：「非常危險。」我不清楚他指的是船員們、這份工作，或是這個海域。不論他的意思是什麼，他似乎也在警告我不要僭越他。

我還是沒有準備好上床，所以我爬上階梯到船長的休息室，敲了敲他的門。他歡迎我入內。我們從一個漁場轉換到另一個漁場，而他正在看著好幾個螢幕。一個螢幕顯示的是天氣；另一個螢幕顯示的是

我們所處水域下方的魚群。抽著一根接一根的菸，他偶爾會戳一下某個按鈕，或是調整某個旋鈕。在我等待時機要向他發問的期間，我們就只是安靜地坐著，以示對他的尊重，給予他工作所需的寧靜。大約二十分鐘之後，他看著我，微微一笑，我把這個舉動視作一個溫和的邀請，表示我可以說話了。於是我開始向他描述一些唐告訴我的事。

關於非自願性勞工的故事並不總是如表面所示，船長告訴我。有些勞工其實是自願前來，只是到了海上才改變心意，原因多半是這份工作太辛苦，或是他們沒有意識到自己會離家這麼久。其他移工會自己編造被虐待的故事，以獲得下船的機會，回到家人身邊，他補充道。

在登上這艘圍網漁船之前的幾週，我曾經在宋卡府與幾名船長說過話。他們都承認，非自願性勞工是常見且不可避免的現象——這個國家在過去二十年來快速經濟成長之下的不幸後果。每當有一艘船靠港時，他們總會擔心願意工作的勞工會跑到別艘待遇比較好的船。同樣地，被俘虜的勞工也經常偷跑出邊界，試圖回家。

在最後時刻缺乏人手，船長們有時候會採取孤注一擲的做法。「就是直接把人搶走。」一名船長異常直白地跟我解釋，意指工人們被下藥或綁架，並且被強迫丟上船的情形。在這種情況下，掮客會收取雙倍費用，他說道。

〰〰〰〰〰

在這艘圍網漁船上待了兩天之後，我和狄恩以及我們的翻譯回到了岸上。我們完成了原本出發的目的——第一手見證遠洋漁船上的生活——但是船員們的沉默與船長的閃避並沒能讓我曾經聽說過的虐待情事更加清晰。儘管如此，在我等待下船時，其中一名柬埔寨人順帶提到了他的債務變得更重，他也更難脫離現在的奴役狀態，因為他在被賣給一名船長之前，曾經有好幾週被他的掮客關在一家卡拉OK吧。

這是一樁新鮮事——我還不曾聽說過卡拉OK吧在人口販運產業

鏈上也扮演一個中繼站的角色。於是我接著前往拉廊府（Ranong），在泰緬邊境上的一個小鎮，希望能看到這些酒吧是如何兼作妓院與債務陷阱。拉廊府以貪污聞名，人口販子尤其在此猖獗而不會受罰，移民官更像是掠奪者而非保護者。

我們打算拜訪的卡拉OK吧主要是招待當地客人。狄恩是英國白人，而我是美國人以及混血兒：父親是拉丁裔黑人，母親是愛爾蘭白人。想當然耳，我們在拉廊街頭很顯眼。《紐約時報》明文規定，記者們若是被問到自己是否為記者時，必須準確地回答。然而，記者不需要主動表明身分。當我開始向一名可能協助我採訪的人士深入詢問時，我通常會坦白自己的目的，但是我會盡量小心謹慎，除非必要，否則避免向一般大眾暴露我的工作單位。因此，當我們在這些酒吧裡消費時，狄恩和我把自己當作是兩個不知怎的來到此地打發時間的旅客。

酒吧通常都長得一模一樣：七彩霓虹燈掛在門邊，前面的房間燈

在泰國宋卡府的一間卡拉OK吧兼作妓院，被賣到這兒的女性有時候會被用來誘拐緬甸男子。

光昏暗，裡頭有一台大型卡拉OK機，以及一台螢幕傳出泰語、緬語或柬語的流行歌曲。後面的隔間則是在走廊上以簾子分隔，一個個小房間是讓男人進去從事性交易的場所。

在一間酒吧，一名前臂尺寸跟我的大腿一樣粗的男子就坐在門口，手持著一根黑色木棍，看起來像是看守著洞穴的獨眼巨人。一群邋遢的男子在附近盯著我們瞧。我們走進酒吧，而該店老闆瑞（Rui）坐下來接待。他笑著指示兩名才剛進入青春期的女孩坐在角落。她們臉上都畫了濃妝，身上穿著緊身又閃亮的迷你裙。瑞接著驕傲地在桌上攤開一疊女孩的照片，每一個都顯得害怕不已，緊抓著一隻絨布動物。這些照片是一年前拍的，瑞告訴我，並且指向眼前的女孩，似乎想要炫耀他如何讓他們升級。「受歡迎，」他說道。「現在非常受歡迎。」我試圖隱藏我對於他正在宣傳兒童性交易的反感。這是在這趟報導過程中，我身為一名記者的職責是忍耐目擊的諸多時刻之一。我對於自己沒有採取行動阻止眼前所發生的事物感到罪惡。

在拉廊這樣的港口城鎮，掮客與卡拉OK吧老闆之間存在著一種密切配合的上下游關係。許多時候這兩個身分是同一個人。在酒吧的後面或是樓上，通常會有一些空房間是讓女孩們住的，而被賣到漁船上的男子也會在此等待他們從陸地到港口的最後一段行程。有時候，這些男人會在妓院被下藥或麻醉，等到醒來時才發現自己已經遠離陸地。然而，還有更多時候根本用不上綁架，債務就足以使這些男人陷入羅網。

在瑞的酒吧，一罐啤酒要價大約一美元，而與「受歡迎的」女孩進行性交易的價格是十二美元。幾天之後，這些帳單會累積成對於這些貧困的緬甸與柬埔寨男子來說驚人的金額。他們之中有許多人是身無分文地走了幾百哩來到這兒，期望能得到一份工作。一開始看似免費提供的餐點、藥物與居所，結果變成了未支付的費用。為了清償這些帳單，移工們接著被賣到海上。當這些男子在航程之間回到岸上，

船長經常不會支付他們現金，而是代為償還他們在卡拉OK吧積欠的債務。

在我報導這本書的過程所遇過的所有邪惡事件中，拉廊的卡拉OK吧或許是最險惡的。不只是這些捐客與酒吧老闆利用某種走私移工來欺騙另一種走私移工，性工作者與他們積欠債務的客戶還經常都是兒童。當我終於離開拉廊時，我暗自希望自己從此不再回來。

然而，有時候最黑暗的地方能創造出最真實的英雄。當水手們試圖躲避船長，他們逃跑成功的最佳希望可能是在某個反人口販運人士的地下管道中。這些倡議者通常會在港口附近經營一些安置所，把海上奴隸藏起來，並透過他們精心策劃的地下通道把獲救者送回他們的家鄉。被俘虜的移工們一旦決定逃跑，典型的做法是從船上跳海，游回岸上，或是躲在載運補給品來的運搬船裡。由於船長們已經為這些移工支付了可觀的費用，他們將這種逃跑行為視作偷竊，所以他們通常會加以看管船員們，甚至在進港時把人鎖在房間裡。

為了更加了解這些人如何逃跑，我在二〇一四年十一月前往婆羅洲。這是世界第三大島嶼（僅次於格陵蘭與新幾內亞），其面積大約為二十八萬七千平方哩，被三個國家分別統治：印尼、馬來西亞與汶萊。我選擇婆羅洲只是因為我在這個島上由馬來西亞統治的首府亞庇（Kota Kinabalu）有一名採訪協力人員，他參與了救援俘虜移工的地下管道。如同大多數參與這項危險工作的人，我的這位採訪協力要求維持匿名。

在亞庇，我認識了一名三十八歲的柬埔寨水手，名叫帕克（Pak）。他說他在被俘虜於一艘漁船上的期間，曾經被暫時地丟在一個移工們稱作「監獄島」的地方長達數週。那是在南中國海上數千個杳無人煙的珊瑚礁島之一。當漁船進港維修時，船長們會定期地來此放下被俘

虜的漁工，有時候長達好幾個星期。典型的情況是，船長會把船員留在那兒，有一名守衛帶著水、罐頭食品與捕魚工具陪伴他們。這名守衛的職責是確保漁工們都有得吃，而且沒有人嘗試跳上別的船離開。帕克不知道那座礁島的名稱，但是他說島上還有其他船員，或是在那兒被賣到別的漁船上，或是等待下一趟航程。

「你是船長的所有物。」帕克向我描述他被帶到監獄島上之後的海上時光。「如果他想要賣掉你，就可以賣掉你。」他描述曾經看著一名男子，受到絕望折磨，跳下船之後不幸溺死。帕克最後逃離的方式也是跳下他所工作的泰籍漁船，游到他認為大約一公里遠的某個島上，隸屬於偏僻的卡伊群島（Kei Islands）之一，位在東帝汶與新幾內亞之間、印尼東方的班達海（Banda Sea）上。

聯合國估計在過去十年間，大約有超過一千名移工從漁船上逃跑，而後躲在人口稀疏但宜人居的卡伊群島上。帕克在目睹他人因跳海溺死之後不久就做出了相同決定，我對於他在當下所懷抱的無畏與絕望感到驚訝。對此，我特別做出評論，而他的回應是，他不知道自己是否能夠活著游過去，但是他知道如果繼續待在船上就死定了。

在我訪問過帕克之後幾天，我在婆羅洲的主要採訪協力人員在清晨六點打電話到我的飯店，他說一名最近逃跑的水手正躲在市區外一百哩遠的地方。「我二十分鐘內去飯店接你。」他說道。接下來的三個小時，我們坐在一輛平臺拖車後面，深入一座樹林。當我們抵達那名逃跑水手應該躲藏的房子時，一名驚慌失措且悲痛哭泣的女子出現。她是那名水手的親戚，據說有兩名荷槍男子在前一晚來到她的房子，把水手帶走了。

「我該怎麼辦？」她不斷問道。我的採訪協力陪她坐了一會兒，並且給她其他救援工作者的電話號碼以便聯繫。我們爬回卡車上離開。「他若不是回到某艘船上，就是被鎖在某個地方。」我的採訪協力說道。「不論是哪一種情況，都真的很糟糕。」船長付了許多錢才

獲得他們俘虜的船員，所以他們很少放過逃跑者，而會給他們一番教訓。在我們返回亞庇時，一片痛苦且沉重的寂靜一路陪著我們度過這段似乎比去程更漫長的路途。

在來到婆羅洲之前，我已經在泰國的港口城市包括沙目沙空（Samut Sakhon）、宋卡與干當（Kantang）訪問過其他救援工作者。他們的工作就像是一套攸關生死的捉迷藏。一週之間有好幾次，他們會接到某名逃亡者打來既驚慌又低聲的電話。逃亡者幾乎總是不清楚自己的位置，但是急需協助以逃離某艘船。他們通常是從港口溜走，躲在某個難以形容的地方，或是把自己鎖在某間廁所、走廊下方，或是某棟廢棄的建築物裡。幸運的人會從其他水手那兒得到諸如海星國際服務中心這類救援團體的聯絡電話。

救援者一旦發現逃亡者，第一步就是把他帶離顯眼的大街上藏起來。當地的摩托車司機經常也是人口販子的告密者，他們解釋道。如果他們可以從港口溜走，許多逃亡者會試著在樹林裡待下來，直到他們覺得藏匿的時間已經夠久，可以安全地現身了。帕蒂瑪・東甫查亞庫（Patima Tungpuchayakul）是一名來自泰國組織「勞工人權促進網絡」（Labour Rights Promotion Network）的救援者，她形容自己曾經協助某名泰國男子從一座印尼島嶼安彭（Ambon）返家。那名男子逃離船上之後，在樹林裡生活了將近一年，只靠著捕殺夜裡從附近村莊抓來的狗貓維生。

在我應該離開婆羅洲的前一天，我的手機再次響起。我的採訪協力前來接我，又開了幾個小時的路。這次是深入一片有許多橡膠園的山區。在泥濘道路的兩旁，林立著排列筆直、又細又高且帶有斑點的樹木，延伸達幾哩遠。這些樹的樹皮上被切出一條條斜開口，深至足以取得乳液，又不致傷害到樹木的生存。這些切口緩慢地流出帶有黏性的乳狀物，被綁在樹幹下方的小桶子盛住。這些乳液接著會被摻入化學物質凝結成塊，然後捲入二乘三呎的長方形墊子裡，以晾衣繩吊

起來風乾，最後才運送出去。

　　這些橡膠園整齊有序並散布在山間，雖然一旁的小屋看似簡陋且幾乎不宜人居。我們行車經過幾名看起來又髒又累又窮的工人身旁；他們看著我們，對於一輛不熟悉的卡車出現在如此偏僻的山區流露出困惑的表情。當我們終於抵達終點，爬出卡車，我立刻就感受到一股因乳液裡的細菌腐敗，而飄散出來的濃厚且刺鼻氣味。這些墊子接著會被洗乾淨，賣給橡膠批發商。

　　有人向我們招手進入一間約莫四平方呎大的小屋裡。屋頂以鐵皮鋪成，裡頭一片漆黑，還有很多蚊子。我們和一名三十多歲的柬埔寨水手一同坐在骯髒的地板上。他的門牙少了幾顆、眼袋很深，皮膚呈現不健康的泛黃色調。或許是出於緊張，他經常吞口水。

　　「你是否從船上逃跑？」我的採訪協力用柬語問他。「我正在逃亡。」男子回答道，接著開始述說他的故事，和我之前從其他逃亡水手那兒多次聽到的情節差不多。在緬甸，有個人承諾要給他一份建築工地的工作，結果他被綁到了一艘漁船上。「如果他生氣，會大嚷大叫、拳打腳踢，好幾天不給食物吃、不給水喝。」男子回溯船長對待船員的方式。最後，就在兩週前，男子看到了逃跑機會，趁夜跳進海裡，游到附近的一座島上以逃離俘虜境地。他在樹林裡躲了一個星期，直到發現一名似乎很和善的當地漁民，載他到婆羅洲來。

　　我們從未真正詢問到他待在這片橡膠園的理由。在半小時的對話之後，兩名身穿藍色牛仔褲、頭上掛著太陽眼鏡的男子來敲小屋的門，他們看起來比我在車上看到的當地工人吃得好多了，衣著也比較好。不過，這兩名男子也不像是橡膠園老闆，太年輕、穿著太隨意了。在他們沒有紮好的T恤下，我瞄到腰間皮帶掛著手槍皮套，接著他們招手要那名逃亡水手跟他們出去。

　　我詢問採訪協力人員當下的情況，他只是用手指在嘴脣上比了比，示意要我安靜，他正試著偷聽門外的對話。幾分鐘之後，這兩名

看起來帶有威脅的男子重新回到小屋裡，比較高的那位似乎位階高於他的同伴，瞪著我說：「這場訪問結束了。」他的英語流利但帶有口音。「不好意思。」我站起身來並回瞪那名較高大的男子。當我的腦海裡試圖快速想清楚該如何為自己辯護時，他臉上輕蔑的笑容顯露出，他大約期待我會做出反抗，或是把事態鬧大。

我擔憂的多半是把水手留在這裡的後果。我轉向我的採訪協力，小聲地告訴他，我們可以離開，但是必須帶著水手走。當我們做出手勢要水手趕快跟著我們上卡車時，荷槍男人立刻介入。「不，這場對話已經結束。」男子對我說道，並且補充說這名水手要留下來。「我們不同意。」我告訴我的採訪協力。經過一些更強烈的言語交鋒之後，我的採訪協力轉頭告訴我，我們沒有選擇。「我們必須立刻離開。」他說道。

在駛回市區的路上，我的採訪協力表示，這些男人很可能是代表船長的賞金獵人。我不禁納悶我是否在不經意的情況下，讓風聲走漏到人口販子那兒。我是否害死了那名水手？透過我的行動，我是否害他被送回奴役狀態？這些都是令人極度不安的問題。我相信我的採訪協力，以為我們做了所有必要的防範措施以確保我們訪問的對象安全。在每一趟行程，我們都會僱用不同的司機，並且對他們做過審查。這一次我還是從距離飯店有些遠的地方上車，而且這輛車的窗戶貼有有色窗膜，掛著當地車牌。

我的採訪協力從事救援工作已經超過十年，他不認為我們是問題所在。很可能是人口販子已經知道水手的位置，他們在等待機會把他帶回船上。「這些鄉下地方消息走漏很快。」他說道。我提出報警的建議，而我的採訪協力以詫異甚或蔑視的表情看著我說，「伊恩，他們就是警察。」

　　二〇一七年夏天，我回到南亞進行更多有關海上奴隸的報導。在準備這趟行程時，我曾經詢問泰國政府，可否讓我看看有關當局是如何在海上執行漁船抽查。泰國政府表示歡迎我加入他們的海上巡邏，他們會登上我挑的任何一艘船進行巡檢，只要那些船不是離海岸太遠。

　　這是不尋常的和善回應。泰國的海上奴隸問題已經激起國際關注。早在最初期，諸如泰國的新聞媒體與非營利機構，還有《衛報》、國立公共電台以及國際組織如環境正義基金會皆針對這些勞工遭虐事件做過一些最佳報導。二〇一五年，不只是《紐約時報》，《美聯社》（Associated Press）一支勇敢的記者團隊也針對這個議題做了突破性的報導，揭露在印尼本吉納（Benjina）島上數十名逃跑、遭拋棄或是被漁業公司囚禁的漁工們的故事。他們的報導贏得了美國新聞界最高的兩個獎項：普利茲獎與鮑克新聞獎，並且促使幾千名男子得以返回他們在印尼、緬甸與其他地方的家。

　　回到泰國時，我知道我若是與泰國政府當局出海，所看到的一切只會是一場作秀。即便如此，似乎仍是值得一試，因為在政府試圖做出最完美表現的時候所犯下的錯誤會是特別有指標性的。「你需要提供我們一份船名清單。」隨著我到訪的日子接近，泰國政府不斷地反覆提醒我這件事。我知道有哪些船在海上，因為它們大多會公開自己的位置。我想要登上的是任何一艘曾經有過虐待紀錄或名聲的船隻。我告訴泰國政府，依據我的報導，我會拿出一些我認為值得登上的船名，但是我也希望他們自己能提出一份更長一些的清單。隨著見面的日期接近，在我們應該要出港的那一天，他們仍未提供自己的目標清單。

　　我曾經錯誤地猜想，基於泰國政府和漁工的面談、港口在違規發生前的查驗紀錄，以及警方進行中的調查，他們應該能夠列出須查驗的漁業公司或漁船的先後次序。但事實並非如此。這種情報或是不曾被搜集過，或是不曾被整理至能夠讓政府專注在高風險船隻上。「我們會仰賴你的清單。」一名海軍軍官在我們出發的前幾天告訴我。我

很快地轉向當地反人口販運的團體尋求協助，把一些額外的登船名單拼湊起來。這些大多是從他們最近曾與逃跑水手做過的面談內容而來，透過他們信任的當地警察，在四十八小時之內，這些倡議人士就產出了一份政府當局花了三週也生不出來的清單。

　　這個缺失說明了泰國警方更顯著的一項缺點。貪污破壞了機構之間的信任，導致他們不願意將敏感資料交出來，擔心遭到洩漏。泰國當局太過仰賴人權倡議人士來取得人們如何被販運、主要犯罪者是誰，以及他們採取何種技倆來規避新興保護措施的資訊。政府要搜集情資就必須訪問移工們，這是他們至今還未能有效做到的事。

　　我在兩艘泰國海軍軍艦上待了一週的時間，而上述情形在這段期間尤其明顯。一隊來自漁業與勞工部門的巡檢員針對幾艘通常有三十名船員的漁船進行抽查，船員們大多是柬埔寨漁工，還有一些泰國人與緬甸人。大多數的漁船是大型圍網漁船——強硬如鬥牛犬的笨重怪物，甲板下堆滿了幾十個皇家藍的桶子，裡頭裝滿冰塊以儲放捕到的漁獲。在巡檢員登船之前，一隊火力強大、穿著防彈背心的安檢人員先花了二十分鐘把所有船員壓倒，檢查他們有沒有攜帶武器，大聲吼叫吩咐他們坐成緊縮的一群，面向我們的另一邊。從安全的觀點看來，這個步驟是有道理的，但是這也讓船員們感到驚慌，感覺自己是被懷疑的嫌犯，而非漁船船員。

　　在某一刻，當巡檢員在執行勤務時，我走進舵手室，站在一名船長身邊。船長的衣服散發出菸味，他的呼吸散發臭氣，腳邊還有空的紅牛飲料罐。船舵前方擺放了五顆人類的頭蓋骨，船長聲稱那是他用來祈求好運的象徵物，是從漁網中撈起來的。這個故事在我聽來有些可疑。我靜靜地揣測，這些頭骨更可能是意謂著一種警示，提醒船員們違抗命令的下場。

　　在甲板上，三十名柬埔寨船員顯得憔悴。有些人看似不尋常地決心要避免眼神接觸。每一位巡檢員都帶了一本小活頁夾，向船員們進

泰國警方登上一艘泰籍漁船,而大多數是柬埔寨籍的船員們被指示在一個角落等待。

行問卷調查。有合約嗎?有。最近有收到薪水嗎?有。有船員證明嗎?有。漁網是正確的尺寸嗎?是。在某一刻,我問一名船長,他是否認為船上有任何漁工可能感到不開心且想要回家。「他們不能回去。」他告訴我。「我的文件都備齊了。」他的評語不經意地為我總結了為何這些檢查似乎沒有達到目的。

　　紙上作業與適宜檢查之間的差異之一在於問題是如何被提出的。舉例來說,當兩名漁工針對工資給了不同答案,而且兩人的答案都不符合合約上的數目時,巡檢員是否進一步深究,或是指導漁工給出「正確的」回答?當漁工被問到他們是否遭到肢體暴力時,巡檢員是否有事先告知他們,若是回答肯定,他們會被帶離船上至安全的地方呢?

　　勞工部的巡檢員是一名年紀較長的男子,舉止溫和,他盡量和船員們展現出自己是去幫助他們的。他坐在地板上,經常微笑,而且會做出自我嘲諷的笑話。以父親般的語氣,他教導船員們睡眠充足以及

記錄工時的重要性——對於船員來說是善意但無意義的建議，因為他們沒有權力掌握自己的睡眠或工時長短。一名翻譯和我坐在船舷旁聆聽著。

巡檢員溫和且真誠地執行工作，但是整個過程感覺更像是在敷衍而非調查。他的主要問題都是簡單的是非題：「你只工作十二小時，然後休息十二小時，是嗎？」以及「每個人在船上都很開心，是嗎？」只要漁工有政府核發的身分證，巡檢員似乎就認定他不是被販運的。然而，這些身分證只是代表這些漁工有無身分紀錄，舉例來說，這不能證明他們是否被債務綁架或是被人口販子賣給船長。巡檢員的提問應該要更廣泛，但通常都太狹猛。他們會問到：「你有沒有受傷？船上有沒有任何人受傷？」更有效的提問方式或許會是：「我知道海上的工作可能是很困難且危險的。上一次船上有漁工受傷是什麼時候？發生了什麼事？」

應該要令人警覺的字眼並沒有被注意。泰國法律要求雇主按月支付薪水。船長並不被允許扣留薪資，但他們經常會在船員合約未中止前這麼做，以防他們逃跑。在訪談過程中，當漁工們提及自己的帳戶在長途捕魚任務回來後被「截斷」或是「清除」時，這就是一個薪資可能遭到扣留的警訊，但是巡檢員並沒有進一步追查。當我觀察了好幾個小時諸如此類的海上巡查之後，我憤怒地快速筆記，試圖記錄我所看到的問題。我仍舊對於泰國當局如此開誠布公的態度印象深刻，但是對於他們的改革執行又大多感到失望。

巡查隊當中並沒有任何一名柬語或緬語翻譯，意即他們通常要仰賴船上的水手長——例如唐那樣的傢伙，我之前在滿是柬埔寨男孩的漁船上所認識的人——協助翻譯船員們說的話。在泰籍漁船上，水手長通常是跟船員們相同種族，通曉泰語和他自己的母語。他也經常和甲級船員同夥，負責管理船上紀律。關於肢體暴力、薪資扣留、工時長短、人員失蹤或受傷等這類問題，為了獲得最誠實的答案，恰恰是

最不應該起用水手長做為翻譯。反之，在訪談期間，應該把水手長與其他移工分開。

在我們所造訪的船隻對每一名船員進行訪談需要花上好幾個小時，所以巡檢員的時間只夠和其中幾名船員對話。好幾名船員看起來特別緊張。有兩名似乎很年輕，或許才十四或十五歲左右。有三名船員看起來極度疲憊或是服藥過量，幾乎無法站起身來，他們的眼神在飄移著。許多人很顯然不會說泰語，似乎試圖躲在同僚身後。巡檢員沒有隨機挑選船員，而是挑了跟他有眼神接觸、較多話、坐在前排，而且顯得準備好且渴望對話的人。這令人我大為吃驚。我們的目標難道不是找出那些看起來狀態最糟而非最好的人嗎？

回到岸上，我聯絡了傑森·賈德（Jason Judd）以討論我在海上的見聞。賈德是聯合國分支下的國際勞工組織（International Labor Organization, ILO）計畫管理人，駐於曼谷。他的職責之一是推動泰國改革勞動法規，並且改善巡檢品質。我們討論到兩項重大的法規面障礙。首先是泰國禁止移工加入工會，其次是雖然泰國有立法禁止人口販運，卻沒有法律規範非自願性勞工。所以，如果工人一開始是自願接受工作，但是在勞動過程中遭到虐待或是囚禁，政府就無法追究雇主刑責。

賈德也描述了這兩年來泰國做到什麼程度。他指出，政府頒定了一項三十天限制來規範漁船可以在海上停留的最長期限，並且禁止外國船隻轉船裝運——意即在海上將貨品由某船轉運至某船。政府試圖登記所有的商業漁船，給予一組特殊號碼，類似登記牌照，並且要求他們裝設船舶監控系統，就是一種可在岸上進行監控的電子追蹤系統。

除了每年針對幾百艘海上作業船隻進行巡檢，泰國政府也會在陸上執行類似的勞工訪談。由泰國皇家海軍監督跨部會的合作，針對每一艘三十噸及以上的漁船，在它們每一次進出港口時進行檢查。據稱泰國的「港進港出」（Port-In, Port-Out, PIPO）檢查哨官員會針對十五個不同面向檢查，從船隻登記證、輪機長執照到船員證與安全裝備等。

　　這些確實是成果。儘管有這麼多負面評論集中於泰國，這個區域的其他許多國家，包括漁業管理作業曾經被環保團體大肆讚揚的印尼，都沒有泰國已經執行的這些勞工保護或是抽查措施。

　　然而，我也對賈德提出我在泰方執行檢查時所看到的一些問題。於是他寄給我一些數據，其中顯示出針對泰國海上奴隸問題截然不同的觀點。泰國勞工部在二〇一六年執行了超過五萬次的漁船船員檢查後，他們沒有發現任何一項違法情事，包括工作條件、每週工時、薪資、船上待遇等。另一方面，當國際勞工組織在同一時間訪談過同一類型的勞工之後，結果卻是截然不同。將近半數勞工的薪資遭到非法扣減，能夠回想起自己曾經簽約的勞工不到一半，還有大約百分之十六的人表示他們的身分文件遭雇主扣留，以確保他們會待在船上不偷跑。這兩組數據之間的差異就說明了許多事。

　　泰國政府在訪談勞工時只提出表層的問題，所以他們給人的印象不同，這影響到了泰國當局決定哪些船隻應該特別注意、哪些漁業公司應該被起訴，以及哪些移工應該被救援的能力。賈德認為，聘僱更多可以說漁工們的語言且獨立於政府機構之外的口譯員會有幫助，如此一來，或許能讓那些漁工對他們足夠信任以致願意誠實回答問題。巡檢員需要接受更佳的訓練以分辨出警訊。他們也需要學習如何對漁工恰當地加重訊問力道，以便在避免對話掉入令人挫折的鬥智遊戲前提下，能夠讓漁工們不再照著事先排練過的劇本說話。

　　不過，這也關乎巡檢員如何看待他們的任務，賈德補充道。巡檢員是否認為他們有權力、甚至是有責任去發現虐待情事？他們是要藉由問卷去揪出壞事，或者只是在推著漁工前進？任務成功的定義是在於發現更多還是更少的違法行為？

　　要找到這些問題的答案，其中的部分挑戰在於泰國政府的架構。事實上，泰國政府並沒有統一的做法去打擊海上奴隸活動。不同的機構對於這個問題的投入程度不同。外交部和總理似乎真心想要推動改

革；勞工部看起來並不怎麼想；漁業署和大多數的警力則大約處在兩者之間。這個問題決不是泰國獨有，但是對於泰國的影響要大得多了。

~~~~~~~~~~

二○一五年十一月七號，泰國政府逮捕了八名涉嫌從事人口販運者，與泰國西南邊的港口城市干當當地一家名為Boonlarp的公司有關。這次逮捕引起國際間對於海上奴隸問題的注意。這起案件代表了泰國政府首次瞄準高階企業員工做出販運指控，而非如過往只懲罰低階的勞工掮客。此次有六人遭到起訴，包括Boonlarp的前東家，宋彭・吉羅特蒙提（Sompon Jirotemontree）。三名船長與一名保全則是無罪釋放。

二○一七年五月，我前往緬甸仰光，與幾位曾經被賣到干當的男子見面。他們之中多數人曾經在Boonlarp所有的波卡碼頭（Boka Pier）工作過。我所訪談的緬甸男子皆稱讚泰國政府試圖起訴他們的前東家。然而，有幾人批評起訴罪名為人口販運，而非謀殺，意即其中一些最壞的犯人可以逃過牢獄之災。

這些漁工尤其提到一個人名：梁（Liam）。他是惡名昭彰地殘暴與壞脾氣，被稱作Beh Gyan Gyi，即緬語中「邪惡男子」之意。梁是波卡碼頭的資深保全。雖然他在人口販運的指控上獲判無罪，但據稱他曾經在一九九○年代犯下十多起謀殺罪行。根據環境正義基金會與泰國警方的紀錄，他通常是槍殺、刺殺或是將移工毒打至死，有時還是在諸多目擊者面前這麼做，然後再把屍體丟進董里河（Trang River）。然而，儘管對於梁的陳述很清楚且紀錄完整，泰國當局從未起訴他。讓目擊者出面作證是很困難的挑戰，當局官員如是告訴我。

我在緬甸採訪的人之中，有些人曾經目睹謀殺。他們所形容最可怕的謀殺發生在二○一三年，據稱是一名緬甸漁工對船長拔刀，然後梁在靠近波卡碼頭的一棵巨大果樹下，用鏈子把那名二十幾歲的漁工

綑在樹上，他的手沿著樹幹被綑在身後，幾名男子這麼告訴我。在幾十名工人目睹之下，梁用一根鐵棒把人打死。「大概花了半個小時。」一名接受訪問的緬甸水手東厄（Tun Nge）說道。

「你現在有多強呀？」厄回憶梁一邊抽著棍棒一邊吼道。在打完之後，那名男子的屍體就留在原處，依舊綁了超過一個小時，讓人們圍觀。沒有穿上衣，下身著一件綠色短褲，這名男子的胸口留下了很深的傷口，鮮血則從他的頭爆出來，厄說道。

我後來認識了一名男子且很信任他，名叫賈魯瓦‧凡薩亞（Jaruvat Vaisaya），他是泰國皇家警察法律事務與司法訴訟辦公室的長官，位階中將。凡薩亞過去曾經主持干當案件的官方調查。我從仰光的飯店打電話給他，詢問為何謀殺指控並未出現在泰國政府對於Boonlarp漁業公司的人口販運及其他虐待情事的起訴罪名中。畢竟，暴力會讓人持續感到恐懼與服從，所以謀殺是非志願性勞工與人口販運罪行的重要部分才對。

凡薩亞說，他的團隊曾經深入調查港口附近區域，試圖尋找屍體但一無所獲。漁工們不願意出面作證，而且他們提供的資訊經常互相矛盾。如果漁工們現在願意作證，他當然會考慮重啟調查。他補充道。

雖然人在曼谷的凡薩亞不願明說，我知道謀殺指控從未被起訴的部分原因在於當地警察心照不宣地介入。多年來，干當的地方員警對於數十具從波卡碼頭被沖上岸的屍體視若無睹，其中有多具屍體呈現出曾經遭受拷問與處決式殺害的跡象。某些屍體的照片可以看出它們沒有被埋在港口附近，而是埋在從董里到干當市區之間的主要道路半途中一處廣為人知但無標記的無名墳場。

在離開緬甸前夕，我詢問漁工們，如果有機會，他們有什麼話想對梁或其他任何無罪獲釋的船長說。「每個人都知道你做了什麼。」其中一人立刻回應道。「你會付出代價的。」另一人說道。我懷疑是否有任何人會為此付出代價，但我想至少我可以把訊息帶到。因此，

我接著飛到泰國干當。一如往常地，我假設——或許顯得有勇無謀，但是是從事這份工作必須擁有的精神——做為一名外國記者的身分，會讓我在面對這些人的時候獲得任何可能需要的保護。

$\sim\sim\sim\sim\sim$

　　直到此刻，許多泰國的港口城鎮在我看來都是類似的，但是干當不一樣。位在董里河的出海口，這座城市擁有一股高貴的壯觀氣息。在一八九三年至一九一六年間它曾經是董里府的首府，直到經常性的水災迫使省級政府不得不往內陸搬遷。觀光客被吸引至這座城市目前還在運作中的老火車站。這座位於市中心的建築物顯得莊嚴但為人所遺忘，外觀暗示著過去的財富很可能是經過好幾代中國企業家族之手，他們至今仍掌握著當地商業活動。

　　在泰國海上奴隸的世界裡，干當是獨一無二的。在我曾經調查過的所有港口中，這裡是犯罪行為聚集的最大蛇窟。人口販運集團在干當獲得更多的資金，貪污無所不在。部分原因在於干當是一處深水港，一直是泰國遠洋漁船的主要基地。這些船隻出海的距離更遠、待在外海的時間更久，並且更加仰賴走私勞工。

　　干當的漁業活動主要被三家泰華公司所掌握，他們合計經營了包括漁船、貨船、碼頭、製冰工廠、冷凍儲藏、加工處理設備與魚肉工廠。這三家公司——Boonlarp Fishing LP、Jor Monchai LP 與 Wor Wattana Sohpon LP——在附近擁有各自為人所知的 Boonlarp、Chon Sin 與 Wor Suphaporn 碼頭。

　　「這個地方有很多寺廟，但是沒有什麼宗教氣息。」人們曾經這麼告訴我。在董里河沿岸，有一整條異常俗氣的佛教寺廟群，有些只蓋到一半。這些寺廟看起來既像是虔誠的表現，又像是財富的展示，大多是由相同的漁業家族出資興建，也就是被指控利用非自願性勞工與涉及非法漁業的公司。

　　宋彭・吉羅特蒙提是Boonlarp漁業公司的前老闆，曾經經營董里河上許多漁業碼頭之一，並擁有超過六十艘漁船。做為干當最有權勢的家族之一，吉羅特蒙提曾經擔任過兩任縣長，而在他之前的縣長是他的兄弟索朗農（Soranont）。當二〇一三年發生干當人口販運案件時，吉羅特蒙提在干當縣政府網站上顯示的職稱是「顧問」。他也是董里漁業協會主席，並且領導干當警局的監控與檢查委員會。

　　許多針對Boonlarp的人口販運案件是基於環境正義基金會所做的調查，他們提供了一整份詳細的漁工證詞及其他與人口販運、非自願性勞工和謀殺有關的證據。在二〇一三至二〇一五年發布的數份報告中，環境正義基金會仔細且明確地將Boonlarp曾經犯下的罪行依時序列出，包括當地貪污官員涉入的案件。

　　在前往干當之前，我僱用了一名非常能幹的口譯員，她是一名身兼接頭人、無所不通的泰國女子，可以幫我處理好包括司機、飯店與政府許可等各種後勤安排工作。在我強調此次必須提高謹慎度之後，她僱用了一名正職是地下緝毒的員警做為我在干當的司機。由於他平常是在別的地方工作，並非本地人，較不可能被收買，而且又持有武器，似乎很適合這次任務。

　　我們的首要之務是去找一名無罪獲釋的Boonlarp船長，名叫達沃・詹塔拉（Thaworn Jantarak）。他被稱作公司裡最暴力的員工。漁業社群基本上是組織緊密的，而我的接頭人知道在港口該找誰詢問詹塔拉的下落。他早上不在家，但是晚一點再去就應門了。在坐下與我們對話之前，他說想要換衣服。幾分鐘之後，他穿著全白的短袖上衣，上頭印有克拉克手槍的公司商標現身。詹塔拉年約五十多歲，看起來比起入監之前所拍的照片老了許多，也消瘦許多。在案件審訊期間，他被關了將近一年，最後才無罪釋放。

　　詹塔拉明確地否認曾經毆打過他的船員，補充說「最後總是會付錢給他們」。他說自己已經洗心革面，不再喝酒或賭博，因此不想再

在緬甸搜集到十幾名水手的證詞,聲稱他們曾經在船上與港口目擊謀殺之後,我與其中一名據稱是犯罪者的人坐下對話,試圖取得他對於人們指控的回應。此人是以暴力聞名的船長達沃·詹塔拉。

討論過去的事。當我告訴他,我曾經在緬甸訪問過一些漁工,他們特別指稱他是 Boonlarp 船隊中最暴力的船長時,他強迫我供出漁工的名字。每當他聲稱自己從未使用暴力時,他總是會加上一句「港口發生的事情不是我的責任」,或是「我不能說其他人做了什麼」。

大約經過十五分鐘的對話之後,詹塔拉開始變得非常激動,指控我是政府派來的人,不是記者。他突然站起身來,指著要我離開。他又將眼神瞪向附近站著的男子——可能是他的親戚、員工或是朋友——彷彿在吩咐他們什麼。我安靜地向我的攝影師法比歐·納西蒙多做出撤退的手勢,並且走到這些人身後,以免事態惡化成暴力。很快地,對話就結束了。無論如何,我把牌攤在了桌上,並且將緬甸漁工的訊息帶到,詹塔拉始終維持著他的撲克臉。

隔天,在搞清楚梁的住家地址之後,我們打電話給協力的員警,請他來飯店接我們。在車上,當我告訴他目的地時,他突然把車停到路邊的停車場。「我不能這麼做。」他說道,並解釋梁是太危險的人物,不能去拜訪他。我安撫他說,他不需要和我們一起上門拜訪,可以待在車上就好,但他還是拒絕。於是我告訴他說我了解了,我們開車返回飯店,把欠他的酬勞付清。

接著,我打電話給我在警局的採訪協力人員凡薩亞,看看他是否認識其他員警會願意載我們去見梁。我強調必須是值得信賴的人,避免起用當地員警,以免他們會事先向梁通風報信。若是我們自己坐計

程車，似乎也不是安全的做法。

凡薩亞打了幾通電話，幾個小時後，兩名身著制服的警察搭乘車窗貼有窗膜的廂型車前來。我帶了一名英國研究員隨行，他會說泰語，而且對於干當特別熟悉。在飯店大廳喝咖啡的同時，研究員和我向這兩名警察解釋我們的計畫，他們看起來很友善但是充滿疑惑。在出發前，其中一人表示他想去上廁所。

「他們才剛到。」員警在廁所輕聲細語地打了一通電話。他不知道的是，我這位泰語流利的研究員朋友剛好早一步進入洗手間，就在可以聽到的範圍內。「我們大概三十多分鐘後抵達。」那名員警說道。雖然我擔心我們可能會掉進埋伏，但我猜想更可能的情況是那名員警只是在警告梁。

毫不意外地，當我們上門拜訪時，梁根本沒有出現。他的太太應門，而我們就和她在門口站了四十五分鐘。一開始，她說梁根本不在這個地方。在我詢問她的同時，研究員與鄰居對話得知，梁每個下午都在這兒。接著，她的太太說梁偶爾會過來，但是他不住在這裡。我們秀出手機上的照片，是梁一年前在這間房子的畫面。在那些照片裡，梁穿著格子上衣，坐在一輛紅色摩托車上。同樣的一件上衣就晾在她的曬衣繩上，而同樣的一輛紅色摩托車就停在門廊前。指出這一點，我再次問道：「你確定梁沒有住在這兒？」

我們相信梁很可能只是躲在門邊，在耳朵聽得到的範圍裡，於是直接向他的太太描述他打死被綁在樹上的人的事件。「每個人都知道。」我把漁工告訴我的話轉述給梁的太太。她不發一語。接著我問她，她是否允許兩名員警看看屋裡。「你需要有搜查令。」她回應道，然後命令我們離開。最終，詹塔拉或梁的太太所說的話似乎都在意料之內，也沒有特別提供更多訊息。梁從未走出家門一事讓我感到難以言喻地惱怒。

表面上看來，這趟干當之行沒什麼用處。我還是信任凡薩亞做為

消息來源,日後的報導過程中也仰賴他的協助與信息。但是那名當地警員在廁所裡偷打的電話還是說明了許多事。通風報信正是泰國政府想要起訴他們的困難處之一,以及為何有時他們只處理比較容易的目標,像是起訴人口販運案件而非謀殺案件。說起來,這次旅程提醒了我,當對手知道你手上有什麼牌時,打牌就是很困難的事。

世界各地的政府與司法系統向草芥人命者祭出懲罰,以展現人類生命的價值。然而,對我來說,殘酷的現實是,文明社會的架構如何在海上被徹底地拋棄,尤其是在南中國海上的漁船上。在我看來,泰國似乎是真心地試圖面對這些現實,但是極高的障礙依舊,包括貪污與無效的巡檢。

奴隸制度是我們人性中的良善天使在兩個世紀以前就想要終止的嚴酷現實,當時許多國家都在他們的國境之內通過了反奴役行為的法規。然而,海上奴隸是一個全球性的盲點,因為政府、企業與消費者或者不知道它們的存在,或者在知道它們發生時,寧可別過頭去,視而不見。

扔掉廢物
WASTE AWAY

你不會想到自己可能殺了一片海洋，不是嗎？
但是我們有一天會這麼做。這就是我們有多麼不以為意。
——伊恩·藍欽（Ian Rankin），《血獵》（*Blood Hunt*）

　　幾個世紀以來，人類將海洋視作無窮的隱喻。這個假設曾是——坦白說，至今對於許多人來說仍是——海洋的龐大伴隨著吸收與代謝一切的無窮能力。遼闊讓海洋擁有神性的潛力。更嚴格地說，遼闊也讓人類在這麼多年來得以將幾乎任何東西傾倒入海洋之中，石油、污水、屍體、化學廢料、垃圾、軍事武器，甚至是海上建物如鑽石油平臺都可以消失在海裡，彷彿被一個黑洞吞沒，再也不見天日。

　　我針對海洋的探索始於調查人類的開發活動，以及在海上工作與生活如何毀掉這些人。時日一久，我意識到我所對話的這些受虐漁工和他們所工作的非法漁船都只是一個龐大生態系的一小部分。欲觀看人們對於海洋的開發，需要觀看海洋本身——不只視海洋為被動的背景、惡劣行徑的畫布，而是視之為一個活物，一隻被人們在表面上滑過的生物，就像是海蝨貼附在鯨魚身上。對我來說，研究海蝨並不足

夠，我也需要了解整條鯨魚，以及寄生在牠身上的乘客是如何讓牠生病了。

一名剛受僱在美國遊輪「加勒比公主號」(*Caribbean Princess*)上工作的輪機員克里斯・基埃斯 (Chris Keays) 也試圖了解海上的事務運作邏輯。然而，在二〇一三年八月二十三日，他立刻就知道了船上的引擎室出了一些問題。這名二十八歲的蘇格蘭人是一名低階輪機員，在應徵工作時甫從海事學校畢業的他，相信登上這艘世上數一數二之大、長達九百五十二呎的輪船是他的夢想工作。這艘著名船艦就像是一個水上村落，有一座迷你高爾夫球場、一座賭場、一間室外電影院，以及十九層甲板，總共可容納超過三千名乘客，以及大約一千名船員。

這是基埃斯第二次登艦。當船行至距離目的地英國南安普敦 (Southampton) 約二十三浬處時，他去了一趟引擎室。那是一座巨大的三層樓迷宮，裡頭布滿巨大閃亮的金屬管道，管徑之寬足以讓一個小孩爬進去。引擎室的位置在船身內部，有將近五十人與幾十部機器和螢幕。跑進這個通常不是他工作所在的區域就像是場冒險，但基埃斯看到了某個很快地讓他對於新工作興奮感盡失的東西：在業界被稱作神奇管線的非法儀器。

當他在格拉斯哥 (Glasgow) 就讀海事學校時，基埃斯就知道他眼前的東西是什麼。這條管線從一部碳濾幫浦的噴嘴延伸到一座水塔。它的神奇之處在哪？讓船隻使用過的廢油與其他骯髒液體消失。合法的做法應該是將具有高度毒性的廢水儲存起來，到港後再卸下，但是這個管線會祕密地將廢水排進海裡，為船東家嘉年華遊輪集團 (Carnival Corporation) 省下幾百萬美元的廢水處理費，以及在港口耽誤的時間。

「這真是該死的荒謬。」基埃斯看到那條管線之後跟一名同事說道。稍後他趁著無人在場時又溜回該處，用手機拍下了影片與照片，以及引擎室的電腦螢幕上所顯示的卸載量如何被操縱。對於一名未受過訓練的人來說，這些照片——我日後在法庭文件上看到——看起來

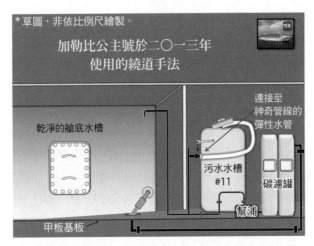

此圖表是由負責嘉年華公司案件的聯邦檢察官所繪，該公司為「加勒比公主號」的東家。圖表展示出神奇管線如何使廢棄物改道，以便非法排放至海水裡。

很平凡：蛇型的管線、標度盤以及上頭點描出圖像的儲料桶，但基埃斯更了解箇中堂奧。

　　遊輪產業是現代社會最奇怪的娛樂之一，一個充滿矛盾的海上漂流物。它宣傳著自由與探索，但是真實的體驗卻是被設計成可預期的、編排好的且熟悉的──像是一間具備遊樂場的拉斯維加斯飯店。它為遼闊的戶外活動打出廣告，但是大多時候是讓人們沉浸在冰淇淋聖代吧、滑水道與卡丁車道（是的，卡丁車道）。這些船隻的體積愈做愈大，如今變成了海上城市的規模──最多可載運五千名乘客──而且就像所有的城市一般，有些部分是人們寧可不知道或是不想看到的。在水線下方所發生的事，就好像在甲板下面所發生的事一樣，是人們看不到的，也就是人們不在意的。

　　乘客們或許幻想過在停靠港與海龜嬉戲，但是對於他們所搭乘的船隻排放了什麼物質到與海龜的同一片海域裡，許多人則漠視以待。

遊輪產業代表了某種海洋的仕紳化；只要有足夠的錢、鋼鐵與鋁，以及吃到飽的自助吧，任何人都可以享受海洋所提供的最棒的一切，而不必承受令人厭惡的部分。這些船隻原本應該像露營者一樣，帶著垃圾離開、不留下任何廢棄物。然而，卻經常在沒人看到時，把廢棄物偷偷排放到海水裡。

儘管這些遊輪給人的形象是安全、無噪音、適合家庭度假的，它們經常也是大型污染者。就如基埃斯所發現的，即使是那些最富盛名的船也會非法污染海水。遊輪與多數的大型船舶相同，會燃燒大量市面上最骯髒的燃料。所謂的船用重油（bunker），是一種在室溫下更接近固態的黏稠焦油，必須透過高溫使之化成液態。在使用之前，這種燃油要經過過濾與高速旋轉以移除水分、碎屑與化學雜質，這個過程會產生所謂的引擎污泥。這種特別具有毒性的廢棄物處理成本很高。

遊輪也會產生幾百萬加侖的含油廢水，裡頭包括了潤滑劑流失物，以及從船上許多柴油發電機、空氣壓縮機、主要推進器和其他機器運轉過程中流出來並滴入艙底水槽的漏油。還有其他液態廢棄物也會累積。「黑水」指的是每天使用廁所累積的廢水。「灰水」來自為船上幾千名乘客清洗碗盤與衣物，或是沖刷廚房與餐廳的食物殘渣與油漬而成的廢水。在這些液體之中，有些經過初階處理後即可排放至海水裡，但是船上的輪機員要負責確保那些最骯髒的液體沒有流出。儘管如此，有時候輪機員與他們的公司還是會透過神奇管線讓這些液體消失。

「加勒比公主號」抵達南安普敦港之後，基埃斯將這些罪行通報給英國當局，提供他拍攝的照片與影片，並且立刻從嘉年華公司辭職，以防其他較資深的輪機員若發現他曾經偷拍這些畫面，可能會危及他的性命。由於嘉年華是一家美國公司，英國當局遂聯繫了美國海岸防衛隊，隨後展開調查。

在後來的法庭文件中，嘉年華公司聲稱「加勒比公主號」只是個

案。然而，從該公司其他船隻的用油日誌看來（這也在法庭紀錄中被披露），傾倒廢油是一項普遍的做法，其他嘉年華所屬船隻的輪機長有時還會在監控設備上動手腳，抽取相同分量的海水以取代他們傾倒的液體。

在「加勒比公主號」上，該公司安裝了三部機器來監控與收集廢油，遠超過法規所要求的數量。嘉年華經常以那些額外的機器做為它對於環境管理的承諾。與此同時，船上的輪機員卻設計了繞過這三部監控器的系統。在揭發這些詭計之後，聯邦檢察官寫道，嘉年華這家在二〇一六年營收約二十七億美元的公司，對於自己所犯之罪行「具備高度意識」。二〇一六年，聯邦法官對該公司處以四千萬美元的罰金，為史上同類型犯罪懲罰最高的一次。

基埃斯的身形纖細、皮膚白晰，臉上掛著大大的笑容與深刻的魚尾紋，在該起案件訴訟之時，他早已經離開那裡。他不再對於為嘉年華公司工作抱持幻想；在海上粗暴的稱兄道弟的環境裡，他是一名背叛者。基埃斯曾經擔憂未婚妻的安全，當時她也在船上工作，所以當他在南安普敦通報警方時便要求她一起下船。「這聽起來或許過度戲劇化了，」他說。「但是如果你對一些船上的文化有些了解，你就會明白這並不誇張。」

～～～～～

若是一百年前，「加勒比公主號」上發生的事件不會是個問題，而為此罰款或許還會令人笑掉大牙。在海洋史上的多數時間裡，船隻傾倒廢油與其他廢棄物至海裡的做法是完全合法的。第二次世界大戰之後，俄羅斯、英國與美國將約莫一百萬噸未爆彈藥和芥子氣彈往海裡傾倒，而這些物質從此就是世界各地漁船的陰影。一九六五年，維吉尼亞州附近的一艘拖網漁船載回一枚炸彈，炸彈在船上引爆，造成八名船員喪命。一九九七年，一枚芥子氣彈在漁網中爆炸，導致四名

漁夫被送入波蘭的醫院。二〇一六年，在德拉威爾（Delaware）外海又有一枚芥子氣彈被打撈起來，使得一名挖蛤的漁夫不幸遭到二級灼傷。

二十世紀期間，科學界流行一種說法是「稀釋是污染的解方」。因此，愈具毒性的廢棄物愈可能被傾倒至海裡。包括美國、英國與蘇聯在內的十幾個國家，皆將核廢料與有害的反應爐——好幾部仍然含有放射性燃料——棄置於大西洋、北大西洋與太平洋裡。這種做法直到一九九三年才遭到禁止，而剩餘的業務則轉由地下經營的全球廢棄物貿易商來處理，他們活躍於地中海、東南亞海域與非洲外海等地。這些團體中最惡名昭彰的是「光榮會」（Ndrangheta），來自義大利卡拉布里亞大區（Calabria）的一個犯罪組織。根據檢察官與記者的調查結果，他們曾經將數百桶放射性廢料倒進地中海與索馬利亞外海。

然而，在所有被倒進海裡的物質當中，最糟糕的污染物其實是透過空氣或是直接從陸地排放的。街道上與掩埋場的垃圾一旦被吹到內陸的水道裡，最終就會流向大海。這些垃圾大多是塑膠製成的——尤其是塑膠袋、水瓶以及沐浴乳與洗面乳所含的塑膠微粒——不容易被生物分解。全球洋流系統會捕捉、攜帶與累積這些漂浮垃圾，有些形成了如德州一般大的巨型漩渦，在東亞與北美外海旋轉著。人們對於這個問題的意識愈來愈強烈，因此促使一些公司行號開始放棄塑膠、城市開始禁止商店使用塑膠袋，以及諸如「#拒用吸管」（#StopSucking）這類運動要求餐廳停止主動提供吸管。當然了，這些行動只是滄海一粟。

空氣污染是一種較不明顯，但卻更具破壞性的海洋傾倒形式。在過去兩個世紀以來，人類活動已經導致海洋表層三百呎的水銀濃度翻了三倍，尤其是源自煤炭的燃燒。同樣地，自從一九五八年以來，空氣中的二氧化碳濃度已經上升了大約百分之二十五。大量多餘的二氧化碳溶入水中形成碳酸，導致全球海洋過度酸化。儘管海洋如此遼闊，這些污染物仍然影響著海洋生物與生態系統，許多生物的外殼遭

到溶解，某些魚種體內的汞含量也達到有害程度。

　　話雖如此，海洋傾倒真正的罪惡在於它很少被視為犯罪行為。漏油這類意外事故反而會激起更強烈的怒火。舉例來說，儘管漏油事故激起人們的大量關注，事實上有更多的油是被故意傾至海裡。根據德拉瓦大學（University of Delaware）的研究顯示，每年估計有超過八千萬加侖的含油艙底污水與引擎污泥被船舶非法傾倒，通常是利用諸如基埃斯所發現的那種神奇管線。在三年之間，這種行為累積的量就超過了BP公眾有限公司和「埃克森瓦爾德茲號」（Exxon Valdez）漏油事件的總和。

　　許多政府允許大型產業向海裡大規模傾倒廢棄物。舉例來說，在印尼靠近峇里島的西努沙登加拉省（West Nusa Tenggara）西南方海域，有一根直徑四呎的管線從Batu Hijau的銅礦與金礦區通往印度洋。該管線一天可排放十六萬噸的有毒污泥至海中，其中包含重金屬與粉塵狀的切割殘屑，稱作尾料。包括巴布亞紐幾內亞與挪威在內的八個國家至少十六個礦區，也都透過海洋傾倒來處理他們的礦廢料。

　　從船上傾倒廢棄物，多是被業界接受的標準作業流程。舉例來說，為了避免在海上傾覆，遊輪、貨輪與大型油輪自古以來都會使用壓艙物。今日，船隻會在駛出港口時將幾百萬加侖的海水吸至船艙裡以做為壓艙物；然後在他們接近下一個港口時，再把海水用幫浦打出去，進入世界各地的海域裡。然而，科學家已經知道這種做法對於當地的海洋棲地有破壞性的影響。這些水可能會載著具有侵略性的物種如斑馬貽貝（zebra mussel），從歐洲來到美國的大湖區，堵塞住引水口、導致每年超過五十億美元的年損失，還造成休倫湖（Lake Huron）的鮭魚數量銳減，繼而導致一輪肉毒桿菌大爆發，數千隻鳥類因此死亡。

　　船舶也會傾倒過多的人造廢水。若是量少，廢水確實是可以被稀釋的，但是一些現代的大型遊輪載運了幾千名乘客，它們所傾倒的未經處理廢水要比一個小鎮的廢水處理廠所能處理的量還大。除了船舶

富含氮的污泥，城市下水道向大海排放的有毒物質要來得更多，來自
農場的動物排泄物與化學肥料的施用也不容小覷。這一切加總起來，
肥沃的廢水導致紅潮與其他有害藻類增生，有時規模可大過一個加
州，它們把水中的氧氣搶走、殺死海洋生物，也使得食用海鮮的消費
者生病。

　　幾乎沒有任何東西比石油更具毒性，但直到一九七〇年代初期，
傾倒油類入海才成為非法行為。至少國際社會是直到那時才開始特別
立法規範。一九六七年，一艘九百七十四呎長的油輪「托里峽谷號」
（Torrey Canyon）於英國外海擱淺，漏油流入了英吉利海峽。為了控制
漏油，英國政府派出戰鬥機去轟炸這艘船，試圖燃燒海上的漏油以控
制對海岸線的影響。然而，轟炸行動只是讓漏油事件更加惡化，污
染擴及超過五十哩的法國海岸線與一百二十哩的康沃爾（Cornish）海
岸線。一九七三年，超過一百個國家針對「托里峽谷號」的災難做出
回應，共同簽署了一份海洋污染公約，名為《防止船舶污染國際公
約》（International Convention for the Prevention of Pollution from Ships, MAR-
POL），藉此管理船上廢油與其他廢棄物的處理事務。

　　在大張旗鼓地公布之下，這些新規範本應為保護海洋做出良多貢
獻，包括阻止船舶不經意地傾倒廢油。然而儘管《防止船舶污染國際
公約》是一項指標性的協議，它只規範到一小部分因海洋傾倒導致的
污染。海洋污染可能來自各式各樣的形式，而許多類型的海洋污染並
沒有相關規範或法規可管。事實上，阻止廢棄物遭棄置於海中的困難
之一在於如何定義之；一個人的傾倒行為是另一個人的回收行為。試
想離岸鑽油平臺一旦到達除役年分之後的命運。到了二〇二〇年，幾
千個鑽油平臺必將除役，它們之中有許多是興建於一九八〇年代的全
球建築熱潮期間。各國將必須決定是要把它們擊沉、移除或是改變用
途。

　　針對如何利用這些年邁的巨獸，曾有過許多提案，但是甚少被付

關於如何避免擊沉超過使用年限之鑽油平臺，有過廣泛的辯論，當中曾經有一間國際建築集團「AC-CA」在二〇一三年舉行了一項競圖比賽，主題是將一座離岸鑽油平臺設計改裝成新的監獄。

諸實行。這些提案包括轉型成高度戒備的超級監獄，只能坐船進出；
私人的三百六十度海景豪華住宅；深海潛水學校；漁業養殖場以及風
力發電站等。石油和天然氣公司普遍偏好於擊沉這些平臺，因為這是
最便宜的做法。許多科學家也支持這種做法，認為此舉可以創造水下
的海洋棲地，讓魚類有地方躲藏與交配，也可以提供珊瑚礁生長的基
底。此外，科學家也認為稱這種解決方案的成本較低，而碳排放程度
也比移置平臺來得少。光只是租用一艘拖船來把平臺拖到陸上拆解，
一天的費用就可超過五十萬美元。

~~~~~~~~

　　二○一五年初，我開始對於這些面臨除役的鑽油平臺感到興趣，
因為根據某些環保人士的說法，處理掉它們意謂著另一種形式的海洋
傾倒——在廢油、廢水、礦廢料與壓艙物之外——遊走於法律邊緣，
有時候甚至是被政府所允許的。當時，關於如何處理這些平臺最激烈
的辯論發生在馬來西亞，那裡有超過六百座離岸石油平臺和其他建築
物，都已經達到必須立刻移除的狀態。馬來西亞政府表示，希望能夠
避免擊沉它們，但是不確定有什麼實際的替代方案。

　　政府所考慮的想法之一，是至少將部分的平臺改裝成飯店。我所
能找到關於這個構想唯一可行的案例是潛水平臺 Seaventures，它將
自己宣傳為潛水者與浮潛玩家的天堂。於是我決定要造訪這座平臺，
看看這種做法能否複製到其他地方去。即使這座海上飯店的住宿條件
很基本，我承認我還是頗期待能在上頭消磨時間，因為在我造訪過那
些有老鼠出沒的船隻之後，這趟旅程會是不錯的喘息機會。

　　距離 Seaventures 最近的馬來群島之一是西巴丹島（Sipadan），它
是一座以潛水天堂著稱的小島，也因為另一件事而知名：二○○○
年，伊斯蘭恐怖分子在此綁架了二十一名觀光客，將他們劫持到菲律
賓。十多年來，這個地區一直是許多軍事派系的基地，而在我來此之

橫跨三大洋與兩片海域，對「雷霆號」的貓捉老鼠追捕行動讓海洋守護者協會的船員踏上一趟史詩級般的旅程，穿越重重危險的障礙，包括冰山、暴風雨以及差點撞船的險境。

上｜「阿德萊德號」駛離墨西哥伊斯塔帕港。

左｜帛琉海事當局接近正在帛琉海域上的臺灣鮪延繩釣漁船「勝吉輝12號」。

上｜一群柬埔寨男孩與男子在一艘泰國漁船上工作，當時船隻位於南中國海上距離泰國陸地約兩百浬處，他們之中有多數人是被販運至此。

下｜漁船下甲板的工廠是世界上最危險的工作環境之一。這張沒有日期的照片來自紐西蘭官方，當時他們登上一艘海上的韓國漁船所攝。

上｜大衛・喬治・蒙朵瓦在南非開普敦港附近棚屋區的棲身之所。二〇一一年，蒙朵瓦和另一名偷渡客在距離西非海岸兩百浬遠的海上，被放逐到一艘臨時搭建的筏艇上等死。

下｜在我出發進行一些較危險的海上報導行程之前，我前往位於佛羅里達州清水市的美國海岸防衛隊空中搜救小隊基地進行為期一週的隨隊探訪。那裡的軍官指導我一旦落海該怎麼辦。

「鮑伯巴克號」遇上波濤洶湧的海象。

在索馬利亞，我們的衛兵有些看起來不到十六歲。

索馬利亞邦特蘭的波沙索港。

泰國宋卡府一間位於港口邊的卡拉OK吧，同時兼作妓院生意。許多尋找移工到漁船上工作的人口販子也經營這些酒吧，而用來困住性產業和漁業工作者的債務束縛技倆大致相同。做為性工作者的女性移工大多是被賣到這裡來的，她們被用來服務並困住男性移工，而後者也是被賣來的，最終被分派到漁船上工作。

一艘名為「馬肯號」的印尼巡邏艇停在一艘越南藍船旁，後者在爭議海域上遭印尼官方拘捕。幾十名被捕船員在「馬肯號」的船尾等待著，而後試圖跳船逃跑。

在泰國干當，港口工人正在分類漁獲。

上｜在泰國，以非法捕魚與海上奴役而惡名昭彰的船東之中，有許多都是經營遠洋船隊，總部幾乎都位於干當。可以看到有些大型漁船正沿著董里河朝港口駛去。

右｜印尼官員把在爭議海域上逮捕的一艘越南漁船上的船員移下船。

在菲律賓卡利博外海的錫布延海上，男人們拉著捕撈鰻魚的漁網。

在一艘下錨於泰國宋卡府的漁船上，藍色塑膠桶裡裝滿了冰塊，用來在甲板下儲藏捕到的漁獲。

幾十名被拘捕的越南人從一艘印尼巡邏艇上縱身跳進海裡，並朝著越南快艇游去。他們之中有些人差點溺斃。照片背景的沉船是遭越南當局衝撞弄沉的，當時還有一名印尼海巡官員在船上。該名官員被越方扣押做為人質。

前，我向一名在美國國務院工作的友人確認了該地區的安全程度。該名友人建議我不要前往，因為有一支菲律賓叛軍剛在該地區殺害了一名馬來西亞警察，並綁架了另一名警察，當時仍下落不明。儘管如此，我還是要去，心想我可以快去快回，小心謹慎地避免落入麻煩。

如同許多工業設施，探鑽石油平臺通常地處偏僻，規範較少（或是執法力度較低）且探鑽權利金較低。Seaventures位在婆羅洲馬來西亞轄區的外海，接近沙巴州。到達當地需要費一點心力：首先，搭機抵達到馬來西亞首都吉隆坡，再轉搭螺旋槳飛機至斗湖（Tawau）；接著，坐車一小時到小巧的港口城市仙本那（Semporna）；最後，搭船兩個小時進入西里伯斯海（Celebes Sea）。這絕對不是你會在旅途中偶然發現的一間飯店。

報導法外之海的過程所包含的就是許多旅行。對我來說，起床時感到自己彷彿患上早發性失智症並不稀奇，我得拚命回想自己正在哪個國家，以及我為何在那裡。因為我經常搭上空間狹小的船，那些旅程也代表了無數困難的選擇，例如有時候必須想辦法把所有東西塞進一個大背包裡。要帶上無人機比較好或是一件毛衣比較好？要帶沙丁魚、口香糖與香菸來與船員破冰，或是帶花生、M&M's與杏桃乾來滿足我自己的口慾？幸運的是，我不需要擔心得拖著笨重行李到處走。大多數的小船會載運足夠的瓶裝水，而大型船隻會配備海水淡化器或大水槽。

投入這項計畫的一年之後，我的護照空白頁就用完了，上頭蓋滿將近二十幾個國家的章戳。我申請了一本新護照以及一份副本，那麼我就可以隨身持有一本，同時將另一本放在任何需要我的護照以申請下一地簽證的大使館那兒。

我與信用卡公司的保安人員之間也發展出了私人關係。某一刻，當我正在索馬利亞時，他們因為可疑交易行為而凍結我的信用卡，使我大吃一驚，因為我急需使用信用卡在線上購買機票，以及為我的

Skype帳戶加值以便撥打電話。「你的卡片交易紀錄出現在馬爾地夫、索馬利亞、阿拉伯聯合大公國與墨西哥，」Visa詐騙警戒辦公室在電話中對我說，「能否請你解釋這怎麼可能呢？」

在我前往Seaventures、途經馬來西亞的途中，我聯絡了幾名來自馬來西亞大學的工程師，他們曾經研究過處理老舊平臺的創意做法。他們告訴我，最好的計畫是把平臺改造成水生生物的孵化場，魚籠就從平臺垂降到水裡。為了供應電力給任何小型設備，如燈具或電力以供海上科學家使用，這個平臺可以設置太陽能板或風機。洋流的流動會沖走在陸上養殖漁業容易累積的魚糞便，減少嚴重的健康危害，他們解釋道。

改變平臺用途——如潛水飯店、養殖漁場、太陽能農場或是其他任何東西——的反對論點在於，有些平臺的金屬結構就有如足球場一般寬闊，經過長時間侵蝕與溶解會有污染的風險。「海洋不應該是垃圾場。」專注於海洋研究與倡議的海洋基金會（Ocean Foundation）資深研究員理查·查特（Richard Charter）表示。他認為，把鑽油平臺擊沉，讓它們成為珊瑚礁的基底也是一個糟糕的主意；把鑽油平臺弄到海底並不能真的幫助到海洋生物，它只是吸引魚群過來，讓牠們容易被捕捉。他補充道，儘管有關海洋傾倒的規範已經在近幾十年來逐步受到重視，能源企業與其他產業還是獲准丟棄一些東西到海裡，例如採礦廢料、污水以及老舊設備等在陸地上絕不會被允許隨意棄置的東西。

其他關於擊沉海上平臺的批評包括了這種做法會鼓勵更多探鑽活動。藉由擊沉平臺或是改造成飯店，企業（與消費者）便省下了處理費用，讓企業擁有更多的獲利而得以開採更多的石油。平臺再利用的做法也讓長期維護的負擔與責任從能源公司轉嫁到了大眾身上。

當我搭船離開仙本那時，可以看到遠方的鑽井架，如蜘蛛一般的斑點出現在地平線上。就如同我造訪英格蘭外海的西蘭公國，隨著載運我的小船愈來愈靠近，這座平臺也緩緩地浮現出輪廓，但不同於西

位於婆羅洲馬來西亞轄區、靠近沙巴州的西里伯斯海域，
Seaventures的前身是一座石油探鑽平臺，如今被改造成一座
潛水度假村——這是關於如何處理這些接近除役年限之設備
所提出的創意解答之一。

蘭公國的是，Seaventures座落在熱帶天堂裡，太陽照耀在我身上，
海洋就像是一座閃閃發光的浴池，吸引著人們跳下去游泳的欲望，不
同於北海上又暗又渾濁的海水那般毫無魅力。

　　這座平臺像是一艘有支柱的大船，正面有一座直升機起降坪凸出
在外，下方斜角的托梁創造出船首的假象。這座平臺已改造成結合了
觀景台與休息室，中間夾著一座開放式的熱帶小屋，垂掛著吊床，而
甲板上也擺了幾張面向大海的椅子，還有棕櫚樹盆栽裝飾。我的船被
直接拉到了探鑽架下方的一個停放區，那兒放有一些舊輪胎做為緩衝
物。在下船之後，絞車便把升降梯拉至一個較下層的甲板。那裡有幾
名中國的潛水觀光客。從平臺看出去的景觀十分壯觀，但住宿環境就
相形失色了。房間是由四十呎長的貨櫃改造而成，健身房的置物櫃則
做為衣櫃使用。在其中一個過去是工人辛苦作業的甲板上，來訪的旅
人如今可以在一個半月型的酒吧點選飲料、聆聽雷鬼音樂。

「沒有蚊子、沒有蒼蠅、沒有沙子會跑進你的裝備，在潛水前後也不必辛苦地拖著裝備跑來跑去。」Seaventures Dive Rig 的總經理蘇澤特・哈里斯（Suzette Harris）說道，細數著這間飯店的獨到特質。住宿費是三個晚上三千零五十令吉（大約七百美元）。

晚餐時間，平臺的工作人員解釋，Seaventures 的偏僻位置對於後勤安排頗有挑戰性。他們把它形容為與天氣和鏽蝕的消磨之戰。海水很快就會開始侵蝕平臺的金屬框架，他們說道，因此每幾個月就得重新油漆一次。在吃水線與平臺的三層樓高度之間穿梭的升降機先前故障了好幾個星期，最近才修理好，因為工作人員必須等待更替零件送來。

那晚，我享受了近年來品質最佳的幾個小時睡眠，然後在我的斯巴達式房間裡醒來，走到上層甲板閒晃、看星星。我驚訝地遇到幾名穿著全身黑色軍裝、手持半自動式武器的男子。那一剎那，我以為國務院警告過我的激進分子趁著黑暗掩護偷溜了上來。不過，他們其實是馬來西亞的特種部隊。其中一人告訴我，政府派他們來守夜，以防備可能來綁架討贖金的游擊民兵。

這是一個我從未預料過的超現實場景：與全副武裝的軍人在富有觀光客的遊樂園裡閒聊。我詢問一名士兵，他是否認為其他除役平臺可能像這一座被改造成飯店。他大笑。要布署許多軍隊來保護更多離岸飯店的話，那花費太高昂了；更簡單的方法是擊沉它們，他建議道。

〜〜〜〜〜

從馬來西亞回國之後，我回想曾經聽說過的諸多海洋保育人士對於海上石油平臺的處置方案。他們很快地指出，石油公司與政府不是離岸傾卸的唯一罪魁禍首。研究員與企業家通常也會以科學為由幫了一把，他們說道。於是我詢問一些案例，他們全都提到一名企業家兼海洋研究員魯斯・喬治（Russ George）。

二○一二年七月，先前曾經在漁業擔任管理職的喬治租了一艘大船，上頭載有超過一百噸的鐵屑，運到了太平洋的國際公海上，大約距離加拿大英屬哥倫比亞約幾百浬遠。然後，他把鐵礦倒入海中。這場實驗的目標號稱是要協助對抗氣候變遷的影響，並且加快恢復當地海達族（Haida）的鮭魚捕撈活動。海達族是英屬哥倫比亞外的海達瓜依（Haida Gwaii）群島上的原住民。海達族支付兩百五十萬美元給喬治進行這場實驗。因為他在公海上，喬治聲稱他不需要尋求科學界的監督或是政府的許可，以進行他所謂的前端研究。其他人則批評這是具高度污染性的活動。

根據喬治的說法，這場實驗是以有創意且大膽的方法來解決棘手的全球暖化問題，他並且以傳道般的熱情向我說明這件事。為了提供海洋所缺乏的養分，鐵礦應該能夠刺激浮游生物的繁殖，而隨著浮游生物增生，它會吸收海水裡的二氧化碳，就如同陸地上的植物，喬治這麼聲稱。這種增生會發揮類似海上「牧場」的功能，以餵養吃草的生物，進而餵養鮭魚，恢復牠們過去的繁盛。這個計畫也有經濟面向的考量。海達族希望藉由碳補集，把碳權額度賣給想要補償碳排放的公司，為部落賺錢。在許多實行限額交易制度（cap-and-trade program）的國家，污染者會購買碳權來補償他們的溫室氣體排放。

然而，許多科學家並不認同喬治對於這項計畫的熱情。他們批評這項計畫是不科學的、不負責任的，且違反了本應保護海洋的國際協議。批評者當中包括於地質工程學領域的研究者，他們過去曾經執行過獲得核准的鐵礦傾瀉小型實驗，或稱作「鐵質施肥」。

喬治的研究與其他更小心謹慎的地質工程師實是立基於相同的科學基礎。鐵是所有植物行光合作用的一種必要微量元素。在海水裡，鐵是幾乎無法溶解的，可做為浮游植物（phytoplankton）生長的必要養料。在一九八○年代以前，少有針對海洋施肥的研究，直到海洋學家約翰·馬丁（John Martin）發布他的研究成果，認為微量元素鐵的不

足限制了海洋最「荒涼的」地區浮游植物的生長以及海洋的整體生產力。在海洋施肥此一小眾科學領域的研究者假定，亟需鐵的浮游植物的枯竭正促使氣候變遷惡化。馬丁認為他可以輕易地重新刺激浮游植物生長，並減緩全球暖化，他打趣地說，只要「給我半艘貨輪的鐵礦，我就可以給你另一次冰河時期」。

然而，許多科學家擔心喬治把事情搞得太誇張或太快。他們警告，如此大規模的海洋施肥可能會導致海洋死區、有毒洋流以及其他意外後果。因為喬治並未採用已廣泛被科學界審查過的方法，他的發現就無法在任何有聲譽且經同行評審的期刊上發表。少了監督與審查，一項可信的理論就變成了混沌不明的科學未定論：這是合法的科學抑或是魯莽的傾倒行為？喬治的實驗對於環境的長期好處也是懷疑論者所質疑的。如果浮游生物的增生是被鮭魚與其他魚類所食，這些魚類會重新將捕捉到的二氧化碳以廢物的形態排放出來，送回大氣中，抵銷掉其對於氣候變遷的好處。

在此之前與自此之後，任何人都無法阻止喬治或其他類似他的人。他的計畫大多是祕密進行，而且無論如何，他都獲得了最靠近傾倒地點的當地本土議會許可。與地質工程相關的國際協議並不具約束力，也無法執行。

在喬治的實驗消息被公開之後，各國政府的回應大相逕庭。西班牙與厄瓜多政府禁止喬治的船隻進入他們的港口；美國的環境保護署警告他，任何懸掛美國船旗的船隻若是被用於這類實驗都會違反美國法律；加拿大的環境部則是對喬治的辦公室進行搜查，而這還只是針對這場實驗未決調查的一部分。環繞著喬治的糟糕消息使得他的贊助者對於他本人及他的工作顯然改變了心意。二〇一三年五月，聘僱喬治並准許他的海洋施肥計畫繼續進行的海達鮭魚復育公司（Haida Salmon Restoration Corporation）切斷與他的一切關聯，包括解除他的董事職務。

　　喬治後來誓言要繼續他的工作，他聲稱他的研究已經提供了大量珍貴的數據。在他於二〇一二年進行鐵礦傾倒之後的幾個月內，衛星從太空中捕捉到一片浮游生物的增生擴散至將近四千平方哩的面積。阿拉斯加並在二〇一三年創下了鮭魚大豐收的紀錄，而喬治將此歸功於他的工作。

　　當全球危機逼近當前，喬治的實驗代表了一套激進且或許不切實際的做法。在海洋面臨全球暖化的災難性影響之時，為回應正在影響我們這輩子生活樣貌的災難，如此大膽的實驗是否應該被鼓勵而非阻止呢？結局是否證明了做法的合理性？我認為很難證實喬治的實驗是否達成了目標，因為並沒有外部監督或標準化的科學方法得以定論。若是喬治的實驗造成海洋死區或其他傷害，我們也不清楚是否有任何人可以讓他負責。

　　顯而易見的是，隨著對於氣候變遷的擔憂日增，更多具爭議性且超出多數政府管轄範疇的海上科技實驗可能會出現。可再生能源公司已經開始在國際公海上規畫風力發電廠、潮汐能源轉換器與水上太陽能電廠。若是這些計畫失敗、若是這些公司破產，或是當它們像馬來西亞的探鑽平臺那般過時之後，誰將背負清理這些裝置的責任呢？誰來決定這些試驗實際上是合法的研究或是違法的傾倒行為呢？我的預感是沒有人會負責。如果個別的政府與國際社會無法處理或甚至完整調查海上奴隸問題，它們似乎也不太可能找到一套連貫且有效的做法來面對公海上的科學實驗。

　　有些研究者確實聲稱，我們在海上架設的那些能源生產裝置——不論是石油或是可再生能源——本質上不是真正的傾倒。我的觀點則是，如果人類把某個造成某種污染的東西丟進海裡，那麼它就可被視作一種傾倒的形式。或許我們可以辯稱說，這樣的行為可能帶來更大的好處，但它還是應該如其本質地被稱呼。海洋或許很遼闊、蔚藍且深邃，人們依舊把它當成了垃圾場。

～～～～～

　　喬治的鐵質施肥落入了一塊法律上的灰色地帶——非許可的，但也不盡然是受到禁止的。其他類型的海洋傾倒則是明確地違反法律。當我和負責「加勒比公主號」神奇管線案的聯邦檢查官理查・烏德爾（Richard Udell）見面時，他很快地指出，向海洋傾倒石油很顯然是違法的，不若鐵質施肥或將探鑽架改造成暗礁的計畫。

　　這種合法性的劃定是讓使用神奇管線的污染者得以被捕的關鍵。管理當局很難親自發現傾倒行為，因為它們通常都發生在外海，或許是在夜幕的掩護下，並披上祕密與恐嚇的面紗。在這些案例中，通常能逮到公司的證據不是罪行本身，而是它們試圖掩飾的行為，烏德爾解釋。有時，告密者會像基埃斯那樣提供照片或是影片，但是通常透過遭竄改的石油紀錄日誌也能找到關鍵證據。《防止船舶污染國際公約》要求船隻製作這些日誌，而竄改日誌通常會招致巨額罰金，甚至入獄。烏德爾說，這些日誌內容經常被大幅偽造，以至於某艘挪威籍遊輪上的輪機員開始稱之為「Eventyrbok」，即挪威文的「故事書」。

　　守法的船隻有多種選項可以正確地處理它們所產生的幾百萬加侖油水。它們可以透過分離器把油從水中抽出來，焚燒殘餘物；或者，如果港口旁設有廢棄物儲藏站，它們可以支付一筆處理費，把廢水棄於該處。對於較大型的遊輪而言，在陸地上恰當處置廢棄物的成本可達每年十五萬美元。有些公司會針對能夠將費用控制在預算內的輪機員提供個人獎金——創造出一個以神奇管線規避法規，以及竄改船舶日誌好加以掩飾的誘因。

　　類似於法庭會計師，美國海岸防衛隊或海事保險業者會僱用專人調查神奇管線，徹底搜查這些紀錄以尋找奇怪的不一致處，以及不可能的一致處。若是石油紀錄顯示出某一經緯度曾經排放廢油，但是船長日誌在同一時間卻顯示這艘船距離該處有兩百浬遠，那麼調查人

員就會開始提出尖銳的問題。調查人員還會尋找所謂的「揮揮鉛筆」（pencil whipping）或是「槍炮甲板」（gun decking）的跡象，即是形容偷懶的簿記，其中含有可洩露實情的重覆紀錄。像是在每週同一時間進行傾倒。有些人猜測「槍炮甲板」一詞源自在船舷畫上假炮臺的做法，藉此震懾任何可能看到這個畫面的對手。

調查人員也會檢查船隻本身。他們會尋找那些應該看起來已耗損，但是最近卻剛被油漆過的管線。他們會檢查管線內部不該存在的殘餘石油。在船身外頭，他們會查看舷外排水閥附近殘留的「彗星條紋」。他們也會檢查管線與機械凸緣的刮痕與剝落油漆，那可能表示在檢查前不久，有一條繞道的管線被拆除。唯有當船隻停在港口內或是在一國海域內時，調查人員才往往得以採取這些手段，但是在公海上，他們就不得在未經船長的許可下登船，即使他們確實發現了不當行為的證據，一旦那是發生在任何國家的邊界之外，就沒有可靠的途徑可以起訴違法者。有時候，調查人員只是運氣好，一名在紐約為海岸防衛隊調查服務處（Coast Guard Investigative Service）工作的特別探員史蒂夫·弗里斯（Steve Frith）補充說，他也曾參與「加勒比公主號」的案件偵辦。「你登艦，然後就有一個傢伙對著你微笑，」他說道。「接著他會向你點點頭，示意證據。」

當海岸防衛隊的官員發現足夠證據逮捕一艘船時，他們會立刻拘留船員並將他們分開。當船員比較沒有時間串通好故事時，要激他們說出真相就容易得多。調查人員會測試船員，看他們是否知道如何操作油水分離器；也會利用輪機員討厭數據異常的事實。當輪機員假裝不知道神奇管線的存在時，弗里斯說他會裝傻，然後試圖溫和地戳破他們的說詞。「這裡有些東西就是不太合理，」弗里斯說道，重演他在發現航海日誌上出現異常現象時會一遍又一遍跟輪機員說的話。「要不就是你粗心犯錯，要不就是我不了解這裡的狀況。請幫我搞清楚。」

近幾十年來，美國政府已經起訴了十多起的神奇管線案。總的來

說，這些案件已累計超過兩億美元以上的罰款，以及對船員和管理者處以共十七年的刑期。這些案件的成功之因有部分源自美國法律提供的「獎金」條款，亦即允許法院在任何舉報事件中，若成功起訴即分享一半以上的罰金予舉報人。

喬治·查洛斯（George M. Chalos）是一名經常為船運公司辯護神奇管線案的海事律師，他聲稱這種賞金制度事實際上會創造出更多污染，因為它讓心懷不滿的船員有誘因「做出違法行為、污染海洋，並且把責任歸咎於他人，以期獲得不符合比例的巨額獎賞」。他補充說，大部分的船公司都對於保護海洋環境懷抱強烈承諾。由於缺乏岸邊的處理設備讓船隻得以合法且有效率地清理廢棄物，船公司所負擔的成本與延誤情形愈來愈惡化，他解釋道。

查洛斯對於獎賞創造污染的說法似乎有些牽強。我看到的是，一名受到同僚支配的船員不太可能會冒著如此風險犯案。更重要的是，他的評論並沒能協助我了解「加勒比公主號」上的違法行為。在英國的港口，處理廢棄物不是一個問題，也很難質疑基埃斯吹哨的動機。他是在英國舉報罪行，沒有等待該船於一個月後停靠美國才舉報；前者並沒有提供獎賞，後者才可保證他的報酬。當我詢問基埃斯，他可曾考慮過等到他進入美國管轄範圍內再舉報，他笑著回說，絕對不可能。「你不會在被搶劫過一個月之後才報警。」他說道。

〰〰〰〰〰

遊輪產業是高獲利的生意。全球有超過四百五十艘大型輪船，國際遊輪產業每年大約可以創造一千一百七十億美元的收益。超過一百萬人在這個產業裡工作，每年要接待將近兩千五百萬名顧客。任何企業有這樣的規模，違法行為就是無可避免的。傾倒廢油絕不是發生在這些船隻上的唯一一項犯罪活動。

舉例來說，性侵遊輪上的乘客與船員也始終是特別難以調查與起

訴的行為。遊輪通常是登記在其他國家，而事件發生在國際公海上，所謂的加害者又可能是外國人。當國會針對這個問題舉行聽證會時，立法者發現，在這些船上被舉報的性侵事件中，有將近三分之一的受害者是未成年人。二〇一二年，嘉年華公司旗下的另一艘遊輪「歌詩達協和號」（Costa Concordia）在於義大利外海翻覆時，調查人員在船上發現了賣淫與黑手黨藏匿毒品的舉報。

對於成千上萬名在遊輪上工作的人來說，船上是一個極端的世界。這些海上度假村是設計來提供奢華、休閒感，並且讓乘客開心的。然而，在同一艘船上的船員──有些船員人數可達一千五百人──通常生活在一個平行、有時候甚至是冷酷的世界裡，他們透過一套不為人知的隱藏階梯與層板設計而被分離於乘客的世界之外。雖然我的報導大多把我帶到疏於維護的破舊船隻上，但是調查遊輪產業提醒了我──不論在海上或其他地方──即使是最華麗與昂貴的外觀背後也可能發現罪行的存在。

我訪問了一名曾經在大型遊輪上工作過的消防隊員。他敘述了被僱為船上餐廳服務生的東歐女性的情況，她經常被期待要身兼乘客與員工的性交易對象。如果這些女性想要換班，或是跳槽到小費比較優渥的餐廳去，他們就必須與某些經理或高階船員從事性行為，他說道。這些船上對於員工的服儀有嚴格規範，而內部的洗衣服務就像是一部敲詐機器，他如此解釋。如果你不支付積欠某人的錢，你的部分制服就會遺失，或是洗完之後發現上頭有神祕的污漬，導致你被扣留在岸上或是遭到懲戒。當然了，這種黑市服務與報酬是監獄裡的標準收費，而這不太是我會預期在奢華的海上航程中發生的事情。

曾經有一次，幾名印尼籍的廚房員工在船舶靠港時，因為未獲准上岸，便詢問該名消防隊員可否幫他們換錢，把小額、起皺的鈔票換成較為平整且較大面額的鈔票，好讓他們可以在銀行換到較佳的匯率回家。消防隊員幫了這個忙，因為對他來說不必付出什麼代價。稍後

的某一晚，船上的匯兌員來敲他的門，他是一名強壯嚴肅的俄羅斯人。「你是否給他們新鈔？」他以破碎的英語詢問。消防隊員回答是的。「不，你不能給。」俄羅斯人回應道。消防隊員便了解了他的意思。

遊輪上的輪機室通常是在整艘船最偏僻的角落。基於安全理由，這是一個除了輪機員以外無人能進入的「禁區」。輪機室裡的噪音嘈雜且不受歡迎，幾乎總是由某種類型的男性在裡頭工作。這些輪機員的年紀比較大（這種工作比起其他許多職位需要更久的訓練），他們多與船隻維持較長久的關係（引擎系統需要花一段時間熟悉，而且輪機室的人員流動可能會導致風險，因為發動機對於一艘船來說很關鍵）。他們的工作是航髒的（每樣東西都布滿了油，內部空間又熱又濕）且無社交性的（引擎噪音太大，以致耳朵保護是必要之舉）。

在輪機室的人員階層中，高階船員通常是同一個國籍。以「加勒比公主號」為例，他們都是義大利人。低階員工如擦拭工、鍋爐工與裝配工往往是另一國籍；在公主號上，他們都是菲律賓人。相較於甲板水手或廚師，或甚至是艦橋上的資深船員，這些輪機員會說他們彼此之間互通的語言，因為這份工作與機械都是很技術性的。輪機室的文化讓他們建立起緊密關係，也使得調查人員更難突破。

以「加勒比公主號」的案例而言，舉報傾倒廢油一事的基埃斯相對之下就是個外人。身為一名幾無經驗的蘇格蘭小伙子，他之於輪機室裡的其他同事來說，國籍既不同，資歷又較淺。職等為三等輪機助理員的他，在這次航行之前，只有一次在「加勒比公主號」上工作過幾個月。

當美國海岸防衛隊的調查人員開始審問「加勒比公主號」上的船員時，已經是案發之後好幾個月的事。根據船員們日後向檢察官重述事件的經過，在調查人員抵達之前，輪機長與一等大管輪已經命令船員把神奇管線拆除。為免被輪機室辦公室裡的麥克風錄音，其他資深輪機員也已經一個接一個把在輪機室裡工作的員工帶到大廳去，吩咐

他們如果被問到有關神奇管線的事，一律說謊。

在「加勒比公主號」上，輪機長有兩個綽號。第一個綽號是他的同事取的：braccino corto，或是「短手臂」(short arm)，這是義大利人對於吝嗇不願掏錢之人的形容詞。第二個綽號是輪機長給自己取的。每當有新人來到船上時，他會警告他們，大家稱他為「惡魔」(El Diablo)，因為他的脾氣暴躁，要求又嚴格。

惡魔知道在神奇管線案中的關鍵是什麼。某一刻，他召集手下來到輪機室辦公室。當他說到「加勒比公主號」上正在進行的調查時，他偷偷地舉起一個牌子，警告他們有隱藏式麥克風的存在，並要他們小心說話，船員日後如是告訴檢察官。那塊牌子上寫著：「LA正在聽」(LA is listening)，LA意指美國的洛杉磯市，即該公司總部所在地。

惡魔要他的船員們噤聲的努力並沒有奏效。檢察官贏了這場官司。在二○一六年，案件最終審判階段，烏德爾寫訊息給法官，做出一項特別請求。烏德爾說，基埃斯做了正確的事，他為了正當的理由而冒了極大風險，且不求金錢回報。或許更改規則在這起案件中是恰當的，讓基埃斯獲得一筆獎賞，即便當初他不是直接向美國當局舉報這項罪行？烏德爾問道。法官同意了，因此基埃斯從嘉年華公司支付的罰款中分得大約一百萬美元。在那之後，基埃斯繼續在海運業工作，但是是在西班牙的一家造船廠。「再回到海上似乎不是明智之舉。」他告訴我。

這種懲罰能否阻止遊輪在未來繼續違法傾倒呢？很可能終歸仍取決於遊輪經營者與船員們的意識。否則的話，傾倒行為所獲得的報酬很可能還是值得他們冒險。把所有廢棄物都倒進海裡既可以省錢，還可以賺錢。一般來說，這項罪行在輪機室之外是看不到的。而且有什麼受害者呢？他們是誰？很難分辨。不若人力仲介偷渡的移工，或是在海上被殺害的漁夫，摻進海流中的廢棄物最終會影響到我們每個人。到了某一刻，海水的稀釋能力到達極限，傾倒就不再是解方。

流動的邊界
FLUID BORDERS

不要問問題，你就不會被騙。
——查爾斯・狄更斯（Charkes Dickens），
《遠大前程》（*Great Expectations*）

　　二〇一六年九月，我於華府舉辦的「我們的海洋會議」（Our Ocean Conference）上認識了印尼漁業部長蘇西・普加斯圖蒂（Susi Pudjias-tuti）。這個會議題由美國國務院每年舉辦一次，邀集了全球領導人、高官政要以及一些投入海洋政策的名人。我們兩人當時受邀參加一場午後的座談，在會議廳前方講臺上比鄰而坐。普加斯圖蒂的演講內容是關於印尼在環境保育方面的努力，以及非法漁業如何做為跨國組織的罪行，涉及了燃料偷竊、洗錢與毒品交易等行為。聽眾對於她的演講報以熱情掌聲。

　　在她的報告之後，輪到我發表談話。我針對非法漁業的定義是否應該擴大解釋提出質疑。我的主張是，除了捕魚本身的罪之外，也應該擴及對於漁業從業人員所犯下的罪行。畢竟，毆打船員、拒付薪資，以及剝奪他們離開的權利，這些做法在在都容許了非法漁獵的不

法業者藉此降低成本與提高競爭優勢。當時的聽眾大多是專注於環境議題而非人權議題的人,他們對於這個看法的反應僅回以禮貌性的鼓掌。

在我坐下之後,普加斯圖蒂拍了拍我的肩。「你必須來印尼,」她說道。「我想要讓你看看我們面臨的境地。」我很樂意去,我回她。八個月之後,二〇一七年五月,我搭上飛機前往印尼。

四天之後的清晨時分,天還未亮,我站在一艘停泊於坤甸市(Pontianak)的巡邏艇後方,短小精幹的船長在甲板上來回踱步,對著他的重裝船員咆哮。「我們要抓住從我們這裡偷東西的傢伙,」船長桑森(Samson)怒吼道,面前是他的十七名部下,他們疲憊但筆直地站在船的後方甲板上。「讓我們在這次任務中把他們抓起來。」

當時是清晨四點,在這個位於印尼最大島嶼婆羅洲西岸的港口,沉重的熱氣就像是濕掉的羊毛一般。桑森已經做了決定,他的船要趁

「馬肯號」(*Macan*)的船長桑森指著一艘正在快速接近、船身大得多的越南海警船。

著天色尚黑就出海，以避免有人向罪犯通風報信。他以手勢召來他的人馬，要他們聚在一起圍繞著他，將他的手朝上放在大家的中心，而其他人一一疊上他們的手，就像是在一群足球員聚在場上。「大夥兒，這是我們要做的事，所以就像平常一般地做吧！」他壓低了聲音地說著。整個團隊大聲地歡呼一次，接著就散開準備讓巡邏艇出航。

這艘巡邏艇艱難地越過渾濁的港口海水，月色之下，沿著內港排列開來的門式起重機隨著我們漸行漸遠而逐漸縮小。這次出海是為了執行本該是例行勤務的任務，搜查在印尼海域進行非法捕魚的外國船隻。我回到印尼是因為對於印尼禁止所有外國船隻進入該國海域捕撈的零容忍政策感到好奇，印尼政府邀請我登上巡邏艇觀察。其他國家如紐西蘭雖也禁止外國船隻在該國海域作業，印尼則是採取更強硬的態度，若抓到違法船隻，就會進一步擊沉或開火。與我同行的有我的攝影師法比歐·納西蒙多，以及一名年輕的女性翻譯，她可以協助我跟被拘捕的漁民們對話。

在巡邏艇出海之後，一名官員把我帶到下甲板的一個隱匿處，指著地板上的一個點。那個狹窄的角落就是我睡覺的地方。印尼人通常個子不高；他們的鋪位對我來說太小，他充滿歉意地向我解釋。我告訴他，這裡對於我和納西蒙多來說剛剛好。我的翻譯則擁有一個更舒服的私人艙間，位在官員們的休憩區。

巡邏艇要花上幾個小時才會抵達漁船作業海域，以及外籍的非法漁船出沒帶。我把背包丟在官員指示的地方，然後就回到艦橋上和桑森待在一起。他和許多印尼人一樣，只有一個名字。自從他在二〇〇〇年開始在漁業部工作以來，已經逮捕並擊沉了數十艘非法漁船。在數百名工作於三十艘印尼漁業部船隊的海事官員之間，桑森是一名傳奇人物。他在印尼海域犯罪最猖獗的外緣區域巡邏，相較於近海地區，這裡的非法漁船更大，也更暴力。

桑森的船名叫「休馬肯一號」（*Hiu Macan 1*），意即印尼語的「虎

鯊」。船員們大多只叫它「馬肯號」。非法漁民則稱之為「鬼魅」，因為它會在毫無預警的情況下現身。建造於二〇〇五年的「馬肯號」船身有一百一十七呎長，以這個尺寸來說，它航行的速度算是相對快的了，最高航速可達二十五節。桑森所追捕的漁船大部分頂多只能跑到十八節，中國漁船則是例外。它們不只是較大型的漁船可以跑到三十節，中國船長也更具侵略性，以衝撞對手聞名，包括外國軍艦或警艇。這對於桑森來說，尤其令人擔憂，因為「馬肯號」是玻璃纖維製，而非鐵殼，因此更容易被撞沉。為了試圖彌補這項致命傷，「馬肯號」的火力要比大多數其他印尼漁業部船隻來得強大。它的前甲板配備有一部令人畏懼的十二・七釐米甲板炮，而船員們也都配有衝鋒槍。

桑森當時四十七歲，是兩個男孩的父親；一個正在就讀醫學院二年級，另一個還是高中生。他的妻子和姊妹也在漁業部工作。桑森成長於加里曼丹（Kalimantan），即印屬婆羅洲地區，那裡住有許多華人，因此除了印尼語，桑森的華語也很流利。身形矮胖的他，前臂與雙手都很厚實，看起來像是機械工具。一雙渾圓大眼強化了他頑童般的長相，使他彷彿總是要說出笑話的樣子。他很少穿著軍裝，偏好寬鬆的藍色牛仔褲與一件黑色的單車上衣，上頭寫著「殘忍的突襲隊員」以及「飛進黑暗」。他的部下通常則是穿著夾腳拖與短褲。

桑森對他的船員來說就像是他們的叔叔，其中有六人過去曾是他的學生。將近十年來，桑森在許多印尼的職業學校教授海事課程，如航海、海圖判讀、駕船。他的部下形容他是一名公平的人。在這個職業裡，尊敬是最難贏得的財富，而桑森很富有。船員們指出，他的勇敢、冷靜以及烹飪技術是他們對他抱持忠誠的基礎。儘管他是印尼最有經驗的船長之一，卻一再拒絕被拔擢到艦隊中更大艘的船上工作，因為他覺得自己已經跟「馬肯號」以及被他稱作「男人的家庭」結婚了。桑森把手滑過船隻的壁架、欄杆以及牆壁時，他對於「馬肯號」的熟悉不只是透過眼睛，也是透過觸覺。當他在船上到處轉悠著時，

我感到有些難以跟上他的腳步。在船上，這些人是四個小時輪班一次，二十天上船、十天休息。巡邏任務從幾天到幾週不等。這支船隊的成員大多是三十多歲，自從二〇一二年以來就一起工作，但是他們的經驗中沒有什麼能讓他們為這次航程將會發生的事情做好準備。

桑森解釋說，雖然透過雷達可以看到半徑四十浬內的船隻動靜，然而根據移動路徑，多年實務經驗會告訴他哪些船是外籍船隻，而且正在進行捕魚作業。他是一名虔誠的穆斯林，也會從其他來源尋求協助。在他的左手上，一枚刻有漢字「福」的金戒指持續為他帶來好運，他說道。掛在他的腰帶上的是一根木菸斗，這種sentigi木具有神奇的力量。他的手環則是以磁石製成，據他的說法是可以帶給他力量。在他的脖子上掛著一串熊牙，他說這個法寶可以讓他變得凶猛。

桑森在他的職涯早期曾經擔任過十多年的漁船船長，為菲律賓、韓國與印尼的漁業公司工作，在同樣的這片海域作業。他開玩笑地說道，自己特別擅長搜尋不法分子，因為他也曾經是其中之一。「你不需要教一隻鱷魚游泳，」他說。「牠們早就知道怎麼游了。」

每個國家會以自己的方式處理非法捕魚的問題，但是沒有一個國家像印尼採行如此嚴厲的政策。原因在於這個國家有一個很極端的問題。這個由一萬七千座島嶼組成的國家蜿蜒排列，是全世界規模最大的群島，其海域也是非法漁船多年來進出頻繁的場所。二〇一四年，這個情勢改變了。印尼政府任命普加斯圖蒂，也就是桑森的上司，擔任海洋暨漁業部部長。普加斯圖蒂過去曾在海產與航空產業擔任過行政主管，一接手漁業部就祭出激進的打擊手段，大幅地擴張漁業部的巡邏次數以及巡邏範圍。她禁止外國船隻在印尼海域捕魚，然後進一步展現出這個國家對於此一新政策的嚴肅態度。不僅僅是扣押違法漁船，將他們遣返，普加斯圖蒂掌權下的漁業部會在撤走船員之後，燒

毀或擊沉船隻，並且在電視與網路上廣為放送，讓全世界看見。

在印尼這樣一個保守的穆斯林國家，以該國標準來說，普加斯圖蒂是一名具破壞性的煽動者。在她還是青少年時期，就曾經因為活躍於政治活動而被踢出預科學校，從此沒再回到校園。當我們認識時，她五十一歲，是一名有三個小孩的單親媽媽。普加斯圖蒂是專業的潛水員和老菸槍，說話聲音刺耳，大笑時則是低沉宏亮。在她的右脛骨位置有一個彩色的鳳凰刺青（代表「力量與美麗」，她告訴我）。普加斯圖蒂說話時直截了當、鄙視華麗辭藻，她禁止員工使用令人困惑的行話，或是她所謂的「有翅膀的話」。由於曾經獲得無數海洋保育獎項，她成為了如世界自然基金會（World Wildlife Foundation, WWF）與Oceana等長期致力於讓政府正視非法捕魚問題的環保團體的最愛。日本最富盛名的漫畫之一《骷髏13》（Golgo 13）曾經以她為原型創造了一個角色。在這部漫畫中，普加斯圖蒂戴著貝雷帽與太陽眼鏡，命令男人們把一隊漁船擊沉。

普加斯圖蒂打擊非法漁業的作為並沒有讓所有人都開心，尤其是中國。做為印尼的主要投資者，中國已經成為愈來愈具侵略性的海事對手——不僅是在全球，而尤其是在南中國海，這裡的過度捕撈已經使得近海漁獲量幾近耗竭。經濟成長迫使中國向外發展，到海上尋找新的石油與天然氣蘊藏區。這兩方面的壓力都使得中國宣稱對整個南中國海的石頭、淺灘與珊瑚礁擁有主權。

一般來說，為了在這個區域站穩立足點，中國試著避免武裝衝突，而是仰賴它的民間海事力量——換言之，就是它的百萬艘漁船。一位亞洲學者這麼解釋中國的做法：中國是「把雙手擺在身後，用它的大肚腩把你擠出去，賭你敢不敢先攻擊。」中國的終極目標是要在一片廣大區域建立國家的前哨站，並且主張對於珍貴的漁場與豐富的海底蘊藏恢復其所有權。儘管要把中國描繪成這場爭奪掌控權的惡棍很容易，但事實上，包括越南、印尼與菲律賓在內的其他國家，為了

擴張各自在南中國海的主權範圍，也投入了相同的地緣政治爭奪戰中。

中國之所以與眾不同，主要在於它擁有遠比其他國家更加強大的軍事與經濟力量。除了擁有數量最多的捕魚船隊，中國還擁有最大規模的海岸警衛隊來保護這些漁船，包括兩艘船身超過五百呎長的一萬噸級軍艦。在海軍界以「怪獸」聞名，這兩艘中國巡邏艦之巨大，要勝過美國海岸防衛隊的任何一艘非破冰船。儘管如此，印尼對中國的立場卻是愈來愈堅定。在普加斯圖蒂入主漁業部的頭兩年，她擊沉了兩百多艘非法漁船，其中有幾十艘來自中國。

二〇一六年三月，中國與印尼之間的緊張氣氛逐漸加劇。印尼聲稱某艘中國漁船闖入其海域作業，遭到該國漁業警察逮捕。在印尼警方將中國漁船拖回印尼的同時，一艘更強大的中國巡邏艦介入，把印尼警方綁住該漁船的纜線切斷。衝突過後，印尼政府表示，計畫調派數架F-16戰機到位於南中國海中央的納土納群島（Natuna Islands），以回應其他類似的事件發生。雙方的衝突至今尚未升級至印尼需要派出軍機來回應中國的漁船入侵。至少還沒有。

我在帛琉做過類似的隨隊探訪，這個群島國家面臨了許多與印尼相同的海事挑戰。每年有數百艘外國漁船進到這兩個國家的海域掠奪海洋資源。雙方都對於這個問題採取了強硬立場，但是它們的海域遼闊到海巡隊無法掌握。一項較大的差異在於，帛琉漁業署只有一艘巡邏艇；印尼有三十艘。印尼的執法力道之大，意即普加斯圖蒂的部下已經扣押了許多船隻——每年幾百艘漁船也造成了後勤安排上的困難，例如如何處理幾千名從漁船上被趕下來的漁工。

在登上「馬肯號」之前，我花了一天待在坤甸市庇護所。這是印尼五座拘留中心之一，船員們會在此等待印尼政府決定他們的命運。人權團體開始將這些人稱作「海上難民」。因為他們大多是水手，沒有權力決定漁船要在哪裡作業，所以他們不會被指控為從事非法捕撈，也應該要盡快以無身分移民的條件遣返回本國。然而，他們有時

在幾百名被安置於印尼拘留中心（例如這處位於坤甸市中心）的「海上難民」當中，這個男孩看起來不可能超過十三歲。

候會被困在拘留中心長達數年之久，被遺忘在官僚體系的牛步中。這些男人是自願在船上工作，不屬於人口販運的受害者，意謂著他們通常不能從諸如聯合國國際移民署（UN International Organization for Migration）等機構獲得遣返程序上的協助。他們不是罪犯、不是移民，更不是印尼人。我很好奇地想要看看印尼怎麼處置他們。

　　普加斯圖蒂和人權團體一樣，對於這些海上難民感到苦惱。在她的強力打擊下，這些人的數量已經快速激增，對於印尼政府來說，處置他們的成本是很昂貴的。處理與遣返這些人需要那麼長時間的主因之一在於，他們的母國政府並未提供任何實質上的協助，尤其是越南和柬埔寨。

　　坤甸市拘留中心原本可容納的人數是六十人，但現在擠滿塞進了超過一倍的人數。泥濘、充滿蚊子，這個被柵欄圍住的區域看起來像

是戰俘營，聞起來則像是污水處理廠。感染疥癬的狗在引擎零件堆之間急速奔跑。衣衫襤褸的男人們緊挨著蹲在一塊防水布下方，以躲避酷熱的陽光。在他們對面是一棟狹窄發霉的建築，靠著一面牆排列了三層高的鋪位，是男人們睡覺與吃飯的地方。

我原本以為他們之中有些人會是中國人、印尼人、緬甸人或泰國人。我錯了，他們幾乎全都是越南人，我後來才知道印尼其他的拘留中心也差不多都是這個情形。在拘留區旁是一個由漁業機關管理的港口，看起來就像是浸在水裡的垃圾場，停泊三十幾艘生鏽半沉的船，簡直是一艘疊上一艘。這些船大多是越南的「藍船」，因它們亮藍色的船殼而得其名。人們告訴我，這些船正在等待「裁決」，意即它們被扣押在此，等待印尼當局決定是否要起訴這些船員。

在這個曠日費時的過程中，裁決在我看來似乎不是一個恰當的用詞。在當局決定是否起訴船員的同時，他們的船就被擺在這兒腐朽，他們的漁民資格過期，而他們在家鄉的家人們也正承受著收入消失的痛苦。被逮捕幾乎等同於被判刑，不論他們是否有罪。

大約有三分之二的被拘留者據說是水手與其他三級船員。這些人被關在拘留中心的平均時間約是一年半，儘管有些人聲稱他們在二〇一五年以前就被關進來了。我探詢在此是否存在暴力事件，他們說被拘留者之間偶爾會打架。如果他們沒能精準或快速地跟上警衛的指令，有時也會挨揍。所有的被拘留者都被要求執行日常勤務，像是打掃住宿區域、照料排球場後方的一小片菜園，或是修理他們睡覺那棟樓的屋頂。負責管理該拘留中心的警衛或漁業部官員之中，沒有人會說越南語，因此指令主要是透過手勢傳達，他們說道。

被拘留者大多抱怨的是食物、蚊子，以及他們被困在那裡的事實。他們表示，沒有人曾經跟律師說過話。關於自己會被拘留多久，或是該如何回家、能否回家，都是不確定的。在被拘留者之中，有個叫樂楚辛安（Le Trucing An）的男孩。他約莫十三歲左右，或者更年輕

（當我問到他的年紀時，他猶豫了一會兒，然後說自己十六歲）。他似乎非常地害羞或害怕，無法保持眼神交流，而且幾乎都只吐出一個詞來回應我的越南語口譯。他來自南越湄公河三角洲流域的前江省（Tien Giang），在船被印尼當局扣留之前，他已經和叔叔在海上工作了兩個月，而我訪問他的時候，他已經被拘留了兩個星期。

在訪問完男孩之後，我走出室外打了通電話給普加斯圖蒂。「妳知道有個孩子跟一百二十名大人一起被關在這個拘留中心，對吧？」我問她。她採取防衛姿態，否認這個問題的前提，聲稱那不是「拘留中心」，而是一處「庇護所」——差別在於那裡沒有被隔絕的空間。「如果那個男孩和他的叔叔在一起，」她補充說，「那麼他的家人一開始就不應該讓他登上那艘漁船。」

當我們回到「馬肯號」時，我向桑森問起從幾十名被拘留者口中聽到的某件事情。幾乎所有的人都說，當他們被逮捕時，以為自己還在越南海域。「我知道他們其中有些人在吹牛，」我說。「但至少對於某些人來說，他們很可能真的以為還在自己的國家海域裡？」桑森揮舞著手，像是在用力揮走這個愚蠢的問題。「絕對不可能，這些界線很清楚的。」他說道。

〜〜〜〜〜〜

「馬肯號」的任務是巡邏印尼官員口中的「粗魯鄰里」。因為所有的外國漁船被禁止進入印尼海域作業，我們所發現的任何人都是可以攻擊的對象。桑森在一張地圖上把我們要前往的海域指給我看，是在納土納群島東北方約一兩百浬處。一股似曾相似的感覺浮現。二〇一五年，我曾經為了類似的目標，帶著一名攝影師一起飛到那個區域。在那趟旅程中，我們付錢請當地漁民帶我們到相同的海域，希望能跟一些正在進行非法捕撈作業的外國船長交談。然而，漁民們均表示太危險了，沒有人想要載我們去。最後，在我們把報酬提高到四百美元

之後，一名當地船長里歐（Rio）同意了，這個金額比他捕魚一個月的收入還高出一倍。

夜半時分，他用一艘四十呎長、發出嘰嘎聲響的木製漁船載我們出海，那艘船拚了命才衝破八呎高的湧浪。里歐趴在我帶去的一份區域海圖上查看，上頭以顏色標示出不同國家的海域界線。他的身材結實，但是年事已高——我無法判斷確切年紀，或許有六十五歲——帶有皮革般的膚色，眼角則有魚尾紋。里歐用手指敲打著海圖，觸摸我所標記的幾個點，示意出多國海域相交的位置。他搖搖頭，在恐懼中睜大眼睛。然後，他默默地伸過手去，打開儀表板上的一個隔層，露出裡頭擺放的克拉克手槍。

不像陸地上的邊境，海上的邊界地帶是出了名地危險。三國海域相交之處對於非法漁獵者、人口販子、槍枝走私者，以及違法販售重油的人來說尤其吸引人，因為他們知道，如果任一國家政府來追捕他們，他們可以往另外兩個方向逃跑——這是具備簡易出口的扒手藏匿處。

與里歐出航的旅程證實是失敗的。我們沒有找到任何非法作業的漁民，因為里歐的雷達壞掉，這意謂著我們只能用肉眼搜尋附近的船隻。這次與桑森同行的成功機率大得多了，而且我們的火力也強大許多。

儘管桑森的任務嚴肅，「馬肯號」的船上規矩不像多數的軍事等級巡邏艦。艦橋上通常會播放馬來西亞的流行音樂，而食堂的電視上則反覆播放《玩命關頭》（*The Fast and the Furious*）。在樓下的休息室，船員們一邊粗聲地說著垃圾話，一邊玩著 Xbox 遊戲「世界足球競賽」（Pro Evolution Soccer）。

對我來說，在海上意謂著與無聊和停工期的日子抗戰。大多數的船隻上都沒有網路，包括「馬肯號」。雖然離線是很痛苦的事，但它迫使我更仔細關注我周遭的環境，因為比較沒有地方能夠分心。在

每次出航前，我會在我的電子裝置上塞滿維持心智健康的內容（來自家鄉的新照片和影片、日舞頻道的《矯正人生》〔Rectify〕影集，以及HBO的《末世餘生》〔Leftovers〕）。當我讀完所有東西，我會開始憎恨《紐約客》（The New Yorker）不讓我在Kindle上存滿整套的過期刊物。一趟十四天的航程中，才沒幾個鐘頭，我的Spotify軟體就當掉了，使得離線資料夾也無法使用。兩個星期以來，我就被困在帕里·格瑞普（Parry Gripp）十幾首令人痛苦的刺耳歌曲中——我兒子否認惡作劇將音樂偷存進我的手機裡。

不過，在「馬肯號」上，我發現有許多可做的事。如果我沒有在艦橋上觀看船員們的互動，就是坐在後方甲板上閱讀或寫作，這個異常寧靜的區域擺放著木架，上頭有幾十棵盆栽。桑森從二〇〇七年就開始收集它們，當時他的船正沿著印尼東部靠近東努沙登加拉省的海岸線執行勤務。這些植物被彈性繩緊緊地繫在架上，而下方是「馬肯號」的救生筏。這些植物如何在海上生存，對我來說是一個謎。

當印尼官員準備把被拘留者帶回陸上時，他們通常會把人留在這個後方甲板。在盆栽旁邊有個籠子，裡頭有一隻六歲的鸚鵡佩蘇特（Pesut）。牠還小的時候就被人送給了桑森，而他便一直把牠帶在船上。在印尼文裡，佩蘇特意即「淡水豚」，一種以快速與敏捷的動作聞名的生物。這個名字帶有諷刺意味，因為這隻鳥既不會飛，用腳走路也很笨拙，還曾經翻過船舷掉進海裡，後來被人以網子打撈起來。當被拘留者在船上時，佩蘇特會被放出籠子，讓人們陪牠玩。「如此可以分散他們的注意力。」桑森說道，並補充說船上只有五名船員，但是被拘留者有上百人，而且他們通常不會被戴上手銬，因此讓被拘捕的人不致決心抵抗是很重要的事。桑森說，如果這些人真的決定反抗，他們很可能會贏。

桑森對被拘留者的這番觀察很快地將受到考驗。在離開坤甸市超過六個小時之後，桑森宣告他發現了目標。有七艘越南船隻出現在

雷達上，在印尼海域大約接近六十浬之處作業。「我們找到目標了。」桑森指示他的部下，他們很快地換掉夾腳拖與短褲，穿上特種部隊的裝備：全身黑、附護目鏡的頭盔、護脛及防彈背心。

越南船隻分散開來，彼此間距離約四分之一浬。「馬肯號」先接近第一艘，印尼方以無線電通知船長，命令他停止作業。接著，當我們接近的距離夠近，桑森改以擴音器發號施令，越南籍漁船船長反而加速逃跑。經過幾分鐘的追捕之後，印尼方再次下達同樣的命令。沒有如願。一名印尼官員於是拿起他的衝鋒槍向該漁船的船首開火。幾分鐘之後，他再次開火警示。第三次，他瞄準了船隻下半部船體開火，而越南籍船長立即關掉了引擎。

印尼官員爬上那艘漁船，命令全體越南船員爬上「馬肯號」。船上的十一名船員顯得非常困惑，其中一人還恐懼地發抖。一名印尼官

印尼官方試圖向一艘被抓到進行非法捕魚作業的越南「藍船」發出停船訊號，而該船則加速逃離。最後印尼官員向該漁船開火，並且逮捕其船員。

員指示被拘留者脫掉上衣。後來有人告訴我，這麼做能讓他們比較不
會跳船試圖游回自己的船上，因為他們不想要赤裸著身子離開。雖然
好幾名警衛都這麼說，但這個解釋不盡然合理。我推測，真正的原因
可能是要讓被拘留者更容易被打，並且讓他們感到比較脆弱，便會更
服從指令。

　「馬肯號」在接下來的兩個小時繼續追捕，又逮捕了四艘越南漁
船。每一次，官員們都會向漁船開火以迫使他們停下來，他們快速的
槍聲聽起來像是在小孩的鐵皮鼓上打出快速的節拍。在某一艘越南漁
船上，船長在印尼官員登船時，把引擎鑰匙丟進海裡以示反抗。當這
名船長被送到「馬肯號」後方甲板時，他開始對著其他被拘留者大喊，
要大家團結起來反抗。做為回應，其中一名印尼官員走向前去，直接
摑了船長一巴掌。那力道之大，我在十呎之外伴著海浪聲與引擎聲都

一艘被捕的越南漁船的船員被拘留在印尼巡邏艦「馬肯號」後方。一小時之內，
一艘大型的越南海警船就開過來與印尼方對峙，把其中一艘船擊沉，而且船上還
有一名印尼海巡官員。

還可以聽到。「坐下！」那名官員大吼。船長立刻聽命行事。

在每次拘捕後，還沒前往下一艘之前，我會爬上被扣押的藍船，快速地繞一圈看看船上的環境。所有的越南船員都被撤離了，所以我不會遇見任何人，但是我想要看看他們的生活條件。印尼官員保持距離，納悶我為何會想要踏上那麼骯髒的一艘船。這些都是老舊的船隻，引擎在開啟或關閉時會發出低沉的聲響，像是一名老人彎腰去撿拾掉落的手杖。桑森給我五分鐘去探索每一艘船，然後我發現自己總會被吸引到越南水手的休息區。我想看看他們都帶了什麼上船。

這些男人睡在船後方的一個房間裡，三面環牆，正後方是開放的。天花板很低，甚至是矮小的男子也需要四肢並用地爬進去。裡頭沒有隱私，也沒辦法確保自己的所有物安全，大家似乎都把東西塞進破爛的塑膠購物袋裡：八盎司的紅牛能量飲料、越南香菸盒（有些半開著）、一本二手的祈禱書、聞起來像是虎標或奔肌（Bengay）的痠痛藥膏。有幾個人穿著閃亮的皇家藍足球衫，上頭印有「阿聯酋航空」（Fly Emirates）字樣。一名男子有一小張帶水漬的照片，照片裡的小女孩身著白色衣服、沒有穿鞋，可能才六歲左右，或許是她的女兒。如此快速瀏覽過他們的東西，除了慚愧地意識到他們只帶了這麼少的東西陪他們度過幾個月的海上時光之外，我並沒有什麼重大的頓悟。

在官員們完成登船檢查並扣押第五艘越南漁船之後，桑森告訴部下，打算放過剩下的兩艘船。每一艘被逮捕的船上約有十一名船員，所以現在「馬肯號」上有五十五名被拘留者，但沒有足夠的守衛人力，桑森解釋道。

「馬肯號」開始朝巴淡島（Batam）前進，以便撤下這些被抓到的人。桑森在每一艘遭逮捕的越南漁船上都留下一名官員，在我們後方距離約半浬處護航。

當被捕的船隻駛向陸地，我安靜地與五十五名被拘留者在「馬肯號」上一起坐了將近一個小時，直到他們顯得習慣了我的存在。印尼

官員發給他們香菸、瓶裝水，以及摻雜著魚的米飯。許多來自不同船隻的越南人似乎認識彼此。當我看著他們，逐漸注意到他們身上都有許多小毛病：胯部癢、慢性咳嗽、困惑與渴望、壞牙與菸癮、飢餓與憤怒，以及顯現在他們臉上的許多煩惱。一名印尼官員會說一點越南語，再加上我的口譯協助，他們盡可能地在我開始問問題之後幫忙翻譯。好幾名船長告訴我，他們其實不是在非法捕魚。對於我所提問的身處在印尼海域一事，他們只是一味忽略，或是根本不了解。

魚不會遵守國家界線，幾名船長指出，所以為什麼漁民應該遵守呢？「魚是來自上帝的恩賜，我們只是從印尼借來。」其中一人補充道。另一人提出相同的論點，但是更像是開玩笑的口吻。「我們只是捕捉那些從越南游來印尼的魚。」他說道。

在我們前往巴淡島的途上，「馬肯號」上瀰漫著一股慶祝的氛圍。桑森給我和他倒了一輪亞力酒，一種傳統的印尼烈酒。我乾了手上這一杯，感覺像是電池酸液流進我的咽喉。桑森把一些酒倒到桌上，點起火來，藉此賣弄這種酒的力量。那名負責向越南漁船以衝鋒槍開火的年輕官員似乎特別激動，對每一位願意回應的人擊掌歡呼。

$\sim\sim\sim\sim\sim$

在前往巴淡島的航程經過一個小時後，慶祝活動突然停止。兩名官員跑進食堂。「船長，快來。」其中一人說道，臉上流露出驚慌失措的神情。「馬斯剛（Mas Gun）遇到麻煩了。」他是船上最年輕且最資淺的官員，負責駕駛其中一艘被扣押的越南漁船，跟在「馬肯號」後方幾浬處，是最後一艘壓隊的船。桑森很快地站起來，濺出了杯中的亞力酒。眾人趕緊跑到艦橋上，可以聽到馬斯剛的聲音從無線電傳來。「救命！」他大叫著。「你們在哪裡？」

馬斯剛在無線電斷斷續續的訊號傳輸中說著，正當我們回頭前往巴淡島時，一艘越南的海警快艇突然出現，據推測是其中一名被拘捕

的漁民通知他們的。這艘船截斷馬斯剛的路徑,把他與整個隊伍分開。馬斯剛試圖超越快艇但未能成功,而現在快艇正在衝撞他。「『馬肯號』,我的船要沉了!」他在無線電大叫。「救命!『馬肯號』。拜託。救我!」

艦橋上陷入一片驚慌。「你在哪裡?」船員不斷透過無線電對馬斯剛叫著。「你的座標是什麼?」馬斯剛似乎不知道。他的定位系統很可能是關閉的狀態,而他正開著別人的漁船,所以可能不知道如何閱讀其中一些儀器。「馬肯號」做了一個U型迴轉,朝他們認為馬斯剛的可能位置前進。無線電接著陷入一片沉寂。「馬斯剛?」桑森以堅定的聲音問道。「馬斯剛,回答我。」桑森轉頭對著弓身伏在雷達上的船員吩咐道。「找出他在哪裡!」

他們沒花多少時間就找到了。幾分鐘之內,一艘越南海警快艇出現在海平面上。這艘船有二百六十二呎長、接近三千噸,比起我們的船要大兩倍以上。桑森立即命令他的部下從儲藏室拿出十二·七釐米的機關槍,架在前方甲板上。當我們高速朝越南快艇前進時,桑森透過無線電向駕駛另外四艘藍船的同事說,「關掉你的AIS」,指的是可以公開傳送船隻所在位置的儀器。他希望這一步可以有助避免越南快艇讓更多他的人陷入困境。

桑森試著用衛星電話打給在雅加達的指揮官。沒有人回應。直到他第三次撥打,某人接起電話。桑森很快被另一頭對話的人激怒,因為他似乎不了解這件事的緊急。「我們的船員正在一艘沉船上,」桑森在某一刻大吼起來。「我們在幾分鐘之內就會跟越南海警隊對峙。我在等待你的指示。」電話連線中斷,而桑森用力地關掉接收器。

原本是例行性執法的行動,很快地變成了緊張又危險的對峙場面。當我們追上越南的海警快艇,它大幅勝過「馬肯號」的方式很像是我們在幾個小時前勝過那些藍船的方式。五十五名被拘捕的越南人一看到他們政府的船便開始尖叫與歡呼。我們無法判斷馬斯剛是否在

隨著一艘大型的越南海警快艇接近南中國海的爭議水域，緊張情勢急速高漲，一名印尼海洋官員要求更多的彈藥。

水裡，因為那艘快艇擋住我們的去路，不讓我們接近下沉中的藍船。

　　當越南快艇呼叫「馬肯號」時，桑森的無線電劈啪作響，而他把接收器遞給了我。越南官員在說英語，但是桑森或其他在艦橋上的官員都不會說。我很快地把無線電遞給我的翻譯，希望可以維持一點報導的距離。印尼人對我的翻譯說了一些話，於是她立刻把無線電遞還給我。「他們希望你說話，不是我。」翻譯說罷，並解釋他們不想要一位女性在這種情勢下做為中介者。我停頓了一下，考慮再次拒絕接下無線電。若是情勢惡化，我的翻譯是否會被她的政府責怪？我強迫她陷入這潛在的危機是公平的嗎？想到這兒，我接下了無線電。

　　此刻，我們不知道馬斯剛是否已被帶上越南船隻，或者他可能還被困在那艘沉沒中的藍船上，或許正在溺水。桑森要我問對方，他的部下是否在他們手上。「越南，這裡是印尼。」我對著無線電說道。我解釋自己是一名美國記者，跟著「馬肯號」出海。我將暫時擔任船

長的翻譯角色，而我們的船是印尼漁業部的船。你剛才撞沉的船上可能有一名印尼官員，我說道。「請解釋發生了什麼事。」

　　無線電另一端的越南人告訴我，他是海警官員。「你們正在越南海域上，違反了《聯合國海洋法公約》。」他說道。他的話令我震驚。我轉頭詢問桑森：「你確定我們在印尼海域上？」他說是的。「百分之百確定？」我問道。「你確定我們不是在某個我不知道的爭議海域上？」桑森再次回答是的，這一次的口氣更加肯定。「我們在距離印尼邊界至少四十浬的地方。」他補充道。

　　看起來似乎最好不要和越南人糾結在這個問題上，所以我轉向話題至馬斯剛的安全與所處位置。「這裡的船長需要知道他的部下是否安全。」我說道。越南官員在無線電上回應道：「我們想要我們的船。我們的船在哪裡？」我多次重申，印尼方必須先確保他們的人已經獲救。「確認這一點之後，你和印尼人才可以討論交換。」越南人對我大吼：「船！船！我們想要我們的船！」

　　桑森試圖靠近那艘沉沒中的藍船，使得他與越南海警快艇的距離變近。越方加大引擎轉速，咆哮的引擎聲音傳送出清楚的訊息。越南官員接著透過無線電直言說出：「離開我們的船。」我把對方的命令轉達給桑森，於是他退回來了一點。

　　藍船開始加速沉沒。「馬肯號」船員猜測馬斯剛可能已經昏迷。「他可能還在船裡，溺水了。」一名官員凝視著那艘消失的漁船說道。在一兩個小時前才登上那艘船過，我可以想像舵手室裡有幾樣東西可能把馬斯剛擊昏：密集的熱氣、濃厚的柴油煙，以及一圈外露的電線，當印尼人撤離越南船員時，我曾經看到它冒出火花。在另一輪逮捕過後，我又登上越南漁船去做調查，而一陣風浪突然襲來，把我們都翻倒了，緊急之中我抓住了以為是欄杆的東西，結果是一道滾燙的管線，嚴重地灼燒我的掌心。那股痛楚感之大，讓我當場以為我就要昏厥過去。馬斯剛會不會跟我犯下一樣、甚至更糟的錯誤，因而倒在

舵手室的地板上？

「越南，這裡是翻譯在說話。」我透過無線電說道。「你要知道，如果印尼官員在那艘沉船上，而你阻止我們救他，他的死就會是你的錯，而這是明顯違反國際法的行為。」既然越南人拿著槍指著我們的船，我的首要任務就是要試圖減低可能會害我們喪命的緊張情勢，並且努力確保馬斯剛不會在我們等候時溺斃。越南官員沒有回應。我們等了彷彿永世的時間，雖然事實上或許只有二十分鐘左右。我們也在等待雅加達的指示。我希望不會是要我們離開，或是說後援正在過來。我也知道這些指示可能很容易就讓我們向越南開火。

我們或許真的是犯錯的一方，這樣的想法令我感到不安。我跟印尼官員要求看雷達上顯示的座標。我對著雷達螢幕拍了一張照，以便更仔細地研讀它。一名印尼人用他的手指戳著一張海圖，以指出我們正在印尼海域的位置，大約距離越南海域的邊界五十浬左右。我也檢查了在這段航程中一直掛在腰間的GPS定位裝置。雖然我相信印尼官員不會對我撒謊，但是我無法獨立驗證他們對我說的話，因為我帶在身上的海圖對這些海上疆界標示得不夠明確。

當桑森在跟他的部下討論下一步時，「馬肯號」後方甲板爆發了一陣騷動。越南漁民的吼叫聲演變成某種聽起來像是一群暴徒準備暴動的聲音。這些被拘留者並沒有被銬住，人數大約是我們的四倍。隨著危機升級，大多數的官員來到艦橋，也就是說，他們並沒有在幫忙看管那些被拘留者。我站到艦橋外的陽台上，桑森在裡頭聽不到喧鬧聲。我警告他，事情可能要一發不可收拾了。我聽到一個潑濺的聲響，便靠著船舷察看發生何事。被拘留者一個接著一個地陸續跳進了海裡。

他們之中有許多人幾乎不知道如何游泳。當我看著他們在水裡激烈的拍打著，我的思緒也開始快轉，衡量著眼前這場超展開的混亂會有什麼不同的結局。我猶豫著自己在目睹他們有些人開始下沉之後該怎麼辦。我是否應該跳進水裡試著抓起其中一人？或者比較好的做法

有些越南籍的被拘留者貼著沉沒中的船，因為他們不想要回到曾經逮捕他們的印尼警方船上，但是他們也無法爬上越南的海警快艇，因為它的船舷太高了。

是待在甲板上，拋下救生圈給他們？這艘船上有任何救生圈嗎？我知道我不能承受光只是站在那兒看著人們溺水，但我不知道該怎麼做才能最有效地幫忙解決問題。

最不會游泳的一些人很快地回頭了，印尼官員把他們一一拉回船上。其他還在水裡的被拘留者則朝著越南快艇游去，但是它的船舷有兩層樓高，所以無法輕易地爬上船。他們轉換方向，朝著沉沒的藍船前進，這時已經有超過三分之二的船身沒入水中。

越南海巡快艇派出兩艘小艇，開始接起水裡的漁民。桑森將船往後移動一些，以保留適當空間給他們救人。越南官員透過無線電說道，他想要跟還留在我們船上的十幾名被拘留者其中之一說話。他說他想要確認他們的狀態。我把這個要求傳達給桑森，於是他讓其中一名部下帶來一名被拘捕者，讓他在無線電上說話。

當他們的對話結束，桑森要我告知越方，他想要看到他的部下馬斯剛出現在他們的甲板上。越方確認他們已將馬斯剛從沉沒的藍船上

救起來，但是在接下來的十五分鐘內，越南官員告訴我，他必須讓馬斯剛簽一些文件，才能跟我們證明他還活著。桑森問我對於這事怎麼看。我說，我猜想越方可能要求馬斯剛簽署一份「認罪聲明」，或是某種文件，聲明他是在越南的海域上。桑森回說他不在意，因為他有雷達和GPS紀錄，可明確指出事情發生的地點。他不在乎挽回顏面或是繼續拘留船上的越南人，他只在乎把馬斯剛救回來。

最後，無線電的聲音插進來。「我們要給你看你的人了。」越南官員說道。桑森拿來他的望遠鏡，可以看到馬斯剛站在快艇艦橋的窗邊。印尼這邊的人集體發出了放心的聲音。然而，當「馬肯號」的衛星電話響起，氛圍立刻又沉重了下來。雅加達的軍方代表告知船員們，最近的一艘海軍軍艦正在納土納群島，大約幾百浬遠的距離，因此後援至少要十五個小時後才能抵達。

接著，事情變得更糟。一名官員打斷桑森與軍方代表的通話。「看看雷達。」他說道，手指著螢幕。有兩個點正在朝我們的方向前進。此刻並不清楚那是誰的船，但清楚的是它們很大、移動很快，而且距離我們只有十八浬左右。印尼官員猜測它們是越南海警或是海軍。

桑森命令在其他四艘藍船上的官員都靠近我們，以便他們可以爬回「馬肯號」。他不想要再有任何部下被逮捕，他說道。越南人再次透過無線電向我們堅持，要求我們把漁民們放回一艘船上，送去他們的快艇。我告訴他們，我們無法辦到這個要求，因為我們沒有小艇。我問越方可否用他們的小艇把馬斯剛帶過來，那麼，我們就可以放漁民放回去，做為交換。「船長想要把你們的漁民還給你們。」我向他們保證。「我們只是需要想辦法把人送過去。」

我試著慢慢說，使用短句和簡單的單字，因為該名越南官員的英語能力不佳。我可以感受到他愈來愈惱怒，他沒有了解我的意思，而且似乎認為印尼人不願妥協。

我的翻譯接著把我拉到一邊告訴我，十分鐘之前，她聽到桑森和

雅加達的某人通電話，對方指示他在事態尚未惡化至暴力衝突之前立刻離開。她並且說，對方告訴桑森，外交部會處理釋放馬斯剛的協商，而他似乎選擇忽視這項命令。

桑森也變得更加憤怒，我看到他對著兩名官員說了些什麼，他們接著跑到前方甲板，開始拉出已經上膛的機關槍。兩名警員們拔掉安全插梢，把槍指著越南海警官員，我可以從我的望遠鏡看到對方也有一樣的舉動，把槍對著我們的方向。原有的平衡即將要失控了，而看起來印尼方即使只是在越南快艇附近開一槍警示都會是自殺行為。

我試著對越方施加壓力。在接下來的十五分鐘之間，每隔五分鐘我就會問無線電的另一方，是否要把馬斯剛送回來。「是的，但是你必須等。」他對我大罵。「告訴越南人不要再拖延。」桑森在某一刻也對著我大吼。「現在就把馬斯剛送上一艘船，而我們也會送回所有的漁民。」我轉達這個訊息。越南人再次對著我大吼，叫我們等待。

桑森又接到雅加達打來一通電話，但是這一次他沒有開擴音。這通電話很短，而且他掛掉電話時看起來很不開心。「我們現在必須離開了。」他說道。兩艘大船確實是越南軍艦，而且他們現在距離我們只剩下幾浬而已。雅加達說我們不能再冒險等下去。桑森命令他的大副將「馬肯號」掉頭，全速朝附近一座印尼島嶼瑟達瑙（Sedanau）前進，航程大約要十五小時。當我們離開該區域，越南官員持續透過無線電與我們對話，「你們要去哪裡？我們想要我們的漁民。」桑森指示我不要回應。

隨著我們逃離現場，艦橋上的氛圍滿是擔憂。每個人都很緊張地盯著雷達，看看那艘越南海警快艇或是另外兩艘軍艦有沒有要追上我們的打算，它們的航速比起我們的都要快得多。船上的其他人則是陷入一片沉默：許多人咬緊牙關，避免眼神接觸，並且凝視著窗外的遠方。我猜想每個人也都對於讓步感到困窘，以及對於丟下馬斯剛感到罪惡。

兩個小時之後，其中一名官員表示，我們已經安全地離開越方的威脅範圍。桑森沒有慢下航速。大多數的人離開了艦橋，回到他們自己的角落，抽菸獨處。我注意到有比平常更多的人擠到船上的小禮拜堂穆薩拉（musholla）去祈禱。

我們大約在隔天清晨五點抵達瑟達瑙，要待五個小時。軍方接著命令我們在附近的沙巴迪加島（Pulau Tiga）加油，然後把被拘留者送到巴淡島，航程十八小時。

彷彿是桑森這隊人馬經歷的事情還不夠多似的，在我們前往巴淡島的途中遇上了一個強烈暴風。在它接近的時候我就感受到了：每當有激烈的壓力變化，我的左耳就會顫動，這是我在高中時鼓膜破掉留下的後遺症。站到船艙外頭，我看到雲層愈來愈低、愈來愈黑，並且感受到風開始變成狂風。我問桑森，我們是否會與暴風迎面對上。他以手勢和眼神告訴我，這是一個大暴風。

～～～～～

當一艘船在水上行進時，波浪會在船首和船尾形成，中間則是一個低谷。船行駛的速度愈快，低谷就愈深，這個現象叫作船體下沉（squat）。桑森正在以二十三節的速度駕駛「馬肯號」，以這艘船來說算是很快了，因此我們的船體下沉很深，使得高達二十五呎的浪花很容易濺過船尾甲板——越南人被拘留的地方。因為擔心這些被拘留者可能會被捲入海中，印尼人把他們帶進船艙裡。鸚鵡佩蘇特仍然待在牠的籠子裡，被留在甲板上，沒有人試圖冒險去救牠。籠子是被拴在甲板上，而且牠可能也不會配合，他們這樣告訴我。

在看到其中一個盆栽從繫住的繩子上脫落，飛出船外之後，我嘗試打開通往後甲板的門，把頭探出去一分鐘感受一下空氣。浪花噴濺了一些小水漬在我的臉上。海上的狂風又冷又鹹。當我在隨後的幾個月內又遇上這種空氣的味道時，它造成了一種古典制約效應：對於刺

激、恐懼與驚奇的全身記憶。

當晚大多數時候，「馬肯號」都在劇烈地晃動翻騰。所有沒被妥善放好的東西如今都攤在地板上。一堆塑膠杯、椅墊、椅子、餐巾紙架和散落的紙張從廚房的一端滑到了另一端。某一刻，冰箱也因為它的彈力繩鬆落而從側邊倒下，在大力撞擊之中毀損了。幾名男子跳過去把它重新固定，我加入他們的行列，試圖清理灑在地板上的烹飪油，但是他們努力固定冰箱的動作只是讓地板的光滑範圍擴大，對於任何試圖跨越的人形成一片類似黑冰（又硬又滑的透明薄冰）的危險。

越南籍的被拘捕者從後甲板被帶進船艙裡之後，就背靠著背，緊密地聚在地板上。樓下的場景相同：船員都離開他們的房間——我從不了解為什麼——躺在走廊與下層休息室的地板上，這個畫面令我想起高中歷史課堂上關於一艘奴隸船的扼要描繪。

夜裡，海上變得更重聽覺多過視覺。走在下層甲板，我感覺自己像是一個盲人走在鬼屋裡。金屬發出嘎嘎聲響，走廊上也出現咯咯的聲音，彷彿有人在牆壁裡倒了一桶螺絲釘。海浪打在船舷上的聲音像是一場撞車大賽中無情的碰撞。唯一令人安心的聲音存在於背景深處，是引擎所發出的穩定低語。我們就像是身處在一頭被攻擊的笨重怪獸體內，並且緩慢地搖擺著、翻滾著、呻吟著前進。

在海洋的許多氛圍中，這種猛烈與毀滅般的狂風暴雨是我一直想要體驗的過程，但自此之前，我只在書中讀到或聽到過。比起恐懼，我感覺更多的是無比的興奮，但是我也確實想到一些偷渡客在面臨暴風時，除了一張臨時製成的竹筏之外什麼也沒有的情況，或是當漁船翻覆時，漁民就會在這種情況下溺斃。大抵上說來，我對於某些人得慣常地通過這種強大風暴感到驚訝。

睡眠不是一個選項，所以我把時間花在舵手室裡。當船身被海浪帶起時，感覺就像是在遊樂場裡的鞦韆。在到達最高點時，會有一陣停懸，零重力的刺激感撩撥著你的胃。有時候，我們在空中停留的時

間之久，似乎在挑戰物理定律。當我們在浪頭前墜落時，又是一下猛烈且鏗鏘的重擊，令我懷疑這艘船可否撐過如此力道。在我差點要撞斷一顆牙齒之後，我學會把牙根咬緊。經過一陣子，我估計風暴差不多要結束了，而我也注意到時間感如何被拉長。那時是凌晨三點，但我還記得不久前才在思考，再過一個小時就是三點零五分了。

　　桑森維持著跨開雙腿掌舵的姿勢，藉此抵抗船隻瘋狂搖擺的影響。在他抓著舵的同時也彷彿是在抓著一塊煤渣磚，而他的雙腿作用就是吸震器。在某一刻，他轉頭跟我坦承，他的腦海裡一直浮現馬斯剛的聲音。我的翻譯在睡覺，所以桑森以破碎的英語、肢體動作以及其他在艦橋上的同僚協助下向我解釋。馬斯剛加入他的隊伍只有五個月而已，此前，他在另一艘漁業部的巡邏艇上工作。「就像兒子一樣。」桑森這般形容他的船員們，又補充說，馬斯剛的特別之處在於也曾經是他的學生。

　　馬斯剛四十二歲，來自日惹特區（Yograkarta）的克拉登（Klaten），是位於爪哇島上雅加達東方兩百七十哩的一個城市。他有三個小孩，最大的約六歲，桑森說道。他在較漫長的海上行程中會不停地看電視。桑森回憶起馬斯剛的生平細節，彷彿我們在寫他的訃聞。保持樂觀，我安慰桑森說，外交官會把馬斯剛救回來的。「我曾經見過這類情形。」我說了謊。事實是我從來沒有真的見過一個國家的海巡隊如此冒險深入另一個國家的海域，也不曾見過兩艘握有軍火的船隻如此接近到開火的境地。

　　當桑森凝視著窗外，我只是靜靜地陪他坐著。我們與越南人的緊張對峙，就如同誰先眨眼誰就要付出代價。這時，我的翻譯已經醒來並加入我們。「我們逮捕了好多他們的漁民。」一陣子之後，桑森說道，依然困惑於越方如何一反常態地採取挑釁姿態。或許他們是積怨已久了，他猜測。「即使是螞蟻，如果你踩到牠們身上，最終牠們也是會反擊的。」他補充道。

　　最近一次印尼的漁業部官員被俘虜是在二〇一〇年。印尼逮捕了五艘正在印尼民丹島（Bintan Island）與馬來西亞柔佛島（Johor Island）附近的印尼海域上進行非法捕撈作業的馬來西亞漁船。在他們把被逮捕的漁船送回港口的途中，幾艘身形較大的馬來西亞海事警艇出現，把三名印尼官員從船上帶走。「他們握有更大的槍。」其中一名被俘官員席沃・葛魯德・威溫康（Seivo Greud Wewengkang）說道，我在抵達巴淡時曾經去拜訪他。「我們做了他們吩咐我們做的事情。」馬來西亞人把這三名官員關進馬國監獄三天，直到達成一份外交協議，才送他們回家。

　　桑森說，大多數的事件在現場就會解決。他細述二〇〇五年與中國人的一場衝突，有三艘中國軍艦包圍他的巡邏艇，把他的三名部下從幾艘被扣押的中國漁船上帶走。「中國人有效率多了。」桑森說道。當印尼同意釋放被拘留的漁民與他們的船隻之後，中國人在十五分鐘內就把他的部下送回。

　　位於巴淡的漁港很像是在坤甸市的港口：塞滿了幾十艘半沉的漁船，幾乎都是來自越南。我與漁業管理站主任會面，一個名叫斯拉梅（Slamet）的男子，似乎和桑森一樣對於越南人的行徑感到訝異。

　　斯拉梅告訴我，在二〇一三年以前，他的官員幾乎都在抓泰國船隻，那些船隻備有強大火力，偶爾也會起衝突。自此之後，印尼人主要遇到的是越南漁民，他們多半不那麼挑釁，也從來不曾向他們的海警隊尋求支援。當被問到他認為這種轉變的原因為何時，斯拉梅猜測，是在二〇一三年，泰國和外國媒體開始對於泰籍漁船的非法捕撈習性投注更多關注之際。

　　在之後的幾年間，歐盟也開始威脅要對泰國發出黃牌，警告它必須整頓這個管理不當的海鮮產業，主要肇因於這些海上罪行以及海上

奴隸的問題。做為回應，泰國政府開始逐步地對它的漁業活動採取嚴厲措施；另一方面，越南則大抵上沒有收到任何來自外國媒體、歐盟或美國對於非法捕撈或其他船上虐待情事的關注，斯拉梅說道。我問他關於馬斯剛的事，但他拒絕討論這個話題。「現在是一項外交談判了。」他簡短地說。

在衝突發生後幾天，我寫了一封電郵給詹姆斯‧克拉斯卡（James Kraska）。他是美國海軍戰爭學院（Naval War College）國際法教授，也是南中國海的專家。我把這場衝突發生地點的座標寄給他，詢問他這是誰的海域。「無法判斷。」他回覆道。國家之間必須同意要在哪裡畫上疆域界線，而在南中國海上，印尼和越南從未達成這類協議，他解釋。

國界是如此灰色地帶的現實令我驚訝。在雙方對峙時，桑森對於「馬肯號」的所在位置那麼有自信。出於同樣的原因，坤甸市拘留中心的警衛也是如此輕蔑地看待被拘留者所聲稱的「他們以為是在自己的水域內捕魚」。和我在無線電中談判的越南官員也是對於該海域的管轄權十分肯定。

在一張地圖上所出現的所有實線中，海上疆界和管轄權大多是透過軍事實力來決定。在一場對峙中，誰裝備著最強大的火力便自動占有優勢。另一方面，被拘留者對於他們抓到的漁獲也提出了具信服力的論點。我們傾向認為這個世界上有五大洋與幾十座海域。然而，事實上只有一片龐大、相互連結且循環的水體，不存在疆界或不證自明的法律。魚兒知道這個道理，所以漁民們也知道，即使政客與海事官員喜歡抱持不同的看法。

當我坐下來仔細翻查我的筆記，將我在印尼的報導行程中所經歷的事情拼湊起來時，我先是試圖找出可以最簡單且中性地描述這些事件的方法。每一方都抓了另一方的人。誰有充足理由這麼做？事件發生在誰的海域上？法律允許的範圍到哪兒？誰差點就殺了馬斯剛？這些都是難以回答的問題，因為事實是變化多端的。很快地，這些事實

變得更加弔詭。

在扣留馬斯剛六天之後，越方把馬斯剛送回了印尼。「這不是一場人質事件，而是救援行動。」印尼海洋事務暨漁業部祕書長瑞夫基・埃芬迪・哈狄詹托（Rifky Effendi Hardijanto）在一場記者會上說道。他把越南海警隊形容成救星而非挑釁者。在日後的訪問中，印尼政府也告訴記者，馬斯剛駕駛其中一艘越南漁船回到陸上的途中，漁船開始下沉，而越南海警隊救了他。

當然了，這種說法是與現實事件矛盾的幻想。印尼政府沒有告訴記者的是，越南船隻已經進入印尼宣稱的領海範圍超過五十浬。印尼人也省略了「救援」只是不得不為之的事實，因為是越南人撞沉了馬斯剛的船。同樣未被提及的是那幾個小時的激烈談判，過程中印尼人多次提議要把所有越南漁民送回去，但是越南海警隊拒絕交出馬斯剛。

我致電給普加斯圖蒂部長，直白地問她，為何她的政府在粉飾這次事件。「我們表達了沮喪，而越南人道歉了，」她說。「我們的外交官不想要把衝突搞大。」她並補充說，她對於這場衝突還是感到十分憤怒；而就在我打這通電話的前一週，她的部下又在印尼海域逮捕了另一批越南藍船。

普加斯圖蒂表示，中國人在印尼擊沉幾艘漁船之後就不再入侵印尼海域了，但是越南政府既無法，也不想要管制它的漁船。我告訴她，或許越南人不認為這些捕魚活動是入侵行為，因為他們相信自己是在自家海域。普加斯圖蒂笑道，「他們可以這麼說，但是我也可以在一張地圖上指給你看界線在哪裡。」

武裝且危險的
ARMED AND DANGEROUS

> 海洋，事實上是野蠻的模糊與混亂狀態，文明從中而生，
> 也很有可能再度墜回那個狀態，除非被神與人的努力拯救。
> ——威斯坦·休·奧登（W.H. Auden），
> 《迷人的洪水》（*The Enchafèd Flood*）

　　在白天，天空是乾淨又明亮的，海洋既深邃且波濤洶湧。此時有一名男子在海中隨著海浪載浮載沉，向在他身邊打轉的船上的人們用力揮舞著手臂。他沒有救生衣，其他漂浮在海上的人也沒有，有些人就緊抱著看起來像是一艘翻覆木船的殘骸。有幾艘大型的白鮪延繩釣船圍著他們，然而沒有人出手幫忙。這不是一場救援工作。水中的其中一名男子將手臂舉到頭上，手掌打開向前，手勢看起來是表示投降。一顆子彈從後方鑽進他的後腦勺，衝擊力致使他的臉向下倒，鮮紅色的血緩緩地在他身旁的藍色海水上暈開來。

　　於是一場慢動作的大屠殺展開，期間超過了十分鐘；隨著鮪釣船的引擎怠機聲隆隆作響，船上的男子至少發射了四十輪，有條不紊地處決水裡的人。「我射中五發！」站在其中一艘鮪釣船上的某人以華語

大聲叫道。很快地在那之後,一群船員們一邊大笑、一邊擺姿勢自拍。

　　二〇一四年年尾,國際刑警組織的一名線人用電郵傳來一段手機拍攝的事件影片給我,主旨是「做好準備」。當我打開電郵,看著那段搖晃的影片時,我著實被自己眼前的畫面給嚇傻了,身子往後一靠地坐回椅子裡。在我報導海上奴隸時,諸如被俘虜的柬埔寨男子朗隆,我曾經看過漁民們遭受到那些最糟糕的暴力形式,而我當然也多次聽說過冷血的海上殺戮。但是,我的筆記型電腦上正在播放的畫面

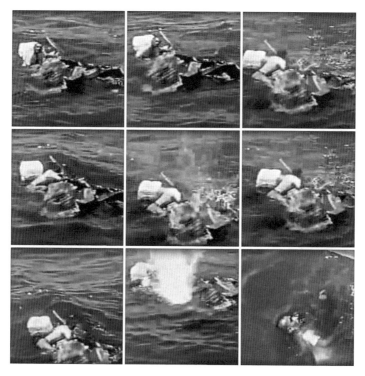

一名男子緊抓著小船殘骸,不一會兒被槍擊身亡。這段影片是在一部被遺落於斐濟某輛計程車上的手機裡所發現,內容呈現出一場至少有四名手無寸鐵的男子遭到至少一艘臺灣鮪延繩釣船槍擊的謀殺事件。

是如此赤裸地令人心生憎惡。殺手展現出獵人擄獲大型獵物時的歡愉。在驚駭之餘，我的線人說道，人們事實上對於這些謀殺行動一無所知。在這個有空拍機與GPS、大數據與群眾外包（crowdsourcing）的時代裡，似乎難以想像得到執法者會沒能追查到這些加害者或是受害人，或者至少找出地點、時間或這場暴行的動機。

相較於陸地上，海上罪行很少被攝影機拍到。在許多國家，大多數的漁船水手在船上期間會被沒收手機。這是為何我屢次在海上看到的情況至今仍未改善的原因之一。除非某件事物在YouTube上被重現，否則就像是根本沒發生過一樣。因此，這支罕見的影片記錄了一項發生在海上的可怕罪行，但是它本應引發的眾怒似乎也緘默無聲。

鑒於影片裡的證據，我希望能夠拼湊出實際上發生的事。只要夠努力，你有時候可以自己創造運氣，而這起案件會需要不少運氣才能解決。

在很多層面上，這個故事實在不合理。儘管在至少四艘船上有數十名目擊者，這些謀殺行動周遭的情況依舊是個謎。甚至沒有人去報案；在海洋法下並沒有必要這麼做，也沒有任何清楚的程序讓海員們從一個港口航過另一個港口的途中，自願出面說明他們所知在航程中發生的事情。惟有當二〇一四年在斐濟的一輛計程車上發現了一支手機，裡頭存有捕捉到這起事件的影片，並且被上傳至網路上，執法官員才得知有人死亡。

要不是手機主人的粗心，世上甚至沒有人會知道一樁罪行曾經發生過，除了在鮪釣船上的目擊者與犯人。缺乏證據、屍體或是嫌犯，我們也不清楚是否有任何政府、哪個政府會挑起領導調查的責任。臺灣的漁業機關認出了現場的其中一艘船，並且告訴我，他們相信死者應該是某次失敗的海盜攻擊受害者。然而，有些海洋安全專家警告過，海盜有時候已經變成掩飾致命舊帳的方便藉口，他們表示那些男人也可能是闖入爭議海域的當地漁民、發起暴動的船員、被拋棄的偷

渡客,或是被抓到偷魚或誘餌的小偷。

「就地正法、自衛警戒、防禦過當,隨便你怎麼稱呼它。」克勞斯・路塔(Klaus Luhta)說道。他是為一個海員工會「船長、副手與領航員國際組織」(International Organization of Masters, Mates & Pilots)服務的律師。「這追根究柢無異於一起海上的謀殺案,以及我們為何允許它發生的問題。

今日的海上,有史無前例之多的船隻來來往往,其武裝與危險程度也是絕無僅有之高。自從二〇〇八年以來,隨著海盜開始活躍在更大範圍的海面上,超出政府治理的能力,大多數的商船開始僱用私人警衛。海上的軍備競賽升級到槍支和守衛無所不在的境界,以致浮現出一個特殊的海上軍火庫產業。這些船隻一方面具備零件儲藏室的功能,一方面可做為人員宿舍,游走於國際海域上的高風險區域。船上存放有幾百隻突擊步槍、小型武器和彈藥,以及有時候會在船上破舊的環境下等待好幾個月以接受下一步部署的警衛。

自從二〇一一年以來,由於大多數的船隻開始配備武裝警衛,較大型的貨櫃輪遭受海盜攻擊的次數銳減,但是其他形式的暴力依舊常見。海洋安全官員與保險業者估計,每年有數千名海員被搶劫或攻擊,在印度洋延伸至西非海岸及其他海域,更有幾百名海員遭到殺害與綁架。

海洋不是去尋找好人對抗壞人這類敘事的地方。在世界的某些地方,海盜與警衛之間的界線是模糊不明的。接近孟加拉的孟加拉灣上,武裝幫派會向船長勒索安全通過的保護費。根據海上保險調查員的說法,在奈及利亞附近,海事警察會慣常地與燃料竊賊互通一氣。在索馬利亞外海,過去習慣瞄準較大型船隻的海盜已經轉進了在外國與本地漁船上的「保安」工作,在朝敵人開火以嚇跑他們的同時,也找到抵擋武裝攻擊的正當性。然而,這些更像是與已知的交戰對手激戰,而非捕魚競爭對手發動的草率處決。

　　毫無來由的攻擊經常發生。國與國之間相互搶畫海圖，對於海底下未開發的石油、天然氣或其他礦產資源宣示其所有權，而隨著賭注的金額愈高，彼此互相侵略的行為也愈嚴重。在跨越預期會有危險的海域時，運送值錢貨物的油輪也會配備武裝警衛。從地中海到澳洲外海到黑海，偷渡難民與移民的人口販子經常會衝撞與擊沉對手的船隻。

　　漁船之間的暴力尤其廣泛，而且有愈來愈惡化的趨勢。在世上大多數的鮪魚漁場中，獲得大量補貼的中國與臺灣漁船數量超過其他國家，斐濟鮪釣船東協會（Tuna Boat Owners Association）主席葛拉漢·紹維克（Graham Southwick）說道。雷達技術的進步，以及更廣泛應用的集魚設備──吸引魚群的漂浮物──已經導致緊張感升高，因為漁民們更傾向於聚集到同一些點作業。「漁獲縮水、火氣爭論、搏鬥展開，」紹維克說道。「在這些船上發生謀殺案是相對常見之事。」

〰〰〰

　　罪行只有在被認為關係重大的時候才會被處理，而這在海上並不是很常見的情況。查爾斯·德拉貢奈特在美國海軍情報局負責追查全球海上攻擊事件，據他估計，漁船相較於油輪、貨輪或客輪，其發生暴力罪行的頻率隨便都有二十倍。然而，沒有一個國際機構，甚至是美國海軍，有在全面地追查海上暴力，他如此表示。「只要受害者是印尼人、馬來人、越南人、菲律賓人，而不是歐洲人或美國人，這個故事永遠不會引起共鳴。」他說道。

　　我曾經建立過許多類型的資料庫──關於煤礦違法行徑、性工作者販運訴訟、卡車司機死亡──這類工作通常需要花上幾天把數據整理乾淨，讓它們一致且具可讀性。為了對於海上暴力罪行的問題範圍有點概念，我嘗試了一樣的做法，而經過三週之後，我意識到自己在處理的是一項更大的任務。

　　困難的部分並不是整理數據；這已經有人著手在做。海岸巡邏調

查員、海軍情報官員、國際刑警組織專家、學者與人權倡議團體，他們之中任何人所握有的數據都只占一部分。私人調查公司——通常是被海洋保險公司僱來研究意外理賠申請案件——擁有一些最優質的資訊，但是因為那是公司所有，他們也是最不願意分享資訊的人。為了取得資訊，我通常必須同意不公開分享任何資訊，除非是以加總的形式。

　　最終，我建立了一份包含全球六千筆犯罪報告的資料庫，大多是取自美國海軍情報局、兩間海上保全公司（OCEANUSLive 和 Risk Intelligence）以及一個稱作「海洋無海盜計畫」（Oceans Beyond Piracy）的研究團體所提供的資料。這個資料庫遠稱不上全面，但是它提供了對於法外之海的粗略剪影。通常在紀錄中的死亡人數是可疑的，因為這些事件很少有後續調查，報告內容也經常欠缺細節。在陸上，警方可以為了調查謀殺案而挖開墳墓；而在海上，「死者總是消失的。」一名調查員說道。

　　儘管如此，這個資料庫顯示，在二○一四年（可取得的最近期數據），有超過五千兩百名海員被海盜與搶劫犯攻擊。光是在西印度洋、幾內亞灣與東南亞這三個區域，就有超過五百人被挾持為人質。犯人的背景很多元：划著橡膠艇並配備火箭推進榴彈的海盜、夜裡潛行的燃料小偷、揮舞著大刀砍了就跑的土匪。其他人則利用騙術。搶劫者偽裝成海事警察、人口販子裝扮成漁民，以及保安警衛在夜裡化身為軍火商。我可以在腦袋裡塞進這大多數的描述，但其中有一些實在較不容易剖析。

　　前一分鐘是受害者，下一分鐘可能就會變成加害者。舉例來說，二○一二年，有十名包括婦女和小孩的難民在斯里蘭卡被一名船員偷渡帶上漁船。當他們要求更改航程前往澳大利亞被拒絕時，難民們群起攻擊船員，殺害了四人並丟下海。

　　二○○九年也有過另一起事件：在南中國海上，三名被俘虜的緬

甸漁工跳海逃離他們工作的泰籍拖網漁船。他們游到附近的一艘遊艇上，殺了船東並偷走他的救生艇。

孟加拉附近的海域提供了一個鮮明的範例，呈現出海上暴力為何且經常被國際社群忽視，以及何以各國寧可對於自家海上發生的罪行與暴力冷處理。在二〇〇九年過後的五年間，每年有將近一百名水手和漁民在孟加拉海域被殺害，而且至少也有相對數量被挾為人質，根據當地媒體與警方的報導，他們皆是被武裝幫派攻擊。

至少自二〇〇〇年以來，當時有些早期的暴力事件發生，武裝攻擊從此便是這些海域持續發生的問題。二〇一三年，孟加拉媒體詳細計算過，在那一年間便有超過七百名漁民遭到劫持，光是九月就有一百五十人。據稱有四十名被俘者在單一事件中遭到殺害，許多人是被綁著手腳扔進海中。

這些攻擊通常是由幾名武裝幫派分子執行，他們在孟加拉灣與內陸的沼澤水域蘇達班（Sundarbans）做著保護勒索的不法勾當，二〇一四年，孟加拉政府針對挾持人質的海岸營地與海上船隻進行突襲，這些團體便與孟加拉空軍和海岸巡防隊展開多場槍戰。

孟加拉的外交部長迪普・莫尼（Dipu Moni）對於負面宣傳大感憤怒，並譴責國際海運產業與媒體將孟加拉周遭的水域指稱為被海盜襲擊的「高風險」區域。她聲稱，這種描述方式是惡意毀謗。「這裡已經有許多年不曾發生任何海盜事件。」她於二〇一一年十二月的一場記者會上面無表情地說道。大多數在孟加拉外海的暴力事件是小規模的偷竊與搶劫，多半經常是當地盜匪（莫尼在此使用dacoits一詞，即印度文中的「盜匪」〔bandits〕）所為，她補充道。

莫尼的聲明主要憑藉於海盜（piracy）之於海上搶劫（at-sea robbery）在法律上的界定：前者是在國際法之下，僅涵蓋發生於公海或是距岸邊達十二浬以外的海域；後者涉及的則是距離岸邊較近的攻擊行為。這種界定不慮及這些攻擊的結果可能是一樣地駭人。基於這

樣的差異，孟加拉官員在二〇一一年發出一封抗議信函予國際海事
局（International Maritime Bureau, IMB），這個組織旗下有海盜通報中心
（Piracy Reporting Centre）。位於吉隆坡市中心，該中心成立於一九九二
年，主要資金來源是船運公司與保險業者。它是政府、軍方與社會大
眾取得海盜攻擊相關數據資料的主要途逕。

　　在孟加拉官員發給國際海事局的信函中，他們主張孟加拉不應該
被污衊為高海盜風險區。他們也抱怨保險業者，過去對於每一次船隻
停泊於孟加拉附近的港口所收取的保險費僅五百美元，但是自從該區
域因暴力頻傳而為人所知之後，保險費已經提高到了十五萬美元。國
際海事局在收到信函之後，很快地便回覆道：雖然紀錄顯示該區域
容易遭受攻擊，國際海事局仍會更新其網站內容，將「海盜」（pirates）
一詞換成「搶匪」（robbers）。

　　國際海事局主任波騰賈・穆昆丹（Pottengal Mukundan）為這樁網
站內容修改的行為辯解，向我表示道，他的組織並未屈服於孟加拉政
府的壓力。「不論他們被稱作海盜或搶匪，這只是基於事件發生地點
的法律用語差異罷了，它並沒有改變行為的本質，或是船隻本身與船
員們在武裝陌生人登船時所面臨的危險。」國際海事局並不試圖決定
攻擊行為發生的確切地點，或者它們是發生在單一國海域或國際公海
上，他說道，一部分原因在於這些細節經常被各國質疑。他的論點似
乎是某種官僚文化的洗白自清，將危急性與嚴重性從問題本身抽離。
此外，就我在印尼學到的經驗，領海界線的聲明經常也是模糊不清的。

　　那時，我也詢問了「海洋無海盜計畫」的主任喬恩・哈金斯（Jon
Huggins），為何不存在一個全面、集中或公開追蹤海上罪行的系統。
他解釋道，船運公司、海事保險業者、私人保全公司、大使館與船籍
登記處皆在不同程度上追蹤暴力事件。「海洋無海盜計畫」曾經花費
將近一年的時間試圖說服這些團體互通資訊，但無疾而終。風險管理
公司詢問為何他們應該分享數據，而現實中他們大可以用賣的。沿海

國家擔心這類資訊可能會顯示出它們的海域太危險，而嚇跑商人。船籍登記處不願意的原因在於，這類資訊或許會迫使它們必須對於這類罪行做出回應，但是他們或沒有能力、或缺乏動機這麼做，哈金斯說道。

前海軍情報官員德拉貢納特補充道，追蹤暴行已經是夠困難的任務了，而打擊這類暴行更是難上加難。成功起訴的案例很稀少──一名前美國海岸防衛隊官員認為「少於百分之一」──因為許多船舶沒有保險，遇襲船隻的船長又不願意承受隨著警方調查而導致的延誤與窺探。除非取得許可，巡防國際公海的少數軍方與執法人員通常會被禁止登上懸掛其他國家船旗的船隻。願意開口的目擊者很少見，具體實證也不常有。

海上暴行的處理方式一直以來都不同於陸上罪行。「在岸上，不論壓迫行為多麼殘暴，或是地方政府多麼貪污，總有人知道誰是受害者、他們在哪裡，以及他們消失的事實，」德拉貢納特說。「但是在海上，身分不詳才是規矩。」

隨著海上暴行增長，離岸私人保全的市場也跟著擴張。事實上，海洋變得愈來愈軍事化，槍支的充斥達到前所未有的境地。在過去十年間，索馬利亞海盜促使許多政府鼓勵其商船配備自己的火力或是聘用海上傭兵，此舉不同於長期以來各國對於海上武力近乎壟斷的做法。

與此同時，由於擔憂日漸惡化的恐怖主義，世界各地的港口官員開始嚴格限制帶進本國海域的武器數量與種類。這個現象造成了一個自相矛盾的結果：意識到安全問題的國家想要在海上施以更廣泛且嚴格的法治，但是他們又不希望軍火從海上輸入他們的國家。每個人應該武裝自己，這個邏輯說得通，但是沒有人被允許攜帶這些武器進入

他們的領土。

　　對於航運業來說，海上軍火庫是在這種約束下的變通方案。本質上是警衛們的水上宿舍，這些軍火庫也做為存放武器的倉庫，而且它們讓海上保全公司不必在每一次任務交接之間將警衛移至陸上再送回海上。私人保全公司僅須支付最低每人每晚二十五美元，就可以讓其警衛在海上軍火庫擁有一個房間，而警衛們在海上出任務的期間多為六到九個月，或者更長。這些軍火庫一般為英國、美國和斯里蘭卡的公司所有，它們也會向保全公司收取載運警衛至客戶船上的費用，通常一趟要價幾千美元。當警衛們抵達軍火庫，他們的武器會被收進上鎖的儲藏貨櫃。接著就是等待下一回被派赴至另一艘商船上，有時候會等上幾個星期。

　　二○一五年冬天，我和一名《紐約時報》攝影記者班・索羅蒙（Ben

掛著聖克里斯多福及尼維斯船旗的「決心號」下錨於阿曼灣。這些海上軍火庫位處於高風險的國際海域上。

Solomon）前往阿曼灣拜訪一些軍火庫。我們花了幾天待在一艘掛著聖克福斯多福及尼維斯（St. Kitts and Nevis）船旗的海上軍火庫「決心號」（*MNG Resolution*），上頭有大約十幾名警衛。我在某個傍晚與幾名警衛在「決心號」的上層甲板坐著，那時我們定錨在距離阿拉伯聯合大公國外海約二十五浬處。我們交換了彼此在過去遭遇海盜的故事，接著對話就轉向一項共同的擔憂：大量未經訓練的人受僱進入這個蓬勃的海上保全產業工作，如今整個產業的價值可達一年一百三十億美元。

「這就像是把一名新生兒交給單身漢。」一名警衛抱怨著某些新人在接到一把自動化武器時的反應。許多菜鳥缺乏實戰經驗，基本上不會說英語（儘管錄取門檻是他們要會說流利的英語），也不知道如何清潔或修理他們的武器，警衛們說道。有些新手在第一天抵達時把個人彈藥裝在夾鏈袋或鞋盒裡。儘管如此，因為這些保全公司僅作最基本的審查，他們還是能得到這份工作。

就像世界各地的士兵，他們也是一個混雜的團體。有些人傲慢、有些人沉默、有些人強壯、有些人消瘦、有些人粗暴、有些人友善。年輕一些的警衛們當中，有些只有二十幾歲，顯然感到訓練過多，但是派上用場的機會過少，因此渴望看到事件發生，可以測試他們技巧，證明他們的價值。年紀稍長的通常是四十多歲至五十多歲，顯得較為疲倦與孤僻。他們抱怨較多的是離家的距離，而非無聊感。一般來說，每個人都與自己的同鄉人混在一起——來自希臘、美國、印度、愛沙尼亞、英國與南非。幾乎所有人都曾經去過伊拉克、阿富汗或是非洲的衝突區。他們以那水手所獨有但微妙的方式展現出男子氣概：即使當船身搖晃得厲害，或是手中拿著裝滿咖啡的杯子時，他們也會避免碰觸到走廊的牆或是扶手，以展現出再怎麼搖擺不定也無法讓他們灑出任何一滴液體。幾乎所有在軍火庫上的警衛都要求我不能提及他們的名字，才願意跟我說話，因為他們擔心自己會被列入黑名單，而無法再獲得未來的工作。

私人海上保全警衛在「決心號」的食堂裡吃飯。

　　「決心號」的船殼是鋼鐵製成，長一百四十一呎。當時包括它在內，有幾十艘由貨輪、拖船或駁船改造成的軍火庫下錨於紅海、波斯灣以及印度洋的高風險區域。二〇〇八年，當海盜攻擊達到高峰時，睡在「決心號」這類軍火庫上的警衛一般可以賺到一天五百美元的薪酬，不論是被布署在他船上，或是在軍火庫上待命。總體而言，薪酬在近年來穩定下滑，如今在軍火庫上待命的市場行情只有一天兩百五十美元，被布署到他船上擔任保全時則是一天五百五十美元。隨著威脅程度降低，薪酬水平進一步下滑，而警衛的國籍也會隨之變動。到了二〇一一年，原本的西歐人與美國人大多由東歐人與南亞人取而代之，後兩者有時候只獲得一個月六百五十美元的薪酬。

　　警衛們聲稱，海上保全產業在早年有較多不可信任的公司，如今少一些了。雖然他們形容「決心號」是這個產業中的佼佼者，年輕一點的警衛還是有諸多怨言，像是糟糕食物、骯髒環境、沒有Wifi，以

及最重要的：無聊。然而，他們最大的擔憂多半是因為削減成本的做法而導致不當處理攻擊的可能性，可能造成致命後果，他們說道。為了省錢，航運產業將編制為四人的保全隊伍縮減成兩到三名較無經驗的人員。

「決心號」上的「隊長」——其中大多是美國、英國或是南非的退伍軍人——向我解釋為何配置多一點經驗豐富的警衛很重要，以及什麼因素使得海上槍戰如此不同於陸上槍戰。海洋戰鬥在戰術上與陸地不同，而且經驗是關鍵。「在戰鬥（fight）與逃跑（flight）之間，這兒只有戰鬥。」卡麥隆・穆阿特（Cameron Mouat）說道，他是一名在「決心號」上工作的警衛。在海上，沒有地方可以躲藏、沒有撤退、沒有空中支援、沒有彈藥補給。目標幾乎總是在快速移動。因為海浪的影響，瞄準的對象也是變動的。有些船的長度達到幾個足球場之長——對於只有兩到三人的保全小組來說太大了，無法顧全，這些警衛主張道，尤其是當攻擊者乘坐多艘船隻、從多個方向過來。

要識別出什麼是威脅、什麼不是，也變得特別困難。自動化武器——在過去是透露出海盜行蹤的跡象——如今在海上的使用稀鬆平常，幾乎在所有航行過危險海域的船上都可以發現，他們說道。沒有攻擊意圖的走私者慣常地依偎在較大型的商船旁邊，以便躲在他們的雷達盲區內，避免被海巡當局發現。一些清白的漁船有時候也會跟在較大型船隻身後，因為這些大船會攪起海底的沉積物，吸引魚群過來。

「令人擔憂的，不只是一名新警衛會不會因為判斷錯誤或是驚慌而太早開槍，也要擔憂他開槍的速度夠不夠快。」一名南非警衛解釋道。如果警衛猶豫太久，他們會錯失發出警告槍聲、照明彈或是水炮的機會，或者是無法接近對方船隻的引擎，他說著。直到事態演變至此，你開槍的唯一選項只有「擊斃對方」。

軍火庫是充滿爭議的存在，因為許多國家不喜歡有外國營運的武器倉庫如此接近它們的陸地。若是武裝警衛在國際海域上沒有下船的

選項，他們就必須進到港口裡，但是武器在多數港口都是被禁止攜入的。雖說有時候，這些警衛會進到某國海域中，若有巡檢員靠近，他們就只是把槍支藏在船裡或是丟進海中。

　　某個夜裡大約十一點左右，一艘船載著我和索羅蒙與十幾名私人警衛前往一座軍火庫，該船在失去兩部引擎之一的動力之後，行駛之慢猶如蝸牛。船長似乎很緊張，我詢問原因。「看到那個了嗎？」他說道，手指向從我們靠港口側的船舷可以看到的海岸崖壁。「那是伊朗。」海流正在把我們推向伊朗岸邊，他解釋道。如果第二部引擎也掛掉，我們的船就會漂進伊朗海域，目前距離不到半浬了，他說道。「那不是一個會歡迎整艘載滿英國籍與美國籍武裝私人保全警衛的地方。」我不必進一步追問我的記者身分是否得以豁免於伊朗政府的忿怒。

　　他的恐懼並非沒有根據。二〇一三年十月十二日，一艘名為「俄亥俄海警號輪船」（*Seaman Guard Ohio*）的海上軍火庫進入印度海域，因為船上的人缺乏食物、飲用水與燃料。「俄亥俄號」是由一家美國的私人海上保全公司AdvanFort所有，其船員隨後表示，他們曾經警示印度海軍當局，他們的船上載有武器，但是他們「處於困境中」，並因此獲准前進。然而，印度政府懷疑在「俄亥俄號」上的這些人是否真的需要援救。警方最終逮捕了船上二十五名警衛與十名船員，以多項違反武器規定的罪名起訴他們。經過幾次上訴之後，他們遭判處五年有期徒刑定讞，在印度東南部清奈（Chennai）的普扎爾中央監獄（Puzhal Central Prison）服刑。

　　「如果有幾千支機關槍和其他重兵器在未經管制下流進紐約市外海十三浬以內的距離，你不認為美國政府會有所反應嗎？」當我打電話詢問有關「俄亥俄號」的事件時，一名印度軍官反問我。

　　印度有其他理由擔憂僱傭兵出現在近海附近。二〇〇八年，孟買發生一起針對兩棟高級飯店與其他目標的恐怖攻擊事件，攻擊者就是

從海上進來，因此印度政府擔憂這種事情會再次發生。二〇一二年，大約是「俄亥俄海警號輪船」逮捕事件前一年，兩名義大利海軍陸戰隊員在一艘義大利籍油輪「恩利卡萊克西號」（Enrica Lexie）上擔任警衛時，誤將兩名印度漁民認作海盜，而槍殺了他們。這場事件發生在南印度喀拉拉邦（Kerala）外海約二十浬之處。

「恩利卡萊克西號」殺人事件升級為義大利與印度之間的外交糾紛，最終以義大利外交部長於二〇一三年三月辭職求去劃下句點。義大利外長表示，他辭職是為了抗議自家政府把義大利海軍陸戰隊員送去印度受審，他聲稱這是對於「國家與武力榮耀」的侵犯。如果陸地上的國界糾紛是充滿外交爭議的，那麼這起事件就提醒了我們，海上糾紛則經常是致命的。

當我在「決心號」上時，我向船上的人問了「俄亥俄號」事件。其中一名警衛告訴我，他在那艘船遭到拘捕前幾個月才從船上下來。他主張，那次逮捕是不合理的。「如果一家飯店違反了分區法規，住在裡頭的客人不應該遭到逮捕。」他說道。由於其中六名從「俄亥俄號」上被捕的人曾經是前英國軍隊的成員，英國總理德蕾莎・梅伊（Theresa May）於二〇一七年G20高峰會期間向印度官員施壓，要求盡速釋放他們。其中一名遭囚的約翰・阿姆斯壯（John Armstrong）的姊妹喬安・湯琳森（Joanne Thomlinson）後來寫電郵告訴我，最令她氣餒的是，在開庭時有那麼多證據應該可以讓她的家人和其他警衛豁免無罪。「但結果卻是被判處最高刑期？」她說道，並補充表示，她認為這起事件的判決較是基於政治考量而非法律考量。

緊張氛圍也可以在軍火庫上待著的警衛之間迅速蔓延開來。有些軍火庫的條件糟糕至極，使得它們成為潛在爆發衝突的熔爐。舉例來說，當我搭乘一艘運搬船回到岸上時，我聽到一群曾經在阿曼灣另一艘軍火庫上駐守過的警衛發出怨言。在我們離開「決心號」的一個小時之後，運搬船靠向另一艘海上軍火庫「海警一號」去接一些也要回

到岸上的警衛。「海警一號」是由一家斯里蘭卡的公司「前衛海洋服務」（Avant Garde Maritime Services, AGMS）經營，據說相較於相對來說有秩序且乾淨的「決心號」，這艘船上是截然不同的世界。

從「海警一號」撤出的警衛拿出他們的智慧型手機，給我看了在船上大肆出沒的蟑螂照片。其他照片則顯示出擁擠的船艙裡塞了八個人，到處都是垃圾，因為船上沒有多餘空間可以存放廢棄物了。幾名警衛掀起他們的上衣，展示出後背與手臂上被臭蟲咬過留下的紅腫斑點。

因為警衛們在船上時，武器都會被鎖起來，對於海盜來說，軍火庫反而是誘人的目標，他們可能會想要強占軍火庫。「海警一號」如同多數的海上軍火庫，並沒有配備自己的武裝保全以管理船上的客人，或是保護船隻免於外在威脅。許多臨海國家反對軍火庫，雖然它們也沒有什麼辦法阻止，因為軍火庫是在國際海域上運行。國際上並不存在登記這些軍火庫位置與數量的單位，也沒有任何國際監管機構有權力管轄它們。

我曾經訪問過的警衛當中，沒有人聽說過在軍火庫上發生任何致命的衝突，但是要引爆衝突的燃點可不少。他們告訴我，有一名拉脫維亞警衛重達三百磅、身高六呎四吋，因為身形太大而無法塞進「海警一號」狹窄的廁所，他就用淋浴間來排便。當其他人要求他清理時，他仗著無人膽敢強迫他，便拒絕了要求。

他們也提到兩天前發生的一起事件。當時兩名南非警衛與他們的隊長之間爆發一場激烈爭執，其他幾名警衛不得不介入調停。這場爭執的引爆點在於兩名男子被他們的保全公司遺棄在「海警一號」上，已經有三十天沒有收到薪資了，而且也沒有辦法回到港口。

大多數時候，警衛們會抱怨生活無聊。儘管無形，這份無聊卻是有重量的，而且當它壓在肩上的時間愈久，就愈能把他們壓垮。無聊的重量在這些軍火庫上之重，沒有其他地方足以比擬。一部分原因在

於這些船是定錨的。當船隻在行進中，有一個目的地時，時間與等待的壓力便會減輕。相較於多數的船員團隊，軍火庫的警衛之間也比較缺乏社群凝聚力。這些警衛來自不同的保全團隊、國家與文化，以至於他們對於彼此的疑心較重，進而展現出充滿睪酮素的粗暴男子氣息。

無聊致使這些軍火庫變成了「心理壓力炊具」。我所認識的一名警衛凱文‧湯普森（Kevin Thompson）跟我說道。欲了解這些男子的反覆無常，你首先必須認真看待這份無聊導致的壓力。

大多數時候，男人們會舉重（通常輔以類固醇的「加料」）或是喝酒（當他們成功偷帶上船）。他們也會創造幼稚的──而且有時候是危險的──遊戲來殺時間。「船首乘浪」需要在暴風雨來襲時，想辦法衝到船首，並且在海浪打上甲板時，想辦法站穩你的腳步。「競技表演」是一種平衡與持久的競賽，也是在海象惡劣的時候玩。參與者

私人海上保全警衛在阿曼灣的一般海上軍火庫生活，等待他們的下一趟布署期間，在船上練習拳擊對打。

要站上一台跑步機，加大速度，然後看可以堅持多久。我喜歡長跑，因此猜想我玩「競技表演」的成績會高於一般標準。然而，我記取到的教訓是，如果你在競賽中表現不錯，人們會加碼要求，並且關掉燈光（「夜間競技表演！」），結果那一輪競賽就容易痛苦地快速劃下句點。

在某個下午較節制的時刻，我跟三名警衛坐在「決心號」的上層甲板。我拿出iPhone播放臺灣鮪延繩釣船上殺人的影片給他們看。他們擠成一團，完整地看完了十分鐘二十六秒的影片。在播放期間沒有人開口，透過手機上微小的擴音器，我們聽到槍聲與海上男子尖叫的聲音。在這片沉重的寂靜中，我可以感受到我們之間形成的一股鴻溝。閒扯軍火庫的環境與海上暴力的威脅很容易，但是這個影片所呈現的是不一樣的東西。我不再是他們之中的一員，此刻的我成了記者，在詢問他們不想要討論的事情。這些男子必須遵守一套危險且有時殘暴的海上規範，而他們很顯然不確定我是否了解這一點。

最後，其中一名男子將身子往後一靠，打破這片詭異的沉靜。「這不是我會採取的做法，」他說道。「但這就是有時候事情被處理的方式。」

$\sim\!\sim\!\sim\!\sim$

在「決心號」上的經驗讓我對於海上的槍械文化有了深刻洞悉，但是它並沒能讓我進一步了解影片中拍攝到的死亡男子發生了什麼事，尤其是船員們對於這個議題皆三緘其口。從阿曼灣回到陸上之後，我開始認真追查這起事件的細節，先從斐濟警方著手，也就是存有這支影片的手機被找到的地方。那裡的警方幾乎沒能給我什麼有用的資訊；事實上，他們已經結束調查，結論是這起事件未涉及斐濟的船隻，也沒有發生在他們的海域上。

海上保全公司OCEANUSLive的主任葛蘭‧富比斯（Glen Forbes）似乎並不訝異於我與斐濟方的對話內容。他觀察道，當政府調查這類

案件時，他們的目標通常不是要找到犯人，而是要讓自己與事件拉開距離，以避免涉及任何角色或責任。

這段影片的性質使得我們難以鎖定責怪的對象。這些男子沒有明確的單一國籍；影片中有人說華語、印尼語和越南語。在海上浮沉的男子們周圍所環繞的三艘大船的影像中，幾乎沒有透露什麼訊息，除了背景中有一張以中文寫成的標語「安全第一」掛在其中一艘船的某層甲板上。然而，背景中還有第四艘船似乎在事發當時經過現場，提供了一條重要線索：船身的數字顯示那是一艘七百二十五噸的臺灣鮪延繩釣船，船名為「春億217號」。

臺灣漁業擁有世界數一數二規模的鮪釣船隊，該產業也擁有全國最大且政治上最具影響力的雇主們。在臺灣，我追查了「春億217號」的船東林毓志（Lin Yu-chih），他也是臺灣鮪延繩釣協會的理事會成員之一。他擁有超過一打的漁船，並確認當影片中的男人遭到槍殺時，「春億217號」正在現場，但是他聲稱不知道是否有其他他的船隻也在場，「我們的船長在當時盡速離開了。」林表示，指的是槍殺發生的那一幕。

儘管我試圖逼迫他多說一些，林拒絕告訴我任何有關「春億217號」的船員細節。在臺灣警方聯繫他的公司之後，他曾要求船長寫一份關於該起事件的報告，但是他也不願意跟我分享那份報告。他表示在他的漁船上配有一家斯里蘭卡公司派遣的私人保全警衛，可是他不肯透露公司名稱。

我也聯繫了負責追查本案的臺灣檢察官辦公室，他們拒絕對這起事件做任何發言。然而，兩名臺灣漁業署官員日後告訴我，獲得授權派遣私人保全警衛至臺灣漁船上的公司為前衛海洋服務，就是經營「海警一號」的公司。警衛們曾經抱怨這個軍火庫上的可怕環境，以及他們的皮膚受感染起疹子的情形。前衛海洋服務拒絕回答有關其警衛或海上軍火庫的問題。

在一場訪問中，臺灣漁業署署長蔡日耀（Tzu-yaw Tsay）拒絕提供「春億217號」的船員名單、船長姓名，或是船隻行徑的資訊。不過，他聲稱水裡的男子似乎是海盜。「我們不知道發生了什麼事。」蔡署長強調道。「所以，我們無法判斷這是否為合法行為。」因為「春億217號」當時正在印度洋上進行鮪釣作業，我聯繫了印度洋鮪類委員會（Indian Ocean Tuna Commission, IOTC），該組織負責審查該海域的捕釣執照；我也聯繫了塞席爾政府，該政府也有涉及一些發照事務。但是兩邊單位皆未有回應。

要說這種阻礙是令人沮喪的事，大概是太輕描淡寫了。做為記者，被人們推諉搪塞是一種職業風險，但是我在多年的調查報導經驗中發現，有關當局中通常有某個人會願意協助施加壓力以取得我尋求的資訊。出於名譽可能遭到破壞的擔憂，企業或政府也會至少盡最低限度的努力去回應一名記者。但是在海洋世界裡，這個現象比較少見，所有的相關人士似乎都有他們自己的道德方針，指向不同的方向。

在白費心力幾週之後，我向一名貨運業的律師抱怨。他告訴我有一個字眼正說明了我所經歷的感受。在「海洋旋轉木馬」上，沒有人會對於海上的不法情事做出回應，那名律師解釋道。如果他們回應了，也只是把你和你的問題丟給其他人。這是一個孤立的世界，其中的人盡力讓它維持這樣的運作方式。這席話也提醒了我，我只是這個世界的局外人。唯有船長願意的時候才會讓我登船，而且沒有人會樂見我與任何船東說話。

在最後一搏的努力下，我將所有與「春億217號」和其他嫌疑船隻有關的海事紀錄與企業紀錄集結起來，它們提供了一則微小但有用的細節：「春億217號」、「屏傑101號」與「春億236號」的商業登記地址都是相同的。進一步追查發現，以春億命名的有七艘船隻，船身尺寸約略相同，大概介於一百七十至一百九十呎長。其中有五艘船掛著塞席爾船旗（春億307號、316號、318號、326號與628號），兩

艘船掛著臺灣船旗（春億217號與236號）。

　　這件事值得注意，因為我曾訪問過的海洋專家大多推測在謀殺現場的船隻很可能互有聯繫，甚至或許是「姊妹船」，由同一個船東所有。「你不會和其他閒雜人等一起搶銀行，」一名前美國海巡官員說道。「在其他與『春億217號』有關聯的船上尋找你的凶手。」這是一個好建議，但是它沒能讓我獲得許多進展。我需要的是一項更大的突破。

　　我針對槍擊事件所撰寫的文章於二〇一五年七月登上《紐約時報》。不久之後，「海洋無海盜計畫」的喬恩・哈金斯再次與我聯繫。他和我一樣，對於事件過後無人行動的現象感到困惑，並且懷疑臺灣的漁業公司對外宣稱死於水中的男子是海盜一事。他曾經仔細看過影片，發現一些透露出不同訊息的線索。「這些說法兜不在一塊兒。」他說道。

　　舉例來說，漂在水上的殘骸太大，不可能是海盜常用的小艇或汽船。那艘船更像是阿拉伯帆船，一種配備單桅或多桅與大三角帆的漁船，在紅海與印度洋海域很常見。

　　海盜通常不會使用阿拉伯帆船，因為它們跑得不夠快，追不上馬力強大的漁船或貨輪。一個例外是當海盜們成雙成對地行動時。通常在夜裡，他們會在某個航道上拉起繩索，當一艘貨輪或漁船通過時，就會勾到繩索，拉動兩頭的船。接著，海盜們拉起定錨，就可爬上船。這個技倆似乎不太可能符合謀殺影片中的情景，因為它是在白天拍攝，而且水裡沒有繩索。

　　那艘沉沒的船掛有旗幟，這對於海盜來說並不尋常，哈金斯表示。旗幟的顏色是綠色、紅色與白色，看起來像是來自索馬利亞自治州索馬利蘭或是伊朗的船。案發地點也不是海盜經常出沒之處。從水中男子的膚色和臉部特徵判斷，他們看起來更像是印度人、斯里蘭卡

人、巴基斯坦人或是伊朗人，哈金斯補充道。

在文章發布後，我繼續追查新的線索，一名線人在某一刻追問我：「為什麼你那麼堅決要了解那些男子在被槍殺之前在做什麼？」不論是海盜、反叛者、漁業競爭者、竊賊，他們現在都只是死人，他說道。

這個問題對我來說沒什麼道理，像是一幅沒有對焦的照片。搞清楚他們生前在做什麼，正是整個重點。關於這起暴力事件的形容詞很重要。這些男人在掉進海裡之前，最適合被形容為正在逃亡、精神錯亂、攻擊或是被搶劫？槍手們的心情是歡愉的、不情願的或是害怕的？這些形容詞會辨別出這場致命事件是積怨仇殺，或是出於自衛行動的謀殺。這也會更精準地顯示出它是怎樣的違法行為。它是否是一場追求正義的報復行動？一份對於正當報償的索求？一種資本暴力的狂歡表現？一段在《最危險的遊戲》（*The Most Dangerous Game*）書中狩獵人類的情節？一次聲張海域主權的做為？究竟該用哪些形容詞來描述這起攻擊事件或是攻擊者的動機，我距離選定用詞還太遙遠，但是我很確定追查下去的價值。

很快地，我接到一名線人來電，他在挪威的海事調查公司Trygg Mat Tracking（TMT）工作。這家公司很肯定在案發當時，載著某些槍手的船最可能是「屏傑101號」。據稱，TMT對照過原始影片與該公司自製的資料庫，裡頭存有超過三百艘漁船的三千多張影像紀錄，而最終做出這個結論。這家公司的兩名頂尖分析師鄧肯・柯普蘭（Duncan Copeland）與史提格・費傑柏格（Stig Fjellberg）專注於影片拍攝當時與槍擊發生時的船隻特徵差異，包括船在水中的光影顏色、船身上獨特的鏽痕、漁具和安全裝置的擺放位置、舷窗數量與欄杆形狀。「屏傑101號」與影片中出現的其中一艘船有許多相符的特徵。

在一份提供給國際刑警組織的報告中，TMT表示這並不是單一事件。他們在網路上找到一支九分鐘的影片，標題為「索馬利亞」，

其中顯示出在二〇一四年七月之前，曾有三艘鮪延繩釣漁船在印度洋某處騷擾且衝撞一艘較小的漁船。這三艘延繩釣漁船分別為「屏傑101號」、「幸運58號」和「幸運78號」，都是掛著塞席爾船旗。

TMT報告也提供了一則小線索以解釋我在海洋旋轉木馬上的經驗。我曾經反覆聯繫塞席爾相關當局以及負責發出執照予漁船在該區域作業的印度洋鮪類委員會，但是他們都不願意跟我對話。TMT的報告指出，有一名名為朗道夫·帕耶（Rondolph Payet）的男子具備有趣的多重身分組合：他是塞席爾某家與「春億217號」有關的公司主管，也是發出漁業執照給「春億217號」的印度洋鮪類委員會執行祕書。

這不只是利益衝突，也顯示出了強大的政治人物與至少一艘嫌疑船隻有緊密關係。「這需要透過政治敏感的途逕。」TMT報告提到帕耶與嫌疑船隻相關的發現。二〇一五年十一月，帕耶辭去他在印度洋鮪類委員會的身分，理由未公開。我懷疑他的辭職與TMT所揭露的敏感關係有關。

由於我有好幾個月的時間都在追查這則故事，試圖解開謎團，《紐約時報》的編輯肯定地希望我轉換注意力，開始報導其他故事。然而，我覺得難以放下這起案件。一場如此精準記錄的謀殺案怎麼能夠被允許擱置在那？為了讓這起案件繼續被關注，我將我的最新發現整理成摘要，發表於臉書上，希望有人或許可以利用它做些什麼。

大約一年之後，國家地理頻道播放了一個電視節目系列，稱作《無法之海》（Lawless Oceans）。這個系列跟著一名私家偵探卡斯坦·馮霍斯林（Karsten von Hoesslin）走過臺灣、泰國、印度、伊朗、索馬利亞、塞席爾與其他地方，不辭辛勞地試圖搞清楚這起致命事件的真實。馮霍斯林僱用了當地記者與漁民，為他提供資訊、找到線人，他訪問了這起槍殺案的目擊者、潛在受害者的家屬、被囚禁的索馬利亞海盜、匿名的政府官員，以及其他許多人。這個節目在事件調查上有了重大進展，是我曾經嘗試追尋但無疾而終的突破。

　　馮霍斯林是一名住在倫敦的多倫多人，他曾經在「風險情報」（Risk Intelligence）公司擔任過資深分析師，這家公司擅長為企業提供安全事務上的顧問服務。他也曾經經營自己的公司，名為「遠端作業社」（Remote Operations Agency），該公司網站形容公司本身為「一家針對利基市場的調查公司，擅長解決冷門案件與危機處理作業，尤其是在偏僻的環境裡」。在鏡頭前面，馮霍斯林給人的印象是受到驅策且具有男子氣慨。有一集節目結尾拍攝著他在海灘上跑步的慢動作畫面。在他的Instagram帳號上，他嘲諷一名據他所言是謀殺案主嫌的男子。「你會發現我的真實樣貌，我會打敗你！」馮霍斯林寫道。

　　他的積極做法開始取得成果。馮霍斯林找到三名事件目擊者。兩人為「屏傑101號」上的菲律賓水手阿爾德霖（Aldrin）和馬克西莫（Maximo）。在影片中可以看到馬克西莫，他穿著尺寸過大的海軍藍T恤，上頭寫著「Hang 10」，並且在槍擊發生之後微笑著擺出自拍姿勢。第三名水手來自印尼，名為安瓦（Anwar），他的船隻「春億628號」當時也在現場。這三名目擊者現身於國家地理頻道拍攝團隊的鏡頭前，只透露他們的名字而無姓氏。

　　他們槍殺水中男子的那一天與其他日子並沒有什麼差別，目擊者說道。二〇一二年八月的某一天，他們在印度洋上作業，大約位於索馬利亞與塞席爾之間。在他們收到一則無線電訊息警告說附近有一艘船遭到海盜侵襲之後，工作便立刻中斷。到底是哪一艘船遭到攻擊仍然不清楚，但是「屏傑101號」、「春億217號」與「春億268號」皆前往據稱為衝突爆發的地點。

　　當他們抵達時，幾艘漁船圍繞著一艘較小的船。人們互相叫囂著，那艘小船上的人似乎沒有武器，目擊者說道。當槍擊發生時，小船裡的男子跳進水中。有些人開始大叫說他們不會造成威脅。「不是索馬利亞人！」馬克西莫回想起聽到他們這麼說著。「不是海盜！」

　　當時，「屏傑101號」的船長是一名中國人，名為王豐育（Wang

Feng Yu），水手們稱之為「流氓船長」。「他是很粗暴的人。」一個名叫阿特（Art）的水手說道。「他會打人。」阿爾德霖補充說王船長——左手臂上有一條龍的刺青，年近四十歲，算是年輕船長——脾氣暴躁。「如果你犯錯，他會揍你，然後踹你。」

「屏傑101號」建於一九八九年，船身尺寸大約比一百六十五呎再長一些些，為一名上海商人李曹屏（Lee Chao Ping）所有。「那艘船更像是一個監獄。」鄧肯・卡韋諾（Duncan Kawino）在國家地理頻道的訪問中說道。他曾在二〇一三年該船停泊於肯亞蒙巴薩（Mombasa）時上船工作。「床位非常小、船墊非常薄、沒有枕頭。內部環境非常髒，蝨子、臭蟲到處都是。」卡韋諾補充說，「屏傑101號」不在乎安全。「非常可悲，船上沒有救生艇、沒有浮板，滅火器也過期了。」

卡韋諾表示，雖然「屏傑101號」大多時候在索馬利亞海域進行非法捕撈作業，但它謊報自己的漁獲來自塞席爾海域，因為它擁有在那裡作業的執照。目擊者指出，「屏傑101號」與「春億628號」船上各有三名武裝警衛，全是巴基斯坦人。雖然影片中看到至少有四人在水裡遭到殺害，阿爾德霖與馬克西莫說可能有更多人被殺，大約十到十五人。

目擊者揭露了更多訊息。他們說水裡被射殺的男子不太可能是海盜。「他們沒有槍，船上只有漁具。」馬克西莫解釋道，沒有進一步說明男子被殺的原因。「那是錯誤的事，有人被殺，但是我無力阻止。」這場謀殺也不是單一事件，阿爾德霖突然補充道。在影片事件發生的前一週，大約某天的清晨三點，也有一次類似的謀殺行為，他說。他的態度表達出這些攻擊事件並非不尋常，而他也沒有特別被嚇到的樣子。情景基本上是相同的：據稱是海盜，被衝撞、被射殺，屍體留置在水中漂流。我的懷疑是，諸如我曾調查過的這起暴力事件，很可能是地盤爭議的緊張所致，或是因為某艘船在行駛時破壞到其他船的漁具。

「屏傑101號」與「春億628號」的船長不只下令擊殺，目擊者說道。他們在某些時刻也從警衛手中搶過武器開槍。「我認為我的船開了最多槍。」安瓦指的是「春億628號」。馬克西莫表示，他曾經在槍擊發生之前跟「屏傑101號」上的一名警衛對話。「我不想要射殺他們，」馬克西莫回想起那名警衛說的話，在他接到開槍指令之前。「這些人都有家庭，我認為這是錯的。」

某一刻，水中一名男子爬回炮火下的船，啟動引擎，似乎嘗試逃跑，目擊者說道。兩艘延繩釣漁船立刻衝撞該船，把它撞得稀爛。「我們跟著那艘船、追捕它，然後撞它。」馬克西莫回憶著。

同時間，「屏傑101號」與「春億628號」的船員繼續對著水裡的其他人開槍，導致他們喪命。阿爾德霖接著說，「在我們完事之後，一切又像是平常的一天。」每個人被命令回到崗位上工作。安瓦的船長收走「春億628號」上所有人的手機，刪除他們拍攝的影片。然而，至少有一個人沒有聽從船長的指示，而那名船員的影片最終出現在斐濟一輛計程車的後座上。

～～～～～

如同海上經常發生的罪行，這則故事——或者至少是需要破獲這場謀殺案的關鍵證據——最終都沉入海底。「屏傑101號」於二〇一四年七月七日沉沒。當它沉船時，船員們都爬上了救生艇，船長以悲痛的口吻廣播，指出船上的機械故障導致沉船，但是未具體說明是什麼故障。當時在船上的兩名船員日後形容那次事件非常可疑。在船隻下沉的過程中，船長與輪機長都異常地冷靜，船員們說道。沉船或許是一則密謀計畫的最高潮，以處理掉某次罪行的證據，同時或許也是把事件偽裝成一場意外以詐取保險金的做法。

「某個東西爆炸了。」其中一個叫做阿爾瓊（Aljon）的船員說道。「海水便開始灌進來。」幾個小時之後，船員們被附近一艘名為「MV

山姆老虎」(*MV Sam Tiger*)的貨輪救起,帶到斯里蘭卡。在船員們被送回家之前,每個人都收到了一百美現金。「如果警方問起,不要說任何事。」阿特回顧他的船長胡德倫(Hoodlum)這麼吩咐他們。

同時間,馮霍斯林也成功找到影片中某些受害者的名字,其中三人是來自巴基斯坦的兄弟。他們的母親卡迪佳(Khadija)說,這起謀殺案害得她沒有了兒子,而現在由她撫養她的孫子。「我的兒子就是我的一切。什麼時候我的心才能痊癒?」她說道。

接下來的幾個月內,馮霍斯林試圖將他的發現呈交給臺灣、索馬利亞與塞席爾的執法單位。沒有一個國家願意追查此案。在影片中貌似罪魁禍首的王姓中國籍船長在此之後轉到了另一艘漁船上工作。直至二〇一七年,他並沒有被起訴,而海洋旋轉木馬也繼續地旋轉著。

索馬利亞七船幫
THE SOMALI 7

> 這個世界，這個可以理解且有法治的世界，正在悄悄溜走。
> ——威廉・高汀（William Golding），《蒼蠅王》（*Lord of the Flies*）

　　當引擎第三次熄火時，我們很顯然地陷入了麻煩。我和幾名攜帶AK-47步槍的警衛一同搭乘漁船出海，此刻在距離索馬利亞海岸約一浬的位置。我們所在處附近是軍事武裝的伊斯蘭團體青年黨經常攻擊村莊的地區。幾週之前，有兩人在此被槍殺，好幾個人被綁架。伊斯蘭國也在這個區域活躍。撤退到岸上不是一個選項，尤其因為我們看起來也不怎麼友善。

　　與我同行的有十五人，其中七人是受僱的武裝警衛；我花了三千美元聘僱一隊保安小組保護我兩週，而他們是其中一部分成員。三艘三十呎長的木製漁船配備船外機，勉強載著這麼多人以一組船隊的形式前行。黃昏漸近，引擎發出噴濺海水的聲音。

　　我們正在前往與一艘軍事等級的私人警衛船碰頭的途中，那艘船是由一家名為「索馬利保全服務」（Somali Security Service）的公司所經營。這家公司普遍為人所知的簡稱為SSS，以當地一處半自治區域邦

特蘭（Puntland）政府的名義巡邏索馬利亞海域，搜尋在此進行非法捕撈作業的外國漁船。多年來，索馬利亞海盜惡名昭彰，而邦特蘭政府打擊非法漁獵的激進做法似乎是一則好的新聞題材；該政府甚至建立自己的海事警察船隊，稱作邦特蘭海洋警察部隊（Puntland Maritime Police Force, PMPF），與私人公司SSS協力加強漁業執法。邦特蘭官員給我一個機會參與SSS的巡邏任務，只要我可以找到人願意帶我去到他們的船上。當時，SSS的船下錨停靠在哈波村（Habo）外海一兩浬遠之處，位居非洲之角的最頂端，葉門的正南方。我們必須從海上過去，因為陸路太危險。

這一天的開始並不順利。當我們登船時，有兩人錯誤地踩在船隻的同一邊。每一艘船都備有一大桶裝滿汽油的鐵桶，而當船身在我們的重量影響下擺動時，汽油就會潑濺出來，差點使得船隻翻覆。經過一個小時沿著海岸線航行之後，一名警衛命令我坐在船板上，以免任何人看到我而覺得是個賺錢的綁架機會。我們距離岸邊只有半浬之

當我們沿著索馬利亞邦特蘭海岸線上的一處危險區域前行時，警衛吩咐我坐在船板上，以便從岸上較不容易被看見。

遙，是很容易被瞄準的目標。當時我們正沿著海岸線平行朝一處海灘航行，在肉眼可見範圍內，只見自海邊延伸至內陸的是一片平坦、橙色的灌木叢林。

每隔十五分鐘，我們的船長莫哈姆（Mohamud）就會拿起一根軟管，將一頭開口塞進他的嘴裡，另一頭插進燃料桶內，以便將更多的氣體吹進去。無可避免地，他濺出一些油至船上，與我身旁的一灘水結合，浸溼了我的衣服與背包。沒多久，我的身上就散發出汽油味，而煙霧也讓我情緒高亢。直到某一刻，法比歐・納西蒙多閉上雙眼以避免強光入目，他當時正躺臥在混合著水的那灘汽油上。幾分鐘之後，他再次睜開雙眼，這才發現坐在船邊的一名警衛已經移至他身邊，而上膛的AK步槍槍口在不經意間距離納西蒙多的頭部只有兩吋的距離。

索馬利亞的陽光以一種溫和且乾燥的熱度在我們的頭頂上發威──這是會引發頭痛的形式，讓人的想法蒸發，脾氣也變得暴躁。當我坐在船裡，可以看到莫哈姆在船尾抽菸，而我因為身上衣物的易燃性而跟他保持距離。大約經過三小時之後，我遞給他一片口香糖，部分原因是為了破冰，部分原因是為了讓他停下抽菸一段時間，以便我可以靠近他聊聊天。莫哈姆的身形消瘦且擺著一張臭臉，他拒絕了我的口香糖，但是捏熄了他抽到一半的香菸，留著晚點再抽。他伸手至一個塑膠袋裡，抓出一把阿拉伯茶，這是一種具有類似安非他命效用的植物，在索馬利亞常有人嚼食。莫哈姆擁有兩艘漁船，對於邦特蘭政府的貪污充滿抱怨，他也不相信媒體或政府所聲稱的打擊外國漁船作為。外人還是可以自由地控制當地海域，他說道。

前往與SSS船隻碰面的航程本應需時五個小時，但是引擎在大約四個半小時後壞掉。「伊恩先生，我們遇上麻煩了。」莫哈姆說道，偷偷地瞄向警衛。看到他的臉部表情像是聞到臭酸的牛奶，我不需要更多訊息便知道事態嚴重。「我了解了。」我回答道，向引擎的方向

點點頭。「不，是更大的麻煩。」他說道。他的手機上收到一則簡訊，通知他SSS船隻的最新座標。如今需要再花上九個小時才能抵達那艘船，他告訴我。或許是基於安全理由，自我們出發以來，SSS的船已經離我們更加遙遠。

這趟航程很快地惡化到危險的處境。若是我們繼續朝著既定航道前進──前提是我們可以恢復引擎動力──我們會在入夜後還持續航行，而這是海盜與青年黨攻擊更普遍的時候。不過，更大的風險是海洋。入夜之後，風力會增強，導致五呎的湧浪變成二十呎的巨浪，可能輕易地傾倒我們的船。我們的船舷較低，容易進水。每一艘船的引擎是二十五匹馬力，幾乎不比一部割草機的引擎強到哪去。這些船隻本來就不是設計來載五個人，更不適合負載這些重裝武器與裝滿汽油的鐵桶，頂著夜裡的浪頭橫越近海水域。

這顯然不是什麼困難的決定：我告訴莫哈姆，我們必須回頭。他看著我，點點頭，繼續修補他的船外機，彷彿他的腦中在想著更重要的問題。其中一名武裝警衛似乎特別緊張，他的眼珠子快速轉著，手指不安地把弄著槍。我問他是否在擔心青年黨或伊斯蘭國，頗令我驚訝的是，他回答道：「PMPF。」最令他擔憂的不是恐怖分子，而是警察。

～～～～～

我在報導罪行海洋期間所進行的旅程中，其中有一些最終變得比預期更加危險。不過，在準備前往索馬利亞時，我已經知道自己在冒險。在所有關於改善這一部分世界的討論中，索馬利亞的政府與罪犯都是變幻多端的角色，使得這個地方的危險變得難以預期，但始終存在。

受到乾旱、內戰、飢餓、盜竊和恐怖主義等威脅，這個國家多年來都是國家運作不良的典型代表。二〇〇九年，由於快桅阿拉巴馬號劫持案（Maersk Alabama hijacking）的傳奇故事，索馬利亞海盜突然引

起全球關注。在海盜們試圖劫持船員勒索贖金之後，美國海軍著名的海豹突擊隊成功救出他們。而這則令人神經緊繃的故事最終被搬上了大銀幕，成為一部動作驚悚片《怒海劫》（*Captain Phillips*）。

我的太太對於我的旅行已經變得相對麻木，不再如以往擔憂，或者至少這是她給我的感覺。另一方面，我的母親則是完全不同的狀態。她是完美的擔憂者，當我在家時，她總是會質問我下一趟計畫去哪兒。然後，她會建議我完成下一趟旅程後不要再出門了。因此，在準備前往索馬利亞之行時，我與她的對話總會把計畫說得很模糊。「在東非的某處。我會從肯亞開始，然後在那個區域轉一圈。」我會這麼說，不是在說謊，只是並非完整的事實。事實是我不可能寫一本關於罪行海洋的事而不去索馬利亞，略過這個國家就意同於在報導動物的物種多樣性時選擇跳過加拉巴哥群島（Galapagos Islands）。

不過，我前往這個最危險之地的真正原因，是要敘說這個國家近來在海上維安方面的成功故事。索馬利亞海盜正在減少。自從二〇一二年以來，便不曾發生過針對外國商船的攻擊事件。在索馬利亞與葉門之間的亞丁灣（Gulf of Aden），商業貿易正在復甦，這對於亞洲和歐洲之間載運燃料與其他貨物的航運公司來說，是個受歡迎的發展勢態，畢竟若是繞過好望角會需要增加三週左右的航程。有些航運公司與保險業者正在放鬆他們對於安全的要求，減少船上配備的武裝警衛。一組北約的海軍部隊在幾個月之間也撤出該區，儘管一支歐盟的小分隊還待在當地。

邦特蘭海洋警察部隊是這塊海域上唯一真正的政府勢力，應該扮演打擊非法漁獵與海盜的好人角色。在邦特蘭海洋警察部隊與SSS中，索馬利亞創造了新的海域巡邏模式，甚至在最近一次與肯亞政府不尋常的合作中獲得勝利，成功逮捕兩艘頑強的非法漁船「希臘人一號」（Greko 1）與「希臘人二號」（Greko 2），它們持著假冒的漁業執照在當地作業。這次拘捕行動吸引了我的注意力，因為我知道索馬利亞

政府很少會逮捕入侵其海域的非法漁船。「事情絕對在好轉。」一位華府的維安專家在我出發之前告訴我。為了行前的研究工作，我匯整了一份在索馬利亞海域作業的漁船名單。如果我要出海，我想要知道可能會遇上什麼船。在那份名單中有七艘泰籍漁船，皆是由一間以虐待漁工聞名的公司所有。

在抵達索國首都摩加迪休之後的幾天之內，針對索馬利亞海岸線上的不法行為，我發掘出一則更加錯綜複雜且令人不安的故事。這則故事大多被西方媒體所忽略，因為它並不完全介於《怒海劫》這類電影中所演繹的非黑即白論述中。

在我看來逐漸清晰的是，索馬利亞的非法漁獵是緊密地與海盜行為交織在一起。摩加迪休的中央政府勢力疲弱，而具備自治權的叛變地方政府如邦特蘭對這個問題妥協的方式是把合法與非法之間的界線模糊化。我很快地便發現，發生在邦特蘭的真實故事是：政府在保護非法漁船，包括我所匯整的名單上那七艘泰籍拖網漁船。

在我爬上莫哈姆的船之前，就已經開始領教這個地方的反覆無常與複雜性。在出海的前幾天，我和幾名邦特蘭的漁民聊天，他們預期海盜攻擊很快就會復發。他們的論點是，當地人受夠了邦特蘭政府花費更多心力保護外國漁船而非本國漁船，而日後證實這項論點是正確的。這種說法的邏輯在於，如果政府要保護經常欺負索馬利亞漁民的外國船隻，那麼掌握地方勢力的地下領袖會允許海盜再次開始攻擊外國船隻，以重新分配財富——把競爭基礎拉平到原本的狀態。這些抱怨應該提醒我注意到，關於邦特蘭海洋警察部隊與SSS的一切並不總是如表象所見一般，但是當下我並未意識到。

在莫哈姆試圖修復引擎以便回到岸上的同時，我們的三艘船在海上載浮載沉，和我同船的人開始敘述一些故事，使得我對於邦特蘭及其海上維安努力的觀點更加混亂了。一名警衛表示，他也很擔心邦特蘭海洋警察部隊可能會把我們誤認成軍隊，而向我們開火。我們能夠

責怪他們犯下這種錯誤嗎？我心中納悶著，畢竟我們的船上都是沒有穿著政府制服的重武裝人士。我們的船上都沒有配備雷達，所以根本無法恰當地表明身分。

另一名警衛又火上澆油。除了我們擔憂的這些事項之外，他指出我們所處的水域是海盜經常出沒物色獵物的區域。西方媒體或許聲稱索馬利亞的海盜行為已經絕跡，但是它其實只是把目標轉移到了非西方的目標上。

我的老菸槍船長莫哈姆補充說，邦特蘭政府准許私人維安公司瞄準我們這種船，使得危險發生的可能性增加。外國船隻已經占了上風，因為相較於當地漁民所有的船隻，外國船隻比較大又比較快，他說道。然而，當地政府又進一步核發執照給這些外國漁船，允許他們在船上配備武裝維安人員，這在如此危險的海域上等同於一項重大的優勢。

「夜裡，他們會切斷我們的漁網、向我們開火、衝撞我們的船。」他提到那些外國船隻。這種衝突有時候會把索馬利亞人困在距離岸邊數浬之遙的海上，而他們經常就這麼被遺棄至溺水。這些外國漁船通常也對當地經濟沒有幫助，相較停泊於索馬利亞的漁港，他們寧可在葉門、阿曼、伊朗或肯亞的港口卸下漁獲。

當我們討論被困在這些海域上不好的理由時，我的口譯員也幫腔說道，我們的真正威脅是SSS，也就是我們出發想要拜訪的對象，這個公司扮演了國家允許的賞金獵人角色。當SSS逮捕非法漁船時，它有權扣下邦特蘭政府所徵收的半數罰金。「我不相信他們。」口譯員懷疑SSS故意告訴我們錯誤的所需航程時間，使得我們淪為被綁架與追討可觀贖金的獵物。

我不知道該相信誰，有太多擔憂的理由了。每一個據推測在這片海域上出沒的武裝團體都在某一刻被指稱是維安勢力，而且同樣頻繁的情況是，每一個團體也都被外部專家說是惡霸。

這些情況是早期的跡象，顯示出這趟海上之行或許是個極為糟糕的點子。在抵達邦特蘭之前，我曾經僱用一名採訪協力探索這個不穩定的地方、協助安排後勤事務。此人是一名受過良好教育的索馬利亞男子，他住在索國的另一個州，但是經常來邦特蘭，對這個地區頗為了解。我透過一位在聯合國工作的朋友找上他。他的資歷良好，從電郵與偶爾的通話中令人感到可靠，也有幾名可信的線人幫我審查過他的背景。

我跟他在行前便達成協議，我會支付兩千五百美元請他陪我在邦特蘭行動，而他也會是我的主要採訪協力。儘管邦特蘭政府堅持要提供一名翻譯給我，主要是照顧我的起居，但我偶爾會想要有人在身邊幫我翻譯，以確定我獲得的資訊是正確的，這時我的採訪協力就可以派上用場。

然而，在我抵達索馬利亞之後才發現，我的採訪協力有幾點不太像是我們短暫通話中所呈現的樣貌。首先，他基本上對於每個問題都會熱情地回說：「當然了，百分之百。」即便是答案顯然錯誤之時。某一次，我問他在旅館是否有網路，他回答：「當然了，百分之百。」（當地幾乎沒有電力供應。）我們是否可以在不受政府干預的情況下抵達港口、出海？「當然了，百分之百。」（結果在我們回到旅館之後不久，當地政府就把我們軟禁起來。）

第二個問題在於，這名採訪協力有嚴重的口吃，而且在邦特蘭常遇到的緊張情勢之下，他的口吃會大大地惡化。當我們跳上漁船，準備進行這趟重大的航程去和SSS的船碰頭時，他的口吃達到前所未有的嚴重境地。就在出發前的最後一刻，我的採訪協力轉向我，痛苦地坦承道：他太害怕而不敢出航，他打算留在陸上。「如果你不跟我們一起來，你確定我們自己出發是安全的？」我簡短地詢問道。他毫不猶豫地回答：「當然了，百分之百。」

幾個小時之後，當我們被困在船上，我想起這些行前的警訊，並

且擔心我犯下了一個可怕的錯誤。我把年輕的攝影師法比歐‧納西蒙多拖下水，而且一想到我的誤判可能是源自我的天真與野心，恐怕導致糟糕的後果，我便畏縮了起來。

令人慶幸地，我們的船長莫哈姆在花了二十分鐘左右修補引擎之後，成功地讓船隻又動了起來。我們的小船隊蹣跚地返回邦特蘭的波沙索港（Bosaso）。我從沒達成隨同SSS船隻巡邏的計畫，反之，我懷疑他們的邀約動機是否真誠。此外，就如同其他人先前曾對我所言，索馬利亞的情況在我看來並未真的「好轉」。事實上，勢態很可能還是破碎的而尚未修補。而在與當地人相處的過程中，我感到難以分辨官僚與強盜、警察與歹徒。

〜〜〜〜〜〜

曾經有人告訴我，要了解索馬利亞，最好不要把它想成是一個正常運作的國家，因為它不是。對於局外人來說，索馬利亞是由電影和新聞報導創造出來的構成物，一片充滿武器且受苦於饑荒之地。以聯合國的說法，它是一個「失敗的國家」。對於內部人士來說，索馬利亞是由一群高度自治的飛地所組成的散漫集合體。尤其自從一九九一年內戰爆發之後，情況更是如此。虛弱的聯邦政府座落在摩加迪休，但只能掌控這座城市的一小部分，對於這個國家的其他部分自然是無從施力。

索馬利亞的政治大多是以部落為基礎。以邦特蘭為例，這兒有六個主要的部落：哈提（Harti）、馬哲提恩（Majerteen）、瓦桑加里（Warsangali）、杜爾巴杭特（Dhulbahante）、迪希舍（Dishiishe）以及賴卡塞（Lailkase）。當一個部落或是子部落掌握了政府，金錢和利益就會在它的成員之間流通。這種現象不會被視作貪污或偏袒：大體上，這是被接受的權力平衡管理準則。

在陸地上缺乏一套中央權力的問題，到了海上變得更加顯著。雖

然索馬利亞比起非洲大陸上的任何國家擁有更長的海岸線，索國人民的魚類人均消費量卻是非洲大陸最低。漁業從來不是索馬利亞受歡迎的謀生方式。它的人民更傾向於定居在內陸地區，而且多半是務農維生。在一九七○年代晚期至八○年代早期，索國獨裁者穆罕默德・西亞德・巴雷（Mohamed Siad Barre）試圖改變人民對於漁業的文化觀感與習慣。他的政府將內陸的游牧社區移至海岸線安頓，並且在電台廣告放送有關漁業的健康益處與潛在利潤。然而，這種宣傳幾乎未造成任何持久的影響。

索馬利亞總長兩千哩的海岸線大約有百分之四十位於邦特蘭。最佳的漁業活動發生在近海地區，部分原因在於靠近邦特蘭的大陸棚創造出一片淺灘臺地，使得捕撈作業容易得多。外國船隻大多是非法的，船身較大，移動也較為快速，在某些區域的數量較多。平均來說，在這片海域上，外國漁船比起索國漁船的漁獲量可達三倍之多。

海盜直到二○○八年演變成一個嚴重問題，主要集中在亞丁灣，這是一片長約五百五十哩、寬約兩百哩，位於葉門與索馬利亞之間的延伸水域。對於索馬利亞來說，海盜的興起是幾十年來陸地上的貪污與無政府狀態所致。這個國家缺乏任何有效力的中央政府，而半組織的強盜集團在過去瞄準陸地上互相競逐的部落，如今把他們的注意力轉移至海上口袋更深的目標，有時候更以非法漁業及其他苦衷做為他們發動攻擊的藉口，儘管不同集團的正當性不盡相同。

管理這些海域的困難，有一部分始終是財務面向。摩加迪休的政府與海岸線上的半自治政府都沒有經費來支付自己的海上武力。因此，他們近來籌資的做法是讓私人公司參與發給漁業執照的生意。這個模式顯然在財務上並不穩定，而且容易導致貪污。透過這些發照費用，外國漁業公司實際上是在支付索國海域上的武裝警力薪水。此舉的後果在於，為SSS這類公司工作的武裝警衛更關心的是保護外國人不受索國人侵擾，而非保護索國人不受外國人侵擾──或者至少這成

了當地人的觀感。

　　除了SSS，第二支巡邏索馬利亞海岸線的隊伍是邦特蘭海洋警察部隊，其規模大約有一千人、三艘剛性充氣艇、一部空中運輸機與一架直升機。邦特蘭海洋警察部隊的資金來源不是漁業執照，而幾乎是整個由阿拉伯聯合大公國（簡稱「阿聯」）政府所資助。阿聯位於波沙索東北方不到九百哩之處，因此保護亞丁灣的航運通道是對阿聯有益的。而讓這個區域的地緣政治更加複雜的一項要素在於，阿聯也希望能在邦特蘭建立一個軍事基地，以便在葉門這個陷入嚴重內戰的國家進行軍事行動。

　　關於這些團體還有其他令人擔憂的要素。聯合國官員與人權組織指出，邦特蘭海洋警察部隊與SSS基本上皆無須對任何人負責，因此外界幾乎無法監控他們從逮捕非法船隻的行動中所收取的罰金流向。當他們向船隻開火時，外界也幾乎不可能檢查他們動用武力的行為是否合理與正當。

　　第三支在索馬利亞海域上巡邏的是由聯合國會員國組成的聯合部隊。自二戰以來，五個聯合國安全理事會的成員在二〇〇九年第一次布署兵力至一場衝突的同一陣線上，派遣海軍戰艦與空軍戰機至這個區域。這種軍事安排使得有人質遭到綁架時，狙擊手小隊的布署、支付贖金的協調與安全撤離行動皆可更有效率地展開。

　　另一方面，航運業會以自己的方式回應問題，使得情勢更加複雜，而且它們的回應有時候是違反經濟常理的。舉例來說，貨運公司及其保險業者開始加徵防盜費用——最高可至每標準貨櫃二十三美元——以支應額外的保全成本，這個費率對於較大型船隻來說，可能意謂著每一趟航程多出二十五萬美元的成本。即使把私人警衛的成本與偶爾被海盜勒索的幾百萬美元贖金算進來，航運公司與船員們有時仍可從索馬利亞海盜的威脅中獲利。

　　有些安全分析師已經指出，國際海軍巡邏可能會致使索馬利亞的

非法漁業問題惡化。由索馬利亞人所掌的當地合法漁船會慣常性地被
聯合部隊送回陸上，因為他們通常看起來像是可疑的海盜。與此同
時，外國籍非法漁船──尤其是來自中國、臺灣與南韓──則可以毫
髮無傷地在索國海域作業，因為聯合部隊的反海盜任務範疇被界定得
很狹猛，而他們並未獲授權介入海上非法捕撈的罪行。

　　儘管如此，我們難以否認這種保全的做法普遍來說是奏效的。大
多數的海軍專家將截至二○一三年的索馬利亞海盜攻擊減少歸功於聯
合巡邏的努力，尤其是愈來愈多的商業船隻配備武裝警衛的現象。無
須多言，當我前往索馬利亞時，我已經知道那是一個複雜的地方，但
是海盜問題似乎正在緩解，邦特蘭政府似乎也認真地投入於打擊非法
漁業的承諾，而私人保全武力據稱已經在整頓其行徑。整體而言，勢
態似乎是「在好轉」。

〜〜〜〜〜〜

　　儘管邦特蘭的氛圍一直是緊張的，在我抵達時卻是特別混亂。在
此前的幾週，十幾名當地士兵因為好幾個月沒領到薪水，在邦特蘭首
府加羅韋（Garowe）上演了一場短暫的叛變，占領一部分的議會。青
年黨的戰士襲捲位於波沙索的國際村飯店（International Village Hotel），
數名警衛在攻擊過程中遭到殺害；一名立法委員死於汽車炸彈事件。
當時邦特蘭的四百萬人正受苦於嚴重的乾旱，好幾百人因此喪命。

　　在我抵達之前，邦特蘭官員再三保證我可以充分接觸到邦特蘭海
洋警察部隊、SSS以及邦特蘭總統。他們也發給我一個月效期的邦特
蘭簽證。然而，到了我要啟程前往非洲前夕，這些官員的態度已然轉
變，我的行程有了一套不同的安排。他們告知不再保證我能接觸到邦
特蘭海洋警察部隊；儘管訪問總統與參與SSS行動還是可行的，我必
須在飯店等候。「不保證。」在我抵達波沙索的幾個小時後，邦特蘭
總統的幕僚長在電話上告訴我。

　　我日後發現這種轉變的理由，是因為我提出拜訪邦特蘭的請求導致該州漁業部的一陣驚慌。邦特蘭總統的幕僚長和其他內部人士表示，批評聲浪主要來自漁業部部長阿布迪拉曼・賈馬・庫米耶（Abdirahman Jama Kulmiye）。他們解釋道，他擔心我會寫到邦特蘭與漁業部如何發出漁業執照，因為有些人可能會質疑過程中有貪污情事，以及為何收入大多未用於公共事務上。我盡力安撫他們，保證我的重點是索馬利亞近期的成功，包括成功逮捕「希臘人一號」與「希臘人二號」的行動。

　　最後，我直接打給庫米耶，把更多背景資訊提供給他，並且聽聽他的擔憂。我解釋自己想要看的是邦特蘭海洋警察部隊與SSS，以及他們怎麼巡邏邦特蘭的海域。「我對於你來邦特蘭沒有意見，」庫米耶說道。「我會協助你的報導。我全力支持你。」他的口氣令我感到擔憂地掛上電話。

　　接著在漁業部，針對該如何處理我這趟如今不受歡迎的訪問，其內部爆發了火熱的爭論。有一邊聲稱他們應該取消我的簽證，另一邊則希望允許我入境，但是限制我的行動，而後者最終贏了這場爭論。因此，他們核發了我的簽證，但是派了一名口譯員隨行，其作用更像是看守我的人。他的主要工作是隨時跟在我的身邊，介入所有的對話，甚至且尤其是那些講英語、不需要翻譯的場合。

　　我很快地了解到庫米耶反對我造訪的理由。在我抵達索馬利亞之前所注意到且列在名單上的七艘惡名昭彰的泰籍漁船，當我進入該區域時正停泊在波沙索。邦特蘭政府不想要讓我詢問任何關於那些船的問題。這些船的綽號是「索馬利亞七船幫」（Somali 7），包括了「查帕塔娜55號」（*Chotpattana 55*）、「查差娜薇35號」（*Chotchainavee 35*）、「查帕塔娜51號」（*Chotpattana 51*）、「差娜薇54號」（*Chainavee 54*）、「差娜薇55號」（*Chainavee 55*）、「素仿娜薇21號」（*Supphermnavee 21*）以及「差查納秋克8號」（*Chaichanachoke 8*）。這些拖網漁船的船身皆是淡藍色

在波沙索港口卸下漁獲的索馬利亞七船幫之一。

或水藍色，能夠負載超過兩百噸的漁獲，是由一位非常著名且富有的泰國家族桑素勤（Sangsukiam）所有。這個家族的船隊據稱曾經涉入強迫勞動與人口走私等不法行為，正因相關罪行而受到泰國與印尼政府的調查。上述七艘船也都持有邦特蘭政府發出的漁業執照，雖然有效性令人質疑。

　　人們對於桑素勤船隊的約略了解始於二○一五年，當時泰國政

府開始針對海上掛著泰國船旗的船隻施加較嚴格的規範與較仔細的查驗。為了因應新的禁令，桑素勤家族把這七艘船從泰國逐步轉移至索馬利亞，中間於二○一六年先轉至索馬利亞北方的鄰國吉布地（Djibouti）。在我前往邦特蘭時，對於泰國船隻的了解還很少，但是隨著當地政府為了他們愈感恐慌，我也變得愈感興趣。

在邦特蘭，索馬利亞七船幫載運的不只是漁獲，還有政治包裹。邦特蘭認定這些船合法，是因為它們已經獲得邦特蘭政府核發在該州海域內作業三個月的執照。然而，摩加迪休的聯邦官員認為這些船隻是非法的，因為摩加迪休政府並沒有發給他們漁業執照，這是在聯邦法律下所保留給摩加迪休政府的權責。更糟的是，泰國漁船是底拖網漁船，在聯邦法律下是被禁止的船種，而且他們掛著外國船旗在離岸二十四浬的範圍內作業，這在當時也是被禁止的行為。

這場糾紛的背景是邦特蘭與摩加迪休之間持續的激烈競爭，前者垂涎著它的自治權，後者則主張為了讓索馬利亞成為一個完整運作的國家，諸如邦特蘭這些自治州必須服膺於聯邦法律。自從二○一一年，邦特蘭政府經常透過一些行為堅定地宣示其獨立於摩加迪休之外，如直接與葉門針對非法漁業和人口販運進行雙邊協商，以及與國際保全公司簽署合約。

我在抵達邦特蘭之前曾經短暫停留於摩加迪休，那時我才得知索馬利亞七船幫如何變成了燃點。在我拜訪首都期間，我所住的飯店靠近機場，位處於被加強保全、私人經營的營區，使得它看起來更像是一處軍事基地而非飯店。十五呎高的防爆牆環繞著一小塊碎石地，還有二十幾座鋼鐵貨櫃排列在一起，而我所短暫居住的街區就在這裡頭。營區的每個角落都設有瞭望臺，兩名索馬利亞士兵配備著上膛的大型機關槍在此站哨。這裡絕對不是我曾待過最好客的居所。

我在摩加迪休的採訪於港口進行。雖然港口距離我所住的營區不到三哩，卻要花上兩個小時才能抵達。我們搭乘一輛裝甲車，在私人

有一艘載著牲口的埃及貨輪定錨於摩加迪休外海幾浬之處，索馬利亞警衛陪同我們乘坐小汽艇前往。

保全警衛帶著強大火力的車隊護衛下，穿越四周滿是破爛汽車、巴士與勉強可用的建築物環境中，緩慢地朝著目的地前進。幾乎每三個街區就有重裝士兵的檢查哨把我們攔下來。這裡的毀壞程度猶如世界末日。倘若政府只是為了保住首都的一部分區域，有必要執行如此程度的監控嗎？我心中納悶著。針對內陸地區與廣泛延伸的海岸線，這個政府如何能夠期待施展其統治權？

在港口，我拜訪了一艘載著牲口的貨輪，與船員們討論索馬利亞海域的安全議題。接著，我回到岸上，先是與來自摩加迪休的官員談話，再與來自邦特蘭的官員談話。一開始，我遵守原本的計畫，專注於近來索馬利亞的成功。我詢問他們有關打擊「希臘人號」船隻的行動，但是在每一場訪談中，人們都想要談論別的事情：定錨於波沙索附近的泰籍漁船。一方面，中央政府的官員說，他們在思考不同的方

在摩加迪休的港口，我和法比歐・納西蒙多正在跟一名資深海巡官員莫哈姆・摩格（Mohamud H. Moghe）說話，希望能安排一艘船載我們沿著海岸線而上。

式以懲罰邦特蘭擅自核發執照的行為，可能包括扣留教師薪水，因為這些錢大多來自國際援贈款，會透過中央政府派發出去；另一方面，邦特蘭的官員也憤怒於摩加迪休再次干預他們的事務。雙方皆警告我，邦特蘭政府相信我是被派來調查泰籍漁船事件。

　　我告訴他們，正如同我已經再三告知其他人的內容，這七艘泰籍漁船不是我的焦點。但是我開始相信，或許我應該把焦點轉向它們，因為它們似乎提供了一扇不尋常的窗口，讓我得以窺探執照貪污的問題。儘管我想要維持記者與報導故事之間的距離，我同時也發現自己逐漸地被拉進一場權力抗爭的核心，介於兩個各自主張權力的政府之間，而且雙方皆沒能完整掌控他們所宣稱的領土範圍。這趟旅程正在提醒我，做為記者，你不總是能夠挑選自己想報導的故事，有時候是故事挑上了你。而且有時候，你會被拉進故事之中。

〜〜〜〜〜〜

　我搭飛機從摩加迪休前往索馬利蘭的哈爾格薩（Hargeisa），幾天之後，我又飛到邦特蘭的波沙索，待在賈耶特飯店（Ga'ayte Hotel）。這是一間華麗彩漆的小旅館，距離港口不遠，面向著波沙索的碼頭，前方還有一片遼闊無人的廣場，點綴著幾棵矮小的灌木與大樹。我的多數時間都待在飯店庭院，當地商人經常在那兒邊喝咖啡邊開會。我很快地便結交了一些朋友，因為人們渴望向這名來訪的美國人介紹自己。有人告訴我們，那時在邦特蘭沒有其他西方人，雖然我懷疑這種說法。

　這些聚集在庭院的菁英們有一項共識，即非法捕魚在當時達到有史以來的巔峰——有時候單純是外來漁船入侵索馬利亞海域，有時候則是邦特蘭當局發出假的漁業執照，然後將費用私吞至自己的口袋裡。這些與我聊天的商人之中，有些人會以異常的權威坦言購買偽造執照。他們預測，哪怕只是當地人對於這些外國船隻的投機反應，海盜會很快地重新猖獗起來。

　在這個地區的首府，我的造訪消息很快地便傳播開來。在飯店庭院閒晃的人之中，有幾人是為當地的漁業部工作。幾乎所有人皆向我透露，庫米耶對於我在邦特蘭的停留感到恐慌。他們補充道，他相信我不只是與摩加迪休當局密謀推銷一套由聯合國糧農組織漁業部所打造的「西方議程」；庫米耶與他的副部長也告訴當地港口管理機構、SSS的執行長、邦特蘭海洋警察部隊主任以及邦特蘭總統，我是跟美國中央情報局同一陣營的人。當我在其他國家探訪時，也曾經遇過這類說法（而我只是忽略它），但是這在索馬利亞的利害攸關似乎更高一些。

　當我們在飯店等待邦特蘭漁業部官員通知是否准許我追查漁業執法故事的同時，我聽到一些人關於我的造訪所導致的混亂又在竊竊私

語。幾名邦特蘭官員形容道，邦特蘭政府在前一週曾經告知泰籍漁船，他們必須趕在外國記者抵達之前立刻駛離港口；不過，泰籍船長必須先為七艘漁船已經購買的三個月效期漁業執照電匯超過六十五萬美元的費用。在我抵達波沙索的四十八小時之前，他們付清了費用並快速地逃離，甚至丟下了兩名應該隨他們的船隻出海做捕撈紀錄的邦特蘭觀察員。幾個小時之後，這些船隻又被叫回港口接觀察員上船。

在他們再次出海之前，一場爭執爆發。泰籍船長堅持要觀察員交出手機，因為船長不想要他們拍攝任何影片或照片。這場對峙並沒有持續很久。雖然觀察員的作用是要上船記錄他們所見，不過邦特蘭政府做出讓步；兩名男子交出手機，船隻也隨之出航。

邦特蘭政府指派一名隨行者監視我的做法並不令人驚訝，我很快地開始對他產生好感。他的英語不錯，帶有書卷氣。他有時候會用到像是「insinnuendo」與「comfirmative」這種假字，幾乎不會令人覺得不對勁，但是發現之後又會對此感到愉快。他傾向於以「確切地說」、「坦白地說」或是「老實說」這類字眼揭開話題的做法，透露出一股與人親近的真誠渴望。他是一個聰明且躁動不安的二十來歲男子，慣於在我們休息時以連環炮的問題轟炸我，即使令人精疲力竭，倒也受人喜愛。「你去過克利夫蘭（Cleveland）嗎？」「誰開啟了恐怖主義？」「在美國有印度教徒嗎？」他要求我在寫作時別透露他的名字，我答應了。

儘管如此，他和我都不信任彼此。我相信他私底下有管道向政府報告我的行蹤，即便他向我保證沒有。某一天，當我們在訪談之間的空檔坐在一起俯瞰庭院時，兩人之間浮現一股少有的寂靜，就像一顆氣泡般地膨脹起來。不一會兒，他靠過來戳破這顆泡泡。「老實跟我說，伊納先生，」他說道。（大多數的索馬利亞人無法發音說出我的名字。）「這是我們之間的祕密對話，告訴我你來邦特蘭的真正理由。」他又補充說：「你在觀察那些泰籍漁船嗎？」

　　這看起來是個測試我們之間關係的絕佳時刻。我告訴他，我一開始並不打算調查泰籍漁船，但是我正逐漸改變主意。在我的iPhone上，我給他看那些漁船的自動識別系統即時行蹤資料。泰籍漁船正以兩節的航速Z字形前進。我解釋這個現象可能說明了他們正在以拖網捕魚，並且指出拖網在索馬利亞是違反聯邦法的行為。「哇。」他在看著我的螢幕時說了好幾次。「我不會把這件事告訴任何人。」在我們的對話結尾，他補充道。我找了藉口離開桌邊，說明我必須打電話給我太太報平安。「留在這兒，我四十五分鐘後回來。」我說道。

　　我並非真的打算打電話給我太太。事實上，我已經好幾週沒有跟我太太或是我兒子說話，不是因為手機收訊不佳，這是在索馬利亞到處皆運作良好的少數幾件事之一。我避免打電話給他們是因為，一旦邦特蘭的情勢惡化變快，事情就會變得更加危險，而我也會希望他們知道的愈少愈好。

　　我離開桌邊的真正理由是要測試我的新朋友是否值得信賴。在我抵達飯店之後不久，我就僱用了某人做為我的祕密耳目。這名年輕男子說得一口得體的英語，接受我所提出的一天五美元酬勞（等同於他在附近一家店工作一週的薪水），坐在所有會面發生的飯店室外庭院，盡可能地偷聽愈多對話內容。當我跟別人坐在庭院時，他知道要安靜地移坐到鄰近的桌邊，偷聽我離開之後的對話。服務生也知道這名年輕男子所點的食物和飲料都算在我的帳上。

　　那個下午稍晚，我的年輕朋友告訴我，就在我起身假裝打電話給我太太之後，那名政府派來跟隨我的男子立刻就打電話給某人。「他知道所有關於泰籍拖網漁船的事，他甚至可以在iPhone上看到他們的行蹤。我不知道他怎麼辦到的，但是總之他可以。」男子在電話中說道。

在這種報導中，記者經常將他們的生命（以及其他同行者的生命）交給完全的陌生人，而且你只有幾秒鐘的時間打量對方。舉例來說，我在波沙索的安全就是由一位當地強大的中間人默罕穆德・尤塞夫・泰傑（Mohamed Yusuf Tigey）負責。若非一名《紐約時報》的人轉介給我，泰傑對我來說就是一名完全未知的人。我沒有其他選擇，只能依賴一名未經過審查的人來確保我在這趟旅程中的安全，因為《紐約時報》駐索馬利亞的人最近收到死亡威脅，已飛到芬蘭，留下我自己去尋找可信的盟友。

做為來自索馬利亞穆杜格（Mudug）行政區的前官員，泰傑出身於當地一個富裕的地主人家，屬於馬吉爾廷宗族（Majerteen clan）的一支。他的年紀約五十幾歲，一天祈禱五次，就像我在邦特蘭認識的多數人一般。他異常地冷靜，表現出坦然於胸的態度。他也熱愛穿著愛迪達運動服和乾淨的白色網球鞋。人們普遍視他為廉潔的人，當邦特蘭陷入乾旱危機時，泰傑是最佳的協調人之一，使得他更加受到歡迎，也可以較為自由地在這個區域走動，儘管政府官員在此經常被視作暗殺的目標。

雖然他已經派出十五名私人士兵來保護我和我的團隊安全，除了當我們必須前往波沙索較危險的街區或是附近地區時，通常一次只有十二名左右值勤。儘管邦特蘭政府施加壓力要人們別幫助我，泰傑的態度堅定不移。「他是我的客人，」某次我聽到泰傑在一通電話中如是告訴庫米耶。「你發給他簽證。我向他承諾過會帶他到任何他必須去的地方，而且保證他的安全。」畢竟，泰傑透過這類服務賺取高額報酬。不過，某些翻譯和警衛也都收到高額報酬，我就比較不確信他們的承諾。

泰傑是稱職的人，雖然未能造訪SSS巡邏艇的這趟失敗旅程令人緊張，他確保了我的安危。同時，我意識到隨著我在邦特蘭待的時間愈久，他的工作就愈加艱難。在我們返回波沙索岸上的隔天，漁業部

在索馬利亞邦特蘭,當地政府不想讓我們調查在附近海域作業的泰籍船隊,而一隊私家聘僱的警衛便催促著我們在官員抵達波沙索港口阻止之前趕緊出海。

通知泰傑,不准我再離開飯店,即使有泰傑的士兵陪同也不行。

我無法再去到港口,也不能去漁業部辦公室,雖然我在隔天有一個約會。擁有邦特蘭簽證並不如想像中的有用,我心想。這提醒了我,不論是「希臘人號」(理應具備)的漁業執照或是泰籍拖網漁船(可疑)的漁業執照,文件效力都唯有在發照國家決定承認的時候才有用。紙張畢竟只是紙張。

在我下榻的飯店,我跟另一名線人見面以取得更多有關周邊情況的消息。「你被官方正式軟禁了。」他說道。漁業部長如今相信我是來抓他的小辮子,以及動搖邦特蘭局勢。在邦特蘭政府眼中,我從一名間諜升級為從事破壞工作者。我的線人指出,庫米耶和其他人正試著把我立刻弄出邦特蘭。我若無其事地說,我等不及離開邦特蘭了,只是沒有即刻出發的班機。線人一定是感受到我的輕率態度。「不,

伊恩。他們在考慮所有的選項。」我的線人以眼神預示著我說道,似乎是在警告我。儘管在世界上其他地方殺害美國記者(或是中情局探員)是極不可能的事,因為美國很可能會做出激烈回應,索馬利亞卻是一個截然不同的地方。

我注意到他的警告,也注意到我在印尼與菲律賓報導歐陽船隊或是艾瑞爾・安卓德之死時,所經歷過的感覺是截然不同的。在這些地方,政府簡直根本不在乎我的報導;而這次,相反地,似乎有太多人在乎了。

風險很快地開始升級。那個下午,我感受到一股爆炸,飯店的牆震動起來。一顆炸彈在不到兩個街區之遠的地方爆炸。青年黨聲稱自己是主嫌。五人受傷。根據該市的維安官員指出,更多的攻擊可能會發生。在後院做為我耳目的朋友來找我。他告訴我,他曾經聽到泰傑說,他擔心自己可能很快將被暗殺,部分原因在於他正在保護我和我的團隊。

這個訊息和我在摩加迪休的線人們所言相同。「邦特蘭說你是『不受歡迎人物』。」其中一人傳簡訊給我。你應該立刻離開波沙索,另一名來自英國保全公司的線人寫到。「說的比做的容易。」我回覆道。實際上,所有周邊道路都無法通行,因為青年黨和伊斯蘭國在攻擊車隊。沒有私人飛機可以租用。最近一班起飛的商用客機是超過四十八小時之後。

隔天,我請泰傑和納西蒙多來我的房間見面,好跟他們更新我所知的情況,以及我接下來兩天的計畫。我告訴他們,有兩項截然不同的安全威脅顯然正在升級。第一項威脅來自飯店外,一家追蹤邦特蘭情報資訊的保全公司對我發出警告。這些保全人員說,青年黨與伊斯蘭國可能會試圖闖進飯店,因為它的防禦脆弱,而現在大家都知道有西方人待在這兒。第二項威脅來自飯店內部,人們告訴我,庫米耶杞人憂天的言辭正在形成風險。來自不同團體的許多武裝人士都在飯店

裡，使得我們實際上不可能分辨敵我，線人解釋道。

在飯店裡，許多武裝人士看起來彷彿不到十五歲。有些人提著火箭推進榴彈到處走動；有些人配備PK通用機槍，他們的脖子與腰間掛著一百發的子彈帶，彷彿在炫耀他們的大蟒寵物。扮鬼臉、眼神接觸的男孩較不令我擔憂，面無表情且當我發現他在瞪著我們時就立刻移開眼神的人比較令我擔心。

泰傑說，他不相信庫米耶會傷害我們，因為即使他們沒有見面，庫米耶和他都是來自同一個部落。這一點令人安心，但是泰傑又補充道，他不確定庫米耶會不會阻止其他人傷害我們。泰傑建議我們要為最壞的情況做打算。我陷入極度焦慮——口乾舌燥、略微想吐、感到脖子被勒緊——但是我試圖掩飾，因為我不想要在身邊的人面前丟臉。

飯店保全的負責人很快地來到我的房間，詢問我們計畫如何確保安全直到隔天一早搭上飛離波沙索的班機。我告訴他，我們會打包好行李，以面對可能必須緊急撤離的情況。我們會待在其中一個房間，避開庭院。傍晚時分，我們會安靜地清空房間，但是不關燈、窗簾拉上，讓人以為我們還在房裡。我們會集體行動，從側邊的樓梯上到屋頂。我知道把這些事情告訴飯店保全主管是有風險的，但是我也沒有別的選項。除了他，只有泰傑和他的兩名警衛知道我們的位置。我們會在屋頂上過夜，直到清晨五點，然後被護送至機場。泰傑和飯店保全主管皆認為，如果發生攻擊事件，我們會較難抵達屋頂，但是在屋頂上會有比較好的視野，與更多的逃生路線。

就在我們的會議之後不久，我的房門傳來一陣鬼鬼祟祟的敲門聲。飯店經理站在門前，詢問他是否可以入內。在他踏進房裡關上門之後，遞給我一團籃球大小的布。「你會需要的。」他說道，指示我打開那一團布。我打開之後，發現裡頭是一把上膛的克拉克九釐米手槍。我移開彈藥匣、打開膛室，發現那把槍裝有實彈。「把它帶著。」經理說。我禮貌地拒絕了。我若是帶著一把武器，只會加深人們對於

我不是記者的懷疑。

離開開著燈的房間，人影被光線拉長了身。我們在太陽下山之後，從後方的樓梯爬上屋頂。夜晚的微風徐徐且涼爽。在屋頂四周有著低矮的水泥欄杆，我們的視線越過欄杆，俯瞰著波沙索。這座城市大多呈現一片漆黑與寂靜，但是每隔幾個小時就會看到手榴彈與機關槍的爆炸火光。很顯然地，我甚至不想嘗試睡著。

時間一分一秒過去，終於挨到了黎明時分。為了分散注意力，我跟幾位在摩加迪休和國外的線人通簡訊，他們對於我的困境提供一些看法，以及庫米耶這麼做的可能原因。我了解到一股政治騷動或許使得他對於我的報導更加反感：邦特蘭的立法者正準備要對邦特蘭總統阿卜迪韋利・穆罕默德・蓋斯（Abdiweli Mohamed Gaas）的內閣提出「不信任」案，這可能會削弱他治理當地的能力。有一些耳語說，如果這次投票沒有成功把他拉下台，立法者或許會採取「其他手段」，線人所指的是政變。

許多批評蓋斯的人相信，他和他的政府從販賣漁業執照給外國漁船的活動中中飽私囊。做為同部落的人，庫米耶是總統的私人親信，負責所有與漁業相關的事務。如果總統因為漁業貪污的指控而下台，庫米耶會比總統摔得更慘。

鑒於這股政治動盪，人們對於我的猜忌也就合理了。我抵達邦特蘭的時機正巧符合人們開始對於當地貪污與漁業執照收入起疑的時刻。自從看守我的人向他老闆報告說我從iPhone上祕密地實況追蹤泰籍船隻下落之後，他們對於我的懷疑只是更加嚴重。又因為我在政府不允許的情況下，依然出發拜訪SSS，這個做法也令我更顯得可疑。此外：我帶著空拍機一起旅行。

以上種種要素皆使得我看起來像是來自中情局的破壞者，或是摩加迪休的聯邦政府派來的間諜，為的是試圖鎮壓邦特蘭的地方自治權。當然了，這個地方政府確實是有貪污、發出假執照，也可能私吞

了公款，這都是上述要素不可改變的事實。然而，環繞著我這趟報導之行而興起的陰謀論已然達到沸騰，我的離開可能已經太遲了。

在波沙索，我們計畫在那天早上搭乘哪一部班機離開並不是祕密，因為只有一班飛機要離開邦特蘭。飯店距離機場不遠，而且從飯店到機場只有一條路可以抵達，其中大多數的路段都很狹窄、易於阻擋，而且容易遭受埋伏攻擊。泰傑向外增援，添加了六名人力，使得我們的保全隊伍總共有二十五人，以加強我們前往機場的車隊力量。

然而，就在我們準備出發前一個小時，我的採訪協力來到屋頂上。他上氣不接下氣且滿身大汗，彷彿剛衝刺過整座城市。他結結巴巴地堅持道，我們必須立刻離開。機場剛打電話通知他，班機會比網路上公布的時間更早起飛。問題在於我們的警衛大多還沒抵達飯店。這使得我們陷入了一項艱難的抉擇：要在沒有武裝護衛的情況下離開，或是冒險趕不上飛機而再等兩天之後的下一班機。在摩加迪休，我們只搭乘「硬殼的」卡車，也就是具備防彈窗戶與防爆罩的車。在波沙索，我們只有「軟殼的」卡車，也就是一般的老舊 Toyota Highlander 車款。

我們決定趕緊開溜。再多待在波沙索似乎只會更加危險。我們從屋頂上快速衝下樓，把背包丟進卡車裡，歪歪斜斜地駛出飯店。此時太陽還沒升起，外頭依然漆黑一片。納西蒙多看起來臉色蒼白、十分擔憂。沒有人說話。此刻感覺像是一部動作片中陳腔濫調的場景，通常結局都不太好看。我們衝出停車場，但是到了飯店外兩個街區處，有一車士兵突然從沒有防範的街道一側出現，攔截我們的去路。我的胃頓時沉了下來。

卡車裡的士兵沒有穿著可以辨識的制服。這是我第一次、也是唯一一次看到泰傑顯得緊張。他跳出卡車，有些士兵走過他。他們打開我們的車門、瞪著我瞧。我猜想他們會把我們拖出車外。我的護照與一疊現金放在一個口袋裡；另一個口袋裡，我把手放在我的 Garmin

追蹤器的SOS求救按鈕上。我慶幸有帶著Garmin追蹤器，但是老實說，我很懷疑要是我發送了警報，這個SOS服務除了給家人造成驚慌之外，還可以有任何其他用處。

這不同於我曾經歷過的任何恐懼，這一種恐懼不只是存在於你的腦袋與心裡，也存在於你的皮膚上。我敢打賭它甚至還伴隨著某種原始的氣息。我的嘴巴變成了撒哈拉沙漠。眨眼、屏著呼吸不像是個選項。這些人不會說英語，所以我說什麼都是沒用的。嘗試任何手勢如「拜託別開槍」、「我有錢！」、「我是記者」，似乎都顯得愚蠢、老套且危險。我只是整個人癱在那兒。

泰傑和一名看起來像是領袖的人說了一陣子。接著，他很快地回到卡車上。擋住我們去路的男人也回到他們卡車上，然後往前進。我們開始跟隨著他們。「泰傑，你可以告訴我發生了什麼事嗎？」我在一分鐘之後說道。這些人是他僱用的額外保全，他回覆道。他一開始沒有意識到他們是誰，因為這些人是他的一名軍人朋友出借的，他本人並不認識他們。「我們會抵達機場的。」他說著。像是如此令人激動地開始，這起事件也要令人激動地結束了。

我們安全抵達機場。在延伸低矮的航廈裡，於候機室緊張等待幾個小時之後，我扛起背包走過布滿塵沙的柏油跑道，朝飛機走去。終於，我們蹣跚地走上階梯，進入搖搖欲墜、乘客只有半滿的大洋航空七四七客機（Ocean Airlines 747）。我一屁股跌進座位裡，鬆了一口氣，也極度疲憊。當我們起飛時，我從未像此刻那麼開心能夠離開一個地方。

～～～～～

一週之後，我在杜拜附近的一艘船上，我的衛星電話響起簡訊通知。一名摩加迪休的線人說，自從二〇一二年以來，第一次有一艘大型外國商船在索馬利亞海域遭到劫持。這起事件發生在邦特蘭海上靠

近哈波處,距離我和我的團隊在小漁船上擱淺的地方不遠。這艘商船是科摩羅籍的油輪,船上載運柴油。海盜在接受索馬利亞媒體訪問時表示,他們不要贖金。然而,他們的動機是要突顯出外籍漁船在這個海域的問題。這起轉折正是那些在飯店庭院的商人們所預測的情形。

在接下來的幾個月裡,邦特蘭內閣被趕下台,大概又有六起左右的海盜事件發生。當地媒體報導「來自索馬利亞加勒穆杜格州(Galmudug)的海巡隊」向被指控非法作業的漁船勒索罰金,這個州就在邦特蘭的南邊。當然了,根本沒有加勒穆杜格海巡隊這種組織,那只是最新形成的海盜集團給自己的命名。要不是我已經習慣了那些在海上自由行動的人——不論是羅伊‧貝茨、馬克斯‧哈德柏格、海洋守護者協會或是魯斯‧喬治——這種肆無忌憚的行為可能會令我大為吃驚。

寫到這兒,或許是我的索馬利亞故事該結束之處。當我離開非洲之角時,我預期我會從報導轉往寫作。我會在接下來幾週的時間試著爬梳我的旅程,更具體地說,試圖搞清楚在邦特蘭的私人保全、偷竊的當地官員及到處搶劫的海上盜匪之中,誰才是真正的海盜。然後,我會盡我所能,把這一切全都平鋪直述地寫出來。

我沒那麼走運。某件事一直困擾著我,而我無法停止發問。我大可以寫出一則好消息變成壞消息的文章,講述一個失敗國家的海上秩序,但是這讓人感到只是片面的,甚至是大事化小的做法。我需要正視的不只是索馬利亞內部的問題,也包括其他國家如何承受、利用,以及經常使得那些相同問題惡化的方式。

這種渴望在接下來的九個月裡困擾著我,也是我搭機前往馬爾地夫、吉布地、德州,然後又回到泰國與柬埔寨的原因。我主要想了解邦特蘭政府如此不顧一切地希望我忽略的泰籍船隻。出於無法完整解釋的原因——或許是內疚與固執——我覺得自己有責任弄清楚在那些船上發生的事,尤其是在船上工作的人。這份工作最糟糕的一部分在於縈繞心頭的感受:你可能正在致力於不幸的性描寫,以及你利用那

麼多邪惡的環節來拼湊成故事，卻幾乎沒有做什麼事來糾正它。我拒絕放下這則故事，有部分原因在於那種揮之不去的感受讓我感到害怕。

在我離開邦特蘭的幾週之後，泰籍漁船停下他們的作業，在波沙索附近下錨。對於邦特蘭在沒有聯邦政府的允許下，就讓這些船在索馬利亞海域作業，摩加迪休的官員愈來愈憤怒。船員們把一些漁獲卸至一艘冷凍貨輪「智慧海洋冰櫃」（Wisdom Sea Reefer）上，它最終會將漁獲載離索馬利亞海域，於越南卸下。泰國政府於是向越方提出請求，在這艘運搬船進入越南海域時，擋下並檢查船上的漁獲與船員，但是越方無視於泰國的要求。

在我離開索馬利亞之後，我和一名線人依然保持聯繫，他認識派駐在泰籍漁船上的私人保全警衛。透過這名線人，我成功地讓其中一名警衛偷偷地挾帶一部手機登上在海上群聚錨定的多艘泰籍漁船之一。他開始傳送一些照片和報告給我，可看出船員與工作環境。另一名在邦特蘭政府工作的線人也提供我一些重要的文件，包括漁獲報告、船籍登記紀錄，以及邦特蘭政府發出的漁業執照影本。

不過，在這場報導中更大的突破是取得另一支手機的電話號碼，大概有十幾名在索馬利亞七船幫上工作的人都是利用這支手機祕密地和他們的家人聯繫。由於用完了手機預付金額，這些人變得安靜。我介紹了一名人權律師給我在波沙索的一位朋友，他知道如何匿名透過網路從遠端為手機帳戶加值。這名律師匯錢至手機帳戶，這些人又可以開始傳訊息給他們的家人。在漁民們的允許下，我終於加進了他們的訊息圈中。

從這個複雜的訊息管道中，我開始拼湊出索馬利亞七船幫上情境的初始樣貌。它們一同下錨於距離波沙索港口約兩浬之處，這七艘船上大約有兩百四十名柬埔寨人和泰國人。一名在當時造訪過其中幾艘船的邦特蘭漁業部官員告訴我，這些男子不停地工作（他估計一天工時達二十小時）。在冷凍櫃裡工作的人因為衣著不當而起凍瘡，他說

道。其中一名柬埔寨水手神智出現問題。「他只是坐在角落自言自語。」另一名柬埔寨人寫道。大多數時候,其他人會在傳出去的訊息中請求回家。「這是要來救我們的嗎?」其中一名船員在看到直升機於附近盤旋時,如是寫給他的家人。

泰籍漁船間歇性地透過自動識別系統傳送它們的位置,而在某一刻,我注意到其中一艘船「查差娜薇35號」駛離了索馬利亞海域。我觀察了一兩天之後才發現,它顯然是在朝泰國前進,大約還有三千浬遠。我警示一名在泰國政府工作的線人,告訴他有關這艘船可能從事非法捕撈與虐待漁工的情事。這名線人是泰國總理的反人口販運顧問,他精心策劃了與八名泰國皇家警官和六名海軍官員登上「查差娜薇35號」的計畫。為回報我和他們分享我的調查情報,泰國政府同意讓我派出自己的調查員,當泰國官員拘捕那艘船時可以一起登船,那麼我就可以從遠端獨立訪問船員。

五月四日深夜,「查差娜薇35號」進入泰國海域,設定航線前往沙目沙空的大今聯合港(Thajeen Union Port)。此時,這艘船已經關掉它的自動識別系統,所以泰國政府派出一架直升機與飛機搜尋船隻。找到它時,一艘海軍艦艇受指示出發,趕在船隻抵達港口前攔截。十四名官員和我的調查員接著從離岸好幾浬之處登船。

船員們顯然是受過指示。我的調查員進行訪問時,所有船員皆以似乎經過排練的說詞回答。他們簽過同意工作的合約;他們的薪水總是全額定時發出;船上的伙食與條件良好,他們說道。不論是政府的巡檢員或是我的調查員都不相信他們話,但是要在他們的故事中找到漏洞是困難的。一切都很好,船員們堅持。直到五月五日大約早晨六點,一名柬埔寨人向我的調查員做出手勢,他想要私底下談談。

「這一切都是謊言。」名為基亞(Kea)的柬埔寨人低聲說道,當時其他漁工就在附近的甲板上睡覺。他解釋說,在他們進入泰國海域前幾個小時,「查差娜薇35號」的船長接到一通手機來電,提醒他留意,

政府的人會登上他的船。船長把船員們叫進甲板下的一個房間裡，指示他們回答問題的方式。基亞表示，他打破腳本是因為他的兄弟還被困在另一艘停泊於邦特蘭外海的泰籍漁船上。他解釋說，其他人擔心會收不到雇主積欠的薪水，所以不太可能說出實情。

在基亞坦承之後，我的調查員向泰國官員更新資訊，基亞立刻與其他船員隔離開來。其他水手被告知，基亞因為腎結石與膀胱感染，夜裡被送進醫院了。事實上，泰國政府把基亞移送至巴吞他尼（Pathum Thani）的一處庇護所，我在一個月後去拜訪他。

基亞看起來就像是你可能會在金邊市中心的購物商場看到的高中生，在他一頭烏黑的頭髮上，挑染了一些線條。二十四歲的他，身高五呎四吋，肌肉發達，前臂與腿上都有刺青。他告訴我，索馬利亞七船幫的船長偶爾會毆打船員。如果他們認為有人偷懶，就會扣住食物和藥品不發，他說道。有些柬埔寨人在應徵工作時被告知，他們只會在泰國海域工作。當他們發現自己的船是要前往索馬利亞時都嚇壞了，基亞補充道。

在我訪問過基亞之後的五個月間，泰國政府試圖設法救出在索馬利亞七船幫上的人，但是本來應該是明確的執法案件，卻演變成了爭執與反抗的一團爛泥。這個糟糕的困境深深地令我感到焦慮，但是它也清楚地突顯出索馬利亞的內部問題與外在世界交錯，尤其是海洋如何在混亂盛行之處變得更加無法無天。

摩加迪休的官員聲稱，他們無法救出索馬利亞七船幫上的人，因為他們沒有可以開到波沙索的船。我知道還有其他影響因素。最重要的是，聯邦政府不想跟邦特蘭這個最棘手的自治區作對。若是這麼做，可能會導致一場與當地軍力如邦特蘭海洋警察部隊和SSS的武裝衝突爆發，而這些軍力只聽命於邦特蘭總統，也就是保護泰籍漁船且從中獲利的人。這種衝突對於摩加迪休來說不會有好下場。即便是摩加迪休政府，他們也不清楚邦特蘭實際上在其近海地區掌握哪些權力。

一開始，來自反海盜同盟的歐洲與亞洲軍艦在索馬利亞海域上巡邏，其官員聲稱他們無法救出船員，因為他們並未被授權處理非法捕魚問題，便沒有合法權限介入。然而，經過與泰國政府接觸之後，歐盟官員表示，若是摩加迪休的聯邦政府以書面寫下索馬利亞七船幫曾進行非法捕魚作業，他們或許可以派出一艘軍艦介入。

這個來自聯合軍力的文件要求應該是簡單的事，因為索國聯邦法律明確禁止外國船隻在泰國漁船正在作業的海域拖網捕撈，而且邦特蘭發出的執照也不是合法授權的。然而，當事情涉及明文寫下他們的非法聲明時，摩加迪休的官員顯然極度三心二意。某一週，一名聯邦官員分別寫訊息給泰國官員與我，表示這些船隻是非法的；下一週，另一名索馬利亞官員又會寫出相反的聲明。同時，所有這些官員唯一的共通點──不論是邦特蘭還是摩加迪休的官員──對於外籍漁船入侵他們的領海進行偷竊感到極度憤怒。

其他的障礙也同樣地令人苦惱。因為被困在漁船上的人是柬埔寨籍，泰國政府請求柬埔寨政府協助策劃救援行動，但是這些請求大多被忽視。當美國國務院官員要求泰國政府定期向他們通報最新情勢時，美方又不願意進一步介入。與此同時，泰國政府努力搜集足夠的證據以對船東施加壓力。他們也試圖避免（但沒能成功）讓聯合國毒品和犯罪問題辦公室（UN Office on Drungs and Crime）與其人質談判專家為說明該辦公室最近的努力，而在網路公告中對外釋出受困船員的資訊。這樣的訊息漏洞等同於向船東通風報信，讓對方知道自己不只是因為非法捕魚而遭受調查，人口販運也是其中之一。

七月，出於擔憂這些船隻會永久關閉自動識別系統詢答機，就此與他們的俘虜船員消失在國際公海上，泰國政府透過國際刑警組織發出一份公告，請求各國政府若是發現任何一艘索馬利亞七船幫的船隻出現在他們的港口，務必通報泰方。其中兩艘船迅速地駛離索馬利亞海域，消失了好幾個星期，才在伊朗海域重新現身，全球海員工會國

際運輸工人聯盟官員告訴我，泰籍船東正在設法出售船隻或是更改船籍。

　　由於這些船隻懸掛吉布地的船旗，該國的船籍登記處可以命令這些船回港接受檢查，以解決危機。吉布地有權基於對船員的擔憂以及該船的作業合法性這麼做。泰國政府正式提出要求吉布地發出命令。然而，該國卻是立刻取消這些船隻的船籍以求脫身。我曾經見過這種做法：當海洋守護者協會在追捕國際刑警組織通緝的非法漁船「雷霆號」時，奈及利亞就是以這種方式處理類似的要求。這個動作進一步證明了，權宜船旗的概念做為監督主體只是完全的虛構情節。

　　泰國拖網漁船何以懸掛吉布地船旗的故事背後，也具有啟發性。它展現出船舶經營者如何在世界各地尋找價格最低且規範最少的登記處。早在我注意到這些泰國拖網漁船之前，它們的船東已於二〇一六年八月撤下泰國船旗，主要是不想遵守泰國政府為了避免海上奴隸與非法捕撈而新頒布的嚴格規定。這些船隻的運營商不是唯一想要逃避泰國監管的人。在泰國政府對於遠洋船舶執行較嚴格的規範之後的幾年，該國每一艘五十四呎的遠洋漁船都撤下了泰國船旗，大多數改掛阿曼、伊朗、緬甸或其他國家的旗幟。

　　為了決定懸掛那一種新船旗，索馬利亞七船幫的運營商請吉布地登記處的官員飛到曼谷，招待他們飲酒作樂以討論合約條件與價格。泰國運營商很快地便同意支付八萬美元以獲得為七艘船掛上吉布地船旗的權利。做為套裝合約的一部分，泰國運營商也獲得在邦特蘭作業的臨時漁業執照。吉布地船籍登記處的官員跟我回溯細節時說道，他不確定邦特蘭漁業執照是否為真。我告訴他，即使吉布地有權提供這種額外好處，我也不再了解邦特蘭漁業執照的「真實性」為何，因為至少根據摩加迪休的索馬利亞聯邦政府所言，邦特蘭不能核發這種執

照。這一切都相當超現實——我感覺自己彷彿回到西蘭公國的那場報導，當時我必須盡力分辨出虛幻的複本與可疑的原作。

當然了，這些背景故事對於被困在波沙索外海的柬埔寨人來說都不重要。當索馬利亞、吉布地、泰國與聯合國的人互相通信，試圖找到解決辦法時，在這些船上的人仍持續透過緊急簡訊求助。「爸，請把消息傳出去，我擔心他們會傷害我。」其中一名男子寫道。另一名柬埔寨人則在訊息中形容大副毆打他之後的情形，「他們拒絕提供藥物給我們。」他又補充說，「這就像是在地獄裡，雖然我們還活著。」

日復一日，我收到愈來愈緊急的訊息。其中一名船員傳來一段影片，他壓低音量地說，代表泰籍漁船運營商的幾名男子來到船上警告這些柬埔寨人，如果他們不簽署文件聲明這些船上沒有虐待情事，他們就會被殺害。「我們不要討論過去了，」在那段寄給我的影片中，可以看到造訪其中一艘船的船公司代表對船員們說道。「我們來討論未來吧。」

某一天，另一封簡訊與一張令人震驚的照片一起傳來。照片中，一名柬埔寨男子在一處鄉間小屋裡，整齊地穿著一件白色有領的短袖上衣以及花色圖樣的短褲，卻是吊死在一塊紅色絲質的簾布前。寄照片來的人是男子的親戚，根據他們的說法，這名男子是其中一名在「查帕塔娜51號」工作的船員父親。這名男子的妻子也對於兒子被俘虜的處境感到絕望，不久前曾試圖上吊自殺，但是被鄰居救下來，親戚說道。

我轉述了自己從泰國警方與反人口販運單位那兒得知的消息，同時也要求聯合國、索馬利亞與吉布地當局提出他們的計畫。大多數時候，我的問題皆未能得到回應，除了泰國政府。對我來說，這些男子如此明顯地急需救援，卻沒有人能夠或願意護送他們逃離，這個情況似乎太難以理解了。到了二〇一七年九月初，七船幫中只剩下兩艘還定錨於波沙索附近。其他船隻都從雷達上消失了，船員們的命運也無

從得知。

　　九月十日下午，七船幫上的一名船員通知泰國政府，十八名柬埔寨水手被帶下船，送至波沙索機場，正在返回柬埔寨的途中，於是泰國警方趕到金邊與他們會面。這些男子於杜拜轉機等待時，一名公司員工發給他們每人兩萬泰銖（約六百二十五美元），要求他們不要對泰國或柬埔寨警方提及任何負面經驗。這名公司員工就是之前從索馬利亞寄來給我的影片中，吩咐船員不要討論過去的人。

　　有些人收下了錢。一名船員收到了三十萬泰銖（約九千三百八十美元），因為公司的人知道他曾經在臉書上跟他的太太提過船上的虐待情事。他拒絕了這筆錢，並且在之後與泰國警方的對談中證實了基亞曾經告訴我的情形。我後來得知，這群柬埔寨水手之中，有一人回家之後上吊身亡。鄰居表示，這名水手在得知妻子於他被俘虜期間離開他之後，便陷入極度沮喪的狀態中。

　　兩個月之後，十一月十三日，另一群二十九名全部都是泰國籍的船員飛離波沙索，前往曼谷。再一次，大多數的人告訴警方，他們對於在船上的生活沒有抱怨，除了待在海上的時間實在太長，以及公司在他們抵達索馬利亞海域之後不久，就不再將薪水支付給他們的家人。

　　泰國政府持續積極地追捕索馬利亞七船幫，他們相信其中一定有違反人權與非法捕魚的情事。最終，泰國政府沒收了「查差娜薇35號」，也就是我的調查員和警方於二〇一七年五月登上的那艘船。在沒收當時，船上有大約五百噸的冷凍漁獲，價值約一千四百萬泰銖（約四十四萬美元），種類包括價值不斐的短鮪（大目鮪），保育類珊瑚礁魚種如鸚哥魚、鱗魨、鯛魚、石斑魚以及秋姑魚，還有烏賊、魟魚與鯖魚。

　　至此，我頗驚訝泰國當局仍在追查這起案件。政府花費大量金錢與數百小時的人力追查這些船，而且不是因為他們在海洋法的規範下有責任這麼做。畢竟，索馬利亞七船幫是由一家登記在海外的公司所

經營。他們掛的船旗不是泰國，作業的地點在泰國海域之外，而且船員們大多不是泰國籍。

要精確辨識出泰國政府的動機並不容易，但我的直覺是，泰國當局想要避免更多與海上奴隸相關的糟糕新聞。他們顯然也想要對遠洋船隊的船東們傳達一項訊息，即他們打擊虐待勞工與非法捕魚的態度是很嚴肅的，即使是懸掛其他國家船旗的泰國人所有船隻也不例外，就如同索馬利亞七船幫的案例。

我在索馬利亞所遇到的貪污官僚和外國非法捕魚者的動機就比較好解釋了。一如在陸上的情況，海上罪行的動機是金錢，而不是自身的墮落。遊輪傾倒廢油至海中，不是因為他們厭惡地球或是熱愛污染，而是因為這麼做的成本要比合法處理來得便宜。偷渡者被放逐在木筏上漂流、海員被拋棄，以及漁工被合約奴役，都是因為其他做法要昂貴得多。在索馬利亞，既不是娛樂，也不是愛國主義，而是金錢在驅使著海盜登船、鼓舞警方去抓非法漁獵者，或是促使政府官員發出假的執照。同樣的道理，吉布地並不是因為同情欲規避泰國新法的船舶運營商，才准許這七艘拖網漁船改掛該國船旗。吉布地只是為了抓住一個賺錢的商機。

我在索馬利亞的報導沒能達成我預期的結果。或許我早該知道。說真的，誰會去一個失敗的國家尋找好消息呢？從我踏上摩加迪休的那一刻起，我的記者羅盤就已經停止轉動，我勉強地去找出誰可以相信，以及在諸多巡邏海域的武裝團體之中，誰才是正義的陣營。

正義以某種方式，開始找上這些在索馬利亞海域非法作業的泰籍拖網漁船。一月二十三日，泰國檢察官以非法漁獵的名義起訴桑素勤家族成員，並且沒收「查差娜薇35號」上的漁獲。由於這些魚是非法捕獲，泰國當局不能將之出售，他們隨後努力尋找任何願意收下這些魚的慈善機構或是其他國家。

與此同時，泰國政府每個月大約花費兩萬美元將這艘船扣押在港

口裡，以及將漁獲庫藏在冷凍庫裡。為了起訴船舶運營商與人口販運者，泰國國選律師和調查人員也竭力爭取柬埔寨、吉布地與索馬利亞的合作。很顯然地，這顯示出為何各國政府在此類案件中寧可選擇別過頭去。

我花在海洋騷亂上的時間逐漸使得我對於荒誕現象形成健康的態度，但是這些被扣押漁獲後來的結局，卻是不尋常的諷刺。三年前，我針對被囚禁的柬埔寨水手朗隆的困境所做的報導，刺激了泰國官員試圖說服我，他們正在打擊海上奴隸。如今，隨著索馬利亞七船幫的案件逐漸明朗，泰國政府積極地嘗試起訴船舶運營商，而這些船上以不正當手段取得的漁獲卻被困在冷凍庫裡，而且代價高昂，做為關鍵證物，它們被禁止拍賣、贈送或是拋棄。

除了寫成一篇長文之外，我無法或是不願意放下這則故事的心態，也形成了一項核心的報導難題，而且這個心態讓我沒有可以逃脫的出口。在我強迫自己停止報導索馬利亞七船幫的三個月後，我接到一名線人來電告知，這些船又更改了船籍，而且重新命名，但基本上還是由相同的泰國家族所持有。新一批遭到販運的柬埔寨男子如今再被困在邦特蘭外海，線人說道。於是我重新拾起報導，把我的新發現透過推特發布出去。

這種虐待與濫用的循環就像是舊瓶新裝，同樣一則反覆述說的老故事變成了新的故事。在這一起事件、在每一起事件，因為故事始終都還在進行中，所以感覺都像是新的故事，而且至少對我來說，這則故事透露出了結局的不確定性，以及我或許可以影響結局的希望。我不確定該如何擺脫這種循環，但是我說服了自己接受這個想法：比起反覆述說一則虐待的故事，更糟糕的是完全不述說它。

更簡單地說，我自問從非洲之角附近的法外之海學到了什麼，而我得出了不同的答案。我曾經看過索馬利亞如何淪為非法漁獵的受害者，但是我也體驗過索馬利亞與邦特蘭政府如何在這些罪行中深刻地

串通一氣。當地反海盜的警方與漁業管理當局不只是解答，也是問題的一部分。我也發現還有更多海上奴隸與非法漁獵的行為在泰籍船隻上發生。然而，我同時也見證到了，泰國政府如何做為唯一頑強地試圖解決案件的一方，即便在海洋法的規範下，責任歸屬至少涉及其他數個國家──包括吉布地、柬埔寨與索馬利亞──但是這些國家實際上根本沒有做出任何協助。

追捕獵人
HUNTING HUNTERS

> 海洋
> 不是一個地方
> 而是一項事實，以及
> 一件祕密
> ——瑪麗·奧利弗（Mary Oliver），《波浪》（*The Waves*）

　　二〇一六年十一月十八日，一群婦女帶著懷中的幼兒，向著正在駛出日本下關市港口的船隻揮手。這是一支小型艦隊，正要前往南極洲，而領頭的是一艘名為「日新丸號」的海上屠宰場，正要前往獵捕小鬚鯨。「日新丸號」的船身長四百呎，隱約可見船上載著較小型、較快速的魚叉。這是為人所知的捕鯨工廠船，配備了特殊的鐵製滑道以便將捕到的鯨魚以絞車吊上一個木製的解剖平臺，船員們在此快速地將獵物切成塊狀，再透過輸送帶送到甲板下方，以加工處理魚肉、冷凍與裝箱，準備出售。在船身的兩側，粗體大寫字母印著「研究」（research）一詞。

　　「日新丸號」的狩獵是團隊合作，由一小群船隻跟著做為海上工

「日新丸號」

廠的「母船」一起行動。這個船隊中包括了三艘魚叉船、一艘油駁船、一艘保安船，以及一艘小型的磷蝦觀察船，以搜尋鯨魚吃食的這種迷你甲殼類生物。在一九五〇年代，南極洲約有超過五十隊的捕鯨工廠船在作業，大多來自日本、蘇聯與挪威。到了二〇一七年，只剩下「日新丸號」。這艘船以工廠般的效率進行其可怕的工作：它的船員約有八十人，可以在三十分鐘之內屠宰一頭二十噸重的動物，去掉皮骨，並且拋棄將近一半的無用殘骸至海中。

　　在日本捕鯨船離開港口後不久，兩艘海洋守護者協會的船隻也從澳洲啟程，他們就是我在二〇一五年報導「雷霆號」時的海洋環保組織。這兩艘船也朝著南冰洋前進。就跟前幾年一樣，海洋守護者協會計畫橫掃南方海域，尋找日本船隊。這些海洋倡議人士打算阻止魚叉船把漁獲搬到「日新丸號」。他們會以任何可能的手段來阻止獵捕行動。

在過去十年間，海洋守護者協會與日本的捕鯨船每到狩獵季節就會引發爭論，甚至升高成暴力事件，使得這場毫不留情的鬥爭成了年度儀式。日本船員利用閃光彈、催淚彈和聲波炮來防禦他們的船；海洋守護者協會則會丟擲煙霧彈，以及會爆炸的漆彈和發出惡臭的化學物質。兩邊陣營都布署了推進器破壞裝置（prop fouler），包括長型鋼製纜繩或是塑膠製多節線圈，用來纏住船隻的推進器與舵槳。雙方也都會瞄準對方的煙囪發射強力水炮，水柱會沿著煙囪流進船隻的輪機室。輪機室一旦淹水，船隻就會減速，但也可能導致在裡頭工作的人遭到電擊。

一艘海洋守護者協會的船舶配備了一部客製化的裝置，稱作「開罐器」。它是一種銳利的工型鋼，從船的右舷伸出去，可以用來破壞或刺穿對手的船殼。在襲擊過程中，海洋守護者協會的船員乘坐快艇跟著「日新丸號」前進，並且以釘槍快速地將船舶本來用來排掉鯨魚血的排水口封住。日本人則會以水炮回擊，將綁在長繩上的爪鉤丟向海洋守護者協會的小艇，企圖把小艇弄翻或是鉤壞。沒有人在這些衝突中喪命，但是許多人相信那只是遲早的事。

兩邊陣營都有陳腐的論述來捍衛自己的行為。儘管目前全球禁止捕鯨，日本人聲稱他們的狩獵行為是科學活動的一部分，為的是搜集數據以證明海洋中的鯨魚數量充沛，不會滅絕。海洋守護者協會承認其衝撞日本船和阻擋去路的做法是違法行為，但是該組織聲稱其行為的正當性來自於各國政府未能明確執法以保護鯨魚與其他海洋生物。

雖然在海洋守護者協會與捕鯨船之間的衝突已經成為例行公事，二〇一六年的情況卻不太一樣。國際法院已經命令日本人停止在南極洲的捕鯨活動，這艘全球僅存的捕鯨工廠船卻無視此一命令。營運捕鯨船隊的日本鯨類研究所（Institute for Cetacean Research）只是重新命名這趟航程，以科學之名宣稱會在這個冬天捕殺三百三十三頭鯨魚。經過一場陸上派對與碼頭上的溫馨歡送之後，「日新丸號」船長駕著母

船一路南行,關掉定位發送器讓船隻從雷達上消失,乘風破浪地朝向地球的末端前進。

〜〜〜〜〜〜

到了二〇一六年,海洋守護者協會與日本捕鯨船之間的暴力衝突衍生成了不只是一種緊張的戰鬥與高風險的意識形態衝突。在南極洲的挑釁劇情激起了關乎海洋命運的更大問題。

如果沒有人在南極洲執行反捕鯨或是反騷擾的法律,當國家或企業開始在那裡非法開採礦產或是傾倒廢棄物,會發生什麼事呢?若是入侵者將其行為單純地稱為研究,例如加拿大外海的鐵質施肥,這是可以被允許的嗎?若是相關當局不確實執法,留待海洋守護者協會這類自願者或自任為正義使者的團體處理,而它們的數量不足時——這個地球的極圈是否會變成無法可管的無人之境,被所有人宣稱所有,卻沒有人治理?

海洋守護者協會擅於將論述設計成對自己有利的藝術,所以它通常是出現在正義的一方。我試圖檢閱它過去精明的詞藻與聰明的品牌形塑絕技,使我想起了這個組織也有飽受批評的一面,而且那些論點值得正視,尤其是對於海洋守護者協會的偽善、自我推銷,以及經常性忽略其所經手議題的枝微細節等的挑剔。儘管如此,我也並非對於其好人般的魅力免疫。而且我承認,本書許多章節中所涵蓋我對於該協會在世界各地追逐的報導,讓我得以某種程度上暫時地逃離自己所生存的這個世界的陰暗面。

海洋法確實是存在的,但是經常使人感到困惑,充滿矛盾且混亂。此外,海上也存在著令人吃驚的司法空隙——儘管我們清楚且明顯地需要法治,海上世界仍然缺乏必要的法律。這就是為何在海上發生那麼多不法事件,因為要鑽法律漏洞太容易了,尤其在根本無法可管的情況下更是易如反掌。然而,海洋守護者協會不只是為了執法

而追逐不法分子，也是為了展現魄力。這個組織用來破壞船隻的「開罐器」象徵著它對於海洋法的觀點，及其不辯解地自行處理問題的計畫。在海上，海洋守護者協會將自己視作司法長官的代表，不論是對是錯，它至少對於自己的意圖很坦白。我為本書所進行的大部分報導工作，都涉及那些經常混淆自己真實目標的人。不過，海洋守護者協會並非如此。

對我來說，捕鯨也是我總結對於法外之海的探索的一種方式。一九七五年，綠色和平組織首次發起反捕鯨運動，其「拯救鯨魚」的口號讓海洋保護主義的號角響起，這是早期喚起大家注意到在地平線遠方一切都不對勁的領頭羊。然而，儘管成功地扼止了捕鯨業擴張，「日新丸號」的捕鯨行為仍然存在於國際水域上——縱然它打著研究的旗幟——這種文化上的固執，源自海洋被視為無盡的恩賜，人們仍相信海洋存在著天賜的豐富資產，取之不盡、用之不竭。

捕鯨是一項古老的傳統，但是「日新丸號」在近代屠殺鯨魚的做法大多仍神祕而不為人知。少數人們所知的資訊來自一位名叫馬克·沃提爾（Mark Votier）的英國人，他是首位、也是唯一獲准登上該船同行的外國記者。一九九二至一九九三年的捕鯨季期間，日本鯨類研究所准許他登船五個月，拍攝任何他想要記錄的畫面，只要他的鏡頭不包括船上任何「不堪入目」的任務。

為了找尋他們的獵物，捕鯨船會利用各種不同的資料來源，包括公開發表的研究內容，關於鯨類遷徙的路徑、被裝上衛星追蹤器的動物所留下的歷史移動軌跡、餵養磷蝦的區域海圖、搜集人們目睹紀錄的網站，以及船上配備的聲納系統。與「日新丸號」一起航行的觀察船也扮演了先遣部隊的角色。

沃提爾在船上期間，曾經目擊了三十次鯨魚被魚叉刺中的畫面，而他的影片顯示出，利用魚叉捕獲之後，「日新丸號」的船員會把一息尚存的生物拖上甲板，開始進行「二次殺害」（secondary killing）。十

幾名男子圍著這頭巨大的生物，通常牠還在痛苦地跳動著，其中一人會以刺針戳進牠的體內，電擊至死。男人們接著測量鯨魚的體型，揮舞著如劍一般長的屠刀，切開重要器官以及一些脂肪，丟進桶子裡。剩下的部位就被切成如人體軀幹一般大的塊狀物。大約六人負責擦淨血跡，其他人則將卸成塊狀的鯨魚肉丟上傳輸帶，送到甲板下方冷凍與裝箱。在一個豐收的日子裡，他們可以處理高達二十多頭鯨魚。

在沃提爾觀察遭到殺害的鯨魚中，大約超過半數是在被吊上船之後電死。一般來說，電流需要八分鐘致使鯨魚動彈不得，但是整個過程會花上二十三分鐘才能殺死一頭鯨魚。當沃提爾回到岸上之後，他說，那些在他看來像是虐待的畫面不斷地糾纏著他。他很快地發表了幾乎所有的影像紀錄，尤其包括那些「不堪入目」的資料。鯨類研究所隨後控告他，要求三百萬圓的賠償，當時約等同於四萬五千美元，以做為他違背合約規定的違約金。沃提爾拒絕支付這筆罰金，並且誓言再也不會踏上日本土地，以免遭到起訴。

自從這起令人尷尬的情節之後，日本捕鯨業便強烈地捍衛其隱私權。在船東曾經公開提及有關其捕鯨手法的少數內容中，其中一項是他們不再使用電擊法，轉而改用獵槍。為了避免被媒體或是海洋守護者協會這類倡議團體追蹤，日本人不再開啟自動識別系統。然而，海洋守護者協會大約知道什麼時候該出航，因為「日新丸號」的船東會在啟程之前舉行廣為宣傳的派對。

海洋守護者協會將二〇一六年的這項任務稱作「復仇女神行動」（Operation Nemesis），以希臘神話中代表無情的正義女神涅墨西斯為名。海洋守護者協會派出了它的旗艦船「史蒂夫厄文號」，十二月三日從墨爾本出發。「厄文號」的直升機停機坪上，有架休斯300（Hughes 300）的偵察直升機，名為「藍色大黃蜂號」（*Blue Hornet*）。在往返一百六十浬的航程範圍內，這架直升機可以在良好的氣候條件下，於空中逗留四個小時左右。建造於一九七五年的「厄文號」，船

身達一百九十五呎，船體漆上藍色、黑色與灰色，並且覆上海洋守護者協會的標幟──一個骷顱頭，下方是一支三叉戟與牧羊人的長棍交叉著。這艘船的命名是為了紀念一位澳洲環保人士，他在電視上是廣受喜愛的人物，於二○○六年的一場潛水行動中被一隻魟魚刺穿心臟身亡。

　　與「厄文號」同行的是另一艘海洋守護者協會的船隻，一百七十五呎的「海洋勇士號」（*Ocean Warrior*），這是一艘新造且異常快速的巡邏艦，資金來自荷蘭、英國與瑞典的彩票收益。「勇士號」於十二月四日駛離澳洲唯一的島州塔斯馬尼亞（Tasmania）的霍巴特（Hobart），開啟它的處女航程。「勇士號」的航速可達三十節以上，足以超越最高速十六節的「日新丸號」，而且它的魚叉船最快也只有二十三節左右。「勇士號」還配備了一門亮紅色的水炮，側邊寫著「讓盜獵者留在海灣裡」（To keep poachers at bay）的字樣。這門水炮每分鐘可以噴射超過五千加侖的水，其威力大約是一架標準消防車水管的四倍，射程可達兩百呎以上，而且還能傷害皮膚，或是擊倒一個人。

「海洋勇士號」

　　對於海洋守護者協會而言，這項任務最困難的部分單純是要找到「日新丸號」，因為它的捕鯨範圍相當於一個澳洲的大小。在每一場行動前夕，海洋守護者協會試圖縮小搜索範圍，專注於找到捕鯨船的機率較大的區域。海洋守護者協會的成員會研究浮冰移動的途徑，以及歷史天氣圖。他們也會閱讀有關鯨魚捕食的磷蝦遷徙路徑的學術研究論文，還有捕鯨公司所發表的有關前一年捕鯨成果的報告。

　　為「勇士號」掌舵的是一名五十三歲的前汽車技工暨包船船長，來自加州內華達市的亞當・梅爾森（Adam Meyerson）。「厄文號」的船長則是身高六呎、嚴肅的前荷蘭海軍上尉韋安達・路布林克。在這兩艘海洋守護者協會的船隻上，共有五十名船員，男女比例平均，分別來自澳洲、德國、法國、英國、奧地利、西班牙、加拿大與美國等國。我認識梅爾森與路布林克，以及這場「復仇女神行動」的多數船員，因為我曾經在二○一五年和他們一同參與「冰魚行動」，當時他們在

來自「海洋勇士號」的海洋守護者協會船員，包括在照片前方正中央、身著黑色長褲的船長亞當・梅爾森。

追捕的是一艘惡名昭彰的非法船隻「雷霆號」，那是名列國際刑警組織強力通緝的非法船隻之首。

　　冰魚行動是海洋守護者協會為對付南極鱈魚盜獵者這類新對手的努力，他們試圖採取新戰術，諸如與漁業公司和警方合作。另一方面，復仇女神行動則是回到倡議團體反捕鯨的根源。一場不滿的競賽，復仇女神行動是海洋守護者協會算舊帳，並且一勞永逸地從此終結日本捕鯨業的機會。然而，事情並未如計畫那般順利。

　　在世界上因為酷寒而無法種植作物或豢養牲畜的地方，早年人類會靠獵捕鯨魚維生與獲取營養。鯨魚肉提供了現成的維生素 A、C、D，以及菸鹼酸、鐵質與蛋白質。後來，鯨脂又被用來製成高價值、耐燒且相對乾淨的燃油。將近兩百五十年來，鯨魚油做為國際貿易的主要商品，對於殖民時期的美國尤其重要，許多捕鯨船都是美國人所經營。一八四〇年代，當赫曼・梅爾維爾（Herman Melville）從新貝德福（New Bedford）出海，日後寫成了《白鯨記》這部作品之際，捕鯨業一年可為美國經濟創造一・二億美元的收益，折合今日幣值約為三十億美元。

　　捕鯨是一項危險但高收益的工作。一頭鯨魚能夠創造出相當於二〇一七年幣值的二十五萬美元。這筆收益極少到船員手裡，而在捕鯨船上的工作條件又是極為嚴苛。根據歷史學者布里頓・庫珀・布許（Briton Cooper Busch）的說法，一名捕鯨人可能因為任何事而被戴上手銬腳鐐，從意圖雞姦到「把海豚肉丟下海」而沒吃掉等。平均而言，一趟航程之後會有三分之二的船員逃跑，布許在《捕鯨永遠殺不死我》（*Whaling Will Never Do for Me*）一書中寫到。水手們經常被懲罰的方式是雙手反綁在背後或是頭上很長一段時間，今日的美軍審訊員將這種姿勢稱作「受迫姿勢」（stress position）。布許閱讀了一八四〇年以降的

捕鯨船日誌後,發現有將近百分之十的船上發生過鞭打。

鞭打的典型理由有二。首先,水手們若是不小心發出噪音,以致本應到手的鯨魚逃走,就會遭到鞭打;其次,船長若是發現船員在航程未完成之前,就試圖向外部(通常是宗教人士)尋求援助下船,那麼船員也會被戴上鐐銬並鞭打。這些船上的規矩令我想起曾經在泰籍漁船上看到的勞工待遇。

競爭產業致使美國的捕鯨業衰落。一八四九年的淘金熱潮使得船員們湧向金礦去尋求更好的前景,數百艘捕鯨船於是在舊金山被拋棄。十年之後,西賓夕法尼亞州發現原油,成了捕鯨業的致命一擊。只消一天,一座油井汲取的石油產量可達一艘捕鯨船在海上工作三年的收益,而且成本還比較便宜。

在其他地方,捕鯨業則存活得比較久。從一八九二至一九一〇年,捕鯨貢獻了冰島經濟大約百分之十。全球最大的捕鯨船隊之一則來自於挪威,在十九世紀晚期建有數十個捕鯨站,配備有加工處理的設備。挪威人也發明了一種掛有手榴彈的魚叉,稱作grannathar-pun。它可以在鯨魚體內爆炸,以更有效率的方式殺害這些生物。

日本人捕鯨也有數百年的歷史,大多數時候只在日本近海捕撈。然而,在一九三〇年代,隨著蒸汽船與和大型魚叉槍等先進技術的發展,使得作業範圍與產能跟著大幅提升,日本也開始進入在南方海域的公海作業。二戰之後,該國面臨了戰後貧窮的挑戰,鯨魚肉遂成為日本人飲食中不可或缺的一環,包括做為學校營養午餐的重要食材之一,因為它是便宜的蛋白質來源。到了一九五八年,捕鯨業供應了日本三分之一的食用肉品。

此後,日本政府不斷地強調該國對於捕捉鯨魚的高度挑剔,避免獵殺瀕危物種如藍鯨,而只獵殺數量較充裕的物種如小鬚鯨。儘管如此,聯合國主要環境顧問國際自然保護聯盟(International Union for Conservation of Nature, IUCN)表示,該組織並沒有足夠數據判斷南極

洲的小鬚鯨是否有絕種威脅，而且鯨魚數量在一九七八至二〇〇四年間減少了約百分之六十。「日本政府強力反對不受控制的商業捕鯨活動。」一名日本外交官員在回應有關捕鯨計畫的問題時如是寫道。

在日本社會，捕鯨仍是根深蒂固的傳統，部分原因在於驕傲與官僚慣性。日本政府透過一項計畫來監督捕鯨活動，該計畫有自己的研究經費與龐大的行政組織。若是針對這個行政組織進行瘦身，可能會使得與之相關的官員與政客感到尷尬，也會令其所支持的產業覺得難堪，尤其是如果這種瘦身是來自於海外的壓力。二〇一二年，日本政府補助捕鯨船隊的金額高達每年九百萬美元以上。某些估計指出，日本政府擁有超過五千噸的冷凍鯨魚肉在倉庫裡。

日本對於其捕鯨業的敏感應該要放在更廣泛的背景下考慮，即該國對於海鮮的依賴。日本的人均海產消費量要比任何工業化國家都來得高。對於許多日本人來說，鯨魚只是另一種肉，儘管有顯著的文化重要性。他們質問為何外國人有權對於他們吃的東西持反對意見。畢竟，其他國家的人吃牛肉，但是牛在某些宗教裡是神聖的動物。澳洲人吃袋鼠，英國人煮兔子，中國人吃狗肉。鑒於法羅群島（Faroe Islanders）與因紐特人（Inuits）也還在獵捕鯨魚，何以日本人要特別被挑出來受國際批評呢？

我向梅爾森提出這個問題。我指出，挪威每年獵捕的鯨魚數量要比冰島和日本加總起來還多。「為什麼我們不把焦點放在他們身上？」我問道。海洋守護者協會沒有介入其他國家，因為他們只在自己國家的海域裡作業，梅爾森說道。日本人是唯一還在遙遠的國際海域上捕鯨的。「而那裡是除了我們之外，沒有人監管的區域。」他補充說。

~~~~~~~~

「日新丸號」捕鯨作業的海域是地球上最荒涼也最難抵達的區域。雖然不宜人居，這些南冰洋的水域也是充滿驚奇的地點，擁有一個豐

富的生態系在此繁衍，不輸地球上的任何地方。牠們構成了一個棲地，上頭住著大批皇帝企鵝與阿德利企鵝，還有雙眼如保齡球一般大、在海洋深處依舊能夠看到東西的大王酸漿魷，以及地球上體型最大的動物藍鯨，牠的動脈比人類的頭還要寬大。

南極洲也是一個食物鏈存在的地方，每個生物似乎都在追捕另一個生物的餐食。當日本人在獵捕鯨魚，而海洋守護者協會試圖阻止他們時，鯨魚也會跟蹤捕捉南極鱈魚的延繩釣漁船。在一個稱作掠奪的現象中，鯨魚經常會尾隨著這些船，有時候經過好幾百浬，等待他們的延繩上充滿了漁獲。當船長開始收網時，拉著釣線的絞車引擎會發出獨特的轉動聲。這股聲音對於鯨魚來說就是水下的晚餐鈴聲。在船員們把漁獲拉上船之前，鯨魚就會攻擊延繩，把上頭的漁獲咬個精光。在一個晴朗的日子裡，當水底下的聲音傳得最遠時，鯨魚可以從十五浬外的地方就聽到這個晚餐鈴聲。

在澳洲墨爾本的迪肯大學（Deakin University），有一名研究掠奪的專家保羅·提克希爾（Paul Tixier）告訴我，在南極地區獵捕南極鱈魚的漁船每年因鯨魚攻擊損失的金額可達五百萬美元以上。他形容某位船長在航海日誌上寫到鯨魚的「搶劫」，可透過牠們獨特的膚色、傷口或是鰭曲線辨認罪犯。在南方海域上，漁船船長透過目視即可認出反覆犯案的嫌犯，並且給他們起了綽號如「撕裂者扎克」（Zach the Ripper）與「脫衣舞者傑克」（Jack the Stripper）。

其他地方的鯨魚也會跟蹤延繩釣漁船，包括阿拉斯加、華盛頓州、智利、澳洲與夏威夷的外海。根據一份針對六艘延繩釣漁船的研究顯示，在二〇一一與二〇一二年間，阿拉斯加灣西部的殺人鯨掠奪導致每艘船每天損失約九百八十美元，包括了額外的燃料、船員食物以及時間機會成本等。這個問題在一九九〇年代的阿拉斯加尤其嚴重，當時漁業管理當局把捕撈季從兩週延長至八個月。不同於過去嚴格限制漁船在海上作業的時間，像是漁船們同樣只有兩週的時間卸下

漁貨，漁業管理當局自此允許船長在海上隨意逗留，待多久都可以，等到漁獲達到一定數量時再卸貨。

這種延長捕撈季的做法，目的本是要讓漁船船長減少進行危險的任務，因為過去他們會為了搶時間而冒著惡劣氣候出海。然而，這項政策的一個意外後果是，隨著漁船在海上的時間愈長，鯨魚與這些船隻碰在一起的機率也跟著升高。這讓鯨魚有時間磨練牠們的技巧，精確地抓到搶劫漁船的最佳時機與最適手段。「目前為止，我們還沒有找到有效率的做法來打敗鯨魚。」提克希爾說道。

二〇一六年初，我前往南極圈了解漁民們與鯨魚之間的競爭。我在途中做了一些調查，停留於智利的蓬塔阿雷納斯（Punta Arenas），那是全球重要的南極鱈魚集散地，也是「南極鱈魚合法經營商聯盟」（Coalition of Legal Toothfish Operators）會議召開的地點。這場會議吸引了最遠來自阿拉斯加與法國的經營商。在憤怒與勉強尊重的情緒交織下，Globalpesca SpA公司的負責人埃朵瓦多‧英馮特（Eduardo Infante）說到他對付水下對手的狡猾技倆。

他的三艘延繩釣漁船大約有四十名船員，一般在一月到五月之間於南大西洋上作業。一頭成年鯨魚可以在一小時內搜刮掉一條五哩長釣繩上的所有漁獲。而為了避免牠們自己的嘴巴被鉤到，鯨魚只會咬掉釣鉤下方的魚肉。有時候，整條釣繩只會剩下魚嘴還掛在上頭。更有經驗的鯨魚則會咬著釣繩搖晃，把上鉤的漁獲弄鬆，那麼牠們就可以整尾吃淨。

當鯨食進食時，會發出某種聲音，研究員稱為「嗡嗡聲」（buzz）。當鯨魚掠奪時，這種聲音會更加明顯，等於在暗示附近的鯨群趕緊前來享受吃到飽的大餐。「這就像是跳進一條充滿暴徒的巷弄。」一名福克蘭群島的南極鱈魚船長向我敘說他的經驗。他補充道，在不走運的日子裡，一艘漁船可以被一打抹香鯨和二十頭殺人鯨「襲擊」。

當掠奪發生時，漁船應該如何處置並沒有明確的規則。有些公司

會利用小船去誘騙鯨群，有些會播放重金屬音樂來干擾牠們。還有一些船長曾經試過等待鯨群離開之後再收網。其他船長會在連環襲擊的鯨魚身上裝上衛星追蹤儀器，以躲避牠們的蹤影。若是嘗試跟這些攻擊者比快似乎是無用之功，因為牠們游得太快了。當發現遭鯨群尾隨時，有些漁民會選擇靠近其他船隻，希望能轉移牠們的注意力。

虎鯨是目前為止最糟糕的，英馮特向我解釋道，牠們比較聰明且更堅持。虎鯨又稱作殺人鯨，是地球上最大型的頂尖肉食性動物，意即他們盤踞在食物鏈的最頂端，不會被任何動物捕食，除了人類。殺人鯨以狩獵才能聞名，經常會衝撞抹香鯨，在牠們暈頭轉向之後再吃掉牠們。殺人鯨為人所知的行徑也包括為了讓海豚慢下來而把牠們拋向空中；此外，有時候鯨群會成群和諧地前進，把浮冰上的海豹和企鵝「波浪沖刷」（wave wash）下海。

英馮特憶及在二〇一三年，智利政府將南極鱈魚的可捕撈數量縮減三分之二，這使得鯨魚可以瞄準的漁船數量大幅減少，進而引發鯨群之間的「飢餓恐慌」。那年的捕撈季期間，由於可掠奪的免費餐食減少，殺人鯨變得異常暴躁，因為牠們太餓了，他說道。他的船長以無線電通報岸上，殺人鯨會從海裡跳出來，試圖咬住船艙口開啟處剛釣起來的漁獲，而水手們通常在那裡把魚口中的釣鉤解開。「我的人必須將他們手臂維持在船內，」英馮特說。「當時就有那麼危險。」

英馮特補充說，過去幾年來，他曾試著利用各種類型的聲音設備來抵制鯨群。噪音製造器在頭一兩個星期奏效，但是殺人鯨很快地便開始忽略那些聲音。他還會利用cachaloteras，那是一種小巧的錐體狀漁網，當延繩開始收起且升至較淺的水深處時，這通常也是鯨群發動攻擊的位置，他便會用這種漁網套住漁獲。大多數的鯨魚研究者並不反對這種做法，而這些手段與工具用來制止大多種類的鯨魚還是頗為有效。「只有對殺人鯨無效。」英馮特說道。

了解掠奪行為是很重要的事，因為日本與挪威的捕鯨船以此為他

們的捕鯨產業辯護。他們聲稱，有太多鯨魚在竊取漁民們的生計、耗竭高價值的漁獲，而透過魚又來選擇性獵殺鯨魚，有助於恢復適當的平衡。大多數的鯨魚研究者皆反對這種說法。

離開蓬阿雷納斯之後，我前往卡洛斯三世（Carlos III）這座面積約二十八平方哩的孤島，位於麥哲倫海峽上、智利的最南端。我來到這兒和其中一名鯨魚研究員談話。卡洛斯三世島是受到政府保護的自然保育區，監管一處鯨魚攝食場。南半球的十一月到五月是夏季，此時會有超過一百頭座頭鯨，以及少部分殺人鯨和小鬚鯨來到這個攝食場。

我乘坐一艘名為「塔努號」（Tanu）的三十六呎鯨魚研究船前往這座島嶼，船的名字是源自於塞爾克南（Selk'nam）部落的一項天空鯨魚精神（whale spirit of the sky），這個部落是火地群島（Tierra del Fuego）上幾乎絕跡的一個當地族群。「塔努號」從蓬塔卡瑞拉（Punta Carrera）出發後，繞過南美洲大陸最南端的弗羅厄德角（Cape Froward），並駛過道森島（Isla Dawson）──由於該島的地理位置極度偏僻，奧古斯圖‧皮諾契特（Augusto Pinochet）在一九七三年將薩爾瓦多‧阿葉德（Salvador Allende）政府的四百名公務人員放逐至此。我們接著向西北方航行了九個小時，才終於抵達卡洛斯三世島，而「塔努號」把我放下之後，承諾一週之後再回來接我。

我在島上的基地營度過了寒冷又下雨的日子，在一座二十乘十呎的帳篷裡，我蜷縮在柴燒的火爐旁，與駐紮在這裡的鯨魚科學家弗雷德里克‧托洛－科爾特斯（Frederick Toro-Cortés）談話。托洛－科爾特斯是島上的四位居民之一。另外三人是二十多歲的智利人，負責作飯、囤木材以及更換總是腐爛的木棧道，該道從基地營向內陸延伸一哩遠至山邊一座兼作科學站的小屋。

托洛－科爾特斯表示，過去漁船船長在對付鯨魚掠奪時，會使用來福槍、魚叉與炸藥，或是「餅乾殼」（Cracker shell）與「密封炸彈」（〔seal bomb〕類似於M-80鞭炮的水下爆炸裝置）。有一份研究估計，

在一九九〇年代中期靠近南印度洋上的克羅澤群島（Crozet Islands）附近，這種對付鯨魚的致命手段十分常見，進而導致該海域的殺人鯨數量減少將近百分之七十。

在我前往智利之前，曾經讀過二〇一一年發生在紐澤西州附近的一起射殺鯨魚案。漁船「鮑伯船長號」（Capt. Bob）上的一名船員丹・阿奇博爾德（Dan Archibald）在該年九月上傳了一張照片至臉書，畫面中是一隻掛在魚鉤上、部分軀幹被咬掉的鮪魚。「多謝領航鯨。」阿奇博爾德為照片注解。他的臉書頁面上還有其他子彈的照片，顯然是他用來射殺鯨魚的武器，警方日後在紐澤西艾倫赫斯特（Allenhurst）的海灘上發現那頭鯨魚的屍體被海水沖刷上岸。阿奇博爾德遭到逮捕後，他告訴警方，自己是對著幾頭領航鯨「噴射」子彈；牠們是獵人，就和他一樣是爭奪漁獲的競爭對手。

托洛－科爾特斯說，漁民還是會使用這些暴力手段，但是比起以前少得多了。今日的船長大多只是主張，他們應該至少被允許射殺海獅這種數量更龐大且明目張膽的動物，他說道。相較於英馮特和阿奇博爾德將鯨魚形容成具侵略性的狡猾競爭對手，托洛－科爾特斯皆抱持鮮明的相反看法，他認為牠們只是溫和且無害的大型生物。

某個晚上，我登上山丘至科學站過夜。在這座島上，太陽直到晚間十一點左右才下山；即便如此，由於月光是如此地明亮，四周景色還是發著光而非漆黑貌。我俯視海灣，觀看並且聆聽鯨魚睡覺的聲息——六頭看起來身長約五十呎的座頭鯨浮上水面，間歇地呼出蒸氣，然後又沉到水下幾分鐘。這種感覺彷彿像是我溜進了一群冬眠巨獸的巢穴。

在我離開這座島的最後一天，托洛－科爾特斯拿出一本螢光綠的三環活頁簿，裡頭是在這裡以及在「塔努號」長達十八年的酷寒氣候下所做成的鯨魚紀錄（主要是由托洛－科爾特斯的前任所寫成），大多是關於座頭鯨。活頁簿裡的每一頁都包含了變焦鏡頭下鯨魚的背

鰭、腹鰭或尾部的照片——共有一百八十二頁——還有一些名字如Primo（堂兄）、Mariposa（蝴蝶）和Raspadita（刮刮卡）。如果科學家在不同的年分造訪該地區至少兩次，為一頭鯨魚拍照，從而確立了一部分牠的遷徙軌跡，那麼那位科學家就有權利為那頭鯨魚命名。托洛－科爾特斯還沒能達成這個目標。「這就是我正在進行的事。」他告訴我。我祝他好運。

一個星期之後，我離開了卡洛斯三世島。在我登上「塔努號」準備返回蓬塔阿雷納斯時，我這才對於這座迷你前哨站的與世隔絕，以及托洛－科爾特斯工作上的艱苦緩慢感到驚異。這類研究的步調，尚不論及它對於保護鯨群所扮演的角色，似乎跟不上「日新丸號」工廠效率般的屠宰步調。

一回到蓬塔阿雷納斯，我搭上「北極日出號」前往南極洲。這是一艘綠色和平的船隻，載著一隊分別來自澳洲、美國和德國的四名科學家前往威德爾海（Weddell Sea）與南極半島西側的海域。這塊凸出的陸地指向南美洲。雖然這個區域與日本人捕鯨的海域不同，但我們要前往的是藍鯨、露脊鯨、座頭鯨與小鬚鯨遷徙路徑上的某個標點。

為了抵達南極洲，我們花了將近一週航越以危險著稱的德雷克海峽（Drake Passage），這一帶的水域就在南美洲南端下方，凶殘的海浪與猛烈的狂風在過去幾個世紀以來讓數百艘船隻葬身於此。我們的船搖晃之強烈，使得大多數船員都呈現暈船或近乎暈船的狀態。這也是我第一次幾乎要生病了。我的汗水突然狂冒個不停，但在服下一些暈海寧並躺了一陣子之後，就感覺好多了。某一刻，一陣浪頭打上船舷，我看著一名水手從食堂的一頭被拋向另一頭，就像被一名憤怒的黑武士拋出去一樣。那名水手隨後站起身來大笑，接著走回他原本的路徑上。

「北極日出號」上的國際科學團隊準備向管理南方海域的機構提出申請，也就是「南極海洋生物資源養護委員會」（Commission for the

Conservation of Antarctic Marine Living Resources, CCAMLR）。他們的目標是在南極半島周圍建立海洋保護區，阻止近年來在此急速增加的商業捕魚。

這類捕魚行為大多是為了磷蝦，一種看起來像蝦子的小型水生甲殼類動物，通常只有人類的一根小指頭的大小。生活在浮游生物群之中，牠們群聚起來就大得可以從太空中看見。磷蝦是海豹、企鵝、信天翁、烏賊，更尤其是鯨魚的主要食物來源。做為地球上數量最豐富的生物，磷蝦還沒有滅絕的危險。然而，問題較不在於全球的磷蝦存量，而是鯨魚所在之特定區域的磷蝦數量。在過去十年間，磷蝦捕撈業開始愈來愈密集地瞄準鯨魚遷徙覓食的地區——沿著南極半島西側的冰山與大陸棚附近。一些研究顯示，過去四十年來，這個區域的成年南極磷蝦數量已經減少了百分之七十至八十。

氣候變遷使得浮冰減少，而這是磷蝦躲過掠奪者並進食浮游生物之處。過去十年來，磷蝦被磨成蝦粉以做為豬隻和雞隻飼料的蛋白質來源，在對於磷蝦的需求增加之下，捕獲量在二〇一〇至二〇一六年間增長了百分之四十。從磷蝦萃取出來的油也成為受歡迎的營養補充劑，儘管對於健康的益處仍未獲得證實。

就跟曾經在巴西沿海載我下潛到海底的雙人潛水艇相同，綠色和平組織「北極日出號」的科學家也利用它，希望能搜集智利和阿根廷政府所需的證據以支持他們的提案：在這片海域建立一片十七萬兩千平方哩的保護區。科學家向相關的國際監管組織「南極海洋生物資源養護委員會」提出申請的同時，必須記錄列於該組織指定需要加強保護的海洋生物名單中的某些珊瑚、海綿、海葵和其他物種的存在。

為了成立南極海洋保護區，這群科學家也必須影響那些最大量捕撈磷蝦的國家——尤其是挪威、中國、俄羅斯與南韓。近年來，這些磷蝦船採用一種稱作「連續捕撈」的新方法來大幅提升他們的作業效率，也就是利用圓柱形的長漁網附在水下的真空機上，可以持續吸取

大量浮游生物。

這些機器的效率讓我想起我在離開卡洛斯三世島的鯨魚研究前哨站時，曾經得出的結論。隨著時間的推移，人類從海洋中汲取生命的能力——包括法律上與科學上——已經遠超過我們保護海洋生命的能力。這些抽真空船集中出現在威德爾海上，靠近南極半島大陸棚的區域，也是鯨魚的攝食場。在研究這些船隻的影響時，我感覺自己彷彿在見證南極地區掠奪循環的另一部分。日本人捕獵鯨魚，海洋守護者協會追捕日本人。鯨魚偷走南極鱈魚漁民們的食物，而抽真空船又偷走了鯨魚的食物。

經過將近一週的航行通過德雷克海峽之後，「北極日出號」抵達了滿是高聳冰川的嚴寒水域。科學家們宣布這個位置有機會做為潛水點，因為它擁有豐富的生物多樣性。所以他們準備了潛水艇，而我也穿上潛水衣加入他們。這一次，我誓言不再重蹈覆轍，被幽閉空間恐懼症嚇到，也不再肘擊任何測量計了。一小時之後，我們下潛到了水深七百五十呎處。

當我們在海底上方十呎之處探索時，我們目睹了南極圈生存競爭猛烈循環的另一個例子：掠奪者捕食其他掠奪者。在潛水艇頭燈所照射出的圓錐體燈光下，幾十隻長相怪異、半透明、膠狀的生物在我們周遭蠕動著，牠們是樽海鞘（salp，又稱海樽）。看起來像是氣泡布做成的蛇，樽海鞘藉由將海水打進體內來推動自己前進。牠們的數量多得令人驚奇，有一些長達五呎。對於科學家來說，這是令人擔憂的，因為牠們會吃浮游生物，那是磷蝦賴以生存的食物來源。由於海水暖化導致樽海鞘大量繁殖，意即氣候變遷可能引發失衡的危險，導致食物鏈顛倒成對鯨魚造成潛在可怕後果的情況。「看來，抽真空船不是唯一威脅到鯨魚攝食的東西。」潛水艇駕駛員肯尼斯・洛伊克（Kenneth Lowyck）說道。

　　鯨魚和其他海洋生物有許多不同之處。一個重要的差異在於鯨魚
很少交配,也就很少產出後代。一頭母鯨平均需要二十年才能養育出
一頭成年的母鯨後代。這是為何估計在過去一個世紀以來,遭到殺害
的鯨魚有兩百九十萬頭會如此地令科學家擔憂,而這些鯨魚多半是死
於捕鯨船下。

　　這些擔憂促使了十五個國家於一九四六年簽署了一項協議以減
緩殺戮的速度,並成立國際捕鯨委員會(International Whaling Commis-
sion),旨在規範捕鯨業。一九八〇年代,該委員會祭出一項禁令,嚴
格禁止商業捕鯨活動。然而,這項禁令存在著一個漏洞:與科學研究
相關的捕鯨活動不受此限。多年來,日本做為這項禁令的簽約國,便
聲稱自己是在這個例外情況下繼續捕鯨。

　　二〇一〇年,在反捕鯨人士的刺激下,澳洲挑戰了日本的做法,
把這個議題提交到國際法院上討論。澳洲主張,日本所謂的科學捕鯨
計畫是一項非法詭計。在澳洲提出做為支持其主張論據當中,包含了
大量鯨魚肉最終出現在日本餐廳的事實。

　　二〇一四年,國際法院以十二比四做出裁決,命令日本停止在南
冰洋捕鯨。日本於是立即取消其二〇一五年的捕鯨季。但是,到了二
〇一六年,日本政府宣布將捕鯨計畫更名為「NEWREP-A」,全名是
「新南冰洋鯨魚類科學研究計畫」(New Scientific Whale Research Programi
in the Antarctic Ocean)。在這項新計畫下,日本會縮減獵捕小鬚鯨三分
之二的數量。當局並補充道,「日新丸號」和支援它的船隊已取得一
項新的科學許可證,以便回到南極洲作業。為了避免更多法規上的頭
痛麻煩,日本政府亦通知聯合國祕書長潘基文(Ban Ki-moon),這項
捕鯨計畫將不再服膺於國際法院的司法管轄權下。

　　日本人做出了厚顏無恥的一步,而反對捕鯨的批評者也視之為國
際公海治理遭到破壞的證明。如果各國可以在不喜歡管理機構的裁決
時,便輕易地退出,那麼監管的意義何在?批評者也譴責國際法院未

能處理真正的議題。每個人皆同意研究活動在國際海域上是受到合法保護的，但是沒有人知道是誰決定了如何定義海洋上的研究。

畢竟，大多數的科學家與政府定義陸地上的研究為：利用廣泛接受且透明的方法學所進行的活動。研究工作也應當產出數據、論文或期刊文章，最好是經過同行評審的刊物，將其研究成果的分析與數據分享給同業。在這個定義下，掩飾在所謂的科學研究下的日本捕鯨船祕辛幾乎難以符合。這對我來說不是一個新的謎題。我曾經在接觸魯斯‧喬治時看過相同的情形，他在海洋裡傾倒鐵礦的做法也引發類似爭論。

在日本捕鯨業的案例中，澳洲特別要求國際法院澄清海洋科學研究的真正定義。然而，國際法院選擇只針對日本人殺害的鯨魚數量過高而不足以證明為科學研究做出其裁決。此舉使得日本政府得以單純地選擇降低意圖殺害的鯨群數量，並且在科學的糖衣下，重新命名其捕鯨活動。這就是日本政府的做法。

其他法院也未能掌控南冰洋上的違法行為。二〇一五年，澳洲聯邦法院裁定日本捕鯨業者無視規範，在澳洲鯨魚保護區獵殺保育鯨群。法院對日本鯨魚公司「共同船舶」（Kyodo Senpaku）處以一百萬美元罰款。但是該公司未曾理會，也從未出席任何一場聽證會。

同樣無效的是法院對於海洋守護者協會的判決。二〇一五年，美國聯邦第九巡迴上訴法院（U.S. Court of Appeals for the Ninth Circuit）裁罰該組織兩百五十萬美元罰款，因其違反了一項二〇一二年的限制令：不得進入或接近日本捕鯨船隊五百碼（一千五百呎）之內。海洋守護者協會向監管日本捕鯨業的日本鯨類研究所支付罰款之後，便立刻回到南極海域，伺機在二〇一六年的捕鯨季再次打破這項限制令。

~~~~~~

二〇一六年十二月，海洋守護者協會船隊離開澳洲的港口十天之

後，他們抵達了南極圈的鯨魚捕獵場，開始尋找「日新丸號」的蹤跡。將近二十四小時的永晝日光提高了能見度，但是濃霧和惡劣的天氣很快地使得這項優勢不再。在平靜的日子裡，海上浪高可達十呎。一旦發生特別猛烈的暴風雨，三十五呎高的水牆會整個打上「勇士號」的船首。海浪將駕駛艙右舷的門鎖打壞，一艘小艇也彈出了放置它的支架，海水淹進了「勇士號」的醫務室。

海洋守護者協會以無線電呼叫同一區域的其他船隻，確認是否有人曾經發現日本船。從歷史的角度，漁民們會對海洋守護者協會抱持疑心──他們更像是敵人而非盟友。不過在這趟航程中，有更多船長回應他們的呼叫。梅爾森猜測漁業人士開始對海洋守護者協會產生好感，部分原因在於該組織在先前追捕盜獵漁船的任務中所獲得的正面宣傳。「他們支持我們，因為合法船隻厭惡那些非法船隻藉由違法行為占取競爭優勢。」梅爾森猜測道。

在這次任務中，我沒有登上任何海洋守護者協會的船隻參與他們的航程，因為我正在別的地方做其他報導。不過，我幾乎每天都會透過電話與電郵聯繫路布林克、梅爾森和其他參與任務的人，以便掌握事件發生的時序。在他們的航程開始幾週之後，我詢問路布林克對於日本捕鯨船的看法。她停頓了一下，才承認她尊重他們是擅於戰術的人。「他們了解我們的船；他們知道我們的速度；他們知道我們的習性。」她說道。日本人近來已將捕撈限額從一千零三十五頭小鬚鯨、座頭鯨與長鬚鯨降低至三百三十頭小鬚鯨，部分原因在於，這會讓海洋守護者協會較難以負面宣傳來打擊他們，路布林克推論道。日本人也在近來擴大其作業範圍，現在他們的獵捕面積是將近澳洲的兩倍大，使得海洋守護者協會更難以找到他們。「他們很聰明。」她說。

路布林克的父母從事屠宰業，而她就跟海洋守護者協會的多數成員一樣是素食者。她在二○一三年加入該組織，此前的三年間，她於澳洲未開墾林地的一處庇護所工作，拯救受傷的袋鼠、小袋鼠、無尾

熊和其他野生動物，並且協助牠們重建生活。做為海洋守護者協會最有經驗的船長之一，她曾經在荷蘭海軍擔任水雷作戰軍官八年，也曾為澳洲皇家海軍工作過兩年半。

十二月二十二日，「勇士號」的雷達上出現兩個閃動的紅色光點，顯示有兩艘船正以低於十六節的速度行駛中，意謂著其中一艘船或許就是「日新丸號」。在過去幾週內，海洋守護者協會已經發現一艘油輪與一艘磷蝦觀察船，但就是沒看到主要目標的母船。

梅爾森提醒他的船員與「厄文號」，接著把「勇士號」的航速推進到二十五節，朝著螢幕上閃動的光點前進。此時的霧氣相當濃厚，使得能見度只剩下一兩百碼。南極的這個區域到處都是高聳的冰川，有些甚至有十幾層樓高。小一點的冰山也有卡車或大鋼琴般的尺寸。「勇士號」的速度激起了厚重的噴霧，這代表梅爾森的視線只有在擋風玻璃上的弧刷來回掃過的瞬間是清楚的。而若是他的航速慢了一點，可能會跟不上對手；若是他快了一些，可能會撞上一座冰牆。

經過五個小時的追捕之後，梅爾森跟上了第一個紅點，才發現它不是母船，而是魚叉船。梅爾森立刻掉頭朝向雷達上的第二個點前進，它正以低於十六節的速度移動中，但是梅爾森不敢抱著太大希望。日本船通常會以這種緩慢行駛的詭計來欺騙海洋守護者協會，使它偏離母船。「像是一隻受傷的鳥會飛離巢穴以欺騙掠奪者。」他說道。第二個點也是一艘魚叉船「第二勇新丸」（*Yushin Maru 2*）。

找到魚叉船的好消息是，母船可能就在附近。獵殺鯨魚之後，日本人通常會抓著鯨魚的尾巴，沿著魚叉船的船舷轉移至「日新丸號」，把鯨魚拖得太遠會傷害到牠的肉。

而找到魚叉船的壞消息是，日本人現在可以尾隨海洋守護者協會，將它的位置回報給母船，以協助它避免被發現。這也是「勇士號」之所以配備高速行駛效能的部分原因。梅爾森打開引擎，把「勇士號」推到二十五節航速，就可以輕易地擺脫試圖尾隨的日本船；另一方

海洋守護者協會的直升機「藍色大黃蜂號」在搜尋過日本捕鯨船之後，回到「史蒂夫厄文號」上加油。

面，「厄文號」的速度慢得多，最高只有十五節。因此，在接下來的航程中，它永遠無法擺脫掉日本船的跟隨。

　　一月十五日上午十點三十七分，路布林克啟動了海洋守護者協會的海上監視直升機「藍色大黃蜂號」，這比起路布林克通常派出直升機的時機早了兩個小時。「我只是有種預感。」那天她如是告訴我這個決定。當時的天氣也是異常地晴朗。直升機與「厄文號」之間的溝通僅限於透過衛星電話傳送的文字訊息。無線電通話太容易被攔截。十一點三十四分，一則訊息出現在「厄文號」的衛星電話上：「NM與魚叉確認。」「厄文號」的無線電操作員立刻大聲地將訊息朗讀給路布林克聽。艦橋上爆出興奮的尖叫聲。

　　路布林克操著一口完美的英語，儘管那並非她的母語。她請求無線電操作員再朗讀一次訊息。「請重覆一次。」她指示道。幾週之前，她曾經在聽錯無線電操作員的訊息後心碎過一次，那時她以為操作員

一頭死亡的小鬚鯨在日本捕鯨船「日新丸號」的解剖甲板上。

宣布發現了「日新丸號」。事實上，無線電操作員說的是發音相似的魚叉船名稱「勇新丸號」。路布林克希望避免自己再次掉入犯錯的內心折磨。

　　在第二次透過擴音器將好消息傳送給「厄文號」的船員之後，路布林克利用衛星電話打給梅爾森，當時他正在大約六百浬外的另一個區域搜索。路布林克接著將她前往「日新丸號」的航路繪製出來，那艘船正深入在澳洲特別經濟海域裡，那是它被禁止作業的區域。它同時也處在南冰洋鯨魚保護區（Southern Ocean Whale Sacntuary）內，那是由國際捕鯨委員會所劃定保護的一片一千九百三十萬平方哩的海域。

　　接下來的文字訊息則帶來了壞消息：「確認有一頭死亡的小鬚鯨在甲板上。」「藍色大黃蜂號」的機組員拍下「日新丸號」船首躺著的那頭成年母鯨，牠的底側有兩個魚叉或槍擊造成的洞，各約為一呎寬。兩艘支援「日新丸號」的魚叉船在大約一浬遠之處，路布林克指

示「藍色大黃蜂號」去查看他們是否正在攻擊鯨魚。（他們沒有，因為魚叉槍上覆蓋著一塊藍色防水布。）當「藍色大黃蜂號」回到「日新丸號」上空時，那條鯨魚被蓋上了防水布，母船也鋪上了保護網，以防受到煙幕彈與腐臭氣味的丁酸罐攻擊，那是海洋守護者協會有時候會丟上捕鯨船甲板的物品。

「厄文號」在大約七十浬之遠處，趕緊前去會合，「藍色大黃蜂號」就不用飛得那麼遠。同時，「藍色大黃蜂號」來回飛著，試圖持續追蹤「日新丸號」。每一次，「藍色大黃蜂號」會飛到最後所知捕鯨船的位置上空，重新找到日本船，回報座標，然後飛回「厄文號」的停機坪上加油。然而，經過八小時的偵察之後，在「藍色大黃蜂號」的第五趟航程中，天空吹起了強風與濃霧，駕駛員也呈現極度疲憊的狀態。

雖然南極圈在一月大多數的時候都是白天，不過，這場追捕行動已經把船隻趕到了北方，潛入夜色之中，使得飛行變得更加危險。「這樣不安全。」路布林克說道，並告知氣餒的駕駛，她不會讓直升機再飛第六趟。路布林克已經將兩船之間的差距縮短到二十六浬，儘管一項簡單但令人洩氣的事實是，「日新丸號」的最高航速要比「厄文號」快一節。

那個夜裡，路布林克坐在艦橋上和我通電話時，她顯得灰心但仍試圖保持帶著希望的語調。迫使日本人尾隨「厄文號」，意即他們少了一艘魚叉船可以作業，她向我指出這項要點。而追捕行動也使得他們遠離了平常的獵捕場達幾百浬遠。「當他們逃跑的同時，他們也不能獵捕鯨魚。」路布林克說道。死亡鯨魚的鏡頭可以用來做為國際宣傳，將死亡鯨魚與魚叉槍蓋起來的動作，意謂著他們帶有罪惡感，想要掩飾證據。「這些是屬於我們的勝利。」她說道。

在追丟「日新丸號」之後，「勇士號」與「厄文號」前往英聯邦海（Cooperation Sea）的西面海域上。梅爾森將這個區域暱稱為冰山村，因為那裡滿是冰山。這個海域本身已經是個險惡的迷宮，因著梅爾森

決定關掉雷達而變得更加危險。雷達原本可以協助他看到附近的冰山或船隻，但是梅爾森愈來愈確信，日本人以某種方式利用了他的雷達或其他船上的傳輸設備來追蹤他。每一次碰上魚叉船，彷彿他們早就知道他在接近。「他們只是待在那兒。」他說道。

二月二十日，在冰山村搜尋幾日之後，「勇士號」的船員發現水面上浮著一層暗紅色的泡沫。當鯨魚被魚叉刺中時，牠會產生稀薄的凝血以及鯨脂。但是這層泡沫更厚且更多血，只可能是剛從「日新丸號」下甲板的屠宰室流出來的，梅爾森思忖著。在繁忙的時候，屠宰室會將幾千加侖的屠宰廢渣排入海中。由於不知道該沿著哪個方向追查這片泡沫，梅爾森只能猜測──而且猜錯了。一個小時之後，他碰上了其中一艘魚叉船，又是在原地空轉，彷彿已經久候多時。

梅爾森將「勇士號」掉頭，朝著泡沫延伸的反方向加速前進。幾名船員在甲板上以望遠鏡查看，而後其中一人發現一縷黑煙在遠方一座冰山後面飄散。如果那是從母船排放出來的柴油燃燒廢氣，那麼他們的距離就不到一浬了，船員們於是啟動一架空拍機前去搜尋。梅爾森站在舵輪後方凝視著海面，就像是一隻貓盯著鳥看。接下來的三個小時裡，「勇士號」在冰山之間的狹窄通道進行障礙賽，但未曾再發現目標。隨著夜幕低垂，希望也消逝了。梅爾森擔心他們耗費了太多燃料，決定就此取消搜索，任務中止。

二○一七年三月，隨著「厄文號」與「勇士號」返回澳洲的港口，復仇女神行動劃下了句點。雖然他們試圖以正面的態度看待這趟航程，然而兩艘船的船員在登陸時告訴我，這是最令人沮喪的任務之一。然而，真正被擊敗的感覺還在後頭。

五個月之後，海洋守護者協會宣布二○一七年不會回到南極圈進行年度反捕鯨任務，而要把資源集中在別處。「日本人擁有遠勝於我們的優勢。」梅爾森日後向我解釋道。日本人擁有更先進的無人機與雷達，也能取得軍事等級的衛星科技，他補充說。

海洋守護者協會取消追捕任務的另一個理由在於，法律氛圍已經改變，使得倡議團體追查捕鯨船的行動變得更加危險。二〇一七年六月，日本通過了一項具爭議的新反恐法（安保法），將「密謀或犯下」兩百七十七種行為入罪，其中包括組織與強力阻礙商業活動，可能招致五年有期徒刑。許多人把這項法案的某些條文視作針對海洋守護者協會的內容。

由於海洋上的執法如此缺乏一致性，海洋守護者協會的人即使是在國際水域上採取被指控的行為，都可能面臨遭到日方逮捕並入獄的危險。而且他們的母國政府或者不想捲入外交糾紛，或者不願削弱本國船舶受到騷擾時逮捕嫌犯的能力，或許不會為了讓他們獲釋而奔走幹旋。

梅爾森依舊對於二〇一二年美國上訴法院對海洋守護者協會祭出的禁令感到憤恨不平，他們被禁止靠近日本捕鯨船五百碼以內。他將這份裁決比擬作曾經發生在柬埔寨一家妓院前的抗議行動，該妓院販賣未成年少女從事性交易，但是抗議人士回到美國後，卻在美國法律下被控告侵害到妓院的底線。日本新反恐法的通過，導致海洋守護者協會的賭注上升至危險等級，他補充道。「如今，破壞這個世界被視作只是做生意的成本罷了，」他說。「而保護這個地球則被視作是恐怖主義。」

恐怖分子或是自由鬥士——這是一種語義上的二分法，至少自斯巴達人對抗羅馬人以來，這樣的對比就充滿了政治和意識形態。尤其道德與法律在海上處於真空狀態下，使得兩者的區別更加模糊不清。有人支持海洋守護者協會，也有人持反對立場；在充分的理由下，這個組織令人又敬又恨。儘管我不支持任一方的觀點，也絕對了解在那些有責任採取行動卻沒有任何作為的人面前，它選擇對抗的做法。

做為習於站在第一線的人，梅爾森並沒有遠離這個議題太久。在他回到澳洲之後，便飛回了位於加州內華達山脈的家。他已經在海上

待了超過十一個月，家裡有一整疊的信件在等著他，包括一封代表日本捕鯨公司的美國法律事務所的來信。在梅爾森已經啟程前往南極圈之後，這封信才寄達，內容警告他身為「海洋勇士號」的船長，若是日本捕鯨船遭受到任何損害或騷擾，他「應該預期自己要負起個人責任」。梅爾森撕毀了那封信，花了幾週的時間好好休養與充電。隨後，他打電話給海洋守護者協會的行動主管，以決定他的下一趟指派任務。

後記：空無
EPILOGUE: A VOID

　　在梅爾森於電話中告訴我，他打算繼續他的任務之後，我想到了他曾經想要保護的鯨魚。有許多鯨魚都比梅爾森或我來得年長，甚至比西蘭公國和帛琉的歷史來得悠久。牠們的體型與長壽讓牠們顯得無敵且強壯，十分類似於海洋的遼闊予人一種永存不滅的錯覺。事實上，鯨魚和海洋都面臨了急迫的威脅，但往往因為方式太過微妙、緩慢且迥然不同，以至於大多數人不會注意到，許多政府也不會在意。

　　行筆至此，又是那項中心悖論：海洋既寬廣又渺小。看著一幅世界地圖，你會看到大部分的範圍漆上藍色；海洋的無邊無際，正是使之如此難以監管與保護的原因。然而，如同那些遭到拘捕的越南漁工告訴我的，世界上沒有很多海洋，只有一座海洋。在許多層面上，出於不同的力量如酸化、傾倒以及過度捕撈，海洋更像是連結起來的一個整體，而較非塊狀分布，或是被諸如私有財產權、國際疆界或是政府管制等概念所定義的。

　　儘管梅爾森重新出發了，我沒有。對我來說，如今是時候該待在陸地上，回到我報社的工作。留下一打驚奇的故事未報導，我吞下傷腦筋的作家經常掛在嘴邊的說法：一本書永遠不會完結，只是被放下。

　　我花在法外之海的報導時間大約四年，這段期間不斷地在移動
——一場既迷惑又美好的經驗。整體而言，這趟旅程帶我走過了如此
陌生之地，經歷那些地方的感覺彷彿像是一場太空之旅。當我見證到
一些原以為被完全封存在過去的事物（如海盜、捕鯨、奴隸與私掠）
時，它也像是一場時光之旅。

　　不受懲罰是海上的常態，不只是因為缺乏執法，也是因為帶有可
疑資格與動機的人物角色填補了空缺。在被懷疑存在著破壞環境或虐
待勞工情事的船隻上，不是由調查員而是由官僚負責執行少見的巡檢
（如同我在泰國所知的情形）。維安團體與私人僱傭兵就像是警方和海
軍官員，在國際公海上巡邏與追捕違規者（如同我在海上軍火庫，或
是追捕「雷霆號」與「日新丸號」的行動中所見）。多年來，國際海域
上要採行什麼規則，多是由外交官與漁業、航運業人士所形塑，而非
立法者或是勞權律師。這個現象使得商業機密的優先性高於防治犯罪
（如同我在索馬利亞七船幫、艾瑞爾‧安卓德之死，以及手機鏡頭下
被射殺的謀殺案中所看到的調查情形）。

　　在多數時候，我發掘了海上前線的黑暗面，也是人類最惡劣的本
性極為興盛與繁茂之處。然而，我也見證了無與倫比的美麗與真實的
奇蹟。我在淹沒感官的環境中遇見了那些不同尋常但有時英勇的角
色，比起我過去所見的世界，一個陽光更鮮明、海浪更響亮且風力更
強大的世界確實存在，彷彿我空降到了一個中世紀地圖繪製者曾經夢
想的奇幻地圖之中。

　　某個午後的場景浮現在我的腦海裡。當時我站在南大西洋上一艘
船的前甲板上。在杏桃色的夕陽下，我看著一條飛魚在水面上飛行了
幾百呎。不一會兒，好幾隻鳥潛進海中，也在水下游了好幾百呎。那
個夜空中沒有一朵雲，我的四周空無一物，沒有任何視覺上的阻礙，
天空彷彿不曾那麼廣大過。夜裡，流星留下了白色的軌跡，像是一面
黑板上的粉筆線。然而，最耀眼的線條不是在空中，而是在水裡。當

魚兒急游過某些區域，海面會被劃出閃亮的藍線，這是會發光的浮游生物所具備的迷人防禦機制所造成的結果。

那天最攫獲我心的是，那個地方是如何神奇地被顛倒過來：魚兒在空中，鳥兒在水裡，白色線條在我們之上，藍色線條在我們之下。這種美好，有一部分在於奇特的不可預測性。這個畫面的驚奇是誘人的，每當我回到陸地時，總會感受到對於那個地方的高度渴望，對於一個不屬於家的地點感到思鄉，儘管我曾經在那兒經歷過痛苦。

然而，縈繞著我的還有別的東西，而且它超越了海上的黑暗與美麗。我想起在帛琉吞沒了那架賽斯納飛機的黑暗蒼天，以及相同的遼闊如何為人們提供了傾倒廢物至海中的藉口。我想到了令人崩潰的海上孤寂感，以及它如何明顯地折磨著被遺棄在船上的海員們和海上軍火庫的警衛們。我想起那份導致船上的人愈加浮躁的沉默，以及它如何促使歐陽船隊上那些被強暴、被剝奪、被套牢的人們選擇順從。當有些歐陽船隊的人付出高昂代價打破這種沉默時，我也回想起來那位勇敢舉發神奇管線的吹哨人所獲得的獎賞。

這些畫面似乎證明了，法外之海與橫渡其上的船隻不只是被海上工作的人們所定義，也是被沉默、孤寂與遼闊等無形的力量所定義。進一步來說：海洋無法可管，不是因為它固有的好或壞；而是因為它是空無的，像是沉默之於聲音，或是孤寂之於活動。幾個世紀以來，當我們擁抱並兜售從這些水域而來的生命時，我們也傾向於忽略海洋做為惡行藏匿之處的角色。然而，法外之海是真實的，就像它過去幾個世紀以來的狀態，而直到我們開始正視這項真實之前，我們可能始終忘了馴服或是保護這片邊境。

附錄：駕馭法外之海
REINING IN THE OUTLAW OCEAN

　　我們可以做什麼事來減緩海上的混亂呢？鑒於問題的範疇之廣，這是一個困難的議題。這個議題似乎跟氣候變遷一樣地龐大，難以處理。我們都承認光憑個人的行動將無法阻止地球繼續過熱。然而，還是有許多人想要知道自己可以造成什麼樣的改變。他們想要讓自己成為解答的一部分，而不是問題的一部分。

　　儘管影響渺小，有些做法還是存在明顯的益處，例如確保你的輪胎胎壓正常以改善汽油行駛里程，或是購買碳抵銷額度來減少從一趟飛行中造成的碳足跡。然而，要想防範海上非法、危險且不人道的行逕，一般人可以採取的自我行動就比減緩氣候變遷的個人行動更難以精確辨明了。

　　儘管如此，我們還是有辦法造成改變。其中之一是透過財務或其他面向支持站在最前線的組織，它們致力於對付一些書中所描繪的頑固現實。你應該自己審查一輪，但是我在此提供某些這類組織的簡短概述。我也對於政府與企業為了改善公海執法而正在採取──或是根據倡議人士與研究員的說法：應該採取──的措施提供了更廣泛的背景說明。

保護水手

「海員任務」與海星國際服務中心（海員中心）是兩個有高度成效的團體，它們對於遭到遺棄、欠薪、肢體傷害或是販運的船員提供直接的協助。在過去，最大規模的國際運輸工人聯盟主要專注於保護貨輪與油輪的船員，不過近年來，其任務也擴張到保護漁工的範疇了。

包括環境正義基金會、人權觀察、綠色和平組織與國際勞工權利論壇（International Labor Rights Forum, ILRF）等數個團體皆持續發表有關漁工虐待調查報告，尤其是在南亞與遠東地區。這些團體與國際勞工組織在幕後扮演了要角，推動更強健的法律與執法落實以保護這些船上的勞工。另一方面，海洋守護者協會則較少仰賴研究活動來對政府或企業造成政策壓力；反之，它會利用與對手的直接對抗來達到宣傳與激起意識的效果。

在海上停留較久的漁船上，非自願性勞工的現象更加常見。這些船隻有時會持續多年以轉船的方式來避免被陸上檢查員抽查的風險，運搬船會將物資帶到漁船上，同時將漁獲運回岸上。轉船使得肆無忌憚的漁船運營商得以扣留船員，並且在他們提交給海關的文件中謊報漁獲紀錄，使得實質上非法的捕魚作業顯得合法。這就是為何許多勞權與環保倡議人士主張，政府與漁獲買家應該要求漁船更頻繁地靠岸；他們也主張，海上轉船行為應該被禁止或是限制。

二〇一七年，聯合國國際勞工組織為了避免每年數百名被遺棄在海上或港口的海員困境，採取了一連串措施。船東被要求出示足以支付船員四個月薪資與遣返回國的財力證明。運營商也必須證明他們可以承擔員工因工傷以致死亡或長期殘疾的成本。勞權倡議人士表示，這類保險是重要的，但是這項要求應該擴及至目前享有豁免，且幾乎不適用於國際勞工組織其他重大保護措施的漁船上。

反人口販運團體則是鼓勵海產與航運公司避免或至少仔細地審查

任何協助招募與管理船員的人力仲介公司，如此可最大化地減少這些公司受到勞工虐待情事影響的風險。公司也可以堅持人力仲介公司必須提供經勞工簽署的合約影本，同時禁止經常將勞工困在債務陷阱中的前期招募手續費。最勤奮的公司可以聘請顧問來執行抽查以及進行離職訪談，以查核一些常見的問題如隱藏的薪資扣除額、在勞工返家後從未支付的已承諾薪資，或是將勇於說出關於環境與勞權侵犯事實的員工列入黑名單等行為。

一套更透明的食物供應鏈

目前的漁業作業是不永續的。許多海洋科學家呼籲設立更多的海洋保護區域，甚或全面禁止大規模商業捕撈與其他工業活動。研究員也主張縮小全球的漁業船隊規模至過去的水平，緊縮漁業捕撈的限額，並且取消政府為刻意壓低海產價格而提供的補助。上述的所有目標都需要政府為起訴非法漁業公司而積極執法及信守承諾。

近年來，許多產業認真處理其供應鏈上所存在的勞權與環境侵害行為，例如無衝突的鑽石、無海豚犧牲的鮪魚、公平貿易與不血汗的成衣工廠等，儘管結果不盡相同。相較之下，全球海鮮產業才正在緩慢地開始應對這些問題。

科技的存在讓人得以追蹤一條魚從上鉤到上桌的旅程，而且一股愈來愈明顯的趨勢是逐漸地推動海鮮的產銷履歷。政府與大型的海鮮賣家在考慮強制要求利用 DNA 分析工具來確認海鮮物種，以對抗假漁獲的問題。他們也考慮更積極地以條碼追蹤包裹，並且利用演算法來辨識出高風險的進口品，例如來自曾經違法作業的船隻以及透過邊境通道運輸的漁獲，後者通常會與組織犯罪有關。

食品雜貨商與餐廳如今轉而向非營利團體如「聰明捕魚」（Fish-Wise）或是營利企業如全球科學驗證服務公司（SCS Global）與「追蹤註冊」（Trace Register）尋求顧問服務與供應鏈稽核。綠色和平年年度「Carting Away the Oceans」報告會依據道德的採購決定、供應鏈透明度，以及從漁場到貨架的可追溯性來對超市做出排名。二〇一八年，有超過百分之九十的零售商通過評分，但是只有四家廠商——全食超市（Whole Foods）、海威（Hy-Vee）、奧樂齊（Aldi）與目標（Target）——得到「綠色」的永續發展分數。大多數的超市如沃爾瑪（Walmart）、好市多（Costco）、克羅格（Kroger）則是落在了中段區間左右。

　　海鮮公司也考慮要求任何為它們捕魚或是載運漁獲的船隻必須擁有一個獨特的船隻識別碼，或是國際海事組織（International Maritime Organization, IMO）的編碼：不論是更換船名、船東或是船籍，這組號碼都會一輩子跟著這艘船。若是一艘船沒有這種識別碼，向該船取得貨品或漁獲的公司就無從得知它曾經航行到哪裡、其工人是否有簽合約，以及它是否列於任何區域漁業管理組織的黑名單中。二〇一七年，聯合國糧食及農業組織（Food and Agriculture Organization）進一步發布一套全球通用的一站式船舶線上資料庫，藉此整合資訊。

　　倡議者呼籲漁獲買家只向已批准國際協定的國家採購，例如《港口國措施協定》（Port State Measures Agreement），這是一項聯合國條約，內容明列出船舶造訪一國港口時應該如何被檢驗的規則。另一項重要的要求是漁船必須配有觀察員，觀察員只向當地漁業管理機構負責。這些隨船觀察員的工作是監測與記錄一艘船是否遵循捕撈配額，並檢查其他任何可能的罪行，如割鯊魚鰭、過多混獲或是高度分級（將先前的漁獲丟回海中以捕撈新的漁獲的做法）。這些觀察員也應該負責且獲授權報告漁工工作條件與任何侵犯情事。

　　如今消費者也對於這些問題更加關注，愈來愈多的人選擇避吃各類海鮮（與肉類）。對於那些有吃魚習慣，但希望能避免造成可能的環境或勞權傷害的人，有幾種做法可以更好地了解這些供應漁產的公司。

　　保羅・葛林柏格（Paul Greenberg）是撰寫這個議題最厲害的作家

之一，他注意到最有問題的是蝦類、鮪魚與鮭魚，因為牠們絕大多數是透過進口，涉及的供應鏈特別長且不透明，可能包括了作業方式對環境不永續或是非法的公司。「擇食美國本土的海鮮，並且選擇較我們目前餐桌上更多樣的物種。」葛林柏格建議道。像是蛤蜊、貽貝與牡蠣之類的軟體動物通常對於生態環境有益，而且其生產流程對於環境的影響低得多。其他據稱是值得放進餐盤裡的美國海鮮還有阿拉斯加紅鮭，牠的捕撈情形被管理得很好，而且富含Omega-3脂肪酸。

　　葛林柏格進一步建議消費者遠離與「減量產業」（reduction industry）相關的海鮮與Omega-3補充劑。「減量產業」是一種大型工業化產業，每年將兩千五百萬噸的野生漁獲提煉成魚油，以製成營養補充劑以及做為雞、豬與養殖魚類蛋白質來源的魚粉。儘管有愈來愈多的醫學研究不支持這些補充劑能夠提供任何真實的健康效益，這些藥丸還是很受歡迎。比起來自魚類的omega-3補充劑，以藻類製成的產品是更佳的選擇。

　　消費者或可諮詢蒙特利灣水族館（Monterey Bay Aquarium）以獲得更進一步的資訊，他們從環境的角度將各種魚類做出排行，依序為「紅色」（避免）、「黃色」（好的替代品），以及「綠色」（最佳選擇）。這份海產報告卡的下載數量已超過五千五百萬人次，有的或由該水族館發送出去。舉例來說，如果消費者想要買小龍蝦，它會建議選擇在美國養殖的小龍蝦。此外，它也警告消費者不要購買藍鰭鮪魚（北方黑鮪），而幾乎都是養殖的羅非魚（台灣鯛）通常是個不錯的選擇。很多選擇取決於該魚種被捕獲的地點或是養殖的地區，以及捕獲的方式。舉例來說，在挪威史克雅斯塔德峽灣（Skjerstad Fjord）以網箱養殖的大西洋鮭魚被認為是「最佳選擇」，但是相同的物種若是來自加拿大的大西洋就應該避免。

　　最近，該水族館開始將人權納入評價標準之中，偕同「自由亞洲」（Liberty Asia）及「永續漁業夥伴」（Sustainable Fisheries Partnership, SPF）

製作「海鮮奴工風險工具」（Seafood Slavery Risk Tool）網站。這個公開的資料庫依照物種或地區分類，以決定某些海鮮是否較有可能是被受奴役漁工所捕獲。例如，南極鱈魚若是捕撈自阿根廷、智利或澳洲，會被認為是「低風險」，但若是來自韓國，就是「高風險」。搜尋「鮪魚」字眼會浮現南太平洋上一片淒涼的勢態：幾乎所有來自臺灣的鮪魚都被認為是「極高風險」，除非是經過海洋管理委員會（Marine Steward-ship Council）認證的鮪魚。這項工具主要是為了海鮮與金融產業的人士所製作，但是該水族館也鼓勵非營利組織、消費者與任何有興趣了解道德海鮮的人使用。世界自然基金會也發布了一份依國家別逐一介紹的永續海鮮指南。

監控與調查海上罪行

關於海上暴力的公開資訊驚人地缺乏。為了避免海員受虐或失蹤，政府可能必須加強在船舶回港時的抽查工作，並且對於船員名單不完整或是造假的行徑祭出較嚴厲的罰責。人權研究者也建議，法律上應該強制要求船東與船員舉報海上罪行。相關數據不應該只是由保險公司或是船籍登記處收存，而應該向大眾公布。海事調查員與保險業者已經呼籲建立一個公共資料庫，以追蹤的失蹤海員；船旗計畫也應該被要求對此做出貢獻。

為了建立一套有用的架構來增加海上罪行相關的可用資訊量，人權倡議者指出兩項現存的措施：《郵輪船舶保安和安全法》（Cruise Vessel Security and Safety Act），該法規定必須向美國聯邦調查局報告船上的犯罪行為，以及《反海員受暴之宣示譴責行動宣言》（Declaration Condemning Acts of Violence Against Seafarers），其中主要的船旗國承諾向國際海事局報告海員在海上遭受暴力對待之情事。這些措施可以擴及至全球，但必須是強制性的，並且對於未遵守者處以高額罰款與可能的刑期。

工會幹部與人權研究者也表示，各國應該簽署《海事勞工公約》（Maritime Labour Convention），該公約是對於保護海上勞工權利的一套全球標準，適用於所有進入已簽署國港口以及所有懸掛已簽署國船旗的的船舶。透過批准該做法，當懸掛他國船旗的船隻靠港時，各國政府可以由海巡人員對該船執行較高標準的檢查，包括帶薪休假、醫療照護與保安規則等項目。直至二〇一八年，有超過八十五個國家（不包括美國）已經批准了這項做法。勞權倡議人士也呼籲各國批准特別針對改善漁船條件的第188號漁捕勞動公約。

海洋的遼闊使得非法漁獵者可以很輕易地逾越政府配額、進入禁航區域，以及掠奪保護區資源。因此，進口到美國的野生漁獲有百分之二十來自這種盜獵漁船，而且這個比例在其他國家可能更高。要求所有的漁船配備漁船監控系統與自動識別系統有助大眾及執法人員追蹤海上活動。

權宜船旗的做法通常為違法船隻提供掩護。許多船籍登記處未能充分監督其會員船舶。較有責任感的公司會要求其供應鏈上的船隻只能懸掛遵循最嚴格問責與透明標準的旗幟。國際運輸工人聯盟與國際海員研究中心（Seafarers International Research Centre）根據各國的勞動標準為船籍登記處列出排名。

有幾個組織專注於改善海上監控作業。舉例來說，「全球漁業觀測站」（Global Fishing Watch）會追蹤漁船，並且向大眾公開資訊。Trygg Mat Tracking、FISH-i Africa、C4ADS以及Windward等組織會針對可能涉入犯罪行為的船隻進行調查。「海上人權」（human rights at sea, HRAS）會發布對於海員受虐情形的調查報告；「地球工作」（Earthworks）會追蹤傾倒危險廢棄物的礦業公司；「皮尤慈善信託基金會」（Pew Charitable Trusts）對於全球非法捕撈的問題持續進行一系列珍貴的研究。

關於澄清與強化國際海域上允許發生的商業活動類型之規則，

由三十七個組織所形成的「公海聯盟」（High Seas Alliance）一直是重要的驅動力。該聯盟尤其帶頭領導一項聯合國海洋生物多樣性協定的協商工作，該協定將針對國際海域上設立海洋保護區建立一套正式的流程。不若陸地上的情況，公海上並沒有一套法律架構明確規範如何建立商業活動禁行區。該協定也將建立環境影響評估的程序，並且對於大眾如何取得公海上大型計畫（包括漁業、海底採礦、海運、研究與其他活動）的相關資訊建立一套方式。

致謝
ACKNOWLEDGMENTS

　　不論封面上寫了什麼，有上百人讓這本書得以成真，包括研究員、採訪協力、口譯、攝影師、司機、編輯、調查員以及其他人的貢獻。

　　首先，要感謝的是世界各地無數信任我的水手。好的記者以趣聞軼事來做交易，而對於那些慷慨釋出自身最珍貴與私密故事的水手們，我虧欠你們許多。在我結束旅程之時，不禁敬畏於這些男男女女從容的適應力與生氣勃勃的創造力。我也為自己贏得了出生彩票感到幸運。在我的報導過程中每有轉折之時，我便會想起這個世界上有多少人是一出生就擁有的比我少得多，然後在通常嚴酷的生活與工作條件下求生存，甚至是活得更精彩。

　　非常感謝《紐約時報》過去十五年來給了我職涯發展的環境。做為世界一流的教學醫院，《紐約時報》帶我入門，儘管我當年還只是這個職業的初學者，仍有一群大師級的醫生耐心地教導我實務工作。在法外之海與其他計畫上，執行編輯Dean Baquet給予我時間、自由與信任，讓我得以解開那些最令人費解與龐大的題目。

　　我在《紐約時報》的編輯Rebecca Corbett以馬拉松選手般的耐力與X光般掃描故事風格的見解，從一開始便擁抱這個計畫的想法。

她巧妙地引領我度過兩年辛苦的報導工作，協助我將過程淬練成清楚且吸引人的敘事。在幕後，還有其他編輯抱持著極大信念，對於這個計畫投注了數不清的資源，這些編輯包括了Hannah Fairfield、Nancy Donaldson Gauss、Beth Flynn、Alexandra Garcia、Matt Purdy、Steve Duenes、Luke Mitchell，以及Jake Silverstein。若是沒有《紐約時報》一小群攝影師的辛勞工作與難得的才幹，這個系列在報紙與網路上刊登時也不可能引起如此迴響，這些攝影師包括了Ben Solomon、Ed Ou、Adam Dean、Hannah Reyes、Selase Kove-Seyram、Josué Azor、Basil Childers、Cristian Movila、William Widmer，以及Benjamin Lowy。

Baquet慷慨地給了我十五個月的時間，嘗試將報紙連載的內容轉化成更重大且更持久的一本書。讓這個目標得以成真的是Christy Fletcher，在過去二十年間不只是我的文學經紀人，也像是我的神諭與知識保鑣，他總是能夠理解並且總是站在我這一邊。我也要感謝Christy的團隊：Melissa Chinchillo、Grainne Fox、Alyssa Taylor，以及Sarah Fuentes。同樣重要的人是Howie Sanders，我的影片與電視經紀人。他總是以無與倫比的毅力與外交上的敏銳度，小心翼翼地將我的故事轉化成其他創意的形式。

在我籌備本書期間，沒有人比Chynna Fry更關鍵了。她負責處理從逐行編輯到後勤安排等大小事，引導我穿越這些旅程中各種枝微末節的事物，以及保存所有文件紀錄與報導細節。我的事實查核者、文件清潔工與全能繆斯女神Mollie Simon則是無價的。負責這項出書計畫的攝影師Fabio Nascimento同時也做為我的旅伴，不論什麼天氣都必定相隨，協助確保我在這些旅程中的安全與理智，而且他經常在嚴酷的條件下承擔真正的風險、不可思議的超時工作，以便產出令人驚心動魄的影片，同時還能拍下照片。在其他許多工作中，Annelise Blackwood孜孜不倦且熟練地準備這整趟報導過程

中的影像內容。

我從幾十人身上獲得過無數的研究協助，但是最特別感謝的是 Susan Beachy、Kitty Bennett、Charlotte Norsworthy 以及 Alexis Bravo，他們似乎都無法拒絕我不斷且瘋狂的報導要求。我也很感激 Keith Herndon、Joe Starrs、Charles Davis 和 Carolyn Curiel，以及一群新聞系學生，包括了 Zach Hoffman、Madeline McGee、Lize Geurts、Holly Speck、Brooke Cary、Rahimon Nasa、Clarissa Sosin、Michelle Baruchman、Sarah Douglass、Sam Donnenberg、Mateo Menchaca、Gerardo del Valle、Anthony Nicotera 以及 Eric Erli，當我們播放著這趟報導中所產出的影像紀錄時，他們教了我許多有關影像剪輯與社群媒體的知識。

針對文學、法律、新聞、醫學與財金方面的內容，為了尋求指導，我徵召了一批資深顧問：Chuck Fox、Dick Schoenfeld、Dr. Louise Moody、Sharon Kelly、Peter Baker、Emily Heaslip、Donna Denizé、Marc Lacey、Michael Thomas、Jacqueline Smith，以及 Joe Sexton。感謝 Chip Noble 與他在 Garmin 的團隊，以及 Iridium 的 Jordan Hassin，他們讓我在旅途中得以安全且不迷失。

為了我至今仍無法完全理解的理由，Jason Uechi 自願投入大量的時間為這個計畫編寫軟體、建立資料庫與設計網頁內容。此外，Tanya Laohathai、Daniel Murphy、Milko Mariano、Schvartz man、Karen Sack、Charles Clover、Su-hyun Lee、Rebecca Pskowski、Shih-Han Huang、Tony Long、Paul Greenberg、John Amos、David Pearl、Dimitris Bounias、Nikolas Leontopoulos、Shannon Service、Duncan Copeland、Alistair Graham、Peter Sol Rogers、Apinya Tajit、Phil Robertson、Steve Trent、Chutima Sidasathian、Puchara Sandford、Rika Novayanti、Budi Cahyono 以及 Shelley Thio 等人，也慷慨地滿足我不停地對他們提出的協助報導請求。

Thomson Reuters、Stephen Glass、the Mission to Seafarers、Oceans Beyond Piracy、the Pew Charitable Trusts、Oak Foundation、USAID、Adessium Foundation、Interpol、Humanity United in partnership with the Freedom Fund、Synchronicity Earth、Parley for the Oceans、Shari Sant Plummer、the Campbell Foundation、National Geographic、Carpenter、Zuckerman & Rowley、Greenpeace、Peter Hunter Perot、Sea Shepherd Conservation Society、the Safina Center、Cyrill Gutsch、Stefan Ashkenazy、Petit Ermitage Hotel、Stella Maris International Seafarers' Center、SkyTruth、Windward、Waitt Foundation、Rockefeller Philanthropy Advisors、Environmental Justice Foundation、the U.S. Department of State's Office to Monitor and Combat Trafficking in Persons、Ann Luskey、the Tiffany & Co. Foundation、Shannon O'Leary Joy、the International Transport Workers' Federation、the Schmidt Family Foundation、OCEANUSLive、FISH-i Africa、Monterey Bay Aquarium Foundation、Human Rights Watch 以及 Trygg Mat Tracking 等組織以其他各種方式對我的報導提供協助，包括提供資料、主持演講活動、同意我進入閉門會議，提供我私有的海洋或是人口販運相關數據與分析，擴大計畫的社群媒體宣傳、出借設備與辦公室空間，以及尤其是讓我自由地進出他們的船舶、接觸他們的船員與研究員。

我的書名是對於威廉・蘭威奇（William Langewiesche）於二〇〇四年出版的作品《罪行海洋》（The Outlaw Sea）致敬。該書格外富含見解地對於海洋上的混亂做出描述，尤其是商船與客輪。我與蘭威奇的觀點相同，即海洋世界大多存在於法律的範疇之外，而他針對這個主題的寫作對我來說是無價的啟發。

我很幸運地擁有相當多才華洋溢又富含洞察力的朋友，他們之中有許多人是記者，在本書寫作的不同階段不吝給予批評指教：

Louie Urbina、Kimberly Wethal、Brett Dahlberg、Kyle Mackie、Amanda Lein、Mary Holman、Kirsten Larrison，以及Marcia Seiler。在這方面，Theo Emery特別助益良多。Amanda Foushee則是我所認識最嚴謹的讀者與最真實的作家，她向我展現了精雕細琢真正的意思為何。

對於Ricardo與Corey Urbina，我是充滿了愛與感激，他們在每日生活中向我示範了服務的重要。對於Adrienne Urbina，這個家族的第一位記者，謝謝你做為我堅定不移的盟友。

我多年來的好友暨前編輯Adam Bryant，為本書做出及時的救援，深入地閱讀了每個章節，協助我扭緊、磨亮與澄清一字一句。Bryant是一位大師級的工匠，幫助我從不丟失整個架構的樣貌。除了是我所認識的最謙遜且最溫和的人之一，他也擁有說明事物的智慧與幽默流暢的隱喻能力，那些隱喻總是充滿生氣又機智地令我大笑，同時喚醒了我的大腦中某些沉睡的部分。

若是我的出版商沒有意願，這本書就根本不會問世。謝謝Alfred A. Knopf願意大膽嘗試。謝謝Robin Desser、Sonny Mehta與Zakiya Harris。我在Knopf出版社的編輯Andrew Miller從不著急，總是很隨和，並且提出所有正確的問題以推著本書朝正確的方向前進；此外，就像是手中拿著手術刀，小心翼翼地修剪與塑型，把本書打造成最終的樣貌。我也很高興能與英國Bodley Head出版社的Will Hammond合作。

儘管我不斷地來來去去，我的兒子Aidan始終以沉穩的方式支持我。在每一次出國之前，兩位守護天使——我的母親Joanne McCarron與我的姊夫Chris Clark——就會悄悄地填補我的空缺，沒有多餘的問題、沒有索求任何感謝。若是沒有他們，我不可能完成這部作品。

我虧欠最多的是我的太太Sherry Rusher，她永遠都是我的堅定

後盾。我的心是屬於她的，她是完美的老師，總是以身作則，而我則樂於做為她的學生，試著與她的工作倫理、對於知識的渴求以及堅定不移的誠實匹配。她從未對於我在這項計畫中的作為可能導致的風險感到退縮，也從未抱怨她在家中必須承受的極大負擔，才得以讓我一次又一次地前往海上，對此我無法感謝更多了。

罪行海洋

穿越地表最遼闊的犯罪地域，
揭開海上千萬奴工的悲慘生活，
普立茲獎記者橫渡五大洋、
二十片海域的第一手紀實

THE OUTLAW OCEAN
Copyrights © 2019 by Ian Urbina
This edition arranged with C. Fletcher & Company,
LLC.
through Andrew Nurnberg Associates International
Limited.
Complex Chinese translation copyright © 2020 by
Rye Field Publications, a division of Cite Publishing
Ltd.
All rights reserved.

罪行海洋：穿越地表最遼闊的犯罪地域，揭開
海上千萬奴工的悲慘生活，普立茲獎記者橫渡
五大洋、二十片海域的第一手紀實／
伊恩・爾比納（Ian Urbin）著；林詠心譯.
－初版.－臺北市：麥田出版：
家庭傳媒城邦分公司發行, 2020.07
　面；　公分
譯自：The Outlaw Ocean:
Journeys Across the Last Untamed Frontier
ISBN 978-986-344-778-8（平裝）
1.遠洋漁業 2.勞動問題 3.人權
556　　　　　　　　　　109006201

封面設計　莊謹銘
印　　刷　漾格科技股份有限公司
初版一刷　2020年7月
初版三刷　2022年11月

定　　價　新台幣580元
I S B N　978-986-344-778-8
Printed in Taiwan
著作權所有・翻印必究

作　　者　伊恩・爾比納（Ian Urbina）
譯　　者　林詠心
責任編輯　林如峰
國際版權　吳玲緯
行　　銷　巫維珍　何維民　蘇莞婷
業　　務　李再星　陳紫晴　陳美燕　馮逸華
副總編輯　何維民
編輯總監　劉麗真
總 經 理　陳逸瑛
發 行 人　涂玉雲

出　　版

麥田出版
台北市中山區104民生東路二段141號5樓
電話：(02) 2-2500-7696　傳真：(02) 2500-1966
網站：http://www.ryefield.com.tw

發　　行

英屬蓋曼群島商家庭傳媒股份有限公司城邦分公司
地址：10483台北市民生東路二段141號11樓
網址：http://www.cite.com.tw
客服專線：(02)2500-7718; 2500-7719
24小時傳真專線：(02)2500-1990; 2500-1991
服務時間：週一至週五09:30-12:00; 13:30-17:00
劃撥帳號：19863813　戶名：書虫股份有限公司
讀者服務信箱：service@readingclub.com.tw

香港發行所

城邦（香港）出版集團有限公司
地址：香港灣仔駱克道193號東超商業中心1樓
電話：+852-2508-6231　傳真：+852-2578-9337
電郵：hkcite@biznetvigator.com

馬新發行所

城邦（馬新）出版集團【Cite(M) Sdn. Bhd. (458372U)】
地址：41, Jalan Radin Anum, Bandar Baru Sri Petaling,
57000 Kuala Lumpur, Malaysia.
電話：+603-9057-8822　傳真：+603-9057-6622
電郵：cite@cite.com.my